普通高等教育新形态教材

新媒体营销
原理与实践

余晓勤　吴海娜　唐莉琼　主　编
王金良　任　玙　赵玲莉　副主编
王江楠　李润发　冼卓桑
　　　　　　　　张明川

清华大学出版社
北京

内 容 简 介

新媒体营销是一门融合经济学、社会学、营销学、信息技术与网络通信等多个领域的应用学科,它以创新性、互动性、时效性为核心特征,展现出其在现代商业环境中的前瞻性和战略性。本书全面介绍了新媒体营销的基础知识、核心概念、策略思维及在不同新媒体平台上的应用实践。同时,本书结合数字化时代背景为读者提供了丰富的案例分析和实操练习,旨在帮助读者理解新媒体营销的核心原理,并将其应用于实际工作中。

本书既适合高等院校工商管理、市场营销、电子商务、国际经济与贸易等专业本科生或者相关研究方向的研究生使用,也适合新媒体从业者及对此领域感兴趣的个人阅读,旨在提升读者在数字化时代的营销能力和实战技巧。

本书封面贴有清华大学出版社防伪标签,无标签者不得销售。
版权所有,侵权必究。举报: 010-62782989,beiqinquan@tup.tsinghua.edu.cn。

图书在版编目(CIP)数据

新媒体营销原理与实践 / 余晓勤,吴海娜,唐莉琼主编.
北京 : 清华大学出版社,2025.5. --(普通高等教育新形态教材).
ISBN 978-7-302-69177-8
Ⅰ. F713.365.2
中国国家版本馆 CIP 数据核字第 2025HU4897 号

责任编辑: 张　伟
封面设计: 汉风唐韵
责任校对: 王荣静
责任印制: 刘海龙

出版发行: 清华大学出版社
　　　　网　　址: https://www.tup.com.cn, https://www.wqxuetang.com
　　　　地　　址: 北京清华大学学研大厦 A 座　　邮　编: 100084
　　　　社 总 机: 010-83470000　　邮　购: 010-62786544
　　　　投稿与读者服务: 010-62776969, c-service@tup.tsinghua.edu.cn
　　　　质量反馈: 010-62772015, zhiliang@tup.tsinghua.edu.cn
　　　　课件下载: https://www.tup.com.cn, 010-83470332
印 装 者: 三河市天利华印刷装订有限公司
经　　销: 全国新华书店
开　　本: 185mm×260mm　　印　张: 18.5　　字　数: 439 千字
版　　次: 2025 年 6 月第 1 版　　　　　　　印　次: 2025 年 6 月第 1 次印刷
定　　价: 56.00 元

产品编号: 108889-01

前　言

在数字化时代,新媒体营销已成为企业和个人推广品牌、产品及服务的重要手段。同时,党的二十大报告提出"创新驱动发展"战略,为新媒体营销领域注入了新动力,亦提出了新的要求:在遵循社会主义核心价值观的前提下,运用新媒体工具传播正能量,讲好中国故事,为推动社会主义文化大发展、大繁荣贡献力量。

本书正是在这样的时代背景下应运而生。本书由广州工商学院教师团队精心编写,不仅仅涵盖了新媒体营销的基础理论,更注重实践操作和创新思维的培养。全书分为上、下两篇,将"理实一体化"贯穿于全书。其中,上篇"基础篇"深入探讨了新媒体与新媒体营销的基础知识及社交媒体平台、视频音频平台、百科知识平台、自媒体平台、问答类平台等的原理及营销应用,为读者打下坚实的理论基础。下篇"拓展篇"着重向读者介绍新媒体营销的一些前沿动态,从数据分析工具的使用到诸多社交平台的营销策略及应用等。我们对每一章都配备了丰富的案例分析和实践练习,使读者能够将理论知识应用于实际工作中。

本书由广州工商学院余晓勤、吴海娜和南宁理工学院唐莉琼任主编;广东科技学院王金良,广东医科大学任玙,广州工商学院赵玲莉、冼卓桑、李润发,南宁理工学院张明川和重庆海联职业技术学院王江楠任副主编;杨晓燕、谭旭晖、陈植权参编。

此外,本书在每一章后都设有"想一想、练一练"环节,鼓励读者进行思考和实践,以加深对新媒体营销知识的理解和应用。我们相信,通过阅读本书,无论是营销专业的学生、新媒体从业者,还是对新媒体营销感兴趣的个人,都将获得宝贵的知识和启发。

在新媒体的浪潮中,让我们一起探索、学习、成长,把握数字化时代的营销脉搏。愿本书成为您新媒体营销之路上的得力助手。

编　者
2024 年 6 月

目 录

上篇 基础篇

第一章 认识新媒体与新媒体营销 3
- 开篇案例 3
- 第一节 走进新媒体 6
- 第二节 新媒体营销认知 10
- 第三节 新媒体营销的十大模式 15
- 本章小结 26
- 想一想、练一练 26
- 即测即练 26

第二章 新媒体营销的定位及需求洞察 27
- 开篇案例 27
- 第一节 新媒体用户定位 29
- 第二节 用户画像 36
- 第三节 新媒体内容定位 42
- 第四节 新媒体平台定位 48
- 本章小结 54
- 想一想、练一练 55
- 即测即练 55

第三章 新媒体的视觉设计 56
- 开篇案例 56
- 第一节 新媒体图文设计基础 57
- 第二节 新媒体内容的图片设计与排版 62
- 第三节 新媒体内容的文字设计与排版 67
- 本章小结 72
- 想一想、练一练 73
- 即测即练 73

第四章 微信营销 —— 74
- 开篇案例 —— 74
- 第一节 社交媒体矩阵 —— 75
- 第二节 微信公众号 —— 78
- 第三节 微信商城 —— 84
- 第四节 微信小程序 —— 86
- 第五节 朋友圈 —— 89
- 本章小结 —— 93
- 想一想、练一练 —— 94
- 即测即练 —— 94

第五章 微博营销 —— 95
- 开篇案例 —— 95
- 第一节 微博的认知与账号注册 —— 96
- 第二节 微博账户装修技巧 —— 103
- 第三节 微博营销的技巧 —— 110
- 第四节 微博舆情监测 —— 123
- 本章小结 —— 129
- 想一想、练一练 —— 130
- 即测即练 —— 130

第六章 问答平台营销 —— 131
- 开篇案例 —— 131
- 第一节 问答平台概述 —— 132
- 第二节 常见的问答平台 —— 137
- 第三节 问答平台营销技巧 —— 139
- 本章小结 —— 143
- 想一想、练一练 —— 144
- 即测即练 —— 144

第七章 百科平台营销 —— 145
- 开篇案例 —— 145
- 第一节 百科平台营销概述 —— 146
- 第二节 百科平台营销技巧 —— 148
- 本章小结 —— 152
- 想一想、练一练 —— 152
- 即测即练 —— 152

第八章　直播营销　153

- 开篇案例　153
- 第一节　直播营销概述　154
- 第二节　直播平台探析　158
- 第三节　直播营销技巧　162
- 第四节　直播营销成功案例　174
- 本章小结　178
- 想一想、练一练　178
- 即测即练　179

第九章　视频与音频营销　180

- 开篇案例　180
- 第一节　视频营销概述　181
- 第二节　视频营销实务　190
- 第三节　音频营销　200
- 本章小结　205
- 想一想、练一练　206
- 即测即练　206

第十章　自媒体营销　207

- 开篇案例　207
- 第一节　认识自媒体　210
- 第二节　认识自媒体营销　217
- 第三节　常见的自媒体平台实战　223
- 本章小结　233
- 想一想、练一练　234
- 即测即练　234

下篇　拓展篇

第十一章　利用新媒体数据寻找热点　237

- 第一节　百度系数据分析工具　237
- 第二节　通过微博热门话题寻找热点　244
- 第三节　通过爱奇艺风云榜分析热门视频　246
- 第四节　通过知乎分析大家都在讨论什么　249
- 本章小结　252
- 想一想、练一练　253
- 即测即练　253

第十二章　社交电商 TikTok 新号入门攻略 …… 254
- 第一节　TikTok 平台介绍 …… 254
- 第二节　注册 TikTok 账号 …… 256
- 第三节　手把手教你发布 TikTok 视频 …… 259
- 本章小结 …… 264
- 想一想、练一练 …… 264
- 即测即练 …… 264

第十三章　海外社交媒体营销 …… 265
- 第一节　LinkedIn 营销 …… 265
- 第二节　Facebook 营销 …… 270
- 第三节　其他海外社交媒体营销平台 …… 272
- 本章小结 …… 274
- 想一想、练一练 …… 274
- 即测即练 …… 274

第十四章　Shopee 跨境电商实战 …… 275
- 第一节　Shopee 简介 …… 275
- 第二节　Shopee 店铺定位与选品上新 …… 281
- 本章小结 …… 283
- 想一想、练一练 …… 284
- 即测即练 …… 284

参考文献 …… 285

上篇

基础篇

第一章　认识新媒体与新媒体营销

知识目标

1. 熟悉新媒体的概念、特点和类型；
2. 掌握新媒体营销的概念和特征；
3. 了解我国新媒体营销的发展现状及趋势。

能力目标

1. 能形成新媒体营销观念；
2. 能准确识别传统媒体和新媒体的不同点；
3. 能准确判断新媒体营销的十大模式，并列举案例。

素质目标

通过剖析新媒体营销行业的发展趋势以及就业形势，在岗位需求的基础上对学生的职业生涯规划进行引导，坚定他们的职业理想，培养他们的爱岗敬业精神、家国情怀以及职业荣誉感。

开篇案例

哈尔滨文旅爆火背后的流量密码

根据哈尔滨市文化广电和旅游局提供的数据，截至2024年1月1日，哈尔滨市累计接待游客304.79万人次，实现旅游总收入59.14亿元，游客接待量与旅游总收入达到历史峰值。哈尔滨的爆火不仅源于这座老牌旅游城市的悠久历史、工业记忆和文化底蕴，也源于新媒体的快速传播。如果询问大家现在对哈尔滨的印象有哪些，那很可能得到以下答案：南方小土豆、冰雪大世界、中央大街、广西砂糖橘……如果再问大家是在哪里看到这些内容的，大概率就是抖音、视频号，然后是新闻。

冰雪文化定位精准，将冰雪主题IP系列概念玩透

旅游的本质就是差异化体验，从自己待过的地方去别人待的地方，内容为王，体验至上。2023年的冬天特别冷，大家都想去北方玩雪、滑雪、看冰雕、看打铁花，哈尔滨自然成为首选。哈尔滨素有"冰城""东方莫斯科""东方小巴黎"之称，是金、清两朝发祥地，其冰雪节庆有60多年历史，具备极大的地理优势。

哈尔滨围绕冰雪主题,策划了多个现象级网红流量IP(intellectual property,知识产权),如哈尔滨极地公园的原创文旅IP"淘学企鹅",背着小书包、迈着小碎步打卡各大冰雪景区,憨态可掬(图1-1)。其在2023年就累计曝光了超过25亿次,所以2024年元旦的爆火,离不开2023年的沉淀积累。除了"淘学企鹅",还有"大雪人""东北虎"等IP,持续在发酵和引爆东北冰雪旅游话题。这种现象级网红IP能够跨界融合,形成强大的文化影响力和经济效益,提升地域辨识度,和用户建立情感联系。

图1-1 哈尔滨极地公园原创文旅IP"淘学企鹅"

"小砂糖橘""小野生菌"受宠

2024年伊始,来自广西南宁的11名3~6岁的小朋友由3位老师带队出发,勇闯哈尔滨研学。由于统一的橘色服装,加上来自盛产砂糖橘的广西,因此被网友爱称为"小砂糖橘",他们可爱的样子让全网着迷疯狂,彻底点燃了冬天里的这把火。2024年1月3日,漠河市文体广电和旅游局宣布,所有的"小砂糖橘"都已经安全抵达,并表示:"大家放心吧,漠河文旅全程保驾护航。"为了迎接这些小游客,漠河消防部门还在户外堆砌了一个用砂糖橘装饰的雪人,以此表达对小朋友们的欢迎。

在此之后,云南"小野生菌"又来到哈尔滨。网友:"可可爱爱,越数越多,根本数不过来!"

网络热梗助推哈尔滨呈现象级火爆

网络热梗将哈尔滨推向旅游高峰。在网络上引起广泛讨论的一则短视频,将冻梨切块、圣·索菲亚教堂悬月、鄂伦春族人带驯鹿出街、松花江上热气球等文旅印象切片和哈尔滨的热情紧密结合。人们开出善意的玩笑,称哈尔滨具有"讨好型市格"。

其实早在2024年元旦前夕,一些简单有趣的网络热梗就已出现,这也成为元旦假日期间人们常用的热门词汇。例如,东北网友给南方游客起了个昵称"小土豆",搓澡就是"刮土豆皮"。不少游客表示被称呼"小土豆"挺形象的,因为穿太厚了,所以显得特别土。实际上,在当地人的眼中,这是一种昵称和喜爱。用于线上传播的"小土豆"虚拟形象已经制作完成(图1-2),并通过海报、视频(video)等形式进行传播。与此同时,相关企业通过抖音等新媒体平台,利用"小土豆形象IP"进行直播带货,销售黑龙江省旅游商品以及冰雪大世界等热门景区门票。2024年1月初,黑龙江省文化和旅游厅委托专业机构研发"小土豆形象IP",初步研发冰箱贴和毛绒玩具等,两款产品均已完成ID(身份标识)设计,将很快与游客们见面。

图 1-2　黑龙江文旅"小土豆"虚拟形象

极致用户思维,将"南方小土豆"宠上天

哈尔滨这次火爆,源自一场冰雪大世界的退票风波,因排队时间太长,游客体验不好,当地管理部门连夜整改,公开道歉,这番真诚且带有仪式感的操作成为口碑逆转的一把火。随后,哈尔滨针对南方用户需求的一系列操作在网上火了,比如:冻梨可以切片摆盘,豆腐脑可以放糖;担心游客滑倒,中央大街地下通道就铺上地毯;游客说想看企鹅,极地海洋馆的"淘学企鹅"出来"接客";鄂伦春族人被邀请出来表演驯鹿……这些段子也被用户拍成短视频,形成二次传播。

"不过度浮动价格,不盲目调整价格,不虚高标注价格",哈尔滨向当地酒店经营企业喊话,这一官方表态,让"南方小土豆"也感觉宾至如归,服务一流,才有顶流。

玩转矩阵宣传效应

1 000 个人眼里有 1 000 个哈姆雷特。财经评论员所评论的冰雪大世界和一位刚毕业的大学生所看的冰雪大世界,角度绝对不一样。创作具体内容的呈现形式,是如何低成本、让各行各业的人自发地去宣传哈尔滨,也就是大家常说的"打卡"。在项目操盘的初期,需要由自己或请人去拍摄、制作内容,而后面的维护和引导,则需要看具体情况。

最先对哈尔滨的旅游进行预热应该是从 11 月份开始,一些旅行大 V 对哈尔滨的早市打卡,哈尔滨也空降了热点榜第一。

与此同时,冰雪大世界的门票也在预售,全国范围内的旅行达人,包括同城的探店达人也参与其中。

造势预热时需要自己出钱出力去拍视频,但是基础热度有了以后,角色就互换过来了,这时候反而是别人主动来发关于哈尔滨的视频了。各类新闻账号、媒体点评人、各种各样的博主,还有元旦期间 304 万的游客,哪怕只有 10% 发布视频,也是 30 万的账号在给哈尔滨免费宣传。

资料来源:唐晓涵.3 天 60 亿,哈尔滨火爆的流量密码[EB/OL]. http://www.mad-men.com/articldetails/38868.

思考:你知道哈尔滨文旅爆火背后的原因吗?

第一节　走进新媒体

谈一谈　什么是新媒体？新媒体和传统媒体有何不同？

一、新媒体的概念和特点

（一）新媒体的概念

随着互联网技术的出现，"新媒体"一词显现。1967年，美国哥伦比亚电视广播网技术研究所所长P.戈尔德马克（P. Goldmark）公开发表了一份关于开发电子录像商品的计划书，该计划书中出现了"新媒体"一词。随后，美国传播政策总统特别委员会主席E.罗斯托（E. Rostow）在向当时的美国总统尼克松提交的报告中多次提到"New Media"，"新媒体"一词逐渐在美国流行，20世纪70年代扩展到全世界。

联合国教科文组织最早给出"新媒体"的定义是：新媒体就是网络媒体。美国《连线》杂志将"新媒体"定义为"所有人对所有人的传播"。相关研究机构、组织、专家学者纷纷从不同角度对"新媒体"进行界定，但几乎所有的相关研究都认可互联网在"新媒体"中的主体作用，互联网既是"新媒体"的重要表现形态，也是"新媒体"发展的深刻动力。"新媒体"与"互联网"相伴而生。

本书认为，新媒体是相对于传统媒体而言的，是继报刊、广播、电视等传统媒体之后发展起来的新的媒体形态，是利用数字技术和互联网技术、向用户提供即时的信息或数据服务，具有传播信息或数据的功能，并且能够使传播者与接收者进行即时的互动和交流的传播形态和媒体形态。

课堂讨论　随着时代的进步，你认为"新媒体"的内涵还会发生变化吗？为什么？

（二）新媒体的特点

▶ 1. 传播主体多元化

大众传播时代，报纸、广播、电视等传统大众传媒作为主流的信息传播媒介，受众使用它们的机会较少、可能性较低，通常是受众单向地接收信息，大众传媒以传播者的形态自居。新媒体的出现，打破了这种局面，用户不仅可以在社交网络上获取各种新闻消息，如微博用户可以通过关注社会热点等了解时下的热门话题，也可以在社交应用上发表自己的观点、想法，分享自己的感悟。用户不再是单一的信息接收者，也是信息传播者，这使传播者的形态从传统大众传媒走入寻常百姓家，传播主体更加多元化。

▶ 2. 及时互动和共享信息

新媒体对于受众来说是一个信息共享平台，依托互联网这个开放平台，全世界的网络都可以连接起来，形成一个海量信息数据库。超链接技术更是将这些海量信息有效融合在一起。新媒体的开放、共享程度超过了以往所有的媒体,受众能够将信息第一时间发布出去,与其他用户共享。例如,百度文库是提供网友在线分享文档的开放平台,用户可以在百度文库在线阅读或自由下载论文、专业资料、课件、试题或各类公文模板等,而这些文档也都是网友提供的。

小案例

虚拟人"葱妹"

葱妹是三七互娱旗下首位虚拟人,对新事物有探索之心,也喜欢观察各地的传统文化。自诞生以来,"葱妹"便踏上了探寻广府印记的漫步之旅,用双脚感受城市最为鲜活的生命力,寻找不一样的城市之美。无论是春日的广州塔、夏日的华南植物园,还是秋天的农讲所、冬日的上下九步行街,一段段独特的旅程、一张张美丽的合照,都是"葱妹"丈量城市的印迹。在社交平台上,不少用户表示是因为"葱妹"的"种草",才到上述的景点打卡游玩的(图1-3)。

图1-3 "葱妹"带你在广州城市漫步

三七互娱更是将"葱妹"的广州城市漫步经历做成Vlog(视频日志),用动态的镜头记录城市街景的风土人情,捕捉街头巷尾的烟火气息。该视频也获得了"广东文旅"等官方账号的转发,收获了大量的点赞。

▶ 3. 即时、实时、全时传播

新媒体以网络技术、数字技术及移动通信技术为依托,通过社交网络将亿万用户连接起来,使信息获取和传播更加快速、便捷。不仅用户可以通过新媒体随时随地获取信息、了解社会热点,同时,新兴的移动社交应用——微博、微信、短视频等媒介也可以将用户分享的内容第一时间发布出去,让信息直达受众,打破了传统媒体在时间上的限制。

不仅如此,伴随着近年来兴起的移动社交应用及视频直播的发展,受众更是直接被带到了事件现场,实现了事件进展、传播者发布信息及受众接收同步进行。信息传播的时效性大为增强,典型表现就是微博的兴起,许多突发事件都是通过微博爆料出来的。用户在新闻信息的采集、加工、制作等一系列活动中,都有机会参与其中,并发表自己的评论。

▶ 4. 个性化信息服务

传统大众传媒环境下,受众往往是匿名的、广泛的群体,传统媒体对受众进行单向的"同质化传播"。传播节目内容试图涵盖所有受众,因而受众的个人需求并未得到有效满足。然而,在新媒体时代,信息内容多样化使得受众的细分化趋势加深,受众的地位与个性凸显。新媒体能够为不同的受众群体提供多样化的内容,受众可以自主选择内容和服务。与此同时,网络市场上的公司、服务商也进一步对受众进行细分,向不同属性的群体提供不同的个性化产品和服务,为受众异质化传播提供了可能,提高了传播的专业性、精准度和有效性。在受众主导传播的局面下,受众有更大的选择权、更高的自由度,新媒体更加注重用户的个性化体验,有利于满足受众的需求。

▶ 5. 海量信息及内容碎片化

新媒体的出现不仅扩大了传播主体,而且带来了海量的传播信息。每个人都可以使用各式各样的社交网络分享内容,信息的表现在形式上也更为丰富多样,新媒体能够集文字、图片、音频、视频、动画等多种表现形式于一体,带给用户更加震撼的视听享受。

内容碎片化也可以叫作"微内容",它们并非整块的内容,而是零碎地堆砌在一起,没有得到有效的整合。新媒体时代,网络应用大致经历了由BBS(网络论坛)到博客、QQ空间,到人人网,再到微博、微信的转变。受社交网络演变的影响,人们在网络上发布的内容长度逐渐降低,信息呈现碎片化的特点,进而产生信息缺乏深度、逻辑性等问题,影响着新媒体时代受众阅读习惯的养成。信息内容的碎片化折射出当下现代人生活的压力及其导致的媒介内容的浅薄化、娱乐化问题。再加上传播主体的多元化、传播权利的全民化,新媒体平台中各种各样的信息更是趋于海量化,呈现出碎片化信息爆炸的状态。

二、新媒体的类型

随着科技的飞速发展,新媒体已经成为我们生活中不可或缺的一部分。从呈现的形式看,其大致可以分为以下几种类型。

(1) 社交媒体。社交媒体是新媒体中最受欢迎的类型之一,如微博、微信等平台,通过用户之间分享信息、互动留言的方式来传播内容。

(2) 数字新闻媒体。数字新闻媒体也称在线新闻,已经成为获取新闻的主要方式。与传统新闻媒体相比,数字新闻媒体具有更快的传播速度和更广的覆盖范围。今日头条、腾讯新闻等是数字新闻媒体的代表。

(3) 视频媒体。视频媒体在新媒体中占据着重要地位。通过视频,人们可以更直观地获取信息。各大视频平台如哔哩哔哩、腾讯视频、优酷等为用户提供了丰富的视频内容。此外,短视频平台如抖音、快手等也深受用户喜爱。利用视频媒体还可以进行在线直播,人们可以实时观看各种活动,如直播带货、在线教育、赛事直播等。

(4) 音频媒体。音频媒体以音频为主要传播形式,如电台广播、播客等。在当今快节奏的生活中,越来越多的人选择通过音频媒体获取信息或放松心情。喜马拉雅、荔枝FM等是音频媒体的代表。

(5) 即时通信媒体。即时通信媒体,即instant messaging media,是指通过互联网或其他网络途径进行实时信息交流和传递的媒体形式,可以实现文字、语音、图片、视频等多种形式的信息传递和交流。常见的即时通信媒体包括QQ、微信等。

(6) 虚拟现实(VR)媒体。VR技术为用户提供了一个沉浸式的虚拟世界。通过VR设备，用户可以身临其境地体验各种场景。VR在游戏、教育、广告、医疗等领域有广泛应用。

(7) 数字广告平台。数字广告平台利用大数据和人工智能(AI)技术，根据用户的兴趣和行为精准推送广告。例如，搜索引擎广告、社交媒体广告等都是数字广告平台的代表。数字广告平台已经成为广告业的重要趋势。

课堂讨论

表1-1所列的媒体，你认为哪些属于新媒体？这些新媒体属于什么类型的新媒体？请在"类型"一栏中写出来。

表1-1 分辨媒体类型

媒 体	类 型	媒 体	类 型
户外LED广告		电梯广告	
路牌广告		环球时报新闻客户端	
交互式网络电视IPTV		小红书	
网易网站		霓虹灯广告	
知乎		微信公众号	
蜻蜓FM		地铁广告屏	

三、新媒体与传统媒体的区别

由前述可知，传统媒体是指传统的报纸、广播、电视、户外广告等媒体形式，而新媒体是指互联网、手机、社交媒体、自媒体等数字化媒介。虽然新媒体和传统媒体都是信息传播的手段，但是它们有很大的区别。

(1) 传播方式和传播载体不同。先说传播方式，传统媒体的传播方式是单向的，由媒体机构掌控信息内容和发布渠道；而新媒体的传播方式则是多向的，用户可以自由发布内容，并与其他用户互动交流，形成一种"用户生成内容"(UGC)的模式。再说传播载体，传统媒体的传播载体主要包括报纸、杂志、广播、电视等；而新媒体的传播载体则以互联网为主，如各种网站、App、社交媒体平台等。

(2) 传播范围不同。新媒体比传统媒体的受众范围更广，数据反馈更为直观。传统媒体的传播范围通常有限，受地域限制较严重；而新媒体则能够覆盖全球各地，并且可以通过分析数据来了解用户需求和反馈，为企业提供更好的服务。

(3) 传播时效不同。传统媒体的内容制作和发布通常需要经过一系列的审核流程，传播时效相对较弱；而新媒体则可以在事件发生后迅速制作和发布内容，时效性更强。

(4) 内容形式不同。传统媒体的内容形式相对单一，以文字、图片、音频、视频等形式呈现；而新媒体则更加多样化，如短视频、直播、互动剧等，为用户提供更加丰富的视听体验。

(5) 广告模式不同。传统媒体的广告模式通常是静态的，投放周期较长；而新媒体的广告模式则更加灵活多样，可以通过数据分析实现精准投放，且投放周期较短。

媒体按发展的进程，从最初"我说你听"的1.0时代，到"我说你评"的2.0时代，到目前的"众说众评"3.0时代。媒体3.0时代具有信息获取千人千面的特点，且人人都是发声筒，人人都可以生产内容,内容还可以在不同平台间转发,形成信息的几何级数传播。可见,媒体的迭代升级与科技发展息息相关,新技术、新应用不只加快了信息的传播速度,也改变了人们获取信息的习惯。今后,目前的"新媒体"也必将成为"传统媒体"。

> **人文素养训练**
>
> **从杭州亚运会看媒体技术的变化**
>
> "智能"是杭州亚运会的办赛理念之一。5G(第五代移动通信技术)时代的亚运会,除万兆网速、无源物联、自动驾驶外,还将从观赛、参赛等各个领域体现其智能的一面。例如,数万名观众在场馆内可同时使用5G网络收发图片视频、进行视频通话;"智慧场馆大脑"能实时感知综合态势并实现设备监测、远程控制和人员管理,确保场馆稳定运行;通过裸眼3D(三维)、5G+自由视角、5G+VR技术,观众可以打破空间限制,享受独特的观赛体验。
>
> 人们体验过后,不禁感叹杭州亚运会的科技含量有"亿点点"高。同时可以预见的是,这些"黑科技"都会在不久的将来实现商用,并走进寻常百姓的生活。
>
> 资料来源:科技赋能亚运也让生活更美好[EB/OL].(2023-10-18).https://www.hangzhou.gov.cn/art/2023/10/18/art_812262_59088600.html.

第二节　新媒体营销认知

一、新媒体营销的概念和特征

(一)新媒体营销的概念

新媒体营销是随着互联网信息技术(IT)不断发展诞生的产物,是以新媒体平台(如微博、微信、小红书、抖音、哔哩哔哩等)为传播和购买渠道,把产品的核心卖点传递到目标用户心里,占领用户,从而实现品牌宣传或产品销售的营销行为。相比于传统营销,新媒体营销打破了时间和空间上的限制,让营销变得无处不在,大大提升了市场营销的可操作性和灵活性,营销覆盖面广。

新媒体营销在内容传播形式上比较多元化,包括图片、文字、音视频、H5(互动)页面等,并具有一定的互动和社交属性。新媒体营销的主要目的是社交沟通,通过有效的沟通将相关营销信息推送给目标用户,完成与用户的互动,建立双方之间的信任,从而达到营销目的。在新媒体营销中,用户不仅是消费者,也是重要的参与者、生产者与传播者。

(二)新媒体营销的特征

随着新媒体时代的到来,越来越多的企业关注新媒体营销。相比传统媒体营销,新媒体营销具有以下特征。

▶ 1. 互动性强

新媒体营销最大的特征就是互动性,用户可以在社交媒体中主动参与、分享、评论、点赞。在这个过程中,用户不仅会了解品牌,还能体验品牌的服务、互动形态。这种互动性的体验往往更具有感召力,让消费者产生更加亲密的情感纽带,从而增强品牌忠诚度。例如,2022年7月1日,在中国对香港恢复行使主权25年之际,人民日报发起"点击地标,祝福香港"活动,读者配合"点击背景音乐＋点击地标",即可查看实景的样式,让喜爱粤语文化的读者如同来到了香港当地,引起共鸣。

▶ 2. 传播快速、高效

新媒体的特性在于网络上的传播广度非常大,可快速地实现信息传播,相较于传统媒体更具有传播的低门槛和高效性。微博、微信、抖音等平台上的信息传播非常快,依靠粉丝和用户分享,新闻、活动和产品信息等都可以以极快的速度传递。例如,2021年6月,蜜雪冰城"你爱我,我爱你,蜜雪冰城甜蜜蜜"这首魔性MV(音乐短片),刷屏朋友圈,传播迅速。而歌曲的魔性和洗脑特点,引发了大量网友二次创作的热情,在哔哩哔哩、抖音等平台,可以看见网友们自发地将主题曲改成了日语、俄语、韩语等不同版本。在网友持续加入二创和自发性传播的情况下,蜜雪冰城MV热度持续升高。

▶ 3. 广泛渠道和多样化

新媒体营销的广泛渠道和多样化特征,如直播、资讯、娱乐、短视频等多维度形式的传播,不仅满足了不同品牌和产品的不同营销需要,也能更好地迎合现代年轻人的消费习惯,从而创造更加多样化的营销模式。

▶ 4. 数据驱动决策

新媒体营销借助数据分析工具,对用户行为、反馈和营销效果进行监测和分析。基于数据的洞察,可以优化营销策略,提升营销效果和投入回报率。例如,瑞幸咖啡通过AI技术进行市场趋势分析和消费者偏好预测,指导新产品的研发,利用大数据分析优化供应链管理,预测产品需求,优化库存水平。瑞幸咖啡还通过数字化门店选址与社群营销,利用社交媒体、官方App和会员系统构建社群网络,及时传递品牌信息,收集顾客反馈。基于这些数据,瑞幸咖啡调整了产品线,推出了符合市场需求的新产品,如针对年轻消费者的创新饮品,并通过社交媒体进行精准营销,吸引了大量年轻用户的关注和购买。这些基于数据的决策和策略调整,使瑞幸咖啡在竞争激烈的市场中脱颖而出,成为中国最大的连锁咖啡品牌之一。

▶ 5. 引导式销售

新媒体营销强调的更多是引导式销售,旨在以轻度购买为契机,巧妙地激发消费欲望,推出一系列产品或服务。消费者在参与互动营销的过程中,渐渐形成购买的决策,为当下消费方式培养了新的消费习惯。例如,Nike在其微信公众号上推出了许多与运动相关的内容,如健身计划、体育赛事、名人访谈等,这些内容吸引了大量的运动爱好者关注并进行分享,把Nike打造成为一个运动品牌之外的生活方式符号,同时也能增加消费者对Nike的喜爱。

二、新媒体营销的发展现状

2023年8月底,中国互联网络信息中心(CNNIC)发布第52次《中国互联网络发展状况统计报告》,报告显示,截至2023年6月,中国网民规模已达到10.79亿,表明中国有超过3/4的人口已经接触到了互联网。因此,越来越多的企业开始使用新媒体营销手段来宣传和销售产品。

（一）新媒体营销发展迅速

随着互联网技术的不断进步，新媒体营销得到了快速发展。QuestMobile 数据显示，截止到 2023 年 9 月，抖音、快手、小红书、哔哩哔哩、微博五大典型新媒体平台去重活跃用户规模达到 10.88 亿，渗透率达到 88.9%，三大梯队态势基本形成。其中，抖音以 7.43 亿月活用户、同比 5.1%增速独占鳌头，第二阵营微博、快手月活用户分别为 4.85 亿、4.57 亿，同比分别增长－1.2%、5.1%，哔哩哔哩和小红书位居第三阵营，月活用户分别为 2.1 亿、1.99 亿，同比分别增长 6.7%、20.2%。

众多企业纷纷将营销重心转向新媒体，通过新媒体平台进行品牌推广和销售促进。新媒体营销的快速发展，不仅带动了传统企业的转型升级，也使一些互联网企业应运而生。

（二）互联网广告市场规模巨大，媒体类型丰富

QuestMobile 营销研究院在 2023 年 7 月发布的数据显示，我国互联网广告市场在 2023 年第二季度恢复增长，规模达到 1 593.4 亿元，同比增长率达 8.1%，可见我国互联网广告市场规模巨大。

新媒体营销依托于多元化的媒体平台，如微信、微博、抖音、知乎等。这些平台各具特色，拥有各自的受众群体，为企业提供了丰富的营销手段。多元化的媒体平台使企业可以针对不同的受众群体采取不同的营销策略，实现精准营销。QuestMobile 营销研究院在一些典型的媒介平台选取 2023 年 6 月活跃用户规模超过 5 000 万且有典型媒介属性的 App 进行统计，发现人们使用移动社交、移动视频的比例最高，拥有极高的广告价值。

（三）社交营销成为主场

社交媒体又称社会化媒体，是人们彼此之间用来分享意见、见解、经验和观点的工具和平台。著名传播学者彭兰将其定义为"基于用户社会关系的内容生产与交换平台"，认为其主要特征在于：第一，它是内容生产与社交的结合；第二，社交平台上的主角是用户，而不是网站的运营者。研究机构 CIC 将下列媒体划入社交媒体的范畴：微博、社交网站（SNS）、即时通信、电子商务、视频、音乐、论坛、消费评论、分类信息、签到与位置服务、社会化电子商务、社交游戏、社会化内容聚合、档案分享、博客、在线百科、在线旅游、婚恋交友网络、轻博客、商务社交、私密社交等。

其实，绝大多数网络营销方式都属于社交媒体营销，在当前的实际应用中，社交媒体已经成为网络营销的主力，成为新媒体营销的主战场。社交媒体充分利用了用户之间的社会关系，同时使媒体平台上的用户群体从内容的消费者转变成内容的生产者。因为社交媒体开展的营销活动具有全新的信息传播方式和营销模式，所以企业必须转变营销思路和策略，借助社交媒体优势，根据不同人群在不同社群的行为特点，进行创意策划，实现品牌营销和客户服务维护的目标。

（四）视频、短视频成为新媒体的新增长点

优质内容能够引起用户的聚焦和讨论，但是如果将话题内容制成视频的话，那么视频就会像病毒一样几何式地传播，从而有效实现营销目标。视频营销结合了"视频"与"互联网"的优点，以其感染力强、互动性强、传播迅速、成本相对较低廉等优势，赢得了企业青睐。

短视频作为社交媒体,能够很好地传递社会与社交圈的信息,满足了用户对于人际交往的需求;同时,随着碎片化时代的到来,人们的注意力也越来越稀缺,短视频短小精炼满足了人们碎片化阅读的需求,比较容易得到消费者的免费传播和深度参与。

扩展阅读1-1　海内外市场增长迅猛,短剧的天花板还远远没到

三、新媒体营销的发展趋势

(一)AIGC将助力企业营销模式向数智化转型

AI生成内容(AIGC)正加速渗透到营销领域,为营销策略带来根本性的变革。在这一趋势的驱动下,营销人员的角色和技能需求正在发生重大变化。以前营销人员要会写文案、会做海报或者会拍摄和剪辑视频。在未来的营销中,营销人员或许不再需要精通传统的创意设计或文案编写,而是转向更多地与AI合作,精通编辑Prompt和与AI对话,就可以不断地让AI提供符合自己需求的内容。以电商图片制作为例,以前通过传统的代理机构制作一张图片可能需要花费上万元。而如今借助AI技术,企业可以每张1 000元的价格批量、快速地制作图片。这种成本和效率上的优势,无疑将对营销策略产生深远的影响。

不过,对营销人不利的一点也许是,随着AI技术在内容生成、数据分析和客户互动等方面的应用越来越广泛,一部分传统营销角色可能会面临被裁撤的风险。尽管如此,从长期来看,AI技术的应用还是会大幅提升营销的整体效率,帮助品牌更精准地定位目标市场和消费者群体,同时降低营销成本。

(二)ChatGPT和视觉搜索改变搜索格局

在我国,网络搜索工具已经不是百度一家独大了。抖音搜索的月活用户已经破了5.5亿;在小红书上,60%的日活用户会主动搜索,日均搜索查询量超过3亿次。此外,ChatGPT让人们获取信息更加快捷,人们使用传统搜索引擎的频率已经大幅下降。目前,搜索工具的分布是:知识文字类搜索,ChatGPT取代大部分百度的功能,而生活、消费类搜索,越来越多的人在抖音和小红书上进行。谷歌(Google)的内部研究显示,40%的年轻人在寻找午餐的地方时,会先去看TikTok或Instagram(照片墙,简称ins或IG),而不是谷歌地图或搜索。如此看来,国内外是一样的趋势。

在这样的格局下,品牌以前在搜索引擎做SEO(搜索引擎优化),现在则更应该在抖音和小红书上做搜索内容优化。同时,ChatGPT的语音功能已经隐隐让人感觉到了其水平远高于Siri的情况,因而未来,品牌可能还需要做好AEO(认证经营者)。对于营销人来说,现今搜索的市场更加复杂,并非做好传统搜索引擎优化就万事大吉,搜索营销应该适应新趋势,将更多的营销精力放在视觉搜索平台上。

(三)头部主播退潮,但直播赛道竞争更激烈

目前,整个直播带货行业呈现出头部主播逐渐退潮的局面,品牌、主播、明星之间的关系变得更加复杂和多元化。虽然这三方依然是直播带货生态的重要组成部分,但市场已经不再期待出现超级头部主播,而平台方也更倾向于避免过度依赖单一主播。那么,是不是头部主播少了,垄断结束了,商家就能赚到钱了?并不是。对于商家而言,不向头部主播支付渠道的费用,就需要支付给平台更多的流量费用。在这种情况下,很多商家面临不投流就没流量、投流就赚不到钱的窘境,它们需要在没有流量和利润下降之间找到平衡点。或许对于企

业而言,真正的解决方法就是做好品牌,品牌的知名度、美誉度、信任度一旦上来,其销售就能获得保障,而不被头部主播或者流量挟持。

(四)视频号崛起,商业化加速

腾讯2023年第二季度财报显示,视频号的广告收入超过30亿元人民币,总用户使用时长同比翻倍,日活跃用户数量(daily active user,DAU)同比增长双十位数。此外,视频号直播电商商品交易总额(gross merchandise volume,GMV)同比增长约150%。

同时,视频号有抖音不具有的优势,即视频号——微信公众号——微信社群的生态互助。视频号未来有可能开启以"品牌力"和"强社交绑定"为新属性的电商模式。视频号通过与微信的微信群、公众号打通,形成私域流量矩阵,为品牌提供在微信全面经营的机会。当一个平台发力商业化的时候,品牌最好的选择就是跟随,有句话叫"飞船开动了,别在乎位置,先上船"。相对于目前的抖音,视频号还是有一定红利的。其红利在于两点:一是竞争少,因而想做好会更容易;二是投放的投资回报率(return-on-investment,ROI)相对更高。

如今视频号的月活跃用户规模已突破8亿,且使用时长接近朋友圈,如此大的流量场,品牌没有忽视的理由。

(五)垂直、职人KOC崛起

"职人"强调一定的专业技能、专业的教育背景以及职业身份,指的是精通某领域、某种技能的群体,强调对某一领域的专业。当短视频和直播成为趋势的时候,越来越多职人以这种形式进入平台创造商业价值。例如,一位自雇型的钢琴老师,通过在抖音、小红书上教人学钢琴的技巧而获得线索,然后再通过线下联系,顺利招到新的学员。

其实各个领域的专业人士都可以通过这种方式,成为垂直领域的达人。目前,教师、置业顾问、律师、整理师等特定领域的从业者,正在加速进入这个生态,参与达人营销,这些垂直领域的达人不仅仅是内容创作者,更是各自领域的专家。他们通过专业知识和实际经验,吸引了一群特定的受众。

比如,一些对汽车非常了解的垂直达人和4S店的销售,他们通过直播来介绍某款车型的卖点和促销信息,吸引感兴趣的用户观看,从而帮助汽车品牌获取潜在用户。在抖音上就有这样的例子,某个品牌找几百个这样的KOC(关键意见消费者)进行直播,平均每场直播可以带来几十个甚至几百个线索。对于这样的垂直创作者来说,他们本身粉丝量不高,但通过这种营销方式,一天可以多获得几千元的收入。

人文素养训练

如何在社交媒体上运用ChatGPT

社交媒体是人们交流、分享和获取信息的主要平台之一。想要在这个信息泛滥的时代引起人们的注意,吸引人的帖子是不可或缺的。ChatGPT可以成为新媒体人的创意伙伴,生成引人注目的社交媒体内容。

首先,人们需要明确帖子的主题和风格。随后,通过与ChatGPT的对话,告诉它自己希望传达的信息,以及希望在帖子中呈现的情感。ChatGPT会生成多种创意,从引人入胜的问题到独特的话题。例如,假设菜菜是一名美食博主,想要发布一篇有关顺德双皮奶的帖子。她可以向ChatGPT发出指令"请带我去吃最正宗的顺德双皮奶",ChatGPT马上生成相关内容,包括"细腻的口感和浓郁的奶香"等特色描述、"杏花楼""品味工坊"推荐店铺、品尝建议等,这些线索都可以让菜菜写的帖子更加引人入胜。

此外,ChatGPT还可以作为互动的魔法,作为博主与粉丝互动、回应评论的策略,从而增强粉丝的黏性,建立更紧密的关系。其具体做法是,当粉丝在菜菜的帖子下留言或评论时,她可以使用ChatGPT生成回应。菜菜只需简单地向ChatGPT描述自己想要回应的内容,它就会生成有趣、引人注目的回应。例如,假设菜菜发布了一篇有关美食的帖子,有粉丝评论道:"这双皮奶看起来太美味了!"她可以向ChatGPT描述回应需求,如下所示。

菜菜:我发布了一篇有关双皮奶的帖子,有粉丝评论"这双皮奶看起来太美味了!"请你帮我生成该评论的回应。

ChatGPT:非常高兴看到你的粉丝对你的帖子如此热情!以下是一条可以作为回应的建议:"是的,这双皮奶确实很美味!它的细腻口感与浓郁奶香令人垂涎欲滴。如果你有机会品尝,一定不要错过,它绝对会让你大呼过瘾!感谢你对双皮奶的喜爱和支持!"

这种回应不仅增加了互动,还体现了博主与粉丝的共鸣。

资料来源:ChatGPT狂潮:从入门到高效应用[EB/OL]. https://www.zhihu.com/column/c_1677104665718956033.

第三节　新媒体营销的十大模式

一、口碑营销

(一)口碑营销的含义

在信息爆炸、媒体泛滥的今天,消费者似乎已经对广告甚至新闻都具有极强的免疫能力,只有制造新颖的口碑传播内容,才能吸引大众的关注与议论。口碑营销是指企业努力使消费者通过其亲朋好友之间的交流将自己的产品信息、品牌传播开来,它实现了从关注品牌、产生兴趣、主动搜索,到产品购买后分享以影响他人,形成了闭环。

小案例

蚂蚁森林助力汉堡王(中国)3天新增20万会员

汉堡王(中国)(以下简称"汉堡王")数字营销总监于学滨说他个人特别喜欢支付宝的蚂蚁森林,也真的在通过减少自己的碳排放支持蚂蚁森林种下真树,但让他没想到的是,这个公益项目居然给自己的工作带来了极大的支持。

2020年1月,汉堡王在蚂蚁森林页面推出了一个原价50元、现价29元的汉堡套餐,每通过支付宝点餐小程序成交一笔,汉堡王都会捐献一部分绿色能量给到蚂蚁森林。当然,在这个过程中,汉堡王还是用了一些传统的营销手法推波助澜,像活动的主题就是让年轻人给没吃过汉堡的父母尝尝便宜又好吃的套餐。随后,汉堡王与蚂蚁森林开展了更紧密的合作,使用支付宝扫码点单获7克蚂蚁森林能量;带领粉丝们积极参与"减纸大挑战"等活动,通过使用手机自助点餐,减少纸质小票;汉堡王还栽下一片公益林,号召粉丝们前来浇水、种树。截至2020年12月21日,汉堡王的公益林里已有能量约1 200万克,可种植82棵樟子松。

最后,活动的效果非常好,不仅为汉堡王带来了20万新增会员,而且核销率超过10%,这在类似活动中是一个非常高的数字。赠人玫瑰,手有余香,蚂蚁森林公益项目本身提升了用户使用支付宝产品及合作品牌的频率和意愿。因为有了公益驱动力,用户更乐意通过支付宝进行线上支付等行为,也增加了支付宝好友的互动频次。

(二)新媒体口碑营销的关键要素

▶ 1. 深入洞察用户

企业需要努力探索消费者的核心痛点,以用户痛点问题而非满足用户需求为核心实施创新;要细分顾客,围绕不同用户推出与其匹配的产品服务;要通过互联网方式调研顾客想法、通过在线网络舆情等大数据倾听消费者心声;要围绕老用户做小数据的分析和建模。

▶ 2. 创造魔力产品

魔力产品不是炒作,而是改变生活方式和口碑极佳的组合。魔力产品=产品功能×情感诉求。产品功能是满足消费者需求的基础功能,是理想的可参数化的左脑需求;而情感诉求是更高层次的感性化的非常冲动的右脑需求,诉求的方式包括心情用语、祝福用语、满足虚荣心等。一个有魔力的产品必须是产品功能和情感诉求兼具,这样才能抓住用户心理,从而影响消费者对该产品的印象,产生巨大的感染力与影响力。

▶ 3. 做好内容营销

企业首先要清楚内容营销的目的,不要总发促销广告,内容营销有产品、日常、传统和深入互动四种话题。其次,当谈论产品话题的时候,可以从产品细节、口碑体验、网络大部分关注的主题内容以及现在购买的好处等维度来阐述。最后,内容营销需要五大工作流程:阅读和研究、创作有价值的内容、分享内容、讨论交流以及使用多种网络工具平台,所以原则上,企业实施新媒体营销,需要以上五类人才。

▶ 4. 建立口碑传播群体

企业建立口碑传播群体,要区分三种口碑传播者,分别是口碑传播大使、权威专家和团队影响者。活用三类口碑传播者身份去宣传匹配的商品,当然不要忽视公司员工的力量;要了解找到这些口碑传播群体的方法,顾客数据库、网页等都是方法,最重要的是把群体再细分为大型媒体、博主和网络名人、核心粉丝及主流消费者四种;最后老顾客宣传非常重要,用"净推荐值"(net promoter score,NPS)衡量老客忠诚度,企业还需要学习如何让老用户推荐新用户的策略方法。

▶ 5. 营造有效率的公关

网络时代品牌需要具备快速反应新机制,传统企业惯例做法迟缓,凡事都需要领导定夺,但网络时代则需要赋予员工作出明智和迅速决断的权力,要以最快速度回应用户的需求或质疑。品牌平日要主动和网络新媒体建立良好关系,过去联系媒体的方法已经不适用了。

当紧急事件来临之际,实施有效紧急公关,要建立网络舆情监控的工作机制,对舆情分级处理,如关注级、警示级、危机级和恶意攻击级四类。2023年9月花西子因为李佳琦直播翻车事件,就是这部分工作没有经验,导致网络舆情从关注级一下到了恶意攻击级,令花西子品牌形象一落千丈。

▶ 6. 活用有效的传播工具和平台

企业要利用各种线下工具和线上工具与用户积极互动,利用每个和消费者接触的机会传播品牌,比如产品包装、工作场地、招聘启事、办一场剧场式的线下发布会等。例如,2022年11月,华为举行了盛大全场景新品发布会,其间亮相了多款重磅产品,其中就包括升级款的折叠屏手机——华为Pocket S,引发大家观看和谈论。同时,要选择合适的新媒体平台和工具传播品牌亮点,如微信、微博、直播、短视频、百度知道、论坛等,吸引用户关注和转发。

▶ 7. 维护和监测口碑粉丝营销效果

这里主要工作是清楚监测新媒体口碑的目的,分别是优化营销效果、倾听用户反馈、获得商业情报、提高服务质量四种。衡量营销指标是告诉企业应该在哪里发布内容,具体指标有提及量、曝光量、互动数量、潜在达到人群、粉丝价值、传播热词等。在大多数行业,较有参考意义的数据来自电商评论和垂直论坛,用大数据技术倾听用户反馈,这些监测的结果能为产品经理进行产品创新和改良提供有益参考。

二、饥饿营销

常言道,"物以稀为贵",一旦产品的供应数量变少,那么产品本身的附加值就上升了。饥饿营销,通俗来讲就是让供应的产品减少,从而让消费者的需求变高,造成一种供不应求的假象,以维护产品形象并维持商品较高售价和利润率的营销策略。

小案例

电视剧《繁花》的营销经

在2023年底热播的电视剧《繁花》中,宝总预测三羊牌产品在开市当天供不应求,通过控制首发量来引发消费者的疯狂追求,所以即便有80万件货,但宝总在首发当日也只销货1万件,这就有效利用了饥饿营销的心理学原理。这种情况下,消费者疯抢、产品不足,呈现出一种供不应求的现象,一方面延续了三羊牌的火热状态,另一方面也人为构建了一种稀缺性。买到三羊牌产品的消费者总是少数,而当人无我有、大众疯抢时,三羊牌产品就已经成为更上一层的社交货币式产品。最终,宝总通过饥饿营销成功实现了用户忠诚度的提升,并激发了用户的购买欲望。

但是,企业使用饥饿营销也要遵循一些原则,下面简单介绍。

(一)具有竞争力的产品是前提

品牌进行饥饿营销时所选择的产品一定要具有较强的竞争力,有独有的创新特点且短时间内无法被模仿和取代。只有这样,才能够吸引用户的眼球,并且让用户有足够的理由去等待。

(二)强大的品牌影响力是基础

应用饥饿营销的品牌一般都具有较强的影响力,被用户认可并具备很高的忠诚度。只有这样，才能够很好地营造出"供不应求"的抢购气氛，让用户陷入其中。

（三）把握用户消费心理是关键

在目前市场中，完全理性的消费者是不存在的，消费者都或多或少受一些心理因素的影响。品牌需要洞悉用户的消费心理，从而更好地选择营销的方式，真正触动用户内心的购买欲望。

（四）有效的宣传造势是保障

饥饿营销想要成功，产品上市之前就要通过媒体进行宣传，把消费者的胃口吊起来。饥饿营销效果好不好，和宣传媒体的选择、时机的选择、方式的选择密切相关。比如深谙饥饿营销的苹果公司每次有新产品在全球上市时，传播都会呈现出独特的曲线：发布会→上市日期公布→等待→上市新闻报道→通宵排队→正式开卖→全线缺货→黄牛涨价。这样便很好地营造出"供不应求"的气氛。

三、事件营销

事件营销是指通过策划、组织和利用当下流量人物和热点事件，从而达到吸引媒体、社会团体和消费者的兴趣与关注的目的，以求提升企业或产品的知名度、美誉度，树立良好的品牌形象，并最终促成产品或服务销售的手段和方式。

小案例

宝马身陷"冰淇淋事件"，小鹏汽车借势营销

2023年上海车展上，当宝马MINI的展位发冰淇淋区别对待我们国人和外国人的事情发酵网络之后，小鹏汽车迅速出手，花4万元买来1万个冰淇淋在现场发放，并且在社交媒体发言：

"今天#2023上海车展#现场围观#小鹏G6#的鹏友太热情，气氛太火热啦，我们不玩泼水，不搞淄博烧烤＋啤酒，真心实意地派冰淇淋。吃冰淇淋，清凉逛展，这就给安排上！欢迎鹏友们前来6.1展馆小鹏汽车展台，侬别急，慢慢来～"

并且这冰淇淋不只给中国人，外国人也可以领。不管是讽刺谁也好、针对谁也罢，格局是一下子打开了。

事件营销并不容易成功，主要取决于四个因素，即内容质量、发布质量、发布数量、反响程度。

内容是指事件创意设计、执行安排、引爆点等，内容质量越高，事件营销效果越好。

发布是指事件通过哪些媒体进行造势与传播。事件分为线上、线下及线上线下整合三种，发布渠道也同样分为这三种，媒体、门店、意见领袖都属于发布渠道。具体需要根据预算、想要达成的效果来进行发布渠道质量和数量的筛选。一般来说，质量越好、数量越多，事件营销的传播效果越好。

反响程度是指受众对事件的反应和接受度，有没有负面情绪，有没有正面引导。当然，反响程度也会受内容和发布这两个要素的影响。

四、病毒营销

病毒营销主要是利用公众的积极性和人际网络,让营销信息像病毒一样传播和扩散,营销信息被快速复制传向数以万计、数以百万计的观众,它能够像病毒一样深入人脑,快速复制,迅速传播,将信息在短时间内传向更多的受众。

研究了大量成功的病毒式传播案例后,沃顿商学院市场营销教授乔纳·伯杰(Jonah Berger)写了 *Contagious:Why Things Catch On* 一书,高度评价了病毒式传播的作用,认为这一机制影响了20%~50%的购买决策,其效果是传统广告的至少10倍。书中总结了实现病毒式传播的六种方法,分别是可炫耀性、触发机制、情感驱动、可公开展示、实用价值、故事化。新奇、反常、极端、幽默、令人吃惊的东西,这些很容易被传播和再传播。

小案例

海底捞用"科目三"病毒式爆火

2023年11月,海底捞又因为一首"科目三"舞蹈火了,一句"不是男模请不起,而是海底捞更有性价比"犹如"病毒"在网上传播。许多网友冲着"科目三"而纷纷涌向海底捞,海底捞成了新的打卡点。甚至有商家自嘲:花钱投流,不如把钱给员工跳"科目三"。

海底捞"科目三"之所以获得如此之高的关注度,其原因是多方面的。

首先,"科目三"极具节奏感的音乐、十分魔性的舞步,契合了当下年轻人对于"土味"文化的追捧。当代年轻人对自我认同的审美转化,是推动"土味"文化盛行的重要因素。年轻人追求多元化和个性,"土味"文化以其独特的视角和表达方式,冲淡了主流与非主流的分界线,为年轻人提供了一个展示自我个性的文化阵地,使其产生了自我认同感和归属感。

其次,由于社会生活节奏加快,当前年轻人的压力普遍较大,而"科目三"接地气的舞蹈,为年轻人的情绪提供了一个极佳的宣泄口,随意洒脱的舞步可以让年轻人"发疯",暂时摆脱内心包括焦虑等在内的负面情绪。即便不亲自参与跟跳,也可以从网络上其他人的舞蹈中寻求到情感共鸣。在精神内核上,"科目三"和上海万圣节网友掀起全民狂欢有共通之处。

海底捞借助这一波"科目三"的流量,成功让自己的粉丝效应、品牌效应得到了非常好的加持。通过顾客自发的"病毒式"传播,抖音庞大的流量池被海底捞"征用"为免费的广告位,从而帮海底捞节省了大量的营销宣传费用。

五、情感营销

情感营销就是把消费者个人情感差异和需求作为企业品牌营销战略的情感营销核心,从消费者的情感需要出发,唤起和激发消费者的情感需求,诱导消费者心灵上的共鸣,寓情感于营销之中,让有情的营销赢得无情的竞争。在情感消费时代,消费者购买商品看重的已不是商品数量的多少、质量好坏以及价钱的高低,而是为了一种感情上的满足、一种心理上的认同。

小案例

青春的最后一份快递

毕业季恰逢618大促，天猫将这两个营销节点结合起来，用"青春的最后一份快递"告别大学校园。天猫联合50余所高校征集毕业生关于"最后一份快递"的故事，并将其剪辑成一部短片，它就像一条大学生的日常Vlog，记录着大学生们毕业前的欢乐与离别时的悲伤。

天猫还将超大号猫头快递筐放置在几所高校中，把那些带不走的校园风景统统"装进"天猫快递箱。大学生们也在快递筐上留下自己的期许与祝愿，并拍照打卡留念（图1-4）。

图1-4 天猫超大号猫头快递筐

天猫不仅以"最后一份快递"调动起大学生的情绪，更将毕业季与618大促相结合，增加618活动热度。青春的最后一份快递，也可能是大学生走进社会的第一份快递，它不意味着结束，反而是新的开始。

企业要做好情感营销，必须注意以下三大核心点。

第一，情感营销的基础是要懂得感同身受。首先将消费者的痛点找出来，然后用简单、实用的语言去表达，使用自己的产品可以解决这些麻烦。这才是做好情感营销的一个最佳切入口。否则，哪怕煽情手段再高明，消费者依然会不明所以。

第二，选择最合适的情感主张。其具体而言要做到两点：一是选择的情感主张要与产品或品牌本身紧密相连；二是努力捕捉还没有或者较少被商业开发的人类共有情感。

第三，情感营销需要选择合适的传播媒介。在互联网传播的时代，只有更多样化的传播媒介，以及丰富有创意的传播方式，才能让更多人知道你的营销内容，营销的影响力才能大幅度提升。获得更大的传播价值以及营销转化，才是情感营销的最终目的。

六、互动营销

互动营销是指企业在营销过程中充分将消费者的意见和建议，用于产品的规划和设计，为企业的市场运作服务，其实质要充分考虑消费者的实际需求，实现商品的实用性。互动营销能够促进相互学习、相互启发、彼此改进,尤其是通过"换位思考"会带来全新的观察问题的视角。在数字化时代,人工智能、大数据分析、机器学习等先进技术飞速发展,为企业提供了更准确、更个性化的方法来与用户互动。这种方法不仅有助于更好地了解用户需求,还能够实时调整运营策略以满足用户的期望。

小案例

第一届文物戏精大会

由中国国家博物馆、湖南博物馆、南京博物院、陕西历史博物馆、浙江省博物馆、山西博物院和广东省博物馆联合抖音短视频推出的"第一届文物戏精大会"(图 1-5),的确很"戏精"啊!一向严肃的博物馆文物,画风突变,这样集体卖起萌来,还真是让人招架不住。国宝不再冷冰冰地躺在那里,开始活跃起来,接连登场的国宝级文物堪称演技派,会比心,会跳"千年拍灰舞",还会"98K 电眼",纷纷祭出自己的嘻哈秀,唐女俑的拍灰舞、秦始皇兵马俑的"我们不红、始皇不容"等,让我们看到了不一样的博物馆,同时也吸引了不少的用户观看。

图 1-5 第一届文物戏精大会

七、社群营销

社群营销是基于圈子、人脉、六度空间概念而产生的营销模式,用户是基于相同或相似的兴趣爱好聚集在一起,同时企业通过某种载体聚集人气,通过产品或服务满足群体需求。社群营销的成功基础有同好(interest)、结构(structure)、输出(output)、运营(operate)、复制(copy)。

同好是社群成立的前提。所谓"同好",就是人们对于某些事情有共同的看法、共同的爱好、共同的目的等,因为这些共同的因素聚在一起。例如,教育行业的社群,是因为家长们都想了解学习教育等相关资讯而聚在一起;明星的粉丝群,是因为大家都喜欢某个明星而聚在一起。

结构决定了社群的存活。很多社群走向沉寂是因为最初就没有对社群的结构进行有效规划,这个结构包括成员、交流平台、加入原则和管理规范。这个结构做得越好,社群活得越长。

输出决定了社群的价值。持续输出有价值的东西则是考验社群生命力的重要指标之一。社群往往在刚开始建立的时候活跃度比较高,但是随着时间的推移,活跃度会越来越低,甚至到最后成为死群。其实这是因为社群没有持续输出一些有价值的内容。当群内不再提供一些有价值的内容之后,人们就不能再从群里获得有用的价值信息,从而就不再对一个群进行过多的关注。

运营,它决定了社群的寿命。一般来说,从始至终通过运营建立如下"四感"。一是仪式感,以此保证社群规范,如加入要通过申请、入群要接受群规、行为要接受奖励等;二是参与感,如通过有组织的讨论、分享等,保证群内有话说、有分享的战斗力;三是组织感,如通过对某主题事物的分工、协作、执行等,保证社群的组织协调性;四是归属感,如通过线上线下的互动、活动等,保证社群的凝聚力。

复制决定了社群的规模。由于社群的核心是情感归宿和价值认同,那么社群过大,情感容易分裂。人们有时候会有一种误区,认为没有几万人都不好意思称为社群。现在很多人进入一个人数很多的群的时候,筛选信息的成本高,人员相互认知成本也高。相反,小圈子里人员较少,大家的话题相对集中,所以每个人都容易活跃起来。从微信群、QQ群等社群的大数据中发现,90%的用户在不足20个人的小群里活跃。人人都想组建人多的大社群,但是许多大社群非常不活跃。所以社群规模要看社群的成长阶段,每一个社群都有一定的成长周期,不同的阶段用不同的节奏进行控制。

八、IP营销

IP即为知识产权。其本质是作为品牌与消费者之间的沟通桥梁,通过IP营销把IP注入品牌或产品中去,赋予产品温度和人情味。具体而言,IP营销涉及将作品(如小说、动漫、游戏、电影、电视剧、明星等)作为宣传和推广的载体,以积累大量忠实粉丝并提升品牌知名度。这种营销方式不仅限于已知的IP,也适用于创造新的IP。IP营销的优势在于,由于IP本身已经具有一定的知名度和粉丝基础,它可以为品牌带来更多的曝光和粉丝增长,从而促进销售。

常见的IP营销的类型包括但不限于以下几种。

小说IP:如《鬼吹灯》《三体》等。

动漫IP:如《十万个冷笑话》《火影忍者》等。

游戏IP:如《王者荣耀》《植物大战僵尸》等。

电影IP:如《美国队长》《蜘蛛侠》《钢铁侠》《变形金刚》等。

电视剧IP:如《权力的游戏》《甄嬛传》等。

个人IP:如董宇辉、罗永浩等。

城市IP:如淄博、哈尔滨等。

小案例

一熊养一城，熊本熊的 IP 营销

熊本熊（Kumamon）是日本九州熊本县的吉祥物，外形蠢萌，偶尔还会犯贱（图1-6）。它的粉丝遍布全球，在地球任何一个角落，你都可能看到它的身影；你在微信上，随时可以看到它的表情包。它诞生5年，就让自己的家乡旅游人数实现了将近20%的增长。

图 1-6　熊本熊 IP 形象

那么，它究竟是如何被捧红的呢？实际上，在熊本熊诞生之前，熊本县的知名度在日本国内极低。转机出现在贯通整个九州的新干线的全线开通。鉴于熊本县的火山地貌，设计团队把熊本熊的身体主色调定为黑色，脸蛋上重重地画上了两块圆圆的腮红，这不但让它更憨厚可爱，而且代表了熊本县美味的红色农产品，呼应了"火之国"这一称号。

熊本熊诞生后，政府启动了相应的营销计划，先后在 Facebook（脸谱网）和 Twitter（推特）上为熊本熊开通了主页和账号；又聘请熊本熊为临时公务员和县长。随着知名度的提升，可爱的熊本熊经常参加各种公开活动，每次出场前，都让粉丝们翘首以盼。有一次，出现在台上的熊本熊让所有人表情都凝固了——在它脸蛋上，标志性的腮红不翼而飞了。

没有了腮红，熊本熊瞬间黯然失色，沦为一只普普通通的熊。这可了不得，熊本县政府即刻召开紧急记者会，煞有其事地宣称，熊本熊腮红的遗失是一次严重事件，因为它是熊本人民幸福的象征。熊本县领导还在各大社交媒体发布通告，发起一场轰轰烈烈的"寻找腮红"战役。

在这场寻找腮红的活动中，各大媒体持续跟踪报道，腮红的下落成为民众热议的头条话题。经过重重波折，腮红终于被找回来了，原来，草莓园、番茄地都出现过腮红的踪迹。人们深感惊喜，整个活动以"找回腮红"的全民狂欢完美收官。

资料来源：一熊养一城，熊本熊是如何在全球走红的？［EB/OL］.（2024-02-13）.https://baijiahao.baidu.com/s?id=1790765063187636235&wfr=spider&for=pc.

九、跨界营销

跨界营销是一种创新的营销策略,它涉及将两个或以上的品牌、产品或服务结合在一起,创造出一个全新的概念或产品。这种营销方式旨在打破传统营销模式的界限,通过不同的元素相互渗透和融合,为品牌提供立体感和纵深感,同时提升品牌形象和市场影响力。跨界营销的核心在于品牌之间的互补性合作而非竞争性,这样可以建立一种品牌关系,而不是直接对抗。

> **小案例**
>
> **瑞幸×茅台,现象级联名掀起"酱香"风潮**
>
> 瑞幸和茅台的联名,火爆到在全行业掀起一股"酱香热",酱香拿铁之后,各类"酱香××"刷屏社交网络。
>
> 媒体称这场联名是一场鼓动消费的"阳谋",这场"阳谋"是怎样形成的呢?其中有三大营销关键要素值得思考。
>
> 一是强强联合,制造"1+1>2"的效果。一个是咖啡界的老大,一个是白酒界的一哥,两者的联名自带天然流量。
>
> 二是通过极致反差感,吸引猎奇目光。一个是让人"醒"的咖啡,一个是催人"醉"的白酒;一个新消费代表品牌,一个知名老字号,这种极致的反差感,是联名营销吸引关注的撒手锏。
>
> 三是联动话题营销,卷起翻倍流量。跟随"酱香拿铁"一起引发热议的还有"喝酱香拿铁能不能开车""消费者瑞幸门口怒砸酱香拿铁"等话题,在引发广泛讨论的同时进一步提升了联名的舆论热度。

但是,在实施过程中,很多企业采取跨界营销并没有达到企业预想的结果,其中存在的原因主要表现在两个方面:一是将跨界营销简单地理解为联合促销,单纯地认为任何两个不同行业品牌联合采取互助的促销就是跨界营销;二是在实施的过程中忽视了双方各自品牌、产品、消费群体、资源等方面的研究,使跨界营销在实施的过程中无法实现预期的想法。

因此,对于企业来讲,实施跨界营销需要在对跨界营销正确的认识前提下,遵循以下原则:在进行跨界营销时,不同品牌的企业在品牌、实力、营销思路和能力、企业战略、消费群体、市场地位等方面应该有共性和对等性,只有具备这种共性和对等性,跨界营销才能发挥协同效应。此外,跨界品牌的消费群体应一致,品牌之间不存在竞争性,品牌理念要一致,都以用户为中心。

十、借势营销

借势营销是将销售的目的隐藏于营销活动之中,将产品的推广融入一个消费者喜闻乐见的环境,使消费者在这个环境中了解产品并接受产品的营销手段。其具体表现为通过媒体争夺消费者眼球、借助消费者自身的传播力、依靠轻松娱乐的方式等潜移默化地引导市场消费。

品牌之所以喜欢借势营销，是因为通过借势营销能够达到"润物细无声"和"四两拨千斤"的效果。那么，借势营销是借谁的势呢？一般来说包括以下四种。

第一，借节日之势。品牌若要"借"出新意，能够让大众喜闻乐见、脱颖而出，可以从以下三点出发：具有参与感；有切实的价值；有共鸣、说出客户想说的话，适合传播、转发、讨论。

第二，借竞品之势。多年前，美国排名第二的租车公司"艾维斯"就曾借势租车老大"赫兹"，一句"我们是第二名，所以我们更努力"的广告语让人感受到它的上进；蒙牛早期也蹭过伊利的热度，提出"向伊利学习，为民族工业争气，争创内蒙古乳业第二品牌""千里草原腾起伊利集团、蒙牛乳业，我们为内蒙古喝彩"的口号，让人不禁认为蒙牛是仅次于伊利的内蒙古乳业品牌。不过，企业和竞品"碰瓷"也需要注意两点：一是一定要和比自己做得更好、规模更大、名气更响的竞争对手"碰瓷"；二是凸显自身的优势，但不要弄虚作假。

第三，借"大腕"之势。和比自己高几个等级的"大腕"借势，可以是品牌或者知名人物，也可以是一个普通用户熟悉的理念，从而快速建立在普通用户心中的广泛认知。经常与普通用户认为最好的品牌和产品对标，那么品牌形象也会越来越好。比如，"雪糕界的爱马仕""服装界的劳斯莱斯"等都是非常经典的高阶借势。

第四，借热点之势。碎片化的时代，人们都在追逐一个一个热点。热点的种类可以是明星、名人、影视、新闻、热门活动等。需要注意的是，企业要有对热点的敏感度，及时跟上，不要等热点快凉了才跟上。前面提及的小鹏汽车借助宝马车展翻车的公关事件而派发雪糕引起关注，其实也属于借势热点的做法。

课堂讨论

除了口碑营销、饥饿营销、事件营销等十种新媒体营销模式之外，最近有没有出现新的模式呢？请你举出企业案例和同学们分享吧！

人文素养训练

《网络信息内容生态治理规定》节选（2020年3月1日起施行）

一、"四不得"，要记牢

1. 不得通过发布、删除信息以及其他干预信息呈现的手段侵害他人合法权益或者谋取非法利益。
2. 不得利用深度学习、虚拟现实等新技术新应用从事法律、行政法规禁止的活动。
3. 不得通过人工方式或者技术手段实施流量造假、流量劫持以及虚假注册账号、非法交易账号、操纵用户账号等行为。
4. 不得利用党旗、党徽、国旗、国徽、国歌等代表党和国家形象的标识及内容，或者借国家重大活动、重大纪念日和国家机关及其工作人员名义等，违法违规开展网络商业营销活动。

二、拒绝不良信息

网络信息内容生产者应当采取措施，防范和抵制制作、复制、发布含有下列内容的不良信息：

1. 使用夸张标题，内容与标题严重不符的；
2. 炒作绯闻、丑闻、劣迹等的；
3. 不当评述自然灾害、重大事故等灾难的；
4. 带有性暗示、性挑逗等易使人产生性联想的；
5. 展现血腥、惊悚、残忍等致人身心不适的；
6. 煽动人群歧视、地域歧视等的；
7. 宣扬低俗、庸俗、媚俗内容的；
8. 可能引发未成年人模仿不安全行为和违反社会公德行为、诱导未成年人不良嗜好等的；
9. 其他对网络生态造成不良影响的内容。

资料来源：中华人民共和国国家互联网信息办公室. 网络信息内容生态治理规定[Z].2019.

本章小结

本章是全书的起点，主要用于帮助读者了解新媒体的概念、特点和类型；掌握新媒体营销的概念和特征、新媒体营销的发展现状及趋势；理解新媒体与传统媒体的区别；掌握新媒体营销的十大模式：口碑营销、饥饿营销、事件营销、病毒营销、情感营销、互动营销、社群营销、IP 营销、跨界营销、借势营销。

想一想、练一练

你能找出令你印象最深刻的新媒体营销十大模式的经典案例并对其进行分析提升吗？

即测即练

第二章　新媒体营销的定位及需求洞察

知识目标

1. 理解用户定位的概念和原因，熟悉用户细分变量的类型，掌握用户定位的方法；
2. 理解 User Persona 和 User Profile 的差异，熟悉用户标签体系的搭建；
3. 熟悉内容的表现形式，掌握输出有价值内容的技巧；
4. 了解新媒体平台的三大阵营，熟悉八大主流的新媒体平台。

能力目标

1. 能就某品牌或某产品构建用户画像；
2. 能根据自身需求选择内容定位的方向和平台。

素质目标

通过学习新媒体用户定位的重要性和意义，培养学生正确的用户观念，增强个体责任感和服务意识；理解并尊重用户多样性，注重关爱和满足用户的个性化需求；注重传播价值观的正能量，努力打造和传播有益社会的内容。

开篇案例

百雀羚明确用户定位重塑东方美潮流

百雀羚的历史可以追溯到1931年，出身高贵，是中国第一代护肤品，由上海富贝康公司引进的德国配方，一面市就受到各界精英的追捧，其风头不亚于现在的SK-II、兰蔻、DIOR等国际一线品牌。新中国成立后，由于错误的判断，百雀羚一改20世纪30年代高端价格策略，转而推出"全民护肤"策略——要让全国人民都用得起百雀羚。

虽然在短期内，降价销售会增加销售量，但越来越多的经验证明，从长远看，降价销售只会减少销售量，因为这会促使人们不愿再以正常价格购买商品。降价容易回价难，产品看似"全民热销"，但这样的"热销"只是一种假象，更主要的是这种假象是带不来品牌忠诚度的。要知道价格策略更是一种心理策略，它往往不是由生产成本决定，而更多是由消费心理决定的。正是因为这样，百年老店百雀羚渐渐从曾经的众星捧月到飞入寻常百姓家，再到门可罗雀。

为此，百雀羚在2010年正式落实全新品牌定位"草本护肤，天然不刺激"，为年轻女性提供草本类的天然配方护肤品。百雀羚基于新媒体的特点及自身历史,推出《一九三一》长图广告,构思了肩负特殊任务的女子阿玲从住所出发,到中途与同伴接头,再到接到目标方位指示,最后到夜晚的正式暗杀,阿玲穿越上海城的行踪撑起了故事的框架(图2-1)。这谍战片一样的构思吸引读者读到最后且毫无广告痕迹,而结尾反转的一句"我的任务就是与时间作对",简单明了地表达了百雀羚母亲节礼盒的核心诉求——抗衰老,且令观者印象深刻,可谓构思精巧。

图2-1 百雀羚《一九三一》长图广告节选

2018年,百雀羚携手宫廷文化珠宝首席设计顾问钟华打造"认真,让东方更美"的雀鸟缠枝美什件彩妆礼盒。除了宫廷高定系列的美什件礼盒,百雀羚还推出了"百雀羚×钟华宫廷定制燕来胜限量礼盒"(图2-2)。礼盒包含了百雀羚肌初赋活经典护肤系列,还有同样用祥瑞图案设计而成的清肌玉肤皂。为此,百雀羚同样制作了长图广告。

图2-2 百雀羚×钟华宫廷定制燕来胜限量礼盒

百雀羚这两辑长图广告,延续了一贯的中国风,在创意上结合当下最流行的文化进行了新的演绎。百雀羚长图广告受广大观众喜爱的原因有四点。

首先,彼时宫廷剧大热,百雀羚的受众人群又是集中在18~35岁的年轻女性,所以会采用宫廷的风格,也是跟紧了流行,又契合受众口味。

其次，以后宫多位嫔妃一夜衰老作为悬案展开，引发了受众群体的好奇心，想一探究竟。

再次，用产品"百雀羚×宫廷限定款方胜礼盒"作为承接剧情的关键线索，去引出"与时间作对"的产品亮点。同时，长图广告中插入了许多中国宫廷的精巧物件，其中还有本次长图广告主角"方胜礼盒"的灵感来源。

最后，随着说唱文化的兴起，说唱歌曲也越来越多地运用在品牌广告中。百雀羚此次也推出了一首说唱广告歌，唱出自己的专属。

而在百雀羚广告歌的MV中，从舞狮、皮影戏、京剧、刺绣、汉服等东方传统文化元素的展示，到后宫佳丽争斗的剧情展开，再到现代都市高楼与北京故宫的光阴对比，都尽情演绎了不随岁月流逝而褪色的东方之美。同时，广告歌的歌词与本次营销的东方美主题呼应，展现了百雀羚本次的品牌观点：展现极致东方美，抵抗时间，留住女性美丽的容颜。

资料来源：新媒体运营（02）：明确运营定位［EB/OL］．（2021-01-11）．https://www.woshipm.com/operate/3310110.html.

思考：你认为百雀羚重新火爆的原因是什么？其中最重要的原因是什么呢？你从中得到什么启发？

第一节　新媒体用户定位

一、用户定位的概念

用户定位是定位环节中最重要的一个环节，直接影响新媒体营销的具体工作。一般而言，用户定位是指通过分析和理解用户的需求、行为与特征，将用户划分为不同的群体或细分市场，从而更好地了解他们的特点、习惯和喜好。用户定位可以帮助企业或组织更准确地针对特定用户群体进行产品开发、市场推广、服务提供等方面的决策。通过用户定位，企业可以更好地满足用户的需求，提升用户体验，增强用户忠诚度，从而获得竞争优势。用户定位可以基于多维度的因素进行，如年龄、性别、职业、兴趣爱好、地理位置、购买能力等。

二、用户定位的原因

如果说项目正处于初创阶段或验证商业模式阶段，那么在诸多的用户群体中锁定其中一种客户作为产品的"目标用户"，围绕这部分用户的特性来进行产品设计，势必会比没有锁定客户的在短期内更容易取得较好的成绩。具体而言，进行用户定位的原因包括以下几个方面。

（一）需求不同

不同的用户群体就代表需求的不同，而作为以满足需求为"立身之本"的产品，需求比任何其他东西更为重要。好的产品会持之以恒地挖掘目标用户的使用场景，从场景需求到业务需求全方位地挖掘和推导，从而保证产品的市场竞争力。而充足的市场竞争力又是产品长远发展的核心保障。

例如，当定位为"小白"用户时，他们的需求可能更多的是平台如何教会他们使用软件、如何帮助他们赚到钱。而定位为专业用户时，他们的需求可能更多是如何保证数据的安全性、如何扩大盈利的方式、如何进行内容精细化运作以及多角色的权限管理等。

（二）产品侧重点不同

一般情况下，不同的用户群体对产品的侧重点不同。"小白"用户更关心如何教他做事，以及如何能挣到钱或满足需求。而专业用户则更关注软件是否满足其"与时俱进"的业务需求。在面对系统的教导时，"小白"用户也呈现出"欣然接受""认真学习"的态度。相反地，专业用户则往往视而不见，按照以往习惯操作一通，当出现"错误"时，他们往往寻求系统提供"纠错和撤回"的功能；如果没有，他们则会觉得软件不够"人性化"。

（三）功能设定不同

根据用户群体的特性，不同的年龄、不同的文化、不同的阅历和不同的生活环境造就不同的人，而不同的人形成的群体对同一功能的褒贬就会不一样。如果产品要获得更多的用户，那么符合用户的认知和行为习惯就成了产品的核心。

例如，当定位为"小白"用户，那么所有功能的设计就需要简单、易懂、易用，功能的设计不需要太专业，只要让用户进行简单的操作实现限定的目标即可，这也就是"所见即所得"的设计方式更受欢迎的原因之一。而如果定位为专业用户，那么大概率这部分用户都是从其他产品中"逃离"出来的，此时功能的设计就需要趋近于业内头部产品，保留其培养多年的用户习惯，以及功能设计和用词用语等，否则可能用户用了一两次就因为不习惯从而再次从产品中"逃走"。

（四）用户挖掘成本不同

在产品引流过程中，如何快速、高效地找到用户群是所有产品运营过程中的难点，而又因为用户定位的不同，寻找用户群的渠道和方式变得完全不同。

比如，当定位为"小白"用户时，由于用户群的特性，任何人均可能成为产品的用户，因此广撒网是引流的核心，此时数量比质量更有效。而定位为专业用户时，由于用户群的特性，这部分人少且隐藏得较深，因此精准投放就成了引流的核心，此时质量比数量更重要。

除此之外，由于用户定位的不同，不仅产品的设计会不同，产品的运营、推广、服务等也会因为用户群体的特性变得不同，因此前期做好用户定位是非常关键的事情。许多企业失败并不是自身技术实力不行、产品不行或者人员不够努力，更多是因为用户定位不够准确。

（五）用户教育成本不同

"小白"用户因为没有或很少有同类软件的使用经历，因此一份完整可靠的软件说明书、操作手册或"傻瓜式"的设计是必要的。同时，由于这类用户养成的习惯，只要能满足需求，简单的培训或指导就可以让其习惯。

而专业用户由于已经接触过同类软件，同时具备一定的软件操作知识和经验，因此软件说明书不再是必要的。同时，由于已经在不断的使用过程中产生了"肢体记忆"，因此一旦软件的设计与用户习惯不符就会引起严重的用户反感，即使软件提供了各种培训和指导，用户也会因为"久远"的肢体记忆而迟迟无法纠正，从而造成教育成本"居高不下"，甚至有可能因为反感外加其他产品的"逃逸成本"，从而直接弃用。

由此可见，精准、正确的用户定位非常关键，这也是关系项目成败、团队生死等的核心问题。

小案例

《陈翔六点半》的用户定位

《陈翔六点半》是有影响力的短视频节目之一,单集几分钟的爆笑剧情短视频,吸粉无数。在新榜发布的 PGC(professional generated content,专业生产内容)视频影响力排行榜中,多次力压 papi 酱、办公室小野等网红,占据榜首。究其原因,可能是找准了目标人群,抓住二、三线城市用户需求。

《陈翔六点半》单集在 2~4 分钟,都是普通小人物的囧事,演员也不是小鲜肉、美女,却包含密集的笑点、槽点,可以理解为视频版的段子。对生活在二、三线城市的百姓来说,生活就是普普通通的酸甜苦辣,以及总是避不开的囧事。在一次采访中,陈翔表示,一线城市精英这一群体的信息消费需求已经被过度满足了,千篇一律的高大上、时尚、美,早已让人审美疲劳。而对中小城市及城镇的非精英群体而言,文化及娱乐需求却一直被忽视,这一广阔市场一直处于半空白状态。陈翔的这一视野与他一直身处昆明有关,"有时候在偏远的地方可能看得更清楚一点。"陈翔曾在接受采访时这样说道。

三、用户细分变量的类型

(一)地理变量

企业首先可以用地理变量相关的指标对企业整个市场消费者作出划分(表 2-1),因为从消费者的工作、生活来看,不同消费者所在的地点是分散的,而分散在不同地理区域的顾客的需求是存在明显差异的。例如,东北三省的顾客,南方省市如广东和海南的顾客,这两类顾客就对某些产品的需求存在明显差异。在冬天,东北三省会特别冷,所以东北三省的消费者对比较厚的羽绒服、防寒的衣服需求就非常大,但是同样厚度的羽绒服在海南肯定是卖不掉的,因为海南即使冬天也比较暖和,根本不需要羽绒服,这就是地理区域对顾客的需求产生的差异影响。

表 2-1 地理变量的分类

地理变量的分类标准	具 体 项 目
所在地区	华东、华南、东北、华北、西北、西南、华中
所在城市的人口规模	50 万以下、50 万~100 万、100 万~200 万、200 万~300 万、300 万以上
所在地区城镇类型	直辖市、省会城市、大城市、中等城市、小城市、乡镇、农村
所在地区气候条件	温暖、严寒、潮湿、干燥

用地理变量做市场细分的时候,可以用到的具体指标,比较典型的指标如城市和农村,城市的消费者和农村的消费者的需求一定是存在差异的。例如,拼多多选择农村这个细分市场,这是因为农村消费者受到本身条件的影响,如收入水平可能比较低,这类人群在购买产品的时候,可能更希望购买一些价格更加低廉的产品。

(二)人口统计学变量

人口统计学变量是描述人群特征的变量,通常包括年龄、性别、家庭生命周期、职业、收入、受教育程度、家庭规模等(表 2-2)。这些变量被广泛应用于社会学、经济学、市场营销和人口统计学等领域,用于描述和分析人群的特征和行为。

表2-2 人口统计学变量的分类

人口统计学变量的分类标准	具 体 项 目
年龄	6岁以下、6~11岁、12~19岁、20~34岁、35~49岁、50~64岁、65岁及以上
性别	男性、女性
家庭生命周期	单身期、新婚期、满巢期、空巢期、老年期
职业	工人、农民、公务员、公司职员、个体户等
收入	3 000元以下、3 000~5 000元、5 001~8 000元、8 001~10 000元、10 001~20 000元、20 001~30 000元、30 000元以上
受教育程度	小学及以下、中学、大学、研究生及以上
家庭规模	1~2人、3~4人、5人及以上

在进行人口统计学分析时,需要注意以下几点:首先,需要确保数据的准确性和可靠性。数据的收集和处理应该遵循相关法规和伦理标准,以避免出现偏差和错误。其次,需要选择合适的统计方法和分析工具。不同的变量可能需要采用不同的统计方法和分析工具,以确保结果的准确性和可靠性。最后,解释结果时需要考虑到其他相关因素。人口统计学变量只是描述人群特征的一部分,还有其他因素如社会经济地位、文化背景等也需要考虑到。因此,在进行人口统计学分析时需要综合考虑多种因素,以确保结果的准确性和可靠性。

(三)心理变量

心理变量是市场细分中根据心理学特征划分市场的变量,包括个性特征、需求动机、生活方式、感知风险、消费理念等。心理变量的分类如表2-3所示。

表2-3 心理变量的分类

心理变量的分类标准	具 体 项 目
个性特征	理智、冲动
需求动机	生存、安全、情感和归属、尊重、自我实现
生活方式	传统、保守、现代、时髦
感知风险	低风险、中等风险、高风险
消费理念	节俭朴素、铺张浪费

在现代市场营销活动中,越来越多的企业按照生活方式来细分消费者市场,尤其是服装、化妆品、家具、餐饮、游乐等行业的企业,这是因为消费者的需求往往受消费心理的影响。如果不考虑心理这个因素,仅仅考虑地理变量、人口统计学变量等因素,按照这些变量来细分市场和选择目标市场是不完全可靠的。例如,美国福特公司曾按照购买者年龄来细分汽车市场,该公司的"野马"牌汽车原来是专门为那些想买便宜跑车的年轻人设计的,但最后的结果令福特公司十分惊讶。不仅某些年轻人购买"野马"车,许多中、老年人也购买"野马"车,因为他们认为驾驶"野马"车可使他们显得年轻。此时福特公司的领导层才认识到,"野马"车的目标市场不是年纪轻的人,而是心理年轻的人。事实上,这一细分已经转化为心理细分了。

(四)行为变量

行为变量是指企业根据消费者不同的消费(购买)行为来细分市场的变量。行为细分的依据很多,包括利益诉求、使用频率、品牌忠诚、购买理由、购买时机等。行为变量的分类如表2-4所示。

表2-4 行为变量的分类

行为变量的分类标准	具 体 项 目
利益诉求	品牌、质量、价格、功效、样式、包装、服务、速度
使用频率	从未使用、少量使用、中等使用、频繁使用
品牌忠诚	坚定忠诚、适度忠诚、转移、非忠诚
购买理由	一般性购买、特殊原因购买
购买时机	结婚、离婚、购房、搬家、拆迁、入学、升学、退休、出差工作、旅游、节假日

其中,根据利益诉求来细分市场,是非常有效的一种细分方法。企业可根据自己的条件权衡利弊,选择其中一个追求某种利益的消费群作为目标市场,设计和生产适合这一目标市场的产品,并通过适宜的促销方式把产品信息传递给目标市场。例如,在挑选牙膏时,有的人挑的是经济实惠,有的人挑的则是不同功能,这些不同需求的群体就可以作为不同的细分市场。例如,云南白药牙膏正是针对牙龈出血、牙龈疼痛人群推出的一款牙膏产品。

四、用户定位的方法

一般来说,有效的用户定位方法有以下几种。

(一)收集用户信息

企业需要收集各种有关用户的数据,包括购买历史、兴趣和偏好、浏览记录、搜索关键词、社交媒体活动等,以建立更准确的用户画像(User Profile)。同时,借助人工智能和大数据技术,可以对用户数据进行挖掘和分析,发现用户之间的关联和特征,从而进行精准的用户定向。例如,淘宝在2021年的"双十一"推出"一键分享购物车"功能,以推荐算法作为支撑,找到与目标用户A购物喜好相似的用户B,将用户B分享的购物车内容推送至目标用户A的功能界面,帮助用户A找到消费目标,进而刺激用户A消费。

不过,企业在进行数据收集和分析的过程中,必须严格遵守相关的法律法规,尊重用户的隐私权。

(二)进行竞品分析

竞品分析是指在同一领域或行业中,将自己的产品或服务与竞争对手进行对比,从而发现优势和劣势,制定相应策略的过程。企业通过竞品分析,可以了解到同行业的竞争对手如何定位目标用户、它们的营销策略有哪些值得自己借鉴、自己的产品或服务在哪些方面存在不足或需要改进。

在具体操作上,企业可以在百度、Google、Bing(必应)等搜索工具上搜索一些竞品,或者通过其他一些渠道获得竞品,逐个将功能翻遍,弄清楚有些什么功能、核心功能是什么、核心流程是什么,然后反推出为什么要这么设计、这么设计到底瞄准的是哪类客户。通过竞品分析,企业可以更加精准地定位目标用户,并制定有效的营销策略,从而提升转化率。当然,竞品分析并非一劳永逸的方法,随着市场环境和竞争对手的变化,企业需要不断地进行分析和调整,才能始终保持竞争力。

（三）收集产品反馈数据，从数据中寻找出核心需求

人可能受环境或者情绪的影响，调研出来的结果有所偏颇，但数据不会，数据是一种客观存在，所以我们需要持续观察各项数据的变化，从而去定位用户的核心需求。例如，某个网站上有手机验证码注册和用户名注册两种方式，用户名注册只需要填写用户名和密码就能注册，过程简单、快捷，在设计的初期，设计师误认为通过这种方式注册的用户会比较多，但是数据反馈后发现这种方式的注册数量几乎为零，访问用户后得知用户觉得这种注册方式非常不安全，安全性才是用户的核心需求，而不是便捷性。

（四）深度访谈样本用户

深度访谈一般时长控制在 1 小时以内，挑选的样本用户最好是典型重度种子用户，样本量不用多，只要他们具有代表性。可以设置一些指标筛选出合适的人选，以天猫为例，每月在天猫购物 30 次以上，每次客单价是 3 000 元以上，每周逛天猫的时长为 30 小时以上，天猫活动的支持度等，满足以上特点的用户，就是天猫寻找的样本用户。

（五）焦点小组访谈

焦点小组访谈一般时长控制在 2 小时以内，小组一般是 6~8 人，在主持人带领下完成议题讨论，这种用户调研方式需要的样本量比深度访谈要多，所以样本用户条件适度放宽，这种调研方式的好处是可以使样本用户有思维碰撞，适合一些开放的题目。需要注意的是不要选择意见领袖参与，避免其他用户受其影响，还需要找控场能力强的主持人，产品经理做主持人也是不错的选择，可以直面用户，直接挖掘用户核心需求。

（六）现实场景还原测试

现实场景还原测试亦即还原用户平时的操作行为，工作人员对其操作进行一一追问，研究其动作背后的动机。这需要与数据结合分析，数据反馈虽然真实，但是有时候很难寻求出原因，通过这个还原测试，就能对数据结果进行补充。

（七）场景假设

场景假设等于脑洞大开，通过经验和想象力构造一个虚拟的场景，试图穷尽所有在此场景下的可能性进行分析，希望可以寻找出核心需求。在用户研究中，工作人员可以多问"为什么"，这是了解核心需求的法宝。每个问题、每个动作都是一个表象，每对一次表象问"为什么"，若用户能答出来原因，那证明这仍然不是核心需求，这就需要继续追问为什么，一层层剥开，直到用户答不出来了，那这个答案才是真真正正的核心需求。

扩展阅读 2-1 中国消费二十年洞察系列报告-人群篇

五、用户定位的步骤

如果新媒体人想为运营工作打下坚实的基础，他们需要重视两项工作：一是清楚自己的目标用户是谁；二是厘清这一类用户的特点。

要做好这两点，我们首先要对目标用户群体特征进行分析，通常可以从属性和行为两方面下手。其中，属性可以通过用户的性别、年龄、居住城市、学历等来分析，行为可以通过用户喜欢什么网站、喜欢做什么来分析。具体而言，用户定位通常分三步进行。

第一步：对目标用户进行信息收集，可以通过各种新媒体平台的后台数据去了解，也可以利用投票功能进行问卷式调查。

第二步：根据所收集的用户信息，进行数据分类整理，先按照属性划分，然后按照用户实际情况，备注好真实标签，如哪些是老客户、哪些是新客户、哪些是忠实粉丝、哪些是普通粉丝等。

第三步：将这些信息整合后，就可以对这些用户进行全方位的画像描述，如用户具体的性别、年龄、兴趣爱好等。

其中，前面两个步骤在本节已经进行了比较详细的介绍，第三步"构建用户画像"将在本章第二节具体介绍。

课堂讨论

请和身边的同学一起讨论，企业了解用户的行为可以从哪些方面入手。

人文素养训练

从客户那里汲取新创意

一、观察客户如何使用自己的产品

美敦力（Medtronic）是一家医疗设备公司，它的销售人员和市场研究人员定期观察脊柱外科医生如何使用其产品及其竞争对手的产品，来了解如何改进公司的产品。而在与墨西哥城的中下层家庭生活在一起后，宝洁公司的研究人员开发了当妮（Downy）衣物柔顺剂，简化了手工洗衣过程。

二、向客户询问他们认为产品存在的问题

小松机械派出一批工程师和设计师到美国进行为期6个月的考察，他们与开大型机械设备的司机一起乘坐自己公司的产品，学习怎样才能使小松机械的产品变得更好。宝洁公司注意到，消费者对薯片开袋后会破裂和难以保存很不满意，因此将品客（Pringles）薯片设计得更结实、大小均匀，以便将其装在一个能提供更好保护的类似网球包装盒的筒里。

三、向客户询问他们梦想中的产品

问问你的客户，他们希望你的产品能做什么，即使他们提出的想法听起来不可能实现也无所谓。一位70岁的相机用户告诉美能达（Minolta）的营销者，他希望相机能让他的拍摄对象看起来更好，照不出皱纹和衰老的痕迹。作为回应，美能达生产了一款带有两个镜头的相机，其中一个镜头呈现的是柔性图像。

四、积极征求客户的反馈意见

李维斯（Levi's）借助青年小组讨论生活方式、习惯、价值观和品牌参与度，思科（Cisco）举办客户论坛以改善其产品，哈雷戴维森（Harley-Davidson）向其哈雷车友会的百万成员征求产品意见。宝洁公司的全球网站里有一个"分享你的想法"栏目，以征求客户的建议和反馈。

五、形成一个由产品爱好者组成的品牌社区

哈雷戴维森和苹果有阵容强大的品牌爱好者与拥趸。索尼与消费者进行合作对话，共同开发 PlayStation 游戏机。乐高在早期发展阶段,向儿童和有影响力的成人爱好者征求他们对新产品概念的反馈。

六、鼓励或向客户发出挑战,来改变或改进产品

国际香精香料公司(International Flavors & Fragrances,IFF)为它的客户提供了一个用于修改特定香料的工具包,修改后的香料由 IFF 生产。LSI Logic Corporation 也为客户提供了自己动手的工具包,以便客户设计自己的专用芯片。而宝马公司在其网站上发布了一个工具包,让客户利用远程信息处理技术和车内在线服务开发创意。

资料来源:科特勒,凯勒,切尔内夫.营销洞察:从客户那里汲取新创意的六种方法[M]//科特勒,凯勒,切尔内夫.营销管理.陆雄文,蒋青云,赵伟韬,等译.16版.北京:中信出版集团,2023.

第二节 用 户 画 像

一、用户画像的概念

(一)用户画像概念的提出

"用户画像"这一概念源于交互设计领域,由"交互设计之父"阿兰·库珀(Alan Cooper)提出。他认为"用户画像实际上是建立在一系列用户数据之上的一个目标用户模型"。从库珀对用户画像的定义来讲,理解用户画像工具有三个关键点。

(1)虚拟代表。用户画像并不是对单个用户的特征进行描述,而是对一群人特征的抽象概括。正如企业被人称为"法人",用户画像是针对一群人进行分析、用数据去刻画"一个有共同基础信息特征、心理特征或者行为倾向的人群,进而找到能撬动他们决策的支点"。从实现形式来讲,这种刻画其实还可以理解为:为一群有共同特征的人打上标签,然后根据标签去做精准营销。

(2)真实数据。正所谓"巧妇难为无米之炊",用户画像是基于真实数据构建的,真实的用户数据就是用户画像的画笔。这里提到的数据包含但不限于人口学特征(譬如目标人群的性别、年龄、地域分布等)、用户行为数据等。

(3)目标用户。从"目标人群"这个词中,我们可以看出用户画像关注的并不是全体用户,而是某一个细分群体,是一个精准的群体,是一个细分的利基市场。

(二)User Persona 和 User Profile

简单来说,User Persona 由库珀提出,指的是建立在一系列虚拟属性数据上的目标用户模型。其一般是产品设计、运营人员从用户群体中抽象出来的典型用户,本质是一个用以描述用户需求的工具。而 User Profile 在互联网时代则较为通用,指的是结合用户人口学特征、网络浏览内容、网络社交活动和消费行为等信息而抽象出的标签化的用户模型,其核心主要是通过对海量数据的挖掘,给用户贴上能表示其维度特征的"标签",用于后续的数据分析和业务运营。具体来说,这两个概念有以下区别。

▶ **1. User Persona 重描述**

User Persona 是描述用户需求的方法论,通过若干个集合了真实用户典型需求的虚拟角色,帮助产品经理和设计师理解用户的真实需求与使用场景,以便在产品定义阶段和产品设计阶段始终围绕典型用户的核心诉求点进行设计与开发。其实,User Persona 翻译为"用户特征"可能更适合,用来概括用户群体或者当中一类人的整体特征,具有广泛性。例如,MobData 公司曾经就华为手机使用情况的大数据提炼了华为手机的用户画像,如图 2-3 所示。

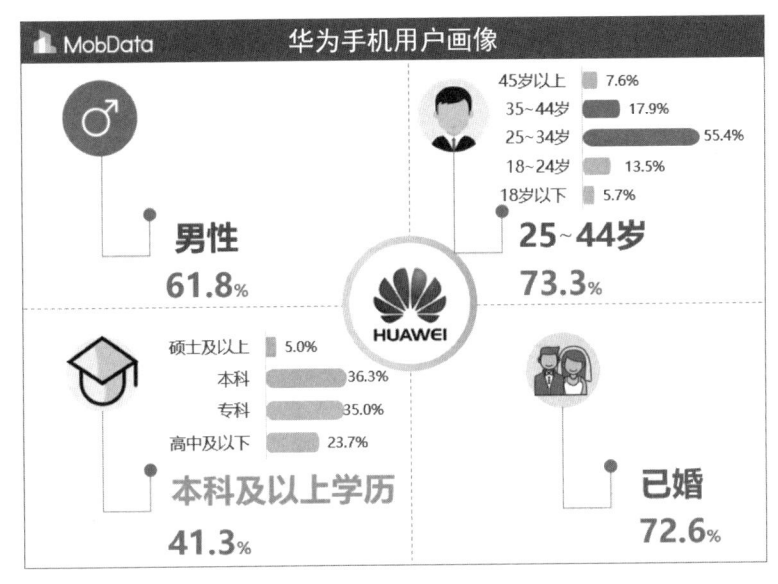

图 2-3　MobData 公司为华为手机制作的用户画像

▶ 2. User Profile 重应用

User Profile 是基于大量用户积累的数据的用户信息标签化,可应用于运营和数据分析中,是数据分析师、算法工程师、数据科学家更关心的概念。用户画像就是标签,用户登录 App 或者触发某页面之后,系统会根据用户的画像标签来对其赋予不同的策略。例如,假定一个用户登录了今日头条,App 首先分析用户画像,如果发现该用户命中"程序员"的标签,就为其推送新闻《谁来写元宇宙的代码》;如果发现该用户命中"喜欢侃大山的出租车司机"的标签,就为其推送新闻《七国集团胁迫中国放弃核武器,外交部一举引热议》。

目前,大部分学者更倾向于 User Profile 的说法,因为 User Profile 更贴近主流的互联网运营视角,这种用户画像对于运营策略也更具指导意义。以下内容也是基于 User Profile 一词来介绍。

二、用户标签体系

简单来说,用户画像亦即"给用户打标签",用户画像的内容也是围绕这些标签生成。标签是高度精练的特征标识,如年龄、性别、地域、兴趣等。由这些标签集合能抽象出一个用户的信息全貌,每个标签分别描述了该用户的一个维度,各个维度相互联系,共同构成对用户的整体描述。例如,如果你经常在朴朴超市买菜,那么根据你的消费记录,电商后台就会给你打上"喜爱美食""普通白领""忠实用户""拥抱生活"等标签,同时能根据你所购买物品的价格,判断你的消费能力,甚至能根据你所买物品的适用人群,判断你的年龄区间段。企业

37

可以把这些标签生成文字云,如图 2-4 所示。那么,这些标签是如何构建出来的呢?又应如何优化呢?我们一起来看看。

图 2-4 将用户标签生成文字云

(一)用户标签搭建维度

如果对用户标签进行归类,大致可以分为静态标签、动态标签、预测标签。其中,静态标签判断用户基础需求,动态标签提升用户体验,预测标签提升用户转化、提高产品价值。

▶ 1. 静态标签

静态标签是用户主动提供的数据,也是用户不变的基础信息,多为用户固定数据。企业可以从以下四个方面收集用户信息。

(1)基础属性:年龄、性别、出生日期、学历、职业、行业、婚育情况等。

(2)位置属性:国家、省份、城市、区县、街道等。

(3)通信属性:地址、邮箱、手机号、单位座机等。

(4)资产属性:房产状况、居住年限、车产状况、负债状态等。

▶ 2. 动态标签

动态标签是平台介入的数据,即用户在平台内的特有标签,是平台根据用户行为给用户打上便于管理的标签。用户行为是指用户从启动 App 到关闭 App 阶段内,在 App 内的所有操作行为,如用户的点击、浏览、互动(评论、点赞、转发、收藏),以及与用户活跃度、忠诚度有关的指标等。

具体而言,动态标签信息包括以下五个方面。

(1)网络信息:上网时长、上网时段、网络环境的切换场景等。

(2)下载产品渠道:第三方分享链接(如微信、QQ 等);新媒体渠道(如抖音、快手等);地摊扫码;其他渠道。

(3)产品使用习惯:频次、使用时长、使用时间段、移动和 PC(个人计算机)切换的时间与频率、关闭打开产品的时间间隔等。

(4)用户行为:购物习惯(如价格、品质、频率、购买风格倾向、品牌倾向、复购率、支付方式等);浏览习惯(包括内容方向、首页和详情页停留时长、搜索栏精准搜索、浏览平台推荐信息、停留时长等);互动行为(包括点赞、评论、收藏、转发、打赏、关注、私聊等)。

(5) 用户价值：用户等级、用户注册时间、用户活跃情况、用户贡献情况（如内容、电商等）。

▶ 3. 预测标签

预测标签是平台介入的数据，根据用户在平台内的行为数据对用户未来行为或喜好进行预测，也是设计千人千面和运营策略的关键。通常企业会根据用户的行为数据预测"兴趣点、关注点、潜在需求、潜在流失风险、召回策略"等信息。例如某电商平台，根据用户 A"月均消费 5 单，且有数额过万的运动商品"的购物数据，会给用户 A 打上"高频、品质敏感性、运动"的标签，后期会进行更多推荐高品质运动商品及相关运动品牌活动的精准推送。

（二）为用户"贴标签"的形式

标签由平台运营团队创建，结合业务场景梳理出一批原始标签；注意标签创建要紧贴业务场景，为用户"贴标签"通常有两种形式，即隐性标签和显性标签。

(1) 隐性标签，其实是在后台给用户打标签，用户无法感知。后台结合用户前端的点击浏览等行为操作，自动为用户贴上相应类别标签。这种形式的好处在于用户行为真实度极高，平台易获取无修饰、无加工的用户行为数据。其不足之处在于，对平台来说前期人工成本较高。

(2) 显性标签，也就是用户主动给自己打标签，即用户在产品前端页面手动选择自己感兴趣的标签，他们通过触发标签机制，后台机器匹配数据直接打标签。这种方式的优点在于高效，不足之处在于数据真实度偏低（初始标签存在无法满足所有用户的风险，用户也许会选择近义词，也许跳过不选）。这种形式一般陌生社交产品和社区产品使用较多，目的是提升千人千面的精准度和用户体验。

如果企业选择第(2)种形式，需要注意标签机制的设计规则，如标签默认前台固定页面展示，需用户手动选择后，标签自动隐藏不再显示等。其次后台注意标签选择排重，如出现 A 用户的标签既是后台添加又是用户自己选择，则保留用户选择的标签。同时，企业要牢记"用户也不知道自己要什么"，不是用户自己选择标签之后就万事大吉了，要结合用户行为数据持续优化标签。

（三）用户标签的优化

即使是给用户贴上了标签，也不代表以后就可以一劳永逸了，优化用户标签也是企业需要持续跟进的工作。

首先，企业可以采用"机器优化"的做法。机器根据数据反馈持续更新，优点在于高效、智能，不足之处在于投入的技术成本以及机器欠缺一定的精准性。这种方式比较适合产品发展期、用户量较大且有一套成熟的标签体系，机器已经达到一定的智能化，只需运营抽样进行精准度测试和标签规则优化即可。

其次，企业还可以直接对标签进行"人工优化"，也就是利用人工对标签规则调整优化。其优点是精准度高，不足在于人工运营成本高。这种方式适合产品初期，用户量小，机器识别还不是很成熟，可以达到准确优化。

这两种方式需要结合产品周期和用户体量选择运用，无论运用何种方式，都需要持续根据产品业务场景对标签的规则进行调整优化，切忌图省事忽略标签体系的优化，如果标签数据模糊，用户画像自然也会立不住，产品设计也会不尽如人意。

> **课堂讨论**
>
> 以携程 App 为例,分析携程的目标市场,搭建携程境内游用户画像包含的用户标签体系,尝试使用思维导图或者文字云的形式表达出来。

三、构建用户画像的步骤

在具体构建用户画像之前,我们需要先明确构建用户画像的目的。品牌以数据集成的方式,收集用户的年龄、性别、职业、收入、生活方式、消费偏好等信息,是为了准确地捕捉到用户的行为和痛点。因此,在构建用户画像时,需要时刻牢记:构建用户画像并非对消费者数据的简单收集和记录,而是以用户需求为起点,基于数据对用户行为进行分析和洞察,让运营、营销人员深入地了解用户,进而更加精准地运营和策划。那么,对市场运营人员来说,如何对消费者行为进行收集、分析,帮助深入理解和洞察用户,进一步挖掘、释放客户数据中潜藏的价值呢?需要通过以下三个步骤来完成。

(一)用户数据采集

数据是构建用户画像的核心,也是建立客观、有说服力的画像的重要依据,一般包含宏观和微观两个维度。首先是宏观维度,数据来自行业数据、用户总体数据、总体浏览数据、总体内容数据等。其次是微观维度,数据包括用户属性数据、用户行为数据、用户成长数据、模块化数据、用户参与度数据和用户点击数据等。此外,品牌还可以根据自身的具体运营情况进行调整,添加或删减收集数据的维度,构建适配度高的品牌数据资产。

(二)用户数据标签化

用户画像的目的之一就是通过对用户数据的分析为每个用户打上相应的标签,并对标签赋予不同的权重,所以就需要将用户数据映射到构建的标签体系中,并将用户的多种特征组合到一起。

标签的选择会直接影响到最终画像的丰富度与准确度,因而对数据进行标签化时需要和产品自身的功能与特点相结合。比如电商类平台需对价格敏感度相关标签进行细化,而短视频平台则需要尽可能多视角地用标签去描述视频内容的特征。

(三)生成用户画像

在把用户数据标签化之后,通过相应的模型或工具,即可生成相应的用户画像,可以是囊括了各种标签的 Excel 表格,也可以是一张可视化的画像。企业可以在 boardmix(博思白板)官网使用现成的用户画像模板来表述,详见图 2-5,具体例子可以参考图 2-6 所列举的"短视频购物商城"和"E 社区"用户画像示例。

当然了,用户画像并非一成不变,所以相应的模型和工具也需要具备一定的灵活性,能够根据用户的动态行为修正与调整相应的画像。

对于任何一款 ToC(面向消费者)的互联网产品而言,用户画像对其健康成长都有着至关重要的作用,而随着数据采集工具和技术的不断发展,用户画像做得愈加精细,用户的真实需求也能被更加准确地呈现出来,此时只要产品和运营策略及时进行优化迭代,那么,产品、运营与用户之间就能形成相互促进的良性循环,走入稳步增长的快车道。

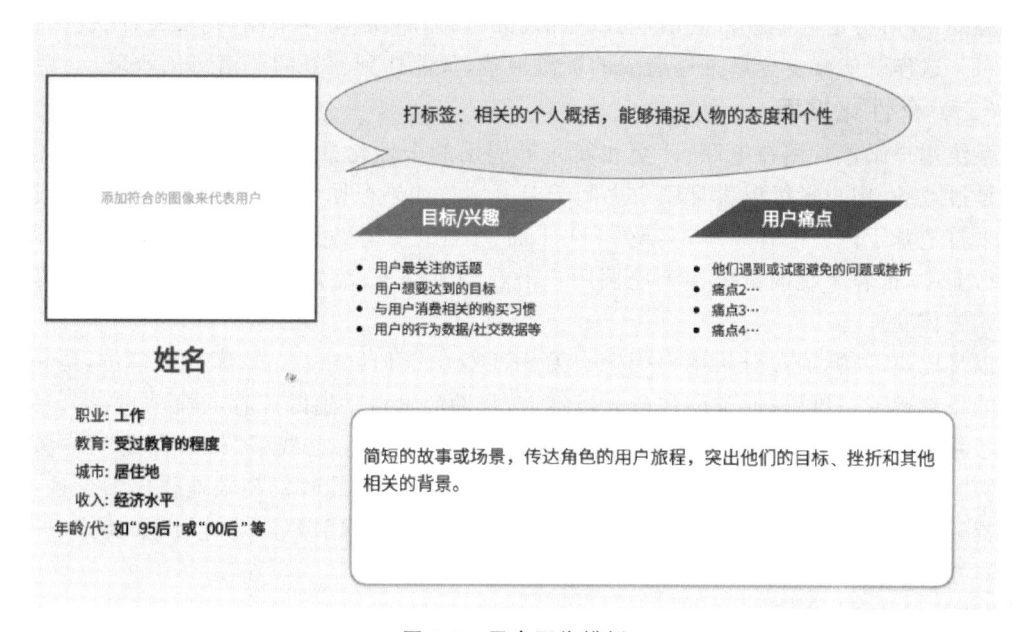

图 2-5　用户画像模板

资料来源：boardmix(博思白板)官网。

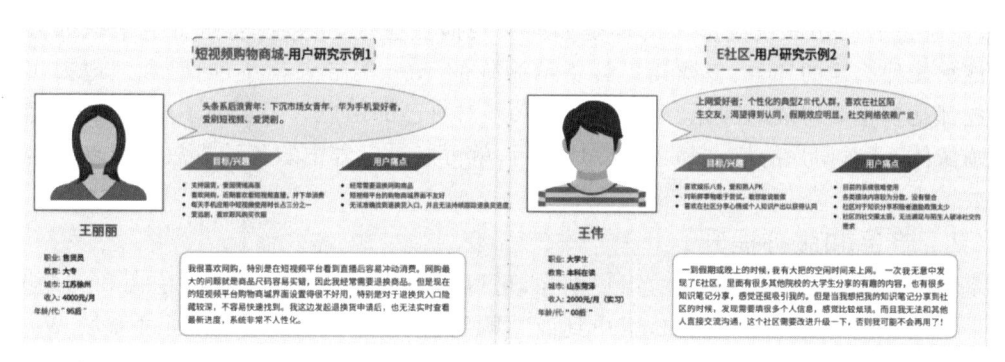

图 2-6　用户画像示例

资料来源：boardmix(博思白板)官网。

四、用户画像的应用

用户画像应用领域较为广泛，适合于各个产品周期，从新用户的引流到潜在用户的挖掘，从老用户的培养到流失用户的回流等。通过挖掘用户兴趣、偏好、人口统计特征，可以直接用于提升营销精准度、推荐匹配度，最终提升产品服务和企业利润。

(一) 精准营销

这是用户画像应用最为广泛的领域，尤其是当产品步入精细化运营阶段之后，就需要通过更为细致的维度对用户进行分群，进而为其配置相应的推送、转化、激励等运营策略，以实现运营资源的价值最大化。常见的精准营销方式包括 App 信息推送、短信营销和邮件营销等。随着运营方式从粗放式到精细化，用户画像技术能更深入和直观地了解用户，而越了解用户，就越能够作出正确的决策。通过对产品或服务的潜在用户进行分析，将用户划分成更细的粒度,针对特定群体进行营销,辅以短信、推送、邮件、活动等手段,施以关怀、挽回、激励等策略。这样既能减少全量推送造成的资源浪费,又能达到较好的营销转化效果。

(二)个性化推荐

系统用户画像常用在电商、社交和新闻等应用的个性化推荐系统中。互联网时代下的信息是过载的,用户量级巨大且用户之间千差万别。如果根据用户的行为习惯,购物或阅读记录来打造基于内容推荐系统,实现"千人千面"个性化推荐,可以加强应用的用户黏性。在电商行业中,推荐系统的价值在于挖掘用户潜在购买需求、缩短用户到商品的距离、提升用户的购物体验。

以星巴克为例,通过分析用户历史购买SKU(stock keeping unit,库存量单位,是一种可扫描的条形码或二维码,通常印在产品标签上,帮助商家自动追踪库存的流动)数据,星巴克推算了用户的口味偏好,并以此为基础在App专星送产品端上线了"每日标配"和"懂你喜欢"的功能。"每日标配"可以让用户在使用星巴克外卖服务的时候高效地作出惯性选择,有效地提升了转化;而"懂你喜欢"则可以根据用户的口味习惯引导消费升级(如美式→冷萃)或糕点搭售,"优雅"地提升客单量。

(三)广告精准投放

大数据营销衍生于互联网行业,又作用于互联网行业。多平台的大数据采集,以及大数据技术的分析与预测能力,能够使广告更加精准有效,给品牌企业带来更高的投资回报率。毕竟,任何一个App最终要解决的都是如何实现商业变现,承接广告是普遍采取的方式之一。该承接什么样的广告、怎样让广告主信服你的App能带来收益、如何合理地去实施广告投放都是首先要解决的问题。因此,企业必须对自己的用户有一定的了解,当有了完整的用户画像体系,对用户的信息都一清二楚以后,就可以对广告主的各种投放需求做广告的精准投放。

(四)产品和服务提升

基于不同时间、地点和场景的用户画像,可以实现对用户需求的深度挖掘和问题分析,并将最终的优化落实到位。例如,用户到商超购物,但是车没有地方停,通过商场Wi-Fi抓取的用户信息发现,用户在停车场的逗留时间较长。那么,运营者可对商场的车位资源进行重新整合,在多个停车区配备引导员,有效疏通来往车辆,缩短消费等待时间,提升用户购物体验,同时也加大了商场每天的客流量。

扩展阅读2-2　运用ChatGPT绘制用户画像

第三节　新媒体内容定位

一、新媒体内容定位的内涵

确定内容定位是运营者开展内容运营工作的第一件事,找准内容定位可以让后续的内容运营工作事半功倍。运营者在进行内容定位之前,先思考六个问题。

(1)内容方向:自己想在平台账号做什么方面的内容?也就是自己将要持续输出的内容的领域是什么,是美食还是旅游,是摄影还是娱乐,只有先做好内容领域的定位,才能保证后续内容的深耕。

（2）粉丝价值：自己能为用户做些什么？运营者需要通过某个兴趣点聚焦朋友圈、粉丝圈，给粉丝用户提供多样化、个性化的商品和服务，最终转化成消费，实现盈利。

（3）独特卖点：自己的独特价值在哪里？粉丝凭什么一定要选自己？

（4）需求对接：自己的服务跟粉丝偏好、关注点是否匹配？

（5）价值驱动：自己需要提供什么价值服务，从而使粉丝付诸行动？

（6）内容质量：运营者是打算将更多精力放在原创上还是放在非原创上？事实证明，原创耗时耗力肯定是要远超于非原创，不过如果运营者想要开通平台的原创功能的话，那么基本的原创能力是必备选项。

新媒体内容定位是指根据目标受众群体、市场需求和品牌定位等因素，明确定义和规划新媒体平台上发布的内容的方向和特点，包括确定内容的主题、形式、风格、频率、互动方式等。精准的新媒体内容定位可以帮助提升品牌知名度，吸引目标受众的注意力，增加互动和转化率等。

二、内容的表现形式

运营者确定好内容定位之后，接下来就需选择内容的素材，而新媒体内容的表现形式丰富多样。通常地，新媒体内容的表现形式包括文字、图片、音频、视频、互动页面、虚拟现实等。

（一）文字

不论是微信公众号、新闻客户端还是微博，文字内容仍然是传播信息、表达观点的主要方式之一。文字既能传递信息，又能引发思考，具有独特的魅力。因此，文字内容创作者需要具备较好的写作技巧和沟通能力，才能在激烈的内容竞争中脱颖而出。优秀的文字内容不仅能吸引读者的眼球，更能触动读者的内心，引发共鸣，甚至改变他们的想法和态度。在快节奏的信息时代，简洁明了的语言更能够迅速抓住读者的注意力，让其在短时间内获得想要的信息和思想启发。

小案例

蕴含真理句句扎心的江小白文案

江小白式的文案字字灼心、句句扎心。它对人性的洞察可谓细致入微，总给人一种很失落的情绪，因此，也总能引起读者强烈的情感共鸣。下面10句文案有没有引起大家的共鸣呢？

1. 话说四海之内皆兄弟，然而四公里之内却不联系。
2. 从前羞于告白，现在害怕告别。
3. 最怕不甘平庸，却又不愿行动。
4. 我在杯子里看见你的容颜，却已是匆匆那年。
5. 所谓孤独就是，有的人无话可说，有的话无人可说。
6. 约了有多久？我在等你主动，你在等我有空。
7. 我们在同一酒桌，却听对方说着陌生的故事。

8. 多少次朋友圈里的孝顺,都不及一次回家。

9. 我们曾共有过去,如今却各有未来。

10. 总以为你我未来可期,但最终连再会都遥遥无期。

(二)图片

图片作为一种非常直观的表现形式,特别适合在社交媒体和移动应用中使用。通过图片,我们可以充分表现各类信息,包括人物、场景、活动等。好的图片不仅能吸引用户的眼球,同时它还具有文字不能带给用户的直观画面感以及震慑力,在这个读图的时代,某种程度上图片的感染力要超过文字,一张图胜过长篇大论,绝对是一图胜千言。特别是在微信公众号图文信息这种地方,缩略图直接影响着图文的点击率,而内容中的配图也直接决定着用户的阅读体验。微信公众号"同道大叔"的头条文章都是用图片展示的,这类主打漫画风格的内容号对形式要求较高,而图片是不错的选择。

(三)音频

音频也是新媒体领域广泛应用的表现形式之一。随着播客和语音短信的流行,人们越来越喜欢听有声内容。优秀的音频内容可以带来很好的沉浸式体验,并充分满足不同听众的口味需求。

(四)视频

视频是当下最受欢迎的新媒体表现形式之一。视频格式被广泛应用于社交媒体、短视频、在线课程、直播等多个领域。视频带来强大的视觉冲击力,使内容更加生动、有趣和引人入胜。

(五)互动页面

互动页面是一种基于 HTML5 技术的网页设计形式,具有高度的互动性和可视化效果,可实现多种媒介元素的无缝融合,包括图片、音频、视频、动画等,适用于移动设备和 PC 端,目前在互联网营销、数字媒体、品牌宣传等领域被广泛应用(图 2-7)。

图 2-7 众生药业——众生丸之吃辣椒比赛 H5

（六）虚拟现实

虚拟现实是一种全新的表现形式，可让受众通过头戴式设备进入虚拟世界，进行沉浸式体验。尽管技术还不是很成熟，但 VR 已被应用于游戏、教育等多个领域。未来，随着技术的不断进步，VR 内容将会有更广泛的应用。

三、常见的内容定位方向

前面已提到，运营者首先要确定内容的方向，持续地向粉丝输出该领域的内容，做好内容领域的定位，这样才能保证后续内容的深耕。目前，常见的内容定位方向包括以下八个方面。

（一）新闻资讯、热点类

很多时候，热点新闻都能更好地吸引足够多的眼球。但是新闻对时效性的要求很高，同时需要运营者对新闻有敏感性。特别需要时刻注意以下两个方面的内容：一是和自媒体定位相关的新闻；二是人人都关心的大众化新闻。但是也要注意，这些内容同质化太严重了，这时想让新闻获得爆点，就必须从更好的角度切入。

（二）知识类

知识类内容可以是大众知识，也可以是行业知识或专业知识，如某些公众号推出的跨境电商运营的干货知识。不过运营知识类的内容需非常专业，才能聚集用户。讲互联网运营的就专门讲互联网运营，讲植物的就专门讲植物。

（三）搞笑类

搞笑类内容永远都不过时，无论是图片、文字还是视频（图 2-8）。任何时候都会引起用户的兴趣，但前提是真的足够搞笑。

（四）情感类

刷爆朋友圈的鸡汤类文章也属于情感类内容，通过以情感人的方式，能让读者产生共鸣。其能够以大众感兴趣的话题为标题，引发读者的好奇与思考，进而提出自己的观点进行情感答疑。

图 2-8　大家医联的搞笑博文

（五）爆料类

每个人都有一颗八卦的心，对未知事情有一种莫名的好奇心。所以爆料类的文章往往非常受欢迎。爆料类内容往往是大多数人接触不到的，能把大家的好奇心给引出来。所以效果好是一定的，只要资讯足够劲爆。

（六）励志类

越是压力大的人、越是浮躁迷茫的人、越是缺钱的人、越是失败的人，越需要励志。大部分人需要适当激励一下，所以励志类的内容也比较受欢迎。

（七）观点类

这类内容想吸引关注，观点一定要与众不同，要么极具争议性，要么非常独到，要么异常犀利，要么很有深度。通常来说，观点类内容容易形成影响力，特别是追着热点的时候。

（八）案例类

很多企业会通过案例内容来宣传自己企业的产品，如面对面采访客户、采访企业主等。而运营者在表述一件事时，通过案例分析，也可以让读者更信服。案例类内容的好处很多：一是真实可信；二是内容来源于实践，可操作性强；三是更贴近用户的生活和实际。

运营者还可以垂直细分更具体的方向，比如，知识类又可以根据不同的行业细分为不同的领域。不过需要注意的是，内容定位应该保持稳定，在确定之后就不再随意更改，否则会影响内容运营的效果。如果后期账号的运营目标出现变化，运营者可以根据实际情况对内容定位进行微调整。

四、输出有价值内容的技巧

（一）内容场景化

当人们看到口红的广告就会发现，永远都是涂嘴唇；酱油的广告，永远都是全家人其乐融融，在聚餐或者做菜；巧克力的广告，永远都是男女主角在舒缓的音乐中你侬我侬。这些做法，目的就是让用户联想到自己购买后的使用场景，并且能让美好的画面和自己产生关联。

场景，就是生活中真实存在、你我常见的景象。内容要想给消费者留下深刻的印象，就要将产品与消费者熟悉的生活工作场景结合起来，用简单、易懂的文字描述出来。让消费者通过场景进一步认识产品并引发购买欲望。这样输出的内容，就是场景化内容。深入人心的场景化内容，可以激发客户身临其境的感觉，从而占领客户的心智。选择什么样的场景，就决定了会激发客户的何种情感，而情感将会决定客户是否会购买。

（二）要逐渐形成内容IP

如果产品内容化思维是内容营销的必要条件，那么形成内容IP就是品牌要持续构建的舆论场。舆论场就是品牌在内容传播上的势能、厚度、影响力，要专注于某一个内容领域，在这个领域不断精耕。因此，企业要把传播内容打造成一个IP，跟用户进行持续沟通，帮助企业不断积累品牌资产。而在打造内容IP的过程中，拥有高内容水准、高舆论口碑、高用户黏性的优势，才更有机会成为爆款内容和超级IP。例如，从2012年述说小家团圆的首部《把乐带回家》微电影开始，百事可乐就从"人""家""乐"三者关系出发，用10年时间打造"把乐带回家"内容IP。

（三）会讲故事

中国人从小到大就有听故事的习惯，小时候听爸妈讲大灰狼和小白兔的故事，讲警察叔叔的故事……讲故事的好处就是可以附加更多的价值，提高用户接受度。故事是通过厚度的累积对人产生潜移默化的影响，故事就是一种品牌资产。例如，小罐茶这样讲述自己的品牌故事："为了缔造一款能代表当今中国茶巅峰水准的产品，2012年6月，小罐茶开启了寻找中国好茶的征程。历时3年时间，行程40余万公里，走遍了全中国所有茶叶核心产区，经过不断考察筛选，最终，用创新理念和诚意打动了8位泰斗级制茶大师，每位大师，负责为小罐茶打造一款能代表个人技艺巅峰水准的产品。"

从小罐茶的品牌故事看，企业让8位泰斗级制茶大师联合起来，共同打造一个品牌，为中国好茶树立标准，是从未发生过的事情，小罐茶做到了。可以看出，小罐茶通过这段文字描绘出一个长时间、长距离、历经千辛万苦寻找高水准茶叶的故事，让人情不自禁地相信茶叶的品质,绝对是非常出彩的。如果这套文案里面的"40余万公里"改成"4 000公里","历时3年"改成"历时3个月","8位泰斗级"改成"4位制茶高人",你就会发现,这套文案,就没有那么吸引人了,这就是内容的力量,尤其是有内容营销的小技巧在里面,通过"数字"强化效果。

（四）内容突出创新性

在竞争激烈的内容市场中,持续创新与突破是内容运营者保持竞争优势的关键。只有不断推陈出新、与时俱进,才能吸引并留住目标受众的注意力。举个例子,一名汉服爱好者做视频自媒体账号,如果单纯做汉服穿搭已经没有什么新意,但如果加上一些故事情节,视频就显得不会那么单调和乏味;或者是展现一个从现代到古装的变身效果,前后对比的反差就会给人一种惊艳的感觉。

人文素养训练

新媒体内容创作的步骤

公元1196年（南宋庆元二年）,著名理学家朱熹在一个名叫蛤蟆窝村的地方讲学时,写下流传千古的说理诗《观书有感（其一）》：

半亩方塘一鉴开,天光云影共徘徊。

问渠那得清如许？为有源头活水来。

此诗借咏"半亩方塘"讲了一个道理：只有不断学习、不断充实自己,才能保持"清如许"的状态。时至今日,这首28字的绝句已经被提炼为常用成语"源头活水",借喻事物发展的源泉。

朱熹当时是怎么构思这首诗的呢？他很可能将其拆解为四个步骤。

第一步：确定写什么,答案是位于福建南溪书院的半亩塘,这就是选题。

第二步：写半亩塘,自然要去看一看它的样子、听一听它的传说,这叫采访。

第三步：把听到的、看到的写出来,这就是写作。在今天,人们还会使用除了写作以外的方式去表达自己看到的、听到的事物。比如,你可以拍一个关于半亩塘的小视频,这需要剪辑;也可以直播——老铁们快来围观,我来到朱夫子教课的书院了！

第四步：取标题——《观书有感》。

与这首诗一样,所有的作品,无论长的、短的,古代的、今天的,还是文字、图片、视频、音频,其完成都离不开这四个环节,依次为选题、采访、写(制)作和选题。

（1）选题：做什么,以及从什么角度入手。

（2）采访：获取素材的过程,可以是搜索资料,也可以是实地调查。

（3）写(制)作：取素材之精华,排列整合形成一篇文章,或者编辑成一条视频。

（4）选题：提纲挈领,以简练的文字概括全文中心或者突出重点。如果是视频,还需要找到好的封面图。当然,在类似微博和小红书上创作的内容,可能没有标题,但这并不妨碍把它放进某个#话题#里——这种提纲挈领的形式和选题没有区别。

这四个环节的重要性不是平行的,而是像《孙子兵法》里讲述的用兵之道："上兵伐谋,其次伐交,其次伐兵,其下攻城。""谋"的原意为战略,指决定谋篇布局的选题；"交"

的原意是外交,指通过沟通、交流完成的采访;"兵"的原意是打仗,此处指制作;而"攻城"指最后一步——选题。

资料来源:写什么?怎么写?新媒体内容创作步骤都在这里[EB/OL].(2021-05-17). https://www.xwpx.com/article/2021/0517/article_65065.html.

第四节 新媒体平台定位

一、新媒体平台的三大阵营

新媒体平台有很多,不同平台的规则、特点、运作方式、内容流量倾斜都会有所不同。新媒体平台根据层次、重要性,大致可以分为三大阵营。

(一)第一阵营

第一阵营新媒体平台包括微信平台、微博平台、问答平台、百科平台。这四类平台是大中小企业都需要深耕的新媒体平台。

▶ 1. 微信平台

在微信平台上,企业常用的新媒体工具和资源包括微信公众平台、微信个人号、微信群、微信广告资源。

(1)微信公众平台:其功能包括移动端的入口、移动端用户服务基地、用户拉新、用户转化、用户活跃和留存、企业宣传。企业可以利用这些功能,将微信公众号粉丝转化为消费者,通过微社区搭建运营、开展用户运营活动(如每日微信打卡)等形式,强化用户互动,提高用户黏性。

(2)微信个人号:微信订阅号打开率低,互动形式受限制;微信服务号互动形式和消息推送频次均受到限制;企业微信个人号添加用户为好友,互动形式更为多样,能够为用户创造更佳服务体验。

(3)微信群:相比QQ群,微信群作为用户社群运营平台,不足之处在于功能较少,社群管理较为困难;优势在于用户打开频次更高,用户体验更佳。

(4)微信广告资源:微信朋友圈广告、广点通广告、软文广告、视频贴片广告等。

▶ 2. 微博平台

在微博平台上,企业常用的新媒体工具和资源包括微博企业自媒体和微博广告资源。其中,微博企业自媒体功能包括用户拉新、用户活跃和留存、企业宣传;微博广告资源则包括粉丝通广告、软文广告、硬广等。

▶ 3. 问答平台

常用于新媒体推广的问答平台有知乎、分答、百度问答和360问答。百度问答、360问答被运用于网络推广已久,知乎和分答出现时间虽晚,但营销势能十足。问答平台的功能定位首先体现在"辅助SEO"上,因为问答类平台权重通常都比较高,所以比较容易在搜索引擎中获得比较好的排名。其次是"流量渠道",通过问答推广吸引来的用户,精准度比较高,而由于问答是"网友与网友之间的观点与经验交流",信息可信度更高,容易形成用户口碑。

4. 百科平台

常用于新媒体推广的百科平台有百度百科、360百科、互动百科。虽然百科平台是新媒体中的"旧媒体",但它的"江湖"地位依然不可撼动,其功能定位,一是"辅助SEO",这是因为百科类平台权重都比较高,所以比较容易在搜索引擎中获得比较好的排名;二是能提供信任背书。

(二)第二阵营

第二阵营新媒体包括直播平台、视频平台、音频平台。现今,娱乐化与多媒体化是营销推广的大趋势,因此这三类新媒体平台是大中型互联网企业的强化阵地、初创互联网企业的占位阵地。

1. 直播平台

常见的直播平台包括映客、花椒等,网络直播最大的特点是直观性和即时互动性,代入感强。直播平台的具体功能包括以下六个方面。

(1)品牌宣传直播:如产品发布会直播、公司文化直播、公司创意直播等。

(2)网红代言直播:通过网红主播在直播中的推荐,或是人气主播直播产品使用等,从直播平台中吸引用户。

(3)专家直播:首先,专家不仅可以提升用户活跃度,也为用户提供了更精准、细致的服务。其次,专家在直播平台上对产品进行介绍,往往更容易被用户接受,用户在观念上被说服,会产生更大的用户黏性,提升品牌忠诚度。

(4)客服沟通直播:由于直播具有直观性和即时互动性,代入感强,可以让企业和用户"面对面"地及时交流沟通。

(5)娱乐活动直播:可借势节日或社会热点,发起线下活动,线上直播,让用户与品牌"玩"在一起。

(6)线下互动、线上直播整合传播:与微博、微信类似,网络直播依然是一种新媒体媒介。一场高水平的传播,需充分发挥各个媒体渠道的优势,综合运用线上、线下传播资源。

2. 视频平台

常见的视频平台包括秒拍、美拍、优酷等,许多品牌主会进行视频内容的战略布局,这主要包括品牌介绍、品牌宣传、产品促销、增加用户触达、促进用户参与度、业务推广等。随着人们生活节奏的加快,短视频越发受到人们追捧,近几年得到爆发性的增长。例如,抖音、快手、微信视频号,它们通常提供各种功能,让用户能够创建、编辑和分享短视频内容。

3. 音频平台

音频平台是指提供用户分享、发现、收听各种音频内容的在线平台。这些平台通常包括音乐、播客、电台节目等内容,用户可以通过这些平台浏览、搜索、收藏自己喜欢的音频内容,并且有时还可以与其他用户互动、评论、分享。常见的音频平台包括喜马拉雅、蜻蜓FM、荔枝FM等。

相比过度开发的开屏(视觉)广告,音频具有闭屏特点,能够更有效地让品牌信息触达用户,这也是音频营销的关键点。音频另外一个特点就是伴随式,相比视频、文字等其他媒体,音频具有独特的伴随属性,不需要占用双眼,因此能在各类生活场景中发挥最大效用。

(三)第三阵营

第三阵营的新媒体平台主要是指除了微信、微博之外的自媒体平台和论坛平台。

▶ 1. 自媒体平台

这里的自媒体平台包括 QQ 公众平台、简书、头条号、企鹅号、大鱼号、搜狐号、一点号、百家号、网易号、凤凰号等。这些平台的影响力和用户量均不及微信公众平台，但它们却又是企业不可忽视的自媒体平台，入驻这些自媒体平台的目的主要包括以下两点。

（1）用更大范围的曝光提升品牌的知名度。不少自媒体平台往往依托于新闻客户端或门户网站等自有生态体系，具有庞大的流量基础。同时，自媒体平台也是搜索引擎的信息源，不仅可以分一杯搜索流量的羹，也是品牌公关的新渠道。此外，自媒体平台也会对优质内容进行推荐展示。

（2）新阵地占位。自媒体平台格局变迁，提前占位，不错过机会。

▶ 2. 论坛平台

论坛平台主要是指百度贴吧、豆瓣等。鉴于百度贴吧的高人气和百度作为中国最大的搜索引擎的特殊性，百度贴吧依然有一定的营销价值。而豆瓣是文青的天堂，其新媒体"江湖"地位也不容小觑。它们的功能主要包括四种。

（1）辅助 SEO。以豆瓣网为例，豆瓣网有两个排名和收录都很好的应用，一个是豆瓣日志，一个是豆瓣小组发帖。豆瓣做的内容被搜索引擎收录后，只要关键词准确，慢慢精准的自然流量就会多起来。

（2）用户社群运营。百度官方贴吧可用于用户社群运营，百度贴吧的优势是"社群容纳感"较强，用户与用户之间的交互让用户寻找到社群的归属感。

（3）培养意见领袖或塑造网红。需要注意的是，这种营销方式收效比较慢。

（4）发帖推广。发帖推广难度越来越大，因此，对于发帖板块选择、发帖内容、发帖方式都提出了非常高的要求。

二、八大主流的新媒体平台

（一）微博

微博是分享简短实时信息的新媒体社区 App，从 2023 年 11 月 9 日微博发布的第三季度财报可知，微博月活跃用户达到 6.05 亿。微博是一个包容性极强、时效性较高的社交平台，热搜榜在其中可以被认为是"新鲜事和热点的发源地"。很多热点事件都是先在微博发酵，登上热搜榜之后，才进一步有其他平台的接力传播和持续跟进。具体来说，企业在微博上的运营宜以公告、动态和粉丝互动为主。

（二）微信

微信是为智能终端提供即时通信服务的 App。腾讯 2023 年第三季度的财务报告显示，截至 2023 年 9 月 30 日，微信和 WeChat 的合并月活跃账户数已达到 13.36 亿，几乎实现了对中国人口的全量覆盖，稳坐"国民第一社交 App"宝座。微信的开放性较高，适用于服务与粉丝沉淀。以霸王茶姬的公众号为例（图 2-9），通过公众号的流量导入，霸王茶姬选择在公众号的菜单栏中设置获客入口，即单击菜单按钮，弹出引流海报，消费者扫码即可添加客服的微信。或者在活动 H5 海报中贴上"茶友宠粉群"二维码，消费者可以扫码进入附近门店的微信群，当店铺有各种活动的时候，就可以直接在微信群公告活动通知，这样的引流往往是比较有效的。

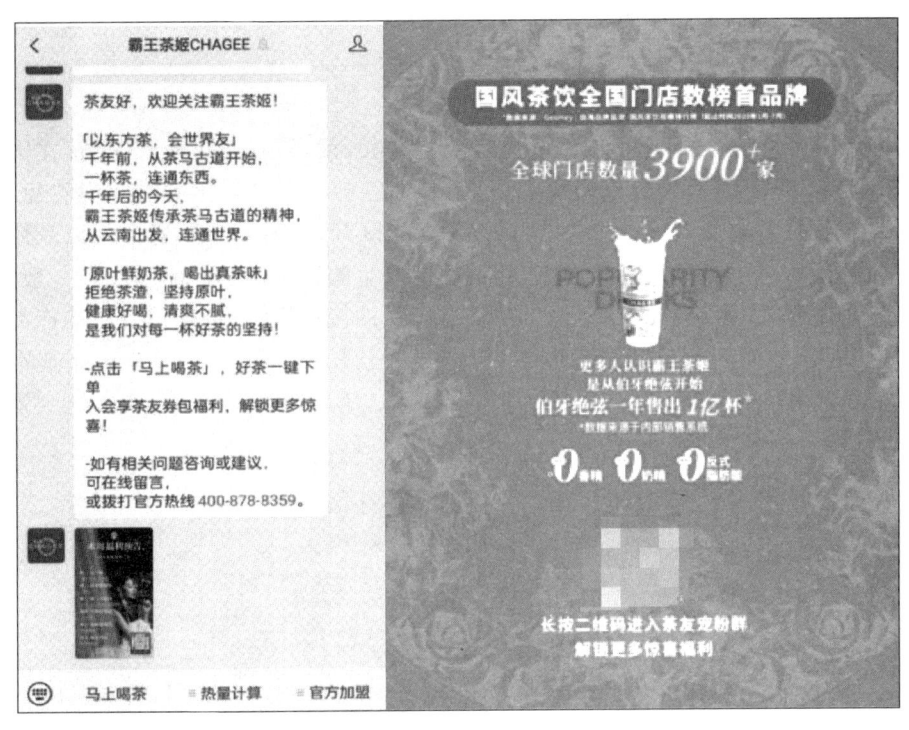

图 2-9　霸王茶姬公众号

（三）小红书

小红书是"种草风"的发起方之一，被年轻人称为"种草鼻祖"。它是一个 UGC 平台，即用户生成内容的平台，发布的内容被称作"笔记"。从名字上看，它隐含了三个属性：个性、随意性、真实性。由于脱胎自"海外购物指南"，小红书的笔记从一开始就具备了更强的实用性和分享性。个性＋实用＋分享欲＋真情实感，几个维度凑到一起互相激发，越来越多的人到这里来分享自己的生活，输出冷热知识，越来越多的人来围观别人的生活并摄取新知识，"种草"的和想要"被种草"的齐聚一堂。之后，人们从"大事问谷歌，小事问百度知乎"发展成了"遇事不决小红书"，"种草鼻祖"成为地地道道的"国民生活指南"。

截至 2022 年年底，小红书的月活用户达到了 2.6 亿，月活创作者有 2 000 万，笔记日发布量达到 300 多万。在小红书每天活跃的用户中，60% 会在平台进行主动搜索，日均搜索查询量已经接近 3 亿。

（四）今日头条

今日头条是一个通用信息平台，致力于连接人与信息，让优质丰富的信息得到高效分发，让用户看见更大的世界。目前，今日头条拥有推荐引擎、搜索引擎、关注订阅和内容运营等多种分发方式，囊括图文、视频、问答、微头条、专栏、小说、直播、音频和小程序等多种内容体裁，并涵盖科技、体育、健康、美食、教育、"三农"、国风等 100 多个内容领域。

对于企业而言，在今日头条上进行广告推广和品牌塑造是比较合适的。2022 年春节期间，京东电器就联合今日头条推出了广告短片《后背》，邀请明星作为引导人讲述 3 位普通人的故事，让观众跟随镜头看平凡小事成为社会大事件的幕后英雄。随后，今日头条携手知名导演贾樟柯团队精心筹备的文化访谈类节目《贾乙丙丁》由京东电器冠名播出。在《贾乙丙丁》中,贾樟柯团队将视角对准明星大咖,拨开他们身上的光环迷雾,共谈他们人生中风云变幻背后的真实心路历程。

(五) 抖音

抖音是专注于年轻人的音乐创意短视频社交App,截至2023年9月,抖音在国内的月活跃用户达到7.86亿。由于内容轻快明了,用户一般会利用碎片化的时间观看短视频,适用于进行广告投放与电商营销。以抖音"种草"类视频为例(图2-10),通常都以家用刚需品为主,以"价格便宜、好看好用"作为卖点,让消费者产生购买欲。它们的"套路"一般就是"把你家的××扔了吧,一杯奶茶的钱",先呈现现有产品的使用痛点,再推销自己的产品能解决这个痛点的优势,外加上价格便宜等因素,可以轻松让用户"剁手"。这些产品基本上都是19~59元,减少用户犹豫时长,产生冲动消费。因为没有人物出镜露脸,所以这类视频一般都是批量做号,形成一个"种草"类矩阵,赚快钱比较厉害。

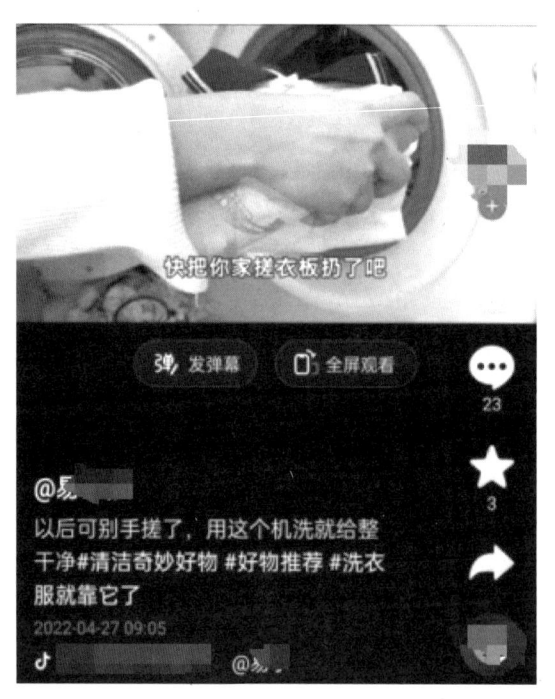

图2-10 抖音樱花洗衣云朵"种草"短视频

(六) 快手

快手是用户记录和分享生产、生活的短视频社区App,2023年第二季度月活用户6.7亿。与抖音不同,快手更注重"草根"和接地气,用户群体相对广泛。快手从内容生产者角度思考,强调多元化、平民化和去中心化,克制不打扰用户,满足用户"记录和分享"的需求。在内容分发方面,其以"算法+社交关系推荐"为主。目前,快手适用于进行电商销售和转化。

(七) 知乎

知乎是在诸多领域具有关键影响力的知识分享社区和创作者聚集的原创内容平台App,2023年第三季度的平均月活跃用户达1.105亿。知乎作为中国最大的知识社区,已经成为许多企业的重要营销平台。在知乎上,各行各业的专业人士和意见领袖都聚集在一起,不仅可以提升企业品牌曝光度,也可以拓展潜在客户,而运营中也适用于对品牌进行塑造。

在实际运营中,企业最好能够做到以下四点。

(1)建立品牌账号。企业应建立自己的品牌账号,保持一定的频率发布与企业相关的内容,这些内容可以是自己的产品或服务介绍,也可以是行业相关的知识分享,从而吸引更多的用户关注和参与。

(2)关注目标用户。企业需要在知乎上关注与自己行业相关的话题和用户,通过回答用户问题来建立自己的品牌口碑和信誉度。通过对用户回答中的潜在需求的了解,企业可以制订更多的营销策略,也可以针对用户喜好开发新产品。

(3)借助知乎数据分析。知乎拥有强大的数据分析能力,可以帮助企业分析用户的兴趣爱好、行为模式和其他数据,使其准确把握用户需求。这些数据可以为企业提供更准确的产品营销策略,同时也可以为企业提供更好的文案撰写和内容创作指导。

(4)开展专业话题活动。通过开展专业话题活动,可以为企业吸引更多的目标用户参与,从而提升企业品牌曝光度和口碑。在活动中,不仅可以向用户展示企业的实力和专业度,还可以在用户中建立信任度和黏性。

(八)哔哩哔哩

哔哩哔哩(B站)是中国年轻世代高度聚集的文化社区和视频平台App,拥有庞大的Z世代用户群体、高质量的专业UP主(视频上传者)生产的视频内容,用户黏性和活跃度高,2023年第三季度月活用户3.41亿,以专业用户自制内容的原创视频为主,适用于产品介绍和营销。有数据显示,哔哩哔哩上美食领域占27%,生活领域占18%,旅游领域占14%,艺术领域占12%,影视剧领域9%,宠物领域占8%,其他领域12%,其中细分垂直领域的大V数量比较多。可见,如果新媒体人要试水哔哩哔哩的话,可以考虑选择细分垂直领域。

三、选择新媒体平台考虑的因素

移动互联网的发展,衍生了数以万计大大小小的平台,而不同的平台也都具备不同的特征和粉丝圈,相关从业者需要如何选择适合自己的平台呢?下面的一些因素需要仔细斟酌。

(一)清楚产品的卖点

企业在充分的市场调研之后,了解消费者需求,然后提炼产品卖点,才能通过卖点选择合适的营销平台。例如,一款最新的化妆品更适合小红书这样的年轻女性社区平台,一款网红奶茶则可以同时在抖音、小红书这种用户结构更年轻的平台推广。

不仅是产品,产品的卖点也可以成为平台挑选的关键因素。例如,传统凉茶的受众多为中老年人,所以往往会投放电视广告,而王老吉推出的茉莉凉茶、柠檬凉茶等针对年轻消费群体的新品则选择了抖音这个更加年轻化的平台,成功打造爆款凉茶。

(二)了解每个平台的特征

不同的平台具备不同的特征,在进行营销推广的时候,必须先了解每个平台的特征。例如,如果目标受众是年轻人,那么抖音、快手等短视频平台可能更适合;如果内容更偏向于知识分享,那么微信公众号、知乎等平台可能更符合运营者的需求。在本节第二部分我们也介绍了八大常见平台的一些特征,运营者可以根据自己的实际需求来选择合适的平台。

(三)多平台尝试,降低风险

大多数新媒体营销平台推广方式和营销策略都不同,学习成本较高,如果只在单个平台进行营销推广,效果十分有限。在进行正式、大量推广营销之前,要进行尝试,在每个平台上尝试推广，监测不同平台的推广效果，再逐步加大投入，选择合适的平台。同时，管理这么多的新媒体平台可能成为运营者新的挑战，此时可以选择新媒体管家、闲人新媒体管家、矩阵通等运营工具，提供多种功能来帮助运营者更好地管理和运营不同平台的账号。

> **课堂讨论**
>
> 如果你准备做公务员方面的培训业务，可以选择什么平台进行运营呢？说说你的理由。

人文素养训练

144 小时免签政策成"流量密码"，催热"中国游"

据国家移民管理局统计，2024 年 1—7 月，全国各口岸入境的外国人是 1 725.4 万人次，同比增长 129.9%。签发口岸签证是 84.6 万证次，同比上升了 182.9%。入境游市场加速复苏，让更多外国人开始了解中国、爱上中国。

一、144 小时过境免签政策推动外籍人员"方便来"

过境免签政策自 2013 年 1 月开始实施，2024 年以来，这一政策红利进一步释放，成为外国游客说来就来游中国的"流量密码"，也成为中国不断扩大开放的"政策名片"。截至 2024 年 8 月，144 小时过境免签政策的适用范围已增至 37 个口岸、54 个国家。

二、区域性入境免签政策助力外籍游客"多样来"

国家移民管理局相继推出了港澳地区外国旅游团入境广东 144 小时免签、东盟国家旅游团入境广西桂林 144 小时免签、59 国人员入境海南 30 天免签、沿海省份外国旅游团乘坐邮轮入境 15 天免签政策。2024 年 7 月 30 日，国家移民管理局又出台港澳地区外国旅游团入境海南 144 小时免签政策，惠及外籍游客 590 万多人。

三、创新口岸签证政策促进外商"引进来"

2024 年 8 月 19 日，国家移民管理局副局长刘海涛表示，将进一步放宽口岸签证申办条件，对急需来华从事商贸、访问等活动的外籍人员，可以向全国 73 个城市的 100 个口岸签证机关申请办理口岸签证入境。为外籍商贸投资人士提供再入境签证等多项便利服务，保障外籍商务人员想来即来、想留可留。

这些政策相互配合、协同发力，带来的效益是多方位的，最显著的作用，就是直接带火了我国入境游市场。根据国家统计局 2023 年公开数据，来华旅游外国人日均消费是 3 459 元，预计可以直接拉动消费超过 1 000 亿元人民币。

资料来源：秦立玲.144 小时免签政策成"流量密码"，外国游客说来就来游中国[EB/OL].(2024-08-19). https://travel.cnr.cn/dsywzl/20240819/t20240819_526859838.shtml.

本章小结

本章主要介绍新媒体营销的定位内容，包括用户定位、内容定位及平台定位三个部分。

用户定位是定位环节中最重要的一个环节，是指通过分析和理解用户的需求、行为和特征，将用户划分为不同的群体或细分市场，从而更好地了解他们的特点、习惯和喜好；而划分用户的变量包括地理、人口统计学、心理、行为四种。用户定位的步骤包括信息收集、分类整理数据、用户画像三个步骤,这里的用户画像指的一般是 User Profile,是结合用户人口学特征、网络浏览内容、网络社交活动和消费行为等信息而抽象出的标签化的用户模型,其核心主要是通过对海量数据的挖掘,给用户贴上能表示其维度特征的"标签",用于后续的数据分析和业务运营。

内容定位是指根据目标受众群体、市场需求和品牌定位等因素,明确定义和规划新媒体平台上发布内容的方向和特点,包括确定内容的主题、形式、风格、频率、互动方式等。内容的表现形式包括文字、图片、音频、视频、互动页面、虚拟现实等。常见的内容定位方向包括:新闻资讯、热点类、知识类、搞笑类、情感类、爆料类、励志类、观点类、案例类。

新媒体平台很多,其中主流平台包括微博、微信、小红书、今日头条、抖音、快手、知乎、哔哩哔哩八个。企业在选择新媒体平台的时候,需要清楚产品的卖点;了解每个平台的特征;多平台尝试,降低风险,以便选择适合自己的平台。

想一想、练一练

假如你准备在大学学习期间创业,目标对象为在校大学生,在内容及平台定位时要考虑哪些因素并进行设计呢?

即测即练

第三章　新媒体的视觉设计

知识目标

1. 明确新媒体视觉设计的重要性；
2. 理解新媒体视觉设计的相关要求。

能力目标

1. 根据主题，准确编排新媒体文章的标题和内容；
2. 运用编辑技巧，编辑文章版式；
3. 掌握图片与视频的美化技巧和排版要求。

素质目标

1. 培养学生新媒体营销能力；
2. 培养学生积极探索与学习能力；
3. 培养学生团队协助与沟通能力。

开篇案例

图 3-1 为东方甄选的视觉设计信息。其中，第一幅图为东方甄选的品牌标志设计；第二幅图为东方甄选"甄选品牌日"促销海报，该海报运用了东方甄选的标志，结合了促销主题展开设计，字体运用较有吸引力，版式编排美观，整体视觉效果较好；第三幅图则是东方甄选的官方公众号页面。

东方甄选品牌标志设计	东方甄选直播间海报	东方甄选官方公众号

图 3-1　东方甄选的视觉设计信息

资料来源：东方甄选抖音平台直播间。

思考：你认为东方甄选品牌标志、直播间推广海报以及公众号排版有哪些优点？还有哪些可以改进的地方？

第一节　新媒体图文设计基础

一、新媒体视觉设计

（一）新媒体视觉设计的概念

新媒体视觉设计是指在数字化媒体平台上结合图像和文字进行内容创作与传播的设计过程。这种设计形式既包括静态的图片和文字组合，也包括动态的图文、视频等多媒体内容。

（二）新媒体视觉设计的主要工作内容

▶ 1. 内容策划与创意构思

新媒体图文设计的第一步是明确内容的目标和受众定位，然后进行创意构思。设计者需要考虑如何通过图像和文字来传达信息、引起共鸣、吸引眼球，以及如何选择适合目标受众的内容形式和风格。

▶ 2. 视觉设计原则

在新媒体图文设计中，视觉设计原则起着至关重要的作用。设计者需要考虑到对比、重复、对齐、层次、色彩、形状、线条等元素的运用，以及如何通过这些原则来构建有吸引力和舒适的视觉体验。

▶ 3. 图像选择与处理

图像在新媒体图文设计中占据着重要地位，设计者需要选择高质量、相关性强的图片，并对其进行必要的处理和优化，以确保图像与文字的协调、统一，并且在不同设备上都有良好的显示效果。

▶ 4. 字体与排版设计

字体和排版在新媒体图文设计中同样至关重要。设计者需要选择适合内容风格和受众阅读习惯的字体，合理规划文字的排列和间距，以保证内容的可读性和吸引力。

▶ 5. 多媒体素材的应用

除了静态图片和文字，新媒体图文设计还可以涉及视频、音频等多媒体素材的应用。设计者需要考虑如何巧妙地结合不同的媒体形式，以丰富内容、提升用户体验。

▶ 6. 响应式设计

随着移动设备的普及，响应式设计已成为新媒体图文设计的重要趋势。设计者需要确保设计的图文内容在不同尺寸的屏幕上都自适应呈现，并提供良好的用户体验。

二、新媒体设计常用的设备与工具

（一）设备

（1）手机、相机等摄影设备。

（2）辅助器材。

(二)平面设计类

1. Adobe Photoshop

Adobe Photoshop,简称 PS,是由 Adobe Systems 开发和发行的图像处理软件。Adobe Photoshop 主要处理以像素构成的数字图像,使用其众多的编修与绘图工具,可以有效地进行图片编辑和创造工作。该软件有很多功能,在图像、图形、文字、视频、出版等各方面都有涉及。Adobe Photoshop 支持 Windows、Android 与 macOS,Linux 操作系统用户可以通过使用 Wine 来运行。2023 年 9 月,Adobe 的 Photoshop 网络服务(在线网页版本)已全面推出。

2. Adobe Illustrator

Adobe Illustrator,简称 AI,是一种应用于出版、多媒体和在线图像的工业标准矢量插画软件。该软件主要应用于印刷出版、海报书籍排版、专业插画、多媒体图像处理和互联网页面的制作等,也可以为线稿提供较高的精度和控制,适合生产任何小型设计到大型设计的复杂项目。

3. CorelDRAW Graphics Suite

CorelDRAW Graphics Suite 是加拿大 Corel 公司开发的平面设计软件,该软件是 Corel 公司出品的矢量图形制作工具软件,其为设计师提供了矢量动画、页面设计、网站制作、位图编辑和网页动画等多种功能。

4. Adobe Photoship Lightroom

Adobe Photoshop Lightroom(Lightroom Classic)是 Adobe 研发的一款以后期制作为重点的图形工具软件。其增强的校正工具、强大的组织功能以及灵活的打印选项可以帮助用户加快图片后期处理速度,从而将更多的时间投入拍摄。

(三)视频音频处理类

1. Adobe Premiere Pro

Adobe Premiere Pro,简称 Pr,是由 Adobe 公司开发的一款视频编辑软件。Adobe Premiere Pro 有较好的兼容性,且可以与 Adobe 公司推出的其他软件协作。这款软件广泛应用于广告制作和视频制作中。Adobe Premiere Pro 是视频编辑爱好者和专业人士必不可少的视频编辑工具,它可以提升用户的创作能力和创作自由度,是易学、高效、精确的视频剪辑软件。Premiere 提供了采集、剪辑、调色、美化音频、字幕添加、输出、DVD(数字激光视盘)刻录的一整套流程,并和其他 Adobe 软件高效集成,使用户足以应对在编辑、制作、工作流上遇到的各种挑战,满足用户创作高质量作品的要求。

2. Adobe After Effects

Adobe After Effects,简称 AE,是 Adobe 公司推出的一款图形视频处理软件,适用于从事设计和视频特技的机构,包括电视台、动画制作公司、个人后期制作工作室以及多媒体工作室,属于层类型后期软件。Adobe After Effects 软件可以帮助用户高效且精确地创建无数种引人注目的动态图形和震撼人心的视觉效果。其利用与其他 Adobe 软件的紧密集成和高度灵活的 2D(二维)和 3D 合成,以及数百种预设的效果和动画,为电影、视频、DVD 和 Macromedia Flash 作品增添令人耳目一新的效果。

3. 剪映

剪映是一款视频编辑工具,带有全面的剪辑功能,支持变速,有多样滤镜和美颜的效果,有丰富的曲库资源。自 2021 年 2 月起,剪映支持在手机移动端、Pad 端、Mac 电脑、Windows 电脑全终端使用。

4. Adobe Audition

Adobe Audition 是一款多轨录音和音频处理软件,主要用于对 MIDI(乐器数字接口)信号的处理加工。它支持上传多种常见的音频格式,可以分割、删除音频片段,并且可以实现人声分离、伴奏提取等操作。Adobe Audition 使用起来比较容易上手,可以满足基本的录制需求,如录歌、录制有声小说等。它有丰富的功能和强大的编辑工具,被广大音频编辑人员喜爱。

(四)常用的素材与在线设计平台

1. 视觉中国

视觉中国成立于 2000 年 6 月,是国内较早将互联网技术应用于版权视觉内容服务的平台型文化科技企业。公司服务全球优秀内容创作者,整合海量的图片、视频、音乐等数字版权内容,依托业内领先的大数据、人工智能、云计算、区块链等技术,搭建起优质内容提供者和使用者之间的桥梁纽带。

2. 千图网

千图网成立于 2013 年,隶属于上海品图网络科技有限公司,是一个国内优秀的"设计 & 办公"创意服务平台。网站拥有千万级正版素材,涵盖平面广告、视频音效、背景元素、插画绘画、电商设计、办公文档、字体、新媒体配图等。

3. 新片场

新片场汇聚全球原创优质视频及创作人,提供 4K、无广告、无水印视频观看,以及专业的视频艺术学习教程、正版视觉素材交易等,与百万创作人一起成长。

4. 创客贴

创客贴是一款多平台(Web、Mobile、Mac、Windows)图形编辑和平面设计工具。用户使用创客贴提供的大量图片、字体、模板等设计元素,通过简单的拖、拉、拽就可以制作出自己需要的设计。同时,创客贴提供在线印刷定制业务,设计定稿后即可下单印刷。

5. 稿定设计

稿定设计是一个聚焦商业设计的多场景在线设计平台,打破了软件、硬件间的技术限制,集创意内容与设计工具于一体,为不同场景下的设计需求提供优质的解决方案,通过拖、拉、拽等操作即可轻松实现创意,根据不同场景、不同尺寸,创建优质模板素材,满足中小型企业、自媒体、学生、电商运营、个体经营者的图片及视频模板设计需求,让设计更简单。

6. Canva

Canva 是一款支持多平台(网页端、iPhone、iPad 及 Android 端)的在线平面设计工具。Canva 提供丰富的版权图片、原创插画以及各类优质设计模板。用户在选择喜欢的模板之后,简单修改即可在几分钟内创建出海报、简历、Banner(横幅广告)、名片等各类设计。

随着科技和需求的变化,市场上不断涌现出各种不同使用场景的设计平台。图 3-2 是当前常见的主流在线设计平台,如创客贴、新片场等。

(五)AIGC 时代新媒体视觉设计新趋势

1. Midjourney

Midjourney 是一款 2022 年 3 月面世的 AI 绘画工具,创始人是大卫·霍尔茨(David

图 3-2 常见在线设计平台标志

Holz)。Midjourney 是一款 AI 制图工具,只要输入关键字,不到 1 分钟,就能通过 AI 算法生成相对应的图片,可以选择不同画家的艺术风格,如安迪·华荷、达·芬奇、达利和毕加索等,还能识别特定镜头或摄影术语。有别于谷歌的 Imagen 和 OpenAI 的 DALL·E,Midjourney 是第一个快速生成 AI 制图并开放予大众申请使用的平台。Midjourney 生成的作品往往带有电脑生成的痕迹,一般不会被当成假新闻素材,但对色情、血腥、暴力创作题材的审核还不够精准。

▶ 2. Stable Diffusion

Stable Diffusion,简称 SD,是一款备受好评的 AI 绘图软件,不同于传统绘图工具,其具备先进的深度学习算法,赋予画笔智能算法,能够在用户的创意指引下生成独一无二的艺术作品,为视觉领域的创作提供了无限创意和想象的空间。

▶ 3. Sora

Sora 是 OpenAI 发布的人工智能文生视频大模型,于 2024 年 2 月 15 日(美国当地时间)正式对外发布,Sora 继承了 DALL·E 3 的画质和遵循指令能力,可以根据用户的文本提示创建逼真的视频,该模型可以深度模拟真实物理世界,能生成具有多个角色、包含特定运动的复杂场景,能理解用户在提示中提出的要求,还了解这些物体在物理世界中的存在方式。

Sora 给需要制作视频的艺术家、电影制片人或学生带来无限可能,其是 OpenAI"教 AI 理解和模拟运动中的物理世界"计划中的一步,也标志着人工智能在理解真实世界场景并与之互动的能力方面实现飞跃。

▶ 4. 百度、阿里巴巴等互联网公司

这些互联网公司也布局 AI 绘画领域,相信不久的将来会有更多的国产 AI 绘画平台应用到实际场景中。

人文素养训练

燕山大学"新媒体夏乡"实践小队:新媒体助力乡村振兴

2023 年暑期,燕山大学学生工作处"新媒体夏乡"实践小队奔赴河北省秦皇岛市孟姜镇,开展"三下乡"社会实践活动。

孟姜镇，隶属于秦皇岛市山海关区，东邻辽宁省绥中县，南临京哈铁路，西至第一关镇，北依燕山，辖区内有著名的孟姜女庙。

通过深入调研，实践小队成员感受到了当地深厚的历史文化底蕴，看到了其中巨大的文化价值，并发现通过网络新媒体提供的平台，可以更好地讲述乡村振兴故事、传承非遗文化。

立体传播，增强认同

孟姜女的故事，被列为中国四大民间传说之一，具备广泛的群众性、民间传承性和强烈的艺术感染力，在历史研究及文学艺术方面有珍贵的价值。

为了更好地了解当地的非遗文化、感受当地的历史文化底蕴，实践小队成员走进孟姜女庙，进一步了解孟姜女的故事。

通过深入调研，实践小队成员更加坚定了信心——通过新媒体传播非遗文化，从而增强人们对当地非遗文化的认同。

孟姜女庙作为旅游目的地，每年吸引着数以万计的游客，是促进当地经济增长的重要力量。实践小队成员希望以新媒体为媒介，助力当地实现乡村振兴。他们拍摄了大量照片及视频，建立抖音账号并定期发布视频，利用新媒体向全国立体地宣传景区，同时通过将新媒体与文化旅游、农产品展销等活动相结合的形式，促进乡村产业发展，增加农民收入，提高农村经济发展水平。

孟姜女庙所在的望夫石村是一座具有浓厚历史文化底蕴的村落，拥有便利的交通、宜人的气候。除了著名的孟姜女庙，村里还有优质桃基地。

在与望夫石村村民交流过程中，实践小队成员发现，非物质文化遗产是中华优秀传统文化的重要组成部分，也是中华文明绵延传承的生动见证，应发挥新媒体优势，用"新"方式讲好老故事，让文化遗产"活"起来，助力乡村文化振兴。

直播带货，拓宽销售渠道

在优质桃基地，桃香四溢。除孟姜女庙带来的旅游收入外，种桃收益也是当地乡村振兴、村民致富的一大来源。

据了解，孟姜镇有久保桃田2 000多亩（1亩＝666.67平方米），桃产业已成为孟姜镇的传统优势产业，镇里各村均有桃林。孟姜镇积极推进"旅游＋服务＋农产品"的采摘园模式，通过与国家5A级旅游景区孟姜女庙相结合，发展景区采摘游，增加农产品的附加值，让农民走上了稳定致富之路。

为了推进孟姜镇久保桃的售卖，用实践助力乡村振兴，实践小队在望夫石村一处桃林中开启了抖音直播带货，多方位展示产品，增强和线上线下观众的互动，拓宽产品销售渠道，带动农产品增值增收。

近年来，孟姜镇十分重视孟姜女文化的传承和保护，通过做好对外宣传、加强旅游景区建设、举办独具特色的文艺演出等，做了大量基础工作，有力推动了乡村振兴。实践小队成员表示，将与镇政府建立友好合作关系，互相支持与协作，共同为孟姜女文化的传承与发扬作出努力。

资料来源：刘枳彤.燕山大学"新媒体夏乡"实践小队：新媒体助力乡村振兴[J].民生周刊,2023(20)：76.

第二节 新媒体内容的图片设计与排版

谈一谈 鉴赏瑞幸咖啡发布的海报,分析一张广告图片应该包括哪些内容。

在当今信息时代,随着人们生活节奏的加快和碎片化阅读习惯的普及,图片在信息传播过程中的作用愈加不可忽视。与传统的长篇大论相比,短小精悍的文字配以生动有趣的图片更容易吸引读者的注意力,并在短时间内传递信息,满足读者的阅读需求。在新媒体文案中,精彩的配图不仅能够为内容增色添彩,还能够起到信息传达的关键作用。一张精心挑选的配图能够使抽象的文字内容变得具体形象,让读者一眼就理解内容所要表达的主题和情感。此外,配图也是新媒体账号塑造品牌形象的重要手段之一。通过合理运用图片的颜色、风格、排版等元素,新媒体账号可以形成独特的品牌风格,提升用户对品牌的认知和喜爱度。例如,某时尚品牌的微博账号以鲜艳的色彩和时尚的布局为特色,吸引了大量年轻时尚爱好者的关注和追随。

因此,本节将详细介绍新媒体图片编辑的各个方面,包括图片选择与采集、图片处理与修饰、图片与文案的结合、图片风格的统一与维护等内容,以帮助读者掌握运用图片编辑技巧,打造高质量、吸引人的新媒体内容,塑造独特的品牌形象,提升内容传播的效果和影响力。

一、图片选择与采集

当进行新媒体图文设计时,图片选择与采集是至关重要的环节。在选择图片时建议依据下面的原则,以免带来麻烦。

(一)内容相关性

图片应该与文案内容紧密相关,直观地传达文章的主旨和情感,确保图片能够补充、丰富或解释文案内容,而不仅仅是简单装饰。

(二)版权合规

确保所选图片有正规的版权。可选取来自版权明确的图片库,如 Unsplash、Pixabay 等,或者购买商业版权图片。避免使用未经授权或侵权的图片,以免带来法律层面的风险。

(三)清晰度与分辨率

选取清晰度高、分辨率适宜的图片。高清晰度的图片能够提升内容质量和专业感,确保图片在不同平台和设备上都清晰展示。

(四)色彩与情感表达

考虑图片的色彩与情感表达。根据文案内容和情感色彩,选择适合的色彩调性和情感表达,以增强读者的情感共鸣和阅读体验。

(五)构图与视觉效果

选取构图合理、视觉效果出众的图片。考虑图片的构图、角度、光影等因素,确保图片具有吸引力和视觉冲击力,能够引起读者的注意。

(六)多样性与原创性

尽量选择多样性的图片,避免重复和单一化。同时,也可以考虑使用原创图片,通过自己的摄影或设计创作,为内容增添独特性和个性。

(七)目标受众考量

根据目标受众的特征和喜好,选择符合其审美和兴趣的图片。考虑受众的年龄、性别、地域等因素,确保图片能够引起他们的共鸣和兴趣。

(八)故事性与表现力

选取能够讲述故事或传达信息的图片。图片不仅应该是静态的视觉元素,还应该具有一定的故事性和表现力,能够吸引读者并引发共鸣。

(九)多渠道获取

除了常见的图片库和资源网站,还可以通过社交媒体、个人摄影作品、专业摄影师合作等途径获取图片资源,以丰富选图的来源和多样性。常用设计素材网站见表3-1。

表 3-1 常用设计素材网站

网站名称	介绍
花瓣网	花瓣网是一个社交分享网站,帮你收集、发现网络上你喜欢的事物的网站,创始人刘平阳。花瓣是某种主题的集合,用户可以把各种各样的采集放入不同画板,并以喜欢的方式给画板命名。比如:"灵感,我爱你""我要把家装成这样""吸引我的去处"。在花瓣网,兴趣与品位构成了人与人之间的联系
千图网	千图网成立于2013年,隶属于上海品图网络科技有限公司,是一个国内优秀的"设计&办公"创意服务平台。网站拥有千万级正版素材,涵盖平面广告、视频音效、背景元素、插画绘画、电商设计、办公文档、字体、新媒体配图等
视觉中国	视觉中国成立于2000年6月,是国内较早将互联网技术应用于版权视觉内容服务的平台型文化科技企业。其2014年4月在深圳A股主板上市(股票代码:000681)。公司服务全球优秀内容创作者,整合海量的图片、视频、音乐等数字版权内容,依托业内领先的大数据、人工智能、云计算、区块链等技术,搭建起优质内容提供者和使用者之间的桥梁纽带
StockSnap	为用户提供了丰富的免费图片,每张图片都会显示作者信息和图片相关的标签,还提供受欢迎的话题,仅提供英文搜索
Pexels	该网站提供高质量且完全免费的素材图片,这些图片均在Pexels许可下授权。网站精心为所有图片贴上标签,便于搜索,用户还可以通过"发现"页面找到图片
Pixabay	Pixabay是一个免费的图片和视频素材分享平台,提供高质量的照片、插图、矢量图和视频素材下载服务。用户在Pixabay上搜索并下载所需的素材,无须付费即可使用,而且所有素材都经过严格的审核,保证了其质量和版权合规性。Pixabay的网站界面简洁清晰,使用简单方便,用户可以轻松找到并下载所需的素材
Unsplash	Unsplash是另一个知名的免费图片素材分享平台,提供高质量、免费的照片素材下载服务。用户在Unsplash上搜索并下载所需的照片素材,无须付费即可使用。Unsplash上的素材质量高,涵盖了各种主题和风格的照片,包括自然风景、人物肖像、城市建筑等。网站界面简洁清晰、使用方便,用户可以轻松浏览和下载所需的素材。Unsplash也是一个活跃的社区平台,用户可以分享自己的作品并与其他用户交流、学习和获取灵感

二、图片处理与修饰

当进行新媒体图文设计时,图片处理与修饰是至关重要的一环,以下是要点内容。

(一)色彩调整

根据内容的情感和风格,对图片的色彩进行调整。可以调整亮度、对比度、饱和度等参数,以使图片更加生动、鲜明,符合整体设计风格。

(二)裁剪与尺寸调整

根据不同平台的要求和排版需求,对图片进行裁剪和尺寸调整,确保图片尺寸适合在各种设备上显示,同时保持重点内容突出。

(三)滤镜和特效

使用滤镜和特效增强图片的视觉效果。根据内容的氛围和风格,可以尝试不同的滤镜和特效,如黑白、复古、模糊等,以增强图片的艺术感和吸引力。

(四)修复和修饰

对图片进行修复和修饰,增强图片的整体质感和美感。可以使用修图软件进行局部修饰,如去除瑕疵、调整细节等,使图片更加完美。

(五)文字与图片结合

将文字与图片有机地结合在一起,形成完整的图文内容。确保文字与图片的排版合理,避免遮挡关键内容,保持整体布局的清晰和美观。

(六)水印和标识

如有需要,可以添加水印和标识到图片上,以保护版权和品牌。水印应该适度,不影响图片的观感和美观度,同时能够清晰地显示出版权信息或品牌标识。

(七)多样性和创意

尝试不同的处理和修饰方式,注重创意和个性化。可以根据内容的特点和目标受众的喜好,尝试各种不同的处理效果,以丰富图片的表现形式和视觉效果。

(八)保留原始素材

在进行处理和修饰时,务必保留原始素材,以备不时之需。原始素材可以作为备份,也可以在后续需要时进行修改和再利用。

常见的图片编辑工具见表 3-2,在线图片编辑工具见表 3-3。

表 3-2 常见的图片编辑工具

图片编辑工具	介 绍
Adobe Photoshop	Adobe Photoshop 是行业标准的图像处理软件,功能强大,涵盖了各种图片编辑和修饰需要,包括调整色彩、修复瑕疵、添加特效等
Adobe Photoshop Lightroom	Adobe Photoshop Lightroom 是专门用于摄影后期处理的软件,提供了丰富的调色和调整工具,适合对大量照片进行整理、处理和修饰
GIMP	GIMP 是一款免费开源的图像处理软件,功能强大,提供了类似 Photoshop 的各种功能,适合需要图像编辑软件但预算有限的用户
Pixlr	Pixlr 是一款在线图片编辑软件,提供了丰富的编辑工具和滤镜效果,可以在浏览器中直接使用,方便快捷

续表

图片编辑工具	介绍
Affinity Photo	Affinity Photo 是一款功能强大的专业图像编辑软件,界面简洁直观,支持 PSD 文件,适合需要高级图像编辑功能的用户使用
PaintShop Pro	PaintShop Pro 是 Corel 公司推出的图像处理软件,功能全面,适合各种图像编辑需求,包括调整色彩、添加效果等
Canva	Canva 是一款在线平台,提供了丰富的模板和设计工具,用户可以通过 Canva 进行简单的图片修饰、设计和排版,适合非专业设计师和普通用户使用

表 3-3　在线图片编辑工具

在线平台	介绍
百度脑图	百度脑图是一款在线思维导图工具,用户可以创建各种思维导图来整理和展示想法与信息。它简单易用、功能强大,适用于个人和团队的协作
石墨文档	石墨文档是一款在线协作文档工具,提供了文档编辑、表格制作、演示文稿等功能,用户可以在石墨文档上进行团队协作和文件共享
易企秀	易企秀是一款在线演示文稿设计工具,提供了丰富的模板和设计元素,用户可以在易企秀上快速制作出专业水平的演示文稿
美图秀秀	美图秀秀是一款在线图片编辑工具,提供了丰富的滤镜、贴纸、边框等功能,用户可以在美图秀秀上对照片进行美化和修饰
海报工厂	海报工厂由美图秀秀官方和数十位国内外知名设计师倾心打造,是一款专门用于图片设计、美化、拼接、制作的 App,拥有杂志封面、电影海报、美食菜单、旅行日志等"最潮"海报元素
壹伴	壹伴是一款能够增强微信公众号编辑器功能并显著提高排版效率的浏览器插件。用户利用它可以高效地完成图文排版、多微信公众号管理、定时群发、一键图文转载、GIF 动图一键上传、微信公众号数据分析、微信公众号运营等工作,是微信公众号管理的得力助手
秀米	秀米是专门为微信公众号文章提供文本内容美化的图文编辑工具,为用户提供了多种风格的排版模板,同时用户也可以自己创建新的图文版式。除此之外,秀米还可以生成长图和贴纸图文,秀米图文链接(图文分享页面)本身也可以作为一个独立的内容传播页面

三、图片与文案的结合

将图片与文案有机地结合起来是新媒体图文设计中至关重要的一环。图片和文案结合的时候要注意以下几点。

(1) 信息互补:确保图片与文案内容相互补充,形成一个完整的故事或信息传递。图片应该直观地呈现文案所要表达的主题和情感,而文案则应该对图片提供进一步的解释和信息。

(2) 视觉引导:利用图片引导读者的视线,突出文案的重点内容。可以通过图片中的视觉元素或构图方式,引导读者注意到文案中最重要的信息,增强信息传达的效果。

(3) 一体化排版:将图片与文案有机地融合在一起,形成一体化的排版布局。文案应该与图片相互搭配、排版合理,避免出现分散或冲突的情况,确保整体布局的统一和美观。

(4)品牌风格统一:图片与文案的风格应该和品牌形象及设计风格保持一致。通过统一的色彩、字体、排版等元素,确保图片与文案准确地体现品牌的形象和价值观,提高品牌认知度和一致性。

(5)引起共鸣:选取能够引起读者共鸣的图片,并与文案相结合。图片应该触发读者的情感和想象力,与文案相辅相成,共同吸引读者的注意力,增强内容的吸引力和传播效果。

(6)多样化处理:尝试不同的图片与文案结合方式,注重创意和多样性。可以采用对比、对话、呼应等不同的处理方式,以丰富的表现形式和视觉效果,提升内容的趣味性和吸引力。

(7)测试与优化:通过测试不同的图片与文案组合,优化图文结合效果。可以通过 A/B 测试等方法,收集读者反馈和数据,不断优化图片与文案的结合方式,以提升内容的传播效果和用户体验。

四、图片风格的统一与维护

新媒体图片风格可以根据不同的内容、目标受众和品牌形象而不同,但一般来说,具有以下几种常见的风格。

(1)清新自然:以清新、自然的色彩和素材为主,表现出清新、舒适的感觉。这种风格通常适用于与自然、健康、生活方式等相关的内容,如户外活动、健康饮食、环保生活等。

(2)时尚前卫:以时尚、前卫的设计风格为主,突出时尚元素和潮流感。这种风格通常适用于与时尚、美容、艺术等相关的内容,如时装秀、化妆品推广、艺术展览等。

(3)简约现代:以简洁、现代的设计风格为主,突出简约、大气的感觉。这种风格通常适用于与科技、商业、教育等相关的内容,如科技产品推广、企业宣传、教育培训等。

(4)温馨亲和:以温馨、亲和的色彩和情感为主,表现出温暖、家庭的氛围。这种风格通常适用于与家庭、育儿、社区等相关的内容,如家庭日常、亲子活动、社区服务等。

(5)复古怀旧:以复古、怀旧的设计元素为主,突出怀旧、情感回忆的氛围。这种风格通常适用于与历史、文化、回忆等相关的内容,如历史回顾、怀旧文化、老物件收藏等。

(6)抽象艺术:以抽象、艺术的设计风格为主,突出创意、想象的空间。这种风格通常适用于与艺术、创意、心理等相关的内容,如艺术作品展示、创意设计作品、心理学知识分享等。

(7)生活日常:以真实、生活化的场景和元素为主,突出日常生活的细节和情感。这种风格通常适用于与日常生活、社交互动、个人经历等相关的内容,如生活分享、日常趣事、个人成长等。

不同的新媒体平台和品牌可能会选择不同的图片风格来展现其独特的形象与特点。在选择图片风格时,需要根据内容的特点、目标受众的喜好和品牌形象的要求进行综合考量,以确保图片风格与内容主题相匹配,并能够吸引目标受众的注意力。

人文素养训练

共青团中央微博"青少年网络素养课堂"推送页面采用扁平化的设计,页面生动有趣,搭配年轻化的字体设计,和设计主题十分契合(图 3-3)。

图 3-3　共青团中央微博"青少年网络素养课堂"推送页面设计

  2013 年 12 月 29 日,共青团中央在新浪网、腾讯网、人民网和中国青年网 4 家网站同步开通微博"@共青团中央",同时在腾讯网推出微信,构建面向全国团员青年及时传递党团信息、倾听青年声音、分享青春故事、弘扬青春能量、服务青年需求的网上新平台。截至 2024 年 10 月 25 日,共青团中央的新浪微博拥有粉丝量达 1 786.5 万,视频累计播放量 24.85 亿,部分微博用户昵称共青团中央为"团团",可见其受欢迎程度。同时,截至 2024 年 10 月 25 日,共青团中央哔哩哔哩账号粉丝量达 1 020.4 万,点赞数达到了 2.6 亿。

  资料来源:共青团中央微博账号、共青团中央哔哩哔哩账号。

第三节　新媒体内容的文字设计与排版

谈一谈　你知道汉字诞生的故事吗?

  中国文字的产生,有许多种传说,仓颉造字是流传最广的中国古代神话传说之一,唐代书法理论家张怀瓘说:"(仓颉)仰观奎星圜曲之势,俯察龟文鸟迹之象,博采众美,合而为字,是曰古文。"许慎在《说文解字序》中说:"黄帝之史仓颉,见鸟兽蹄远之迹,知分理之可相别异也,初造书契。"

  "昔日仓颉作书而天雨(yù)粟,鬼夜哭。"汉高诱(yòu)注:"仓颉始视鸟迹之文造书契,则诈伪萌生;诈伪萌生,则去本趋末,弃耕作之业,而务锥刀之利。天知其将饿,故为雨粟;鬼恐为书文所劾,故夜哭也。鬼或作兔,兔恐见取豪作笔,害及其躯,故夜哭。"唐张彦远《历代名画记》:"颉有四目,仰观垂象。因俪鸟龟之迹,遂定书字之形,造化不能藏其秘,故天雨

67

粟;灵怪不能遁其形,故鬼夜哭。"选自《淮南子·本经训》。

一、常用的中文字体

适合新媒体使用的中文字体应该具有清晰易读、现代简洁的特点,同时也要考虑在屏幕上的显示效果。以下是一些适合新媒体使用的中文字体推荐。

(1)微软雅黑。微软雅黑是一种由微软设计的现代风格中文字体,具有简洁、清晰的特点,适合在屏幕上显示,常用于网页设计、移动应用等新媒体平台。

(2)思源宋体。思源宋体是由 Adobe 和 Google 公司联合推出的一款开源中文字体,结合了传统宋体的风格和现代排版的要求,具有良好的可读性和屏幕显示效果,适合新媒体内容的排版。

(3)方正黑体。方正黑体是一种简洁、流畅的中文字体,具有清晰的笔画和良好的可读性,适用于新媒体内容的标题、正文等排版。

(4)思源黑体。思源黑体是 Adobe 和 Google 公司联合推出的一款开源中文字体,具有现代感和科技感,适用于新媒体内容的标题、标语等设计。

(5)宋体。宋体是一种常见的中文字体,清晰易读,适用于新媒体内容的正文排版,尤其适合传统风格的新媒体平台。

(6)汉仪新蒂宋体。汉仪新蒂宋体是汉仪字库推出的一款现代风格中文字体,具有清晰的笔画和时尚感,适用于新媒体内容的标题、标语等设计。

二、适合新媒体使用的英文字体

适合新媒体使用的英文字体应该具有现代感、清晰易读、专业简洁的特点,同时能够在屏幕上显示效果良好。以下是一些适合新媒体使用的英文字体。

(1) Roboto。Roboto 是由 Google 设计的一款现代风格的无衬线字体,具有清晰的笔画和良好的可读性,适用于新媒体内容的标题、正文等排版。

(2) Open Sans。Open Sans 是一款开源的无衬线字体,具有简洁、清晰的特点,适合在屏幕上显示,常用于网页设计、移动应用等新媒体平台。

(3) Montserrat。Montserrat 是一款风格简洁、线条清晰的无衬线字体,具有良好的可读性和视觉效果,适用于新媒体平台的标题、标语等设计。

(4) Nunito。Nunito 是一款轻盈、现代的无衬线字体,具有清晰的笔画和优美的字形设计,适用于新媒体内容的标题、正文等排版。

(5) Helvetica Neue。Helvetica Neue 是 Helvetica 字体的现代化版本,具有简洁、清晰的特点,适用于新媒体平台的标题、标语等设计。

(6) Arial。Arial 是一款常用的无衬线字体,具有清晰的笔画和良好的可读性,适用于新媒体内容的排版和设计。

三、新媒体文字处理的要求

新媒体文字处理的要求主要包括内容新颖性、短小精悍、易读易懂、图文并茂、符合平台规范等。内容新颖性要求内容具有独特性和创新性,能够吸引读者的注意力;短小精悍要求文字简洁明了,不啰唆,能够直接传达信息;易读易懂要求语言通俗易懂,符合目标受众的阅读习惯;图文并茂要求文字与图片相结合,能够增强阅读体验;符合平台规范要求内容符合各个平台的发文规定,包括字数要求、版面排版等。

(一)新媒体图文编排中应当使用清晰、简洁的文字

文字应该简洁明了,避免冗长的句子和复杂的词汇,以提升读者的阅读体验。

(二)吸引人的标题和摘要

要求:标题能够吸引读者的注意力,摘要简要介绍文章内容,引导读者进一步阅读。

虎头局品牌推广海报(图3-4)充分结合了成都本地文化,极具生活化和幽默的设计标题,使人会心一笑,同时记住了该品牌。

(三)合适的字体和字号

要求:选择合适的字体和字号,确保文字在不同设备上都清晰可读。

乐享咖啡时光活动海报(图3-5)选用了风格近似的字体,合理地布置了字体的大小,使得海报信息传达清楚。

图 3-4　虎头局品牌推广海报　　　　图 3-5　乐享咖啡时光活动海报

(四)排版整洁美观

要求:排版整洁美观,文字与图片之间有足够的距离,保持页面的清爽感。

GERMANHAUS品牌海报(图3-6)编排整洁、美观,突出了品牌的名称的同时也介绍了品牌的业务,令人印象深刻。

(五)信息重点突出

要求:使用加粗、斜体、下画线等方式突出信息重点,以帮助读者更快速地获取关键信息。

图 3-7 所示设计强调了信息的传达,让消费者对产品的相关信息一目了然。

(六)一致的视觉风格

要求:确保文字和图片在视觉上保持一致的风格,包括颜色搭配、排版风格、字体选择等。

图 3-6　GERMANHAUS 品牌海报

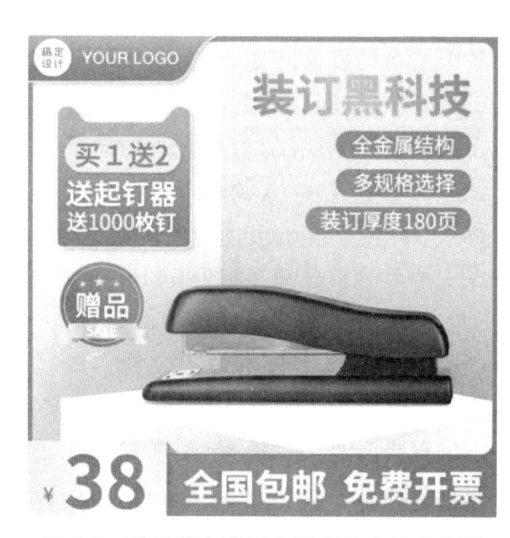

图 3-7　某品牌电商平台订书机产品推广图

图 3-8 所示设计充分体现了文字和图片的相互搭配,消费者能够了解到产品的外观,也能够了解到产品的相关参数和价格信息。

图 3-8　某品牌电商平台烤箱产品推广图

四、字体设计工具与字库

(一)常见的字体设计工具

(1) Canva。Canva 是一款在线平台,提供了丰富的字体库和设计工具,用户可以在 Canva 上选择合适的字体并进行排版设计,制作出吸引人的图文内容。

(2) Adobe Spark。Adobe Spark 是 Adobe 公司推出的在线设计工具,提供了丰富的字体样式和排版模板,用户可以在 Adobe Spark 上快速制作出专业水平的图文内容。

（3）Over。Over适合移动应用，提供了丰富的字体样式和排版工具，用户可以在手机上轻松进行字体设计和排版，制作出精美的社交媒体内容。

（4）Word Swag。Word Swag适合移动应用，专门用于艺术字体设计，提供了多种字体样式和排版效果，用户可以在手机上快速制作出具有视觉冲击力的图文内容。

（5）Canva Text。Canva Text是Canva的一个子产品，专门用于艺术字体设计，提供了丰富的字体样式和艺术效果，用户可以在Canva Text上制作出独特的文字设计作品。

（二）中文字库

（1）方正字库。方正字库是中国知名的字体设计公司之一，提供了丰富多样的中文字体选择，涵盖了传统与现代、简体与繁体等不同风格。

（2）汉仪字库。汉仪字库是中国领先的字体设计公司之一，拥有众多优秀的字体设计师和作品，提供了丰富的中文字体选择。

（3）造字工房。造字工房是一家专注于中文字体设计的公司，致力于传承和创新中华传统字体，提供了许多具有独特风格的中文字体作品。

（4）文鼎字库。文鼎字库是中国台湾知名的字体设计公司，拥有丰富的中文字体资源，包括传统宋体、楷书、行书等不同风格。

（5）思源字库。思源字库是由Adobe公司推出的一款开源中文字库，涵盖了多种风格和字形，适合于各种设计和排版需求。

（三）英文字库

（1）Google Fonts。Google Fonts提供了免费的开放式字体库，拥有大量的字体选择，覆盖了各种风格和语言，是许多设计师的首选。

（2）Adobe Fonts。Adobe Fonts（以前称为Typekit）是Adobe公司提供的字体服务，拥有众多高质量的商业字体，包括许多知名字体设计师的作品。

（3）Font Squirrel。Font Squirrel提供了大量的免费字体下载，覆盖了各种风格和用途，所有字体都经过精心筛选，质量较高。

（4）FontSpace。FontSpace是一个免费的字体分享平台，提供了丰富的免费字体资源，用户可以根据自己的需求进行搜索和下载。

（5）DaFont。DaFont是另一个知名的免费字体下载网站，拥有大量的字体选择，涵盖了各种风格和主题，适合个性化的设计项目。

（6）Fontspring。Fontspring是一个专业的商业字体平台，提供了众多高质量的商业字体，包括许多知名字体设计师的作品，适合正式的商业项目使用。

（7）MyFonts。MyFonts是一个知名的商业字体平台，提供了大量的商业字体选择，涵盖了各种风格和用途，适合正式的商业项目和品牌设计。

这些字库都提供了丰富多样的字体选择，覆盖了各种风格和用途，设计师可以根据项目需求和个人偏好进行选择与使用。

人文素养训练

《哪吒之魔童降世》电影海报（图3-9）采用了中国风的书法字体设计，使得电影的视觉效果十分引人注目。

图 3-9 《哪吒之魔童降世》电影海报

或许你不知道他的名字,但肯定见过他的字,"手书人"尚巍有多传奇?

他靠写字火出圈,电影《我不是药神》《哪吒》《悟空传》的海报和宣传字幕,全部出自他手,就连很多人的手机里,都在用着他创造的字体。

2017年,尚巍的字几乎包揽了所有的热播综艺档,甚至商场和地铁站的每一处广告位都有他的作品,他的字库一经发布,就获得了300多万的下载量,发布3年后,下载量就达到1 600万。

很多人都想象不到,一个仅仅20多岁的青年,竟然有如此出色的成绩,而让他实现人生逆袭的,就是他创造的这款汉仪尚巍手书。

同样是在2017年,尚巍仅仅花了28天,就完成了近万字的手稿。为了完成自己的字体库,他每天工作14个小时以上,整整报废了4支毛笔,用尽3瓶500克的墨汁,写到整个右侧肩膀肿起,右手比左手整整大了一圈。作为行业的开拓者,也为了能帮这个行业再做些什么,尚巍开始尝试发掘各种新的可能性,他花了5年时间,创作出了20多套手写字体库。中华文化博大精深,纵观历史上的名家大师,都是因为足够热爱、勤于思考,才取得了普通人难以想象的成就。

资料来源:尚巍:机打时代的手写匠人[EB/OL].(2018-12-13).https://zhuanlan.zhihu.com/p/52286768.

本章小结

本章主要介绍了新媒体视觉设计的相关技巧,包括新媒体图文设计基础、新媒体内容的图片设计与排版、新媒体内容的文字设计与排版等。

新媒体视觉设计是指在数字化、网络化的新媒体环境下进行视觉传播设计的活动。这种设计形式融合了传统视觉设计的美学原则和互联网多媒体技术的特点,旨在通过图像、动画、视频等形式吸引用户,传递信息,并提升用户体验。对于新媒体营销来说,做好新媒体的视觉设计,可以有以下几个方面的作用。

第一,进一步提升品牌形象。通过视觉设计,可以塑造品牌的独特视觉风格,提升品牌形象和辨识度。精心设计的视觉元素可以让受众对品牌有更深刻的印象。

第二,增加品牌与用户互动。新媒体视觉设计可以通过丰富的交互元素和动画效果,增强用户参与度。优秀的设计作品能引导用户互动,提高用户留存和参与度。

第三,进一步吸引目标受众的关注与聚焦。精心设计的视觉内容可以根据不同的目标受众需求和喜好进行定制,提高目标受众的吸引力和认同感,还可以提升品牌传递信息效果和扩大营销内容的传播效果。新媒体视觉设计可以通过视觉元素直观地传达信息,提高信息传达的效率,视觉化的内容更易记忆和理解,能够更好地吸引用户。视觉设计能够加强内容的表现形式,使内容更生动、更有吸引力,从而提升内容的传播效果。良好的视觉设计可以吸引更多的用户分享和传播。

还有重要的一点,好的新媒体图文编排可以适应多平台展示。随着移动互联网的发展,适应不同平台的设计展示需求变得尤为重要,新媒体视觉设计能够在不同的设备上保持视觉呈现的一致性和优质体验,从而给受众带来美好的视觉体验。

随着人工智能的不断发展,相关技术对新媒体设计产生了深远的影响,进一步提升了设计工作的效率、创意和个性化程度。通过智能化工具、个性化设计、艺术创意辅助等方面的应用,为设计师提供了更大的可能性和发展空间,从而更好地服务新媒体营销。

想一想、练一练

请为你的家乡特产拍摄一款适合短视频平台播放的产品推广视频,并尝试投放到你觉得适合的平台,观看播放数、点赞数和留言内容。

即测即练

第四章　微信营销

知识目标

1. 理解和掌握微信营销的概念、特点及重要性；
2. 了解微信公众平台、小程序等微信产品功能及应用；
3. 了解并掌握微信营销的各种方法和技巧，如公众号的运营、朋友圈广告、微信群营销等；
4. 理解并掌握微信营销中的数据分析和用户行为研究方法。

能力目标

1. 能够运用所学知识，设计并执行有效的微信营销策略，提升用户参与度和转化率；
2. 通过实践和案例分析，能够解决微信营销中的实际问题，提出创新性的解决方案；
3. 具备良好的团队协作能力，能够在团队中发挥协同作用，共同完成微信营销任务；
4. 具备创新思维，能够根据市场变化和用户需求调整微信营销策略，以适应不断变化的市场环境。

素质目标

1. 具备高度的责任感和诚信意识，确保微信营销信息的真实性和合法性；
2. 具备良好的沟通能力和人际交往能力，能够与用户建立互动和信任，提升用户满意度；
3. 具备自我学习和自我提升的意识与能力，不断更新微信营销知识和技能，以应对不断变化的市场环境。

开篇案例

当我们提起微信营销的时候，绝对少不了小米的身影，小米是运用"9∶100万"的粉丝管理模式，小米手机的微信账号后台客服人员有9名，这9名员工大量工作时间基本上每天回复100万粉丝的留言。小米的微信营销策略成功地获取了无数关注。

每天早上，当9名小米微信运营作业人员在电脑上翻开小米手机的微信账号后台，看到用户的留言，他们一天的工作也就开始了。

小米自己开发的微信后台可以主动抓取关键字回复,但小米微信的客服人员仍会进行一对一的回复,小米也是通过这样的办法大大提升了用户的品牌忠诚度。相较于在微信上开店铺,对小米这样的品牌微信用户来说,做客服显然比卖掉一两部手机更让人期待。

当然,除了提升用户的品牌忠诚度,微信做客服也给小米带来了实实在在的好处。小米联合创始人黎万强表示,微信使得小米的推广、CRM(客户关系管理)成本下降,昔日小米做活动一般会群发短信,100万条短信发出去,便是4万元钱的本钱,与微信做客服的效果相比,高下立判。

每天早上,当9名小米微信运营工作人员在电脑上打开小米手机的微信账号后台时,总是有上万条用户留言在那里等着他们,这些留言稀奇古怪,有人问如何购买小米手机,也有人会问刷机用线刷还是用卡刷好。小米自己开发的微信后台将这些留言中的一部分自动抓取出来,如留言中出现"订单""刷机""快递"等字眼时,这些用户会被系统自动分配给人工客服,小米的微信运营人员会一对一地对其微信用户进行回复。这些通过微信联系的粉丝极大地提升了其对小米的品牌忠诚度,有多达40%~50%的小米微信粉丝会经常参与小米微信每月一次的大型活动。微信的运用,大大拉升了小米的销量。

那么,9名工作人员如何应对100万粉丝呢?

小米决定要发展微信账号时,和其他企业一样有困惑。当小米的微信粉丝增长到近10万时,后台每天接到的用户留言峰值能够达到4万条,在微信的后台应对这些留言非常费劲。微信公众账号自带的后台功能很简单,例如,其后台没有搜索功能,无法在众多的粉丝当中搜索出一个特定粉丝。为此,小米自己开发了一套后台。用户在微信上给小米的留言基本上都会被抓到小米自己开发的后台里面,这个后台比微信官方提供的后台更加清晰、容易管理,可以设置人工回复关键字、回复范本、加强用户管理等,小米自己的微信后台同样也支持搜索。不过,这种"自动+手工"的回复模式,仍然无法满足100万用户的需求,由于用户的留言千奇百怪,许多问题可能并不在人工回复的范围之内,很难让用户有满意的结果。值得一提的是,小米从微信官方拿到了比其他企业更高的API(应用程序编程接口)权限,在小米微信运营初期,小米分管营销的副总裁黎万强就通过和微信的谈判获得了这个较高权限的接口。"小米微信的这个独立的CRM接口,可以对用户进行信息读取,可以进行事件推送,这是其他企业所没有的。"微信营销专家管鹏指出,这一接口让小米可以截留一些用户的行为数据,让用户数据截留在本地的服务器里面,并对其进行分析——而其他大部分企业账号没有这么高的权限。

资料来源:微信营销成功案例(二)小米9:100万微信客服[EB/OL]. http://www.jiusi.net/detail/668__771__2960.html.

思考:你认为小米的微信营销成功的秘诀是什么?这给你带来什么启示?

第一节 社交媒体矩阵

一、社交媒体矩阵的概念和优势

(一)社交媒体矩阵的概念

社交媒体矩阵是指品牌或企业在不同的社交媒体平台上建立多个账号,并通过一定的策略和运营手段,将内容在不同的平台上进行分发和传播,从而实现品牌曝光、用户积累和口碑传播等多种目的的一种营销策略。

(二)社交媒体矩阵的优势

对于企业或品牌而言,社交媒体矩阵的建立可以带来更广泛的用户覆盖、更高的用户黏性和忠诚度、更精准的定位目标用户、更高效的跨平台营销和更低的营销成本等优势,从而实现更好的营销效果和更高的商业价值。社交媒体矩阵的建立具有以下的营销优势。

▶ 1. 扩大品牌影响力

通过多元化的社交媒体平台和多账号运营,可以覆盖更广泛的用户群体,提高品牌知名度和曝光率,从而扩大品牌的影响力和用户规模。

▶ 2. 增强用户黏性和忠诚度

社交媒体矩阵中的各个账号可以通过互动、合作、分享等方式与用户建立紧密的联系,增强用户的黏性和忠诚度,提高用户对品牌的信任度和满意度。

▶ 3. 精准定位目标用户

通过社交媒体矩阵,可以更准确地了解和分析用户需求与行为,从而制定更精准的营销策略,提升营销效果和转化率。

▶ 4. 实现跨平台营销

社交媒体矩阵可以整合不同平台的资源和优势,实现跨平台营销,提升营销效率和效果。

▶ 5. 降低营销成本

通过社交媒体矩阵,可以更高效地利用不同平台的广告资源,降低营销成本,提升营销效果和收益。

二、社交媒体矩阵的主要平台及其特点

社交媒体矩阵在国内的主要平台包括微信、微博、抖音、快手、小红书、哔哩哔哩等。其中,微信、微博和抖音是最主要的平台,它们覆盖了大部分用户,具有广泛的用户基础和影响力。此外,小红书、哔哩哔哩等平台也具有独特的用户群体和营销价值,适合不同的品牌和营销策略。总的来说,社交媒体矩阵的发展迅速,不断有新的平台涌现,需要不断关注和适应市场变化。

社交媒体矩阵的特点主要包括多元化、互动性和协同性。

首先,多元化意味着社交媒体矩阵不仅涵盖了不同类型的社交媒体平台,如微信、微博、抖音等,而且每个平台都有多个账号,覆盖不同的用户群体和内容类型,从而扩大品牌的影响力和用户规模。

其次,互动性体现在社交媒体矩阵中,各个账号通过互动、合作、分享等方式关联,形成了一个完整的社交网络体系。这样可以提高品牌与用户的互动频率与深度,增强用户黏性和忠诚度。

最后,协同性是社交媒体矩阵的核心之一,它强调各个账号的协同作战,共同推动品牌的发展和壮大。通过多元化的社交媒体平台和多账号运营,可以更好地了解和满足用户需求,提升用户满意度和忠诚度,同时也可以更好地实现营销效果的最大化。

三、如何搭建和运营社交媒体矩阵

企业或品牌搭建社交媒体矩阵,需要综合考虑市场、用户、平台等多方面因素,制订合适

的运营策略和内容计划,注重与用户的互动和反馈,不断提高品牌影响力和用户忠诚度。品牌方搭建社交媒体矩阵时,可以遵循以下步骤。

第一步:确定品牌定位和目标用户群体,明确社交媒体矩阵的目标和定位。

第二步:选择合适的社交媒体平台,覆盖不同类型和不同年龄段的用户,并考虑平台的用户行为和习惯。

第三步:制定矩阵运营策略,包括账号数量、内容类型、发布频率、互动方式等,并根据市场变化和用户反馈进行调整。

第四步:建立多账号运营体系,使用不同的账号进行不同的营销活动,提升品牌影响力和用户黏性。

第五步:定期发布高质量、有趣、有价值的内容,吸引用户关注和互动,提升品牌知名度和用户黏性。

第六步:注重与其他品牌、KOL(关键意见领袖)的合作,实现资源共享和互利共赢,扩大品牌影响力和用户覆盖范围。

四、社交媒体矩阵面临的挑战和解决方案

(一)社交媒体矩阵面临的挑战

社交媒体矩阵面临的挑战很多,需要品牌方不断适应市场变化和用户需求,提高内容创作和发布能力、互动和反馈意识、账号管理和安全意识以及对平台规则和变化的了解程度,以实现社交媒体矩阵的成功运营和发展。社交媒体矩阵面临的挑战主要包括以下几个方面。

(1)内容创作和发布。社交媒体平台上的内容竞争非常激烈,品牌方需要不断创作和发布高质量、有趣、有价值的内容,以吸引用户关注和互动。同时,发布频率和时间也需要合理规划,避免影响用户体验和品牌形象。

(2)用户互动和反馈。社交媒体矩阵需要注重与用户的互动和反馈,及时回应用户问题和需求,提高用户黏性和忠诚度;同时,也需要关注负面评论和反馈,及时调整策略和内容,避免影响品牌形象和用户信任。

(3)账号管理和安全。社交媒体矩阵需要建立多账号运营体系,使用不同的账号进行不同的营销活动。同时,也需要关注账号管理和安全,避免账号被封禁或被盗用,影响品牌形象和用户信任。

(4)平台规则和变化。社交媒体平台不断更新规则和功能,品牌方需要及时了解平台规则和变化,根据市场变化和用户需求调整策略和内容,以适应社交媒体矩阵的发展趋势。

(二)面对挑战,社交媒体矩阵的解决方案

要应对社交媒体矩阵的挑战,需要积极探索有效的解决方案和方法,根据自身实力、品牌战略和发展需要选择适当的策略与资源,不断优化和调整社交媒体矩阵,以实现更好的运营和发展。对社交媒体矩阵面临的挑战,以下解决方案可供参考。

(1)建立专业团队。品牌方可以建立专业团队,负责社交媒体矩阵的运营和管理,提高内容创作能力、互动和反馈意识,确保账号管理和安全,以及了解平台规则和变化。

(2)注重数据分析和用户反馈。品牌方可以通过数据分析和用户反馈,了解用户需求,调整策略和内容,提高社交媒体矩阵的影响力和用户黏性。

(3)利用智能工具。品牌方可以利用智能工具进行自动化管理,监测和分析社交媒体

数据,提高效率和质量,降低运营成本和风险。

随着时间的推移和媒介技术水平的进步,以及新技术的出现和应用,社交媒体矩阵面临的挑战可能会不断演变,未来的挑战可能会涉及用户隐私和数据安全、社交媒体平台变化和规则更新、用户行为和需求的多样性、算法的不透明性和偏差等问题。因此,品牌方需要密切关注社交媒体技术的发展趋势,及时调整和优化自己的社交媒体运营策略,以确保自己的品牌形象和营销效果持续、稳定地发展。同时,企业也需要注重创新和个性化,不断探索新的社交媒体营销模式和方法,提高品牌的影响力和用户忠诚度。

人文素养训练

招商银行的"爱心漂流瓶"用户互动活动案例

营销活动期间,微信用户用"漂流瓶"或者"摇一摇"功能找朋友,就会看到"招商银行点亮蓝灯"(图4-1),只要参与或关注,招商银行便会通过"小积分,微慈善"平台为自闭症儿童捐赠积分。和招商银行进行简单的互动就可以贡献自己的一份爱心,这种简单却又可以做善事的活动,颇为吸引人。

根据此前行业营销人员的观察,在招商银行展开活动期间,每捡十次漂流瓶便基本上有一次会捡到招商银行的爱心漂流瓶。虽然漂流瓶可能存在过于频繁且缺乏活性的不足,容易让用户产生参与疲劳,但营销人员也设想,如果用户每一次捡到爱心漂流瓶都会产生不同的活动或者能有一些小小的语音游戏,或许会提高用户参与互动的积极性。

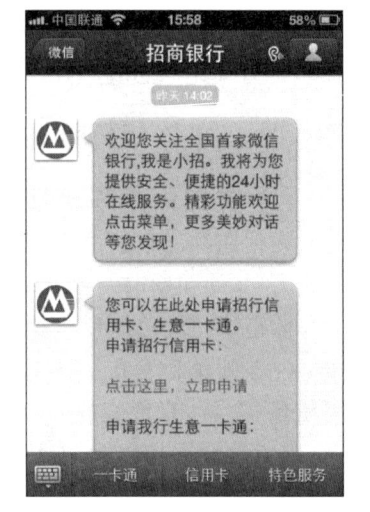

图 4-1 招商银行微信公众号客服页面

资料来源:市场营销微信营销10大成功经典案例[EB/OL].(2018-08-12).https://www.sohu.com/a/246706242_100247532.

扩展阅读4-1 视频号表现亮眼,微信成腾讯新"摇钱树"

第二节 微信公众号

一、微信公众号的概念、类型和潜在优势

(一)微信公众号的概念

微信公众号是基于微信公众平台开发的一种自媒体平台。该平台提供给个人或组织一个自主创建和管理的品牌公众号,通过文字、图片、语音、视频等多种形式展现内容,从而与

用户进行互动和交流。

（二）微信公众号的类型

微信公众号的类型包括订阅号、服务号、企业微信（原"企业号"）和小程序，它们之间的区别和特点如下。

▶ 1. 订阅号

订阅号是面向媒体、个人或企业提供内容发布的平台。订阅号可以用来分享生活点滴、新闻时事、宣传企业形象等。订阅号相对比较简单，没有太多功能上的限制，可以定期向订阅用户推送个性化的内容，这是它的主要优势（图4-2）。订阅号的特点包括：一是内容输出能力强，可以帮助用户形成固定的阅读习惯；二是可以在运营初期快速积累粉丝；三是提供简洁易用的界面和操作流程。

图 4-2 订阅号和服务号

▶ 2. 服务号

服务号主要是面向商家和企业，提供更直接的交易、沟通和服务。服务号的功能更加丰富和强大，如微信支付、会员管理、品牌活动报名等。与订阅号相比，服务号能够提供更多的个性化服务，包括自定义回复、消息推送、微信链接应用等（图4-2）。服务号的特点包括：一是功能丰富，可以更好地满足商家和企业的业务需求；二是可以更好地收集用户反馈，提高服务质量；三是可以通过连接应用提供更多增值服务，如CRM系统等。

▶ 3. 企业微信

企业微信面向企业内部员工、合作伙伴或特定群体，可以提供更精准的服务。它提供了更复杂的关系网络和更丰富的应用场景，如企业内部协同、客户管理、产品推广等（图4-3）。企业微信提供了更个性化的应用体验，同时也提供了更强大的功能和更精细的管理能力。企业微信的特点包括：一是主要面向特定群体，提供更精准的服务；二是可以设置专属的二维码,方便用户添加和识别;三是可以开发独立的应用,提供更丰富的功能和应用体验。

图 4-3　企业微信和小程序

▶ 4. 小程序

这是一种新的开放能力,开发者可以快速地开发一个小程序。小程序可以在微信内便捷地获取和传播,同时拥有出色的使用体验(图4-3)。小程序的特点包括:一是用户可以直接通过微信搜索或扫描二维码打开小程序,无须像传统应用一样进行下载和安装;二是轻量级使用,小程序以网页的形式嵌在微信中,无须考虑用户设备的大小和类型,使用起来非常方便;三是快速启动和加载,小程序具有快速启动和加载的优势,用户可以快速获取所需的服务和内容;四是丰富的功能,小程序提供了丰富的功能,如消息推送、用户互动、支付等,可以满足不同类型的需求;五是低成本运营,小程序的开发成本相对较低,无须担心用户下载和安装的问题,运营成本相对较低;六是社交化传播,小程序可以通过微信的社交网络进行传播,从而轻松实现用户的口碑传播和推广。

公众号平台服务号、订阅号、企业微信及小程序的区别见表4-1。

表 4-1　公众号平台服务号、订阅号、企业微信及小程序的区别

比较要点	服务号	订阅号	企业微信	小程序
面向人群	面向企业政府或组织,用以对用户进行服务	面向媒体和个人提供一种信息传播方式	面向企业内部沟通与协同管理的能力	微信运行的一个手机应用,类似于App

续表

比较要点	服务号	订阅号	企业微信	小程序
消息显示方式	出现在好友会话列表	折叠在订阅号目录中	出现在好友会话列表	需要搜索
消息次数限制	每月不超过4次推送	每天可群发一条	无	无
验证关注者身份	任何微信用户扫码即可关注	任何微信用户扫码即可关注	通讯录成员可关注	任何微信用户扫码即可关注
优点	用户可以获得及时提醒,曝光率高	发送信息次数多,灵活性高	可使用的功能多,类似于商业版的普通微信	无须下载即可获得与App类似的服务
缺点	1个月只可以群发提醒4次	信息会被统一放在订阅号目录中,客户需要点进该目录才可以查看到	不能公开传播,需要添加好友	是用于提供服务,而不是推广传播
高级接入权限	支持	不支持	支持	支持

(三) 微信公众号的潜在优势

▶ 1. 突出社交属性,个性表达自我

微信公众平台综合了人际传播、群体传播与大众传播的多面属性,表现了突出的潜力。公众号运营者并非面对传统意义上"面目难辨"的大众,而是面对一个个信息可查、数据翔实的用户;公众号所体现的不只是企业与用户之间走向信息对等,更是探索企业与众多个体如何交流、如何精准服务的平台。用户通过关注某一企业的公众号,阅读信息、分享文章,在微信社交圈展示了独有的社交形象,以公众号为支点展示个人的丰富兴趣。微信的人际交往功能在长远看来依然是其核心功能,无论是朋友圈还是公众平台的发布,无形间都突出了微信的社交属性,使用户更加全面地完成个人虚拟形象建构。

▶ 2. 利用碎片时间,零成本成领袖

移动互联网的重要机会就是挖掘用户的碎片时间。微信切合当下人们对于时间化零为整的需求,既照顾了人际沟通的要求,又有实时的消息、文章推送的功能,化解了等待时间的焦虑与处于公共场所的孤独。微信朋友圈兼有个人信息发布与大众媒体信息二次发布的属性,因而每个用户都可以称为迷你意见领袖。目前微信中充斥的媒介内容多为软新闻或常识文章,如心灵鸡汤、保健养生、历史拾遗等,真正的新闻报道,包括深度新闻、专题新闻与实时新闻等几乎为零,原因是各类新闻媒体在微信平台上并未提供相关文章,用户无法分享。任何一个公众号抓住机会,将微信平台信息流通中缺少的新闻发布出来,势必大幅提升阅读率与转发率。

▶ 3. 组织泛媒介化,沟通隔绝消失

互联网没有统一的信息出口与信息入口,将大众媒介当作公众唯一信息源的时代已一去不还。在互联网时代,任何组织乃至个人都意识到媒介化经营的必要性。网上的信息来源广泛,有网民表达的声音,有媒体发布的信息,也有公关公司策划性质营销信息。组织如不在公众前建立一条权威的信息通道,实现信息的有效传达,名誉就很容易被网络上的一些力量挟持。移动互联网盛行的当下,跨平台多用户的微信成了有效的双向互传渠道。微信

号用户获取简易,扫一扫、按名字搜索、一键关注等降低了用户的关注成本,微信平台上每一个人和组织都成了发声器、扩音喇叭,向用户传达着海量的文章和服务。

▶ 4. 魅力邓巴数字,预示传播潜力

150定律即著名的"邓巴数字",由英国牛津大学人类学家罗宾·邓巴(Robin Dunbar)提出。他通过实验得出,由于人的大脑新皮层大小有限,人类智力允许人类拥有稳定社交网络的人数是148人,四舍五入为150人。通常认为,只有交往好友才会互相阅读动态,关注他人所关注之事,因而可以认定,一篇新闻在微信的分享行为下至少有150名潜力订阅者。150定律同时指出,人类深入跟踪交往的人数为20人左右。虽然不能严格限定一次分享引发的标题阅读量与文章阅读量一定为150人与20人,但从这种预估中,可以再次理解互联网社交与大众媒体关联之深。今后的媒体发展不只取决于内容好坏,发布渠道、所用技术、读者接触简易程度都是衡量一家新闻媒体的重要指标。

二、公众号的运营策略

(一)制定吸引用户的策略

微信公众号可以更好地吸引用户关注并保持与用户的互动关系,实现品牌的传播和营销目标。同时,需要及时关注用户反馈和意见,不断优化和改进公众号内容与服务。品牌方的微信公众号应该关注以下吸引用户的策略。

(1)提供有价值的内容。微信公众号作为品牌方的官方发布渠道,需要提供高质量、有价值的内容,可以围绕品牌主题或热门话题撰写原创文章,提升公众号的知名度和吸引力。

(2)创意营销。品牌方可以结合热点事件和节假日等特殊时间节点,进行创意营销活动,如推出优惠券、限时抢购等,吸引用户关注和参与。

(3)个性化定制。品牌方在微信公众号中设置个性选项和评论,满足用户的独特需求。可以根据用户的个人信息或关注的话题推荐相关的文章、资讯等,以吸引更多用户。

(4)持续发布动态。品牌方要保持公众号的更新频率和时效性,定期发布新品介绍、促销信息、品牌故事等,提高公众号的曝光率。

(5)打造品牌形象。品牌方通过公众号传递品牌价值观和理念,展示品牌形象,提升品牌知名度和美誉度。

(二)通过互动和交流增强用户黏性与忠诚度

品牌方可以更好地了解用户需求和反馈,提升用户的满意度和忠诚度,实现品牌传播和营销的目标。同时,需要注意保持互动的真诚和热情,不断提升公众号的品质和服务水平。品牌方可以通过微信公众号的互动和交流,增强用户黏性和忠诚度。

(1)建立用户互动机制。通过设置评论、投票、话题互动等机制,鼓励用户参与互动,与品牌方建立更加紧密的关系。

(2)提供个性化的服务。根据用户的信息和关注领域,为用户提供个性化的服务和体验。如定制化内容推送、个性化推荐等。

(3)开展有奖活动。定期开展有奖互动活动,如抽奖、红包、礼品等,吸引用户参与并增强用户的忠诚度。

(4)及时回应用户反馈。及时关注用户的反馈和建议,不断优化公众号内容和服务,提升用户的满意度和忠诚度。

（5）建立用户社群。通过建立微信群或社区，将用户聚集在一起，提供更加便捷和个性化的交流与互动平台，增强用户黏性和忠诚度。

（6）保持互动的持续性。持续关注用户需求和反馈，让用户感受到品牌方的关心和支持。

（7）注重公众号的内容设计。一是公众号菜单栏设计。其主要遵循让用户使用方便、先予后取、业务精简、为用户节省时间等方面的原则。二是公众号正文设计。主题可以是让人感到兴奋或愤怒和恐慌的，显示自己聪明、消息灵通、见多识广的，实用且容易记住的、有价值的故事等。三是公众号排版设计。公众号的排版一定要注意细节，最好能给用户带来良好的体验，如图片一定要精美，图文摘要具有吸引力，配色不超过三种，文末配上引导图片或文字。

三、微信公众号的注册

第一步：打开微信公众平台官网：右上角单击"立即注册"，出现选择账号类型：企业微信、服务号、订阅号和小程序提示。

第二步：填写邮箱，登录你的邮箱，查看激活邮件，填写邮箱验证码激活。

第三步：了解订阅号、服务号和企业微信的区别后，选择想要注册的账号类型。

第四步：信息登记，选择个人类型之后，填写身份证信息。

第五步：填写账号信息，包括公众号名称、功能介绍、选择运营地区。注册完毕，可以开始使用公众号。

不同类型的公众号，需要准备的材料不同，具体可以参考表4-2。

表4-2　不同类型的公众号需要准备的材料

类型	政府	媒体	企业	个体户	其他组织	个人
材料	政府机构名称	媒体机构名称	企业名称	个体户名称	组织机构名称	
	组织机构代码	组织机构代码/统一信用代码	营业执照注册号/统一信用代码	营业执照注册号/统一信用代码	组织机构代码/统一信用代码	
	运营者身份证姓名	运营者身份证姓名	运营者身份证姓名	运营者身份证姓名	运营者身份证姓名	运营者身份证姓名
	运营者身份证号码	运营者身份证号码	运营者身份证号码	运营者身份证号码	运营者身份证号码	运营者身份证号码
	运营者手机号码	运营者手机号码	运营者手机号码	运营者手机号码	运营者手机号码	运营者手机号码
	已绑定运营者银行卡的微信号	已绑定运营者银行卡的微信号	已绑定运营者银行卡的微信号	已绑定运营者银行卡的微信号	已绑定运营者银行卡的微信号	已绑定运营者银行卡的微信号
			企业对公账户			

> **人文素养训练**
>
> **微信公众平台上线10周年 公众号达3.6亿**
>
> 微信,现在已经成为大多数人必备的社交软件。而微信公众号,更是公众了解外界信息的重要渠道。不少公司、单位以及个人等都建立了自己的微信公众号,以此来分享和传递信息。
>
> 据CNMO了解,2022年8月17日,微信官方公众号"微信派"发文称,今日是微信公众平台上线10周年纪念日。微信派还公布了一张内部邮件截图,邮件显示2012年8月17日晚微信公众平台正式上线。从邮件内容可知,微信公众号建立之初旨在面向有粉丝或者推广渠道的用户,在Web端根据用户分组、用户所在精准推送消息,并通过个人关注页进行传播。
>
> 此前,微博、博客等社交平台是人们获取信息的重要渠道,也是对外宣传的主要方式。微信公众号出现后,对此前的社交平台的信息沟通功能造成了巨大的影响,人们更加倾向于在内嵌于微信的微信公众号获取信息。同时,微信公众号也让公众得以更加自由地发表言论,公众均可申请自己的个人公众号,并自行撰文发稿。
>
> 值得一提的是,目前几乎所有公司、政务机关都有自己的微信公众号,微信公众号已成为当今受众最广泛的信息平台之一。截至2021年1月,微信公众号数量已经达到了3.6亿。
>
> 资料来源:微信公众平台上线10周年 公众号达3.6亿 其中有你吗?[EB/OL].(2022-08-17). https://www.163.com/dy/article/HF03O1C5051191D6.html.

第三节 微 信 商 城

一、微信商城简介与优势

(一)微信商城的定义和特点

微信商城,又称微商城、微店,是第三方开发者基于微信平台研发的一款社会化电子商务系统,它可以让商家在微信生态中搭建自己的电商平台,提供商品销售、营销推广等功能。

与其他电商平台相比,微信商城具有以下特点。

(1)社交属性强。微信商城基于微信平台,具有强大的社交属性,可以通过朋友圈、微信群等渠道进行传播和推广,吸引更多的用户关注和购买。

(2)用户黏性强。微信用户基数大,用户黏性强,商家可以利用微信生态中的社交关系,提高用户的忠诚度和复购率。

(3)操作简单方便。微信商城支持多种支付方式和物流配送方式,方便用户购物和收货。同时,微信商城的操作界面简单明了,方便商家管理和维护。

(4)营销推广效果好。微信商城可以通过微信朋友圈、微信公众号、微信群等方式进行营销推广,提高商品的曝光率和转化率。

（二）微信商城的优势

微信商城的优势在于用户基础广泛、社交属性强、营销推广效果好，拥有微信支付和微信小程序（WeChat Mini Program）的支持等。这些优势让微信商城在电商领域中具有较高的竞争力。

（1）用户基础广泛。微信作为全球最大的社交平台之一，拥有庞大的用户基础。这意味着在微信商城中，商家可以拥有广泛的潜在客户群体，为商品的销售和推广提供广泛的用户基础。此外，微信用户黏性较高，用户使用微信的时间较长，这为微信商城提供了更多的机会和时间来展示与推广商品，提高用户的购买意愿和转化率。同时，微信商城的操作界面简单明了，方便用户购物和支付，提高了用户的购物体验和满意度。

（2）社交属性强。微信商城基于微信平台，具有强大的社交属性，可以通过朋友圈、微信群等渠道进行传播和推广，提高商品的曝光率和转化率。

（3）微信支付和微信小程序的支持。微信商城支持微信支付和微信小程序，这为用户提供了便捷的购物体验，同时也为商家提供了更多的营销手段。

二、微信商城运营策略

（一）吸引和留住用户的方法

微信商城通过举办营销活动和提供个性化服务，可以吸引更多的用户，并留住用户，提高用户的忠诚度和满意度，从而实现更高效的销售和营销。

在营销活动方面，微信商城可以通过各种促销活动来吸引和留住用户。例如，可以定期推出限时优惠、满减活动、折扣券等，吸引用户购买商品。同时，微信商城还可以通过社交分享功能，鼓励用户将商品分享到朋友圈、微信群等社交渠道，增加商品的曝光率和转化率。此外，微信商城还可以通过举办抽奖、互动游戏等活动，增强用户的参与度和黏性，提高用户的忠诚度。

在个性化服务方面，微信商城可以根据用户的购物历史和喜好，提供个性化的推荐和定制服务。例如，可以根据用户的购物习惯和偏好，推荐相关的商品和品牌，或者根据用户的要求提供个性化的定制服务，以满足不同用户的特殊需求。同时，微信商城还可以提供便捷的会员服务和积分奖励计划，鼓励用户进行更多的消费和复购，增加用户的忠诚度和满意度。

（二）提高商城曝光和转化率的策略

内容营销和社交媒体推广是提高微信商城曝光和转化率的两大重要策略，商家可以利用这两大策略提高商城的知名度和影响力，引导更多的用户到商城中购物，从而提高商城曝光和转化率。

在内容营销方面，微信商城可以通过制作高质量、有趣、有吸引力的内容，提高商城的曝光率和品牌知名度。例如，可以发布与商品相关的图文、视频等内容，分享产品的使用方法和注意事项，同时还可以在社交媒体平台上与用户互动，了解用户的反馈和建议。这样的内容不仅能够提高商品的知名度，还有利于引导用户到微信商城中购物，从而提升商品的销售转化率。

在社交媒体推广方面，微信商城可以利用社交媒体的强大影响力，提高商城的曝光和引流。商家可以利用朋友圈分享、社交分享等手段，通过亲戚、朋友等关系链将商城分享出去，从而扩大商城的覆盖范围和增加用户基数。此外，微信商城还可以与其他社交平台合作，利用平台资源进行联合推广和营销活动,扩大商城的知名度和影响力。

> **人文素养训练**
>
> **闽侯县供销社组织召开企业入驻市供销社微商城洽谈会**
>
> 　　2020年11月27日上午,闽侯县供销社组织召开市供销社微商城入驻合作洽谈会,就参与入驻福州供销农特产品线上商城事宜牵头福州榕供春伦数字科技有限公司与闽侯县意向入驻企业开展业务对接洽谈,旨在助力打造福州供销系列农特产品品牌,为下一步更好地借助该平台开展为农服务、拓展县域特色农产品销售渠道积极做好前期准备,市供销社财务处处长陈艳辉、经发处副处长林萍参加了此次会议。
>
> 　　洽谈会上,闽侯县社副主任许文为同志对该县特色农产品基本概况进行简要介绍,分析总结了县社近年来在开展农产品电子销售方面工作存在的亮点及不足,认为此次市社搭建的微商城平台是县供销社做好为农服务的重要载体和机遇,各基层社、相关企业要高度重视,积极配合。此次县供销社组织联络的合作企业有福州泽霖食品有限公司、闽侯县廷坪红农民专业合作社、闽侯县品优食品有限公司,三家合作企业分别就各自主打的廷坪红青红酒、闽侯线面、闽洋海蜇皮等产品进行详细介绍,汇报了各自在扶贫助农、销售惠农等方面采取的特色做法,并就此次入驻微商城过程中可能存在问题进行了分析。
>
> 　　陈艳辉处长表示参与洽谈会的三家企业要把好品控标准,牢固树立"销售的每份产品都代表供销品牌"的意识,重视地域性品牌打造,同时鼓励闽侯更多优质农产品入驻平台。最后,参与洽谈的三家企业和福州榕供春伦数字科技有限公司就入驻微商城的具体事宜开展深入讨论,为下一步合作夯实基础。
>
> 　　通过本次洽谈会,闽侯特色农副产品的销售渠道得以进一步拓宽,闽侯县供销社的电子商务工作基础将更加坚实,在开展电商惠农的道路上又迈出了重要一步。
>
> 资料来源:闽侯县供销社组织召开企业入驻市供销社微商城洽谈会[EB/OL].(2020-12-03). http://www.fuzhou.gov.cn/fzgx/gxhz/aqsc/202012/t20201203_3696912.htm.

第四节　微信小程序

一、微信小程序的概念和重要性

（一）微信小程序的概念

微信小程序是一种不需要下载安装即可使用的应用,能够为用户提供各种功能和服务。

（二）微信小程序的重要性

微信小程序在微信营销中有重要的作用,它能够提高用户的购物体验和转化率,增强品牌曝光和用户黏性,促进与用户的良好关系,从而帮助企业实现更有效的营销。以下是其特色:首先,小程序提高了微信的使用效率和用户的黏性,增强了与客户的情感纽带,也更易得到年轻人群的信赖。其次,相较于 App 构建的时间较长且投入的成本较高,用户不能第一时间得知有关品牌的推送消息以及信息的使用权利,微信小程序可以帮助品牌主在短期内就打造属于品牌的自主端口,享受 O2O(线上到线下)体验。此外,微信小程序也能够帮助企业有效收集客户的数据并促进与用户之间的良好关系。最后,微信小程序能够快速帮助企业搭建品牌自主平台,对企业产品进行展示,并为用户提供良好的服务体验,帮助企业建立良好的口碑。

进入小程序的入口如图 4-4 所示。

图 4-4　进入小程序的入口

二、微信小程序的特点和优势

(一)微信小程序的特点

微信小程序的特点包括轻量级应用、无须下载安装和使用便捷。这些特点使小程序能够为用户提供更加便捷、快速和高效的服务,同时也为开发者提供了更加灵活和便捷的开发环境。

▶ 1. 轻量级应用

微信小程序是一种基于微信平台开发的应用程序,它使用微信提供的开发框架和 API,因此具有轻量级的特点。这意味着小程序的开发成本较低,开发周期较短,同时也不像传统应用程序那样需要大量的资源来安装和运行。

2. 无须下载安装

由于小程序是基于微信平台开发的，因此用户无须下载安装即可使用。用户只需要在微信中搜索小程序名称或扫描小程序码，即可快速打开并使用相关功能和服务。

3. 使用便捷

小程序的设计初衷是提供更加便捷的使用体验，因此它具有简洁的界面和流畅的交互设计。用户可以通过微信的社交网络分享功能，快速将小程序分享给好友或分享到朋友圈，从而增强用户的使用频率和黏性。此外，小程序还提供了丰富的 API，方便开发者实现各种功能和服务，从而提高了用户的使用便捷性。

（二）微信小程序的优势

在微信营销中，微信小程序体现出提供便捷的购物体验、提高用户转化率、个性化定制和扩展性三个优势。这三个优势对于商家和小微企业来说都非常有用。它们能够帮助商家提供更加便捷、个性化的购物体验，提高用户转化率，同时也能够增强小程序的价值和实用性。

1. 提供便捷的购物体验

相较于传统的应用程序，微信小程序的一大优势是不需要用户下载安装，可以直接在微信中搜索并使用。这种特性大大节省了用户的时间和设备空间，因为他们无须等待应用程序下载并等待其安装完成。此外，微信小程序的启动速度非常快，因为它依赖于微信内置的网络连接和缓存机制。这意味着用户可以立即开始使用小程序，无须等待长时间的加载过程。这种无须下载就能直接使用的优势，使得微信小程序在移动设备上非常受欢迎。它为用户提供了即时的、便捷的购物体验，无论他们是在工作、学习还是休息，都可以随时随地访问和使用小程序，从而提高了购物的便利性和效率。

2. 提高用户转化率

小程序本身对流量有很好的引入优势，由于是原生的小程序，并且对搜索有加权，可以更容易地让用户搜索到自己的店铺和商品。同时，小程序也支持分享到朋友圈、微信群等社交渠道，增加了用户之间的传播和互动，从而提高了用户转化率。

3. 个性化定制和扩展性

小程序的开发成本较低、开发周期较短，同时提供了丰富的 API，方便开发者实现各种功能和服务。商家可以根据自己的需求进行个性化的定制开发，从而实现个性化的产品或服务展示。此外，小程序还可以进行扩展，结合微信公众号或者其他平台的数据和服务，从而实现更多的功能和服务，增强了小程序的价值和实用性。

人文素养训练

江西庐山市："围庐 e 办"小程序 助力便民服务升级

2024 年 3 月 16 日，庐山市开展"围庐 e 办"小程序推广活动，旨在通过科技创新提升市民的生活便利性和政府服务效率，为市民提供一个全方位的在线办事平台。活动现场，志愿者们向市民介绍小程序的使用方式，同时还邀请大家加入游戏环节领取礼品。

> 小程序的推广活动得到了市民的广泛关注和积极响应,许多市民表示,通过"围庐e办"小程序,他们在日常生活中遇到的许多问题都能得到快速解决,感受到了政府服务的创新和便捷服务流程。
>
> 据介绍,"围庐e办"小程序是一款集政务服务、生活缴费、信息咨询等功能于一体的移动应用程序。该程序的推出,标志着庐山市在推进智慧城市建设、优化公共服务方面迈出了重要一步。下一步,庐山市将继续完善小程序的功能,扩大服务范围,确保每一位市民都享受到高效、便捷的政务服务。同时,还将加强对小程序的宣传和推广,确保更多市民了解并使用这一便民工具。
>
> 资料来源:江西庐山市:"围庐e办"小程序 助力便民服务升级[EB/OL].(2024-03-18).http://www.jx.chinanews.com.cn/news/2024/0318/93629.html.

第五节 朋 友 圈

一、朋友圈营销概述

朋友圈是微信用户构建的一个社交圈,是一个基于社交媒体和社交网络的朋友圈。它为用户提供了一个分享生活点滴、心情动态、照片视频的平台,同时也为其他用户提供了了解他人生活、互动交流的机会。朋友圈是基于微信社交软件建立的一个社交圈,它不同于传统意义上的社交网络,而是一个更加注重个人社交体验和互动性的平台。

(一)朋友圈的特点和优势

朋友圈在微信营销中具有精准度高、互动性强、营销方式灵活、传播范围广等特点和优势,为营销者提供了更多的机会和挑战。

▶ 1. 精准度高

朋友圈的用户群体较为精准,营销者可以通过朋友圈的内容和互动了解用户的兴趣爱好、需求与行为习惯,从而更好地定位目标客户。通过朋友圈,营销者可以更好地了解目标客户的需求和兴趣爱好,从而更加精准地定位目标客户。同时,朋友圈的互动和交流也能够帮助营销者更好地了解用户的行为习惯与需求,从而制定更加有效的营销策略。此外,朋友圈还可以通过发布广告、分享优惠信息、开展互动活动等方式,吸引更多潜在客户的关注和参与,进一步提高社交圈的营销精确度。

▶ 2. 互动性强

朋友圈是一个社交平台,用户之间的互动和交流更加频繁。营销者可以通过朋友圈的互动策略,增强与用户的联系和互动,提高用户的忠诚度和参与度。其常见形式包括:①顺序互动,即根据点赞的顺序有不同的互动方式;②点赞量排名,点赞量等同于另一行为数量,既是一种互动,也是自己兴趣爱好的一种展现;③点名接龙,如冰桶挑战、微笑挑战等;④互动游戏,如猜成语等;⑤集赞,一张海报或者一篇推文就能开始操作,转发至朋友圈,集赞后截图发至微信公众号(图4-5),人工审核送礼物,赠送电子资料、免费软件试用为主(图4-6)。如果是实物,可以使用小程序,让用户提交截图和地址信息,审核后邮寄即可。

图 4-5　朋友圈集赞　　　　　图 4-6　朋友圈抽奖

3. 营销方式灵活

朋友圈营销方式多样,可以通过发布广告、分享优惠信息、开展互动活动等方式,吸引用户关注和参与,提升营销效果。

4. 传播范围广

微信用户数量庞大,朋友圈的传播非常广泛,营销者可以通过朋友圈将信息传递给更多的潜在客户,提升品牌知名度和影响力。

(二) 朋友圈营销的重要性

朋友圈营销在当今社交电商领域中具有重要的作用。它通过微信社交平台,使品牌与用户建立更紧密的联系,提高用户对品牌的忠诚度和参与度。朋友圈营销的优势在于精准度高、互动性强、营销方式灵活、传播范围广,能够更好地满足用户需求,提高品牌知名度和影响力。此外,朋友圈营销还可以通过社交互动,增强用户对品牌的信任感和归属感,从而促进用户转化和口碑传播。因此,朋友圈营销已成为许多商家和品牌的重要营销手段之一。

二、朋友圈内容创作

朋友圈在微信营销中的内容类型应该根据品牌与产品的特点,以及目标用户的需求和兴趣进行选择与设计,以提高营销效果和用户满意度。朋友圈在微信营销中的内容类型多样,其中包括但不限于以下几个方面。

(1) 社交分享型内容。可以发布生活中的日常内容或自己动手的小创造、心得分享、手工教程等。在提高趣味性和参与性的同时,分享生活中自然的优质产出能积累点赞互动粉丝的欣赏与喜欢,激发社交内容共鸣。

(2) 产品宣传型内容。在朋友圈发布产品图片、使用教程、效果展示等内容,能够直接展示产品,提升信任度,促成转化。

(3) 活动营销型内容。通过朋友圈举办各种促销活动,如折扣、满减、赠品等,吸引用户参与并促进购买。

(4) 专业分享型内容。发布与行业或产品相关的专业知识和经验分享,可以提高用户的信任度和黏性。

(5)故事型内容。通过故事的形式展示品牌或产品的故事、理念等,能够吸引用户的注意力,提高品牌的认知度和好感度。

尤其在选择和发布朋友圈内容时,需要特别注意:一是内容要真实可信,避免夸大和虚假宣传;二是内容要符合目标用户的需求和兴趣,有针对性地发布;三是内容要有趣味性和互动性,吸引用户的关注和参与;四是内容要保持一定的频率和节奏,避免过度营销。

三、朋友圈互动与反馈

(一)互动策略与回应技巧

在微信营销中,朋友圈互动策略与回应技巧需要注重建立良好的互动关系、积极回应用户、引导用户参与、鼓励用户分享等方面,同时要注意表达方式和用词,避免过度营销。通过合理的互动策略和回应技巧,可以提高用户的参与度和满意度,增强品牌的影响力和知名度。朋友圈互动策略与回应技巧主要有以下几个方面。

(1)建立良好的互动氛围。首先,要与用户建立良好的互动关系,可以通过分享有趣的内容、回应用户的评论和私信等方式,与用户建立信任和互动。同时,要做好头像管理。头像是一个人在社交网络中给人的第一印象,建议用真实的照片,选择画面清晰、识别度高、职业感强的照片,有点"特色"更有话题性(图4-7)。

图4-7 做好头像管理,突出头像的特点

(2)做好昵称管理。昵称就是一个人在社交网络中的个人品牌,也是个人IP的核心资产。不建议昵称前带A或者O,这样看上去很功利;电话号码可以放在个性签名里。昵称必须好记、好输入,方便他人记忆。这里切忌:难记忆字母,不明意义的数字长串,有短杠或下画线(图4-8)。

(3)做好标签管理。标签指的是个性签名,个性签名如同品牌广告中的广告语,用来展示一个人的个性特点或身份介绍,忌空洞、硬广(图4-9)。

(4)做好朋友圈封面管理。微信朋友圈封面就像实体店的门头,一定要给人一种专业、靠谱、值得信赖的感觉。打造个人IP,朋友圈封面要具备以下几个要素:个人形象照、个人简介、取得的成绩或荣誉、能给别人提供的价值等(图4-10)。

(5)积极回应用户。对于用户的评论和私信,要及时回应,表达感谢和关心,让用户感受到被重视和关注。

(6)引导用户参与。可以通过发布互动性强的内容,引导用户参与互动,如举办抽奖活动、征集意见等,增强用户的参与度和黏性。

(7)鼓励用户分享。可以鼓励用户分享朋友圈内容,通过社交分享增强品牌曝光度和影响力。

(8)避免过度营销。在互动过程中,要注意保持适当的频率和节奏,避免过度营销,引起用户的反感和抵触。

(9)回应技巧。在回应用户时,要注意表达方式和用词,保持友好和尊重,避免使用过于生硬或有攻击性的语言。同时,要善于倾听和回应用户的反馈和建议,及时调整营销策略。

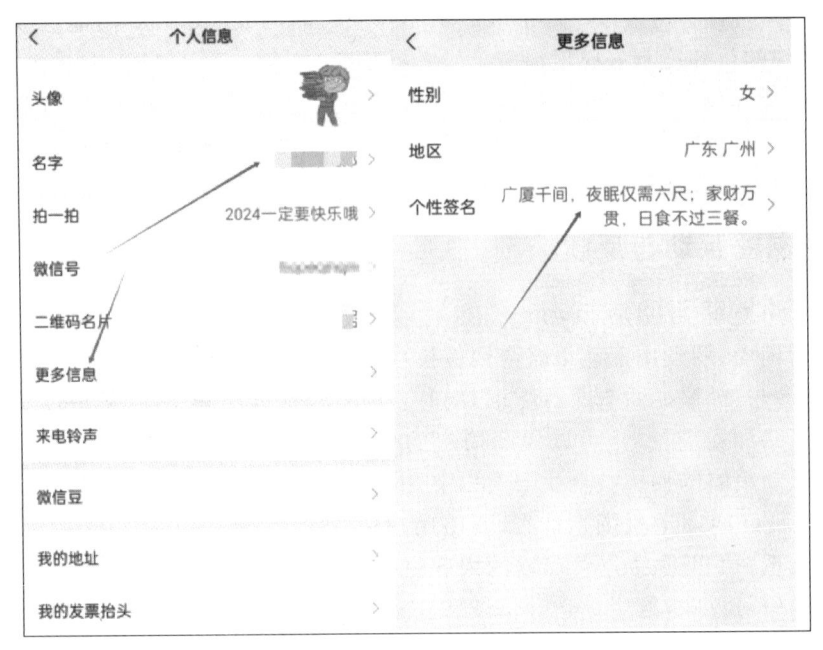

图 4-8　做好个人昵称管理

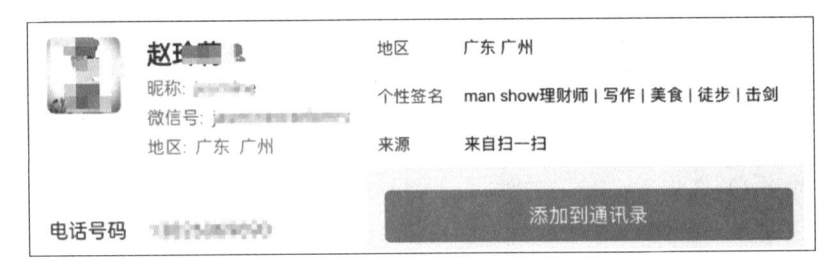

图 4-9　做好标签管理

图 4-10　做好朋友圈封面管理

（二）用户反馈收集与处理

在微信营销中，朋友圈用户反馈的收集和处理需要注重及时性、有效性、分类处理、总结分析等方面，同时要尊重用户的隐私权，让用户感受到被尊重和重视。通过合理的反馈收集和处理策略，可以提升营销效果和用户满意度。朋友圈用户反馈的收集和处理是一项非常重要的工作，需要做到以下几点。

（1）定期发布反馈收集需求。定期在朋友圈发布反馈收集的需求，如"亲爱的朋友们，如果您对我们有什么意见或者建议，欢迎在下方留言"等，以收集用户反馈。

（2）提供有效的反馈渠道。在微信后台或者其他社交媒体渠道，提供便捷的反馈渠道，让用户能够方便、快捷地提交反馈。

（3）及时处理反馈。收到用户反馈后，要及时处理并回复用户，表达感谢和重视。

（4）分类处理反馈。根据反馈的内容和性质，进行分类处理，对于普遍问题和建议，需要尽快调整营销策略和内容；对于个别问题，需要个别回复并给出解决方案。

（5）反馈总结与分析。定期对收集到的反馈进行总结和分析，了解用户的需求和喜好，以便更好地调整营销策略和内容。

（6）尊重用户隐私。在处理用户反馈时，要尊重用户的隐私权，不泄露用户的个人信息。

人文素养训练

网络世界有法律底线！微信转发谣言也违法

2023年10月12日，网上流传"突发！广州地铁遭受恐怖袭击，爆炸瞬间造成多人伤亡！"截图。

消息出来之后，广州警方立即开展核查。经查，广州辖区未收到任何相关警情，广州地铁运行正常，全市社会治安秩序正常，该信息系谣言。

广州警方迅速立案开展侦查，于当日18时19分许在天河区一城中村将故意编造发布该则信息的涉案嫌疑人谭某（男，23岁）抓获。经审讯，谭某供认该则谣言系其编发，目的是炫耀其可通过计算机编程技术生成特定页面的能力。犯罪嫌疑人谭某已被警方依法刑事拘留，案件仍在进一步侦办中。警方为此提醒：网络不是法外之地，编造、故意传播网络谣言等违法犯罪行为将受到法律严惩。

资料来源：警方通报：造谣广州地铁遭恐袭男子被刑拘［EB/OL］.（2023-10-13）. http://henan.china.com.cn/legal/2023-10/13/content_42550197.htm.

本章小结

微信营销是一种重要的营销方式，通过社交媒体矩阵、微信公众号、微信商城、微信小程序和朋友圈五个方面，企业可以更好地与用户互动，提高品牌的知名度和影响力。社交媒体矩阵是基础，通过多个社交媒体平台扩大品牌影响力；微信公众号是重要的工具，通过发布内容、推广产品吸引用户关注；微信商城是企业建立电商平台的重要方式，提供便捷的购物体验和增加销售额；微信小程序可以提升用户体验和增加用户参与度；朋友圈是关键环节，通过互动策略提高用户满意度。同时，企业需要结合自身情况和用户需求，制定合理的营销策略和内容,融合不同的微信营销方式,才能更好地实现营销目标。

┃想一想、练一练┃

假设你是一位食品品牌的市场营销人员,你的目标是提高用户满意度和品牌曝光度。请设计一份朋友圈互动策略,包括回复评论、提供反馈、分享有用的信息等方面。

┃即测即练┃

第五章 微博营销

知识目标

1. 了解微博营销的定义、特点及形式;
2. 掌握微博营销的运营策略;
3. 掌握微博营销的价值及其基本模式;
4. 灵活运用微博写作五要素撰写微博。

能力目标

1. 准确表述微博营销的定义、特点及形式;
2. 能够根据企业营销目标,制定适合企业的微博营销策略;
3. 灵活运用微博等新媒体平台的营销策略,打造品牌人格化形象,传播品牌文化,助力品牌营销。

素质目标

1. 培养学生表达能力;
2. 培养学生团队合作精神、创新精神及动手操作能力。

开篇案例

毕业季微博营销,品牌如何成为优秀"毕业生"

大学毕业季,众人各奔前程。如今年轻群体对毕业的重视程度很高。社交媒体给毕业生们释放情绪提供了足够空间。《2023年微博毕业热度报告》显示,2023年毕业季期间,微博上相关博文内容,毕业被提及412万次,共有167个话题登上微博热搜,累计阅读量达到240亿。

我爱我家×微博校园,"你租房我买单"

我爱我家率先发起#毕业Vlog#的微博话题,号召毕业生参与记录和创作,给大家营造了交流、隔空示好的和谐氛围。数万用户发表原创微博,分享生活经验、择业态度、职场初体验等。如此一来,毕业生既能尽情展现自己初入社会的激动,也能在沟通的过程中获得一份安全感。同时,我爱我家围绕租房,喊响"百万补贴,给利到家"的口号,发起抽百万津贴的活动,有诚意的品牌更能获得受众好感。

可口可乐×微博校园,"英雄"能量已送达

可口可乐基于♯毕业季♯、♯英雄登场赢得畅爽♯的微博话题,跟"@微博校园"联合上百所高校,发起了开黑搭子线下主题活动。这种青年文化和毕业场景的有机组合,在短时间里吸引 40 多座城市、100 余所高校相继展开相应活动,14 万多名学生面对面互动,在线上线下形成的声量和排面可谓壮观。可口可乐官博发文:让我们在峡谷中奋战,也让生活里奋斗的你举杯喝彩,期待每一场旅行都能♯英雄登场赢得畅爽♯。真诚且走心的文案极易令人共情。

天猫×微博校园,青春回忆已送达

天猫在 618 期间给消费者做了更细分、更精准的画像定位。它联合微博校园,发起♯青春的最后一件快递♯的话题,聚焦毕业时刻的仪式感。为迎合造势话题,天猫专门拍摄了一则纪录片,用镜头呈现毕业生整理寝室、参加学校典礼、签收青春快递等场面,并把每个人的情绪表现得淋漓尽致。这种画风真实、仪式满满的视频,不只是打动毕业生这一特定群体,还迅速勾起大量"90 后"用户的回忆。怀念青春、追忆往昔等情感实现破圈传播,解锁超出预料的营销效果。

毕业象征着一个人独立面对社会、人生和未来。每个人都会经历这个时刻,这才是我们产生共鸣的那部分。各大品牌选择在微博毕业生态热点下,跟年轻用户进行深度沟通。品牌要抓住年轻用户,必须在他们重要的人生节点保持在场,找到能打动这一群体的情感共鸣点。走进年轻群体,真正站在用户的角度去思考其所思、所想、所需。心向往之,行将必至,这是生活哲学,也是品牌沟通密码。

资料来源:在微博做毕业季营销,品牌如何成为优秀"毕业生"[EB/OL].(2023-08-01).https://card.weibo.com/article/m/show/id/2309404929987261366914.

思考:

(1) 各大品牌如何结合微博营销赢取受众?

(2) 你还知晓哪些热点微博营销案例?

第一节 微博的认知与账号注册

> **课前引例**
>
> (1) 生活中,获取信息或遇到事情,你会主动分享到社交媒体上吗?为什么?
>
> (2) 假设你在淘宝上看上了一件非常漂亮的衣服,很想买下来,但当时因为价格较贵没有购买。今天,当你正在刷微博的时候,页面上出现了那件漂亮衣服的"广告",这时你会点击它然后购买吗?为什么?

一、微博的认知

微博的诞生是一个时代的开始,微博即微博客(microblog)的简称,是一个基于用户关注链接关系的信息分享、传播以及获取平台。

2006 年,美国网站 Twitter 推出了微博客服务。Twitter 作为一个边缘项目诞生,它允许用户将自己的最新动态、所见所闻和想法、看法以短信息的形式发送给手机和个性化网站群,而不仅仅是发送给个人。

Twitter创立之初,为数不多的用户只是利用这个平台互相说说小笑话,但使用者们很快发现,Twitter传播方式如此与众不同:当一位推客接收到其认为值得推荐的信息后,会重新将其发送,传播给更广泛的人群。这意味着即使你只有少数关注者,但通过关注者的重复转发,信息又会被交叉传播,传播量会快速放大几百、几千甚至几万倍。Twitter迅速进入大众视野,并很快风靡美国进而风靡全球。美国互联网流量监测机构发布的统计数据显示,2016年7月期间,Twitter全球独立访问用户量已突破5 000万。在Twitter上"落户"的,既有奥巴马这样的政治家,也有国内外的明星,还有微软、苹果等著名企业和机构。从此,一个微博的时代正式开始。

新浪自2009年8月推出微博以来,已有数亿网友注册并使用,其中不乏明星、名人,新浪微博依托新浪网强大平台,吸引着不同年龄、不同领域、不同职业的各类人群。不论是明星还是普通人,微博都记录着他们生活点滴瞬间、人生感悟、心情常态,微博展现的是真实的人生、企业品牌的形象。

微博是社交媒体中用户极其活跃的社交平台之一,它因内容短小、发送信息方便彻底改变了媒体和信息传播的方式。不仅如此,微博的信息还可产生病毒式的传播。这些都使微博具备极高的营销价值。

微博营销指企业以微博作为营销平台,利用更新自己微博、联合其他微博设计和网友的互动,或者发布大家感兴趣的话题、让网友主动关注等传播企业的产品信息,从而达到树立良好企业形象的目的。

课堂讨论

通过观察思考,分析一下:从诞生到现在,微博使人们生活及获取信息、个人或机构传播信息、人际交往等方面有了哪些变化?这些变化的优缺点在哪里?除以上几个方面,微博还改变了什么?

二、微博的营销价值

对于企业和个人来说,微博的营销价值可分为以下四点来实现:品牌传播、客户关系管理、市场调查与产品开发推广、危机公关。

(一)微博是品牌传播利器

▶ 1. 微博可以帮助企业和个人进行品牌传播

企业要想利用微博进行传播,要建构出微博的信息传播模型。微博的信息传播模型可以概括为:微博传播=人+情绪+行为的三元平衡。

例如,海尔集团科技业绩成果一直名列前茅,2022年初,海尔成立科学与技术委员会,未来3年内建立专项产业基金400亿元,研发投入600亿元,聚焦绿色"双碳"、芯片与操作系统、AIoT(人工智能物联网)/感知与交互等五大共性关键技术实施核心科技攻关,建立世界一流的科创平台,以高质量的技术创新沉淀高质量的知识产权成果,助力经济社会的高质量发展。例如,海尔微博宣传"海尔种地少年美好生活季"见证科技力量,使话题更个性化、生活化,群体微博带来的是话题的广度和思维的多样性。情绪是为用户制造传播的理由,为品牌做整合营销传播,代表品牌的正面信息。

2. 微博的多种用途

微博可以发布企业品牌形象及产品独特之处、企业文化等;与目标消费者建立情感,听取消费者对产品的意见及建议;在客户服务上,提供企业前沿资讯、服务及新产品信息,便于与消费者进行一对一的沟通;通过在微博中发表与企业经营相关的内容,能与粉丝积极互动,通过微博来整合线上线下渠道,以塑造和提升企业的品牌。图 5-1 所示为内蒙古藏友孙海峰在微博上讲述茶路文化故事,提升产品的无形价值,给用户带去美好的体验,激发美好的情感等。

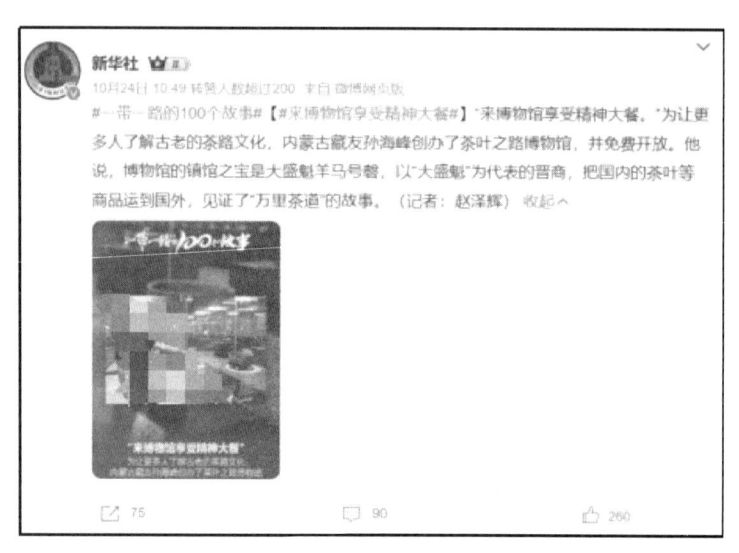

图 5-1 内蒙古藏友孙海峰传播品牌

3. 行为是引导用户创造内容

例如,瑞幸微博举办"晒照赢咖啡"、网友晒照有奖活动,而网友拥有和企业微博不同的粉丝群体,这无形中提升了活动的认知度。网友的言论对其他网友的吸引力是企业微博无法做到的。再通过企业微博转发这些网友的获奖感言,也对活动进行了二次传播。

(二)微博是客户关系管理绝佳助手

企业可通过微博进行客户的挖掘、维护以及服务。现今,越来越多的互联网企业在用户线上购买、产品包装、物流、线上线下体验等各个环节中,特意引导用户晒单和评论分享,用户使用或体验完企业的产品或服务,会通过微博拍照分享,和用户进行实时交流,如果企业及时发现产品的一些问题,便可通过微博提前告诉消费者,快速消除影响,避免负面的信息在人群中大量传播。在以客户为核心的商业模式中,客户关系管理强调时刻与用户保持和谐关系,不断地将企业的产品与服务信息及时传递给用户,同时全面、及时地收集顾客的反馈信息。

微博模式极大地降低了分享的门槛,而且图文并茂,相比于电话、邮件等传统的营销客户沟通模式,优势明显。基于这种"微"模式,企业在进行日常正式沟通活动的同时,可以将一些生活中的"碎碎念"发布出来,从而使企业不再以冷冰冰的经济人形象示人,成为一个人性化、可以作为朋友的"邻居"。

此外，微博模式的客户关系管理方式也极大地降低了企业进行管理运作的成本，极低的门槛使各种规模的企业都能够轻松地开展，为广大中小企业进行客户关系管理提供了新的思路，人格化微博如图 5-2 所示。

图 5-2　人格化微博

（三）微博参与市场调查与产品开发推广

市场调查是企业开展营销不可缺少的环节。通常情况下，企业可以通过问卷调查、人工调研、数据购买等方式调查消费者的需求，获取企业希望了解的分散化需求偏好信息。但这些调查方式耗费的财力和人力都较大，不同的行业，效果也参差不齐。然而，微博的出现，为企业提供了一个低成本、高效率的创新工具。

从微博的运作方式来看，企业积累一定粉丝后，通过微博进行营销和市场调查，成本是极低的。企业只需要注册用户，通过实名制认证给账号加上"V"字即可。企业以自媒体的形式发布信息不会被收取任何费用，企业只用投入极少量的人力就能与相当范围的受众进行交流。甚至企业员工也可以注册普通的微博账户，以消费者的身份进行讨论，对用户反馈的有关产品的评论进行分析和总结，获得普通潜在消费者的意见和需求信息。

企业通过微博获取一批目标受众粉丝后，可直接做引流销售，为企业带来直接的收益。例如，很多企业借助企业微博发布自己产品相关的信息博文，内容中植入产品的购买链接，目标受众看到微博后，如果喜欢企业的产品便可直接购买。此外，有的企业还配合微博的营销工具——微博粉丝通、微博橱窗等功能进行精准投放，为产品带来更高的曝光率，从而让更多的目标人群看到并产生购买行为。

（四）微博是危机公关的理想选择

微博既是品牌推手，同时又可能成为扼杀品牌的快刀和利剑。从我国微博的发展现状来看，涉及知名企业产品质量、企业信用出现问题等公众事件，一般都会迅速登上微博的热门词汇、热门转发、热门评论排行榜。根据话题进行检索，企业可以迅速了解到对事件高度关注的群体，从话题中可以全面了解公众对此事件的评价和意见，图 5-3 所示为"大众点评下架××酸菜鱼"和"××酸菜鱼客服否认是预制菜"。

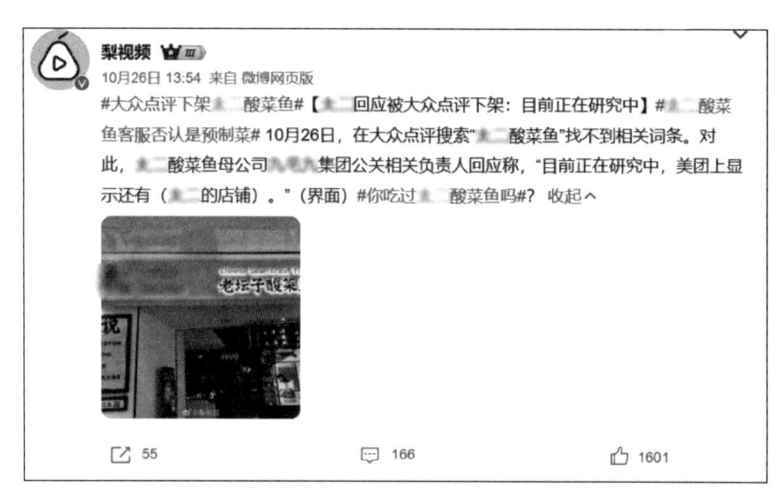

图 5-3 "大众点评下架××酸菜鱼"和"××酸菜鱼客服否认是预制菜"

课堂实战

根据你熟悉的平台或微博账号,分析不同账号定位(表 5-1)。

表 5-1 分析不同账号定位

项 目	分 析
品牌传播	
客户关系管理	
市场调查与产品开发推广	
危机公关	

三、微博账号注册

新浪微博与新浪网用户可共用账户平台。如果已有新浪账号,如新浪博客、新浪邮箱(×××@sina.com、×××@sina.cn),可以直接登录微博,无须再开通。如果有淘宝、QQ、天翼、联通沃邮箱、360、百度等账号,可以直接和微博绑定,微博注册成功后可以进行信息同步。

微博账号申请步骤如下。

(一)进入微博注册页面

百度搜索"新浪微博注册",单击进入注册页面,如图 5-4 所示。

(二)注册页面及注册类型

开始注册页面分为"个人注册""官方注册"(企业号)两种注册类型,选择要注册的类型进行注册,如图 5-5 所示。

(三)新用户注册

新用户注册支持邮箱注册和手机注册。

▶ 1. 邮箱注册

输入常用邮箱地址,设置密码、昵称,填写相应个人资料即可。注册微博后需要激活操

图 5-4　新浪微博注册

图 5-5　个人注册或官方注册

作：用户单击顶部的"立即激活"进入注册邮箱,单击邮箱中的激活链接即可。如果未收到激活链接或链接已过期,可单击"重新发送确认邮件"获取链接进行激活,超过 30 天未激活邮箱的用户无法正常使用微博。

▶ 2. 手机注册

输入手机号码、设置密码、昵称及个人资料后,填写的手机号码会接收到验证码,输入验证码后即可注册成功。

(四)注意事项

(1)企业用户注册需要哪些材料?需要注意哪些事项呢?

① 持有营业执照及企业公章(财务章、合同章等无效);

② 通过全国组织机构代码管理中心认证;

③ 企业官方微博名与营业执照上企业名不一致时需提供相关补充证明材料。

(2) 注册时昵称显示"已被注册"怎么办?

注册微博的时候经常会提示此昵称已被注册,但是在微博内搜索的时候却没有相关信息。出现这种现象的原因是此昵称已经有用户占用,但是该用户可能由于账号异常暂时被系统冻结,所以在搜索时不显示,此时重新选一个独一无二的昵称即可。

(3) 温馨提示:如果要申请蓝"V"(VIP用户)官方账号,官方名称被占用,昵称是可以找回的,但是要符合以下几个标准:①申请方为蓝"V"认证用户;②占用方为普通用户且连续6个月未登录;③昵称存在歧义及商标受理通知书暂不支持进行昵称找回。

(4) 昵称找回如果符合标准,操作步骤如下:①在新浪微博下载昵称找回函;②使用官方账号将填写完成并加盖企业彩色公章的昵称找回函连同相关资料[商标注册证、ICP(互联网内容提供者)备案信息等]发送@企业微博助理,进行找回申请;③工作人员将对找回需求进行审核;④审核通过后将在3个工作日内为用户修改昵称,审核失败将告知用户具体原因。

另外,淘宝个人卖家蓝"V"认证用户不支持找回昵称。对于长时间未登录微博的账号,官方将定期清理并释放昵称,具体依情况而定。所以,注册微博以后不能任由它放在那里,而是要经常更新一下,否则就可能被收回昵称。

实战训练

登录新浪微博注册页面,申请开通新浪微博,并关注朋友微博,尝试发出自己的微博。

人文素养训练

微博是大学生了解社会的重要窗口。微博的用户群既有普通民众,也有商界精英、知名学者、文体明星等。微博平台上信息资源丰富,更新速度快,其中有一些事件由于受到大量网民的关注、评论和转发,迅速成为众人瞩目的热点事件。这些热点事件多聚焦当今社会的民生问题以及由此产生的思想认识分歧,集中体现了当下人们多元化的价值观和复杂多样的思想现状。

心理学家指出,"人际关系"是人们重要的幸福感来源。由于学习、生活等压力的影响,大学生迫切需要通过参与虚拟空间里的社交互动来拓展自己的社交圈,缓解和释放压力。

通过收集和整理微博热点事件,让学习成为积极主动的过程,通过对事件信息的解读,鼓励上传值得向其他同学教师推荐的美文佳作、励志电影等资源,进行自我教育和传帮带,促进彼此提高、共同进步,进一步加深对事件本质的理解和认识,运用理论知识正确分析和看待各种社会事件。

第二节 微博账户装修技巧

> **课前引例**
> (1) 你见过哪些印象深刻的微博账号?
> (2) 你认为好的微博账号有哪些特征?
> (3) 从新媒体营销角度,经营装修你的微博账号作用是什么?

一、微博装修效用

(1) 提升用户体验。装修微博页面可以使页面更加美观、个性化,提升用户的阅读体验,同时也可以让用户更好地了解微博主的个性和风格。

(2) 提升品牌形象。装修微博页面也可以展示微博主的品牌形象,如加入自己公司的标志、口号等,可以让用户更加信任和认可品牌。

(3) 加强粉丝互动。装修微博可以增加粉丝的互动和参与度,如通过发布话题、投票、问答等方式与粉丝互动,增强粉丝的忠诚度和黏性。

(4) 提高曝光率。装修微博可以提高微博的曝光率,让更多的人看到你的微博内容,从而增加关注者和粉丝的数量。

(5) 增加收益。通过装修微博,可以吸引更多的目标受众,提高品牌知名度和曝光度,定位精准人群,如可以将网络推广人群定为 80/90 后人群,吸引目标受众,提升营销效果。

二、如何装修微博

(一) 昵称:个人或品牌标识

中国是一个历史悠久的国家,有着丰富的文化和历史。许多中国传统名字都带有一定的历史和文化意义,名字和人的命运也息息相关。

同样,微博名字对企业的微博推广营销运营非常重要。一个成功的微博不仅要有优质的内容,还要有一个足够吸引人眼球的微博名字,这是新媒体微博营销推广的前提条件,一般而言,微博昵称具有以下特征。

▶ 1. 简短有趣,便于记忆

微博每天充斥着各种信息,如果想让粉丝快速记住你的昵称,就要尽量保持昵称简短且方便记忆,如"一条""全是壁纸"。当然,微博上也有一些微博账号的昵称较长,但也能被粉丝记住,是因为这类账号昵称要么有趣,要么是很早就入驻微博,或在其他平台已有一大批粉丝,如"薄荷包蛋派""陈震同学"。

▶ 2. 品牌一致,长期记忆

如果你个人网名或企业品牌已经有一定的知名度,建议在其他任何社交平台昵称保持一致。如果你是个人用户,真名有特点,也可以用真名。如果微博昵称已经被人注册,可以采取加前缀、后缀的方法标识,定好名字后尽量不改动,保持品牌传播的一致性。

3. 拼写简单，便于输入

昵称除了方便记忆，还可以让粉丝想起企业品牌或商品本身应有的属性，方便搜索及认知。因此，昵称尽量用大家容易输入的中英文字符组合，少用怪字偏僻字，如"魑魅魍魉"这样的生僻字尽量少用。

4. 避免重复，便于搜索

微博取昵称为避免重复、便于搜索，可以在微博搜索输入相关昵称，查找昵称是否别具一格。没有重复的昵称，容易被搜索到。所以想到好昵称，可以在微博"搜索"搜一搜，看看同名的微博博主实力是否强大再考虑。

（二）设置个性域名，快速入口

微博用户可以设置自己的个性域名，方便粉丝或亲朋好友快速进入，这样不需要打开微博去搜索框搜索昵称，更加方便、快捷。同时，将个性域名链接发给亲朋好友，他们接受邀请后会成为你的粉丝。

在工作及日常生活中，个性域名经常会被用到，如邮件的签名。同时，给好友发送你的链接时，如果直接复制个人主页的链接，会出现非常长的链接，不方便打开，也不美观。例如，本章作者吴海娜老师微博的个性域名：http://weibo.com/wuhaina。直接在微博官网链接后面加上"wuhaina"即可进入@吴海娜的微博主页中，这方便添加粉丝或亲朋好友。个性域名的方法：账号设置—账号信息设置，如图5-6所示。

图5-6 个性域名设置

课堂讨论

评估一下你的微博昵称，具备上述昵称的哪几个特征。如果不具备，需要修改，你有什么新的想法，并作出修改。

（三）头像及背景图、展示位

通常情况粉丝除关注昵称外也会关注头像，需要设置清晰有个性或代表企业品牌形象的头像，同时考虑不同的呈现方式。

可以设置自己的真人照片为头像，也可以用卡通形象。头像的设置要符合以及匹配账号内容，特别是一些比较严谨、代表公民议员官方发布如品牌企业、政府机构和高校的头像则不能太娱乐化。

微博的背景图片和头像后的封面图是粉丝进入微博主页的主视觉，二者可以自定义，并且可以作为广告展示位来使用。鼠标单击微博主页右侧，会出现"上传封面图"和"模板设置"，这是两个不同的设置，模板指的是背景，如果已经购买会员，封面图可以上传自定义图片，这里可以作为广告位使用。封面墙图片规格为 980 像素×300 像素。微博背景图和封面图对于一个品牌企业、政府机构和高校等来说非常重要，如图 5-7 所示。

图 5-7　微博头像及背景

（四）简介：捕获关键信息

简介是吸引他人了解你账号内容的关键信息，需要简明扼要，要有个性化色彩。而且，简介需要在几句话里显示出自己的特长、个性等信息。对于一个品牌企业、政府机构和高校来说，同样是一项非常重要的信息，往往是一个人了解该企业、政府机构和高校的一种重要渠道。

@京东：京东集团定位于"以供应链为基础的技术与服务企业"，目前业务已涉及零售、科技、物流、健康、保险、产发、海外和工业品等领域。

@深圳交警：【搭建沟通互动平台·服务大家安全出行】@深圳交警是深圳市公安局交通警察局的官方微博，通过本微博，深圳交警将为大家提供以下服务：发布交通信息、公布交通政策、开展安全宣传、广泛收集民意、解答群众疑问、受理业务咨询、接受群众举报。

在这里，深圳交警也会为您剖析事故背后的深层原因；提供安全出行的温馨提示。另外,非紧急情况,您可以@深圳交警向我们反映问题;遇紧急情况需报警时,请及时拨打110、122;不方便拨打电话时,可以编辑信息发送至深圳市公安局短信报警平台0755110,以便我们及时出警。

@白象食品:一路"象"伴,感恩有您!白象食品官方账号,26年专注中国好面,在这里让我们一起解锁关于白象的更多"面"。

课堂讨论

1. 搜索任何一个你知道的企业官方微博,它的微博移动端装修是怎样的?请描述。
2. 如果你作为微博运营顾问,你准备给它的微博装修提出怎样的建议?

扩展阅读5-1 微博会员特权

（五）微博会员：开启特权

微博会员有VIP、SVIP以及2023年7月微博会员推出的VVIP会员体系。各大体系会员独享特权不同。其中创作者经营会员(VVIP)包含功能特权、身份特权、经营特权、装扮特权、福利特权五大类共50多项精彩权益。

（六）微博认证

认证新浪微博效用主要是普通账号单独升级黄V(认证作者)认证,级别称呼,账号权重,代表某个权威人物的核心主题,要比普通账号更受用户欢迎。企业品牌账号需要认证微博号做营销推广,享受更多权益和账号功能,微博认证账号越高级,用户越喜欢,受众越广,越利于账号在整个平台进行传播,更有利于使用微博做SEO排名和营销。

▶ 1. 新浪微博个人认证分类及等级分类

身份认证:个人用户真实身份确认。

兴趣认证:垂直领域知名博主认证。

超话认证:认证成为超级话题主持人。

金V认证:帮助优质作者变现,提升品牌能力。

视频认证:认证成为视频博主。

文章/问答认证:认证成为文章/问答博主。

新浪微博个人等级分类为黄V、橙V(优质创作者)、金V(高影响力创作者)。

▶ 2. 新浪微博企业、机构等官方组织认证

企业认证:营利性组织、企业、个体工商户等企业认证,专属蓝V标识,权威官方背书,多种运营工具,玩转粉丝经济,高效营销工具,帮助企业实现高额销售,企业认证步骤如图5-8所示。

内容/IP机构认证:粉丝团工作室、影视综官微、游戏体育赛事、出版社、文化公司等机构认证,认证步骤及提交信息如图5-9、图5-10所示。

政府认证:广电、市政、税务单位等,认证步骤及提交信息如图5-11所示。

媒体认证:电视电台、报纸杂志、媒体网站、垂直网站等,认证步骤及提交信息如图5-12所示。

校园认证:学校、校友会等,认证步骤及提交信息如图5-13所示。

图 5-8　企业认证步骤

图 5-9　内容/IP 机构认证资料填写（1）

公益认证：支教、扶孤助残等，认证步骤及提交信息如图 5-14 所示。

> **实战训练**
>
> 微博搜索任意账号，从昵称、个性域名、头像、简介、背景图、封边图、个性签名等各方面分析该微博设置是怎样的，列表分析说明。

图 5-10　内容/IP 机构认证资料填写（2）

图 5-11　政府认证资料填写

图 5-12　媒体认证资料填写

图 5-13　校园认证资料填写

图 5-14　公益认证资料填写

人文素养训练

2023年3月10日,微博财经官方微博发布《关于防范非法证券期货活动、违规营销的公告》:处置131个非法证券期货活动、违规营销账号。对从事非法证券、期货、虚拟货币买卖活动及通过微博博文、私信等方式导流至QQ群、微信群、公众号等站外平台等违规营销信息进行集中处理。相关违法行为包括但不限于通过销售荐基荐股荐期软件,提供股票、基金、期货投资分析意见、买卖时机建议,预测价格走势等;或通过推销"理财""财商教育""炒股""买基"等课程,举办投资讲座、报告会、分析会等方式直接或间接荐基荐股荐期等。

根据相关规定,视情节严重程度不同采取删除内容、禁私信功能、内容降权、禁言直至注销账号处理。本次共处置账号131个,其中包括昵称为"黄金原油高级分析师——老王""股票价值投资—红映市"等账号,其粉丝数超百万。

微博表示,不断升级技术手段、调整产品策略、优化监控和处理效率,持续加大对平台上存在的非法证券活动的打击力度,对于相关违法违规行为从严治理。

资料来源:微博:处置131个非法证券期货活动、违规营销账号[EB/OL].(2023-03-10).https://www.jwview.com/jingwei/html/03-10/531137.shtml.

第三节　微博营销的技巧

课前引例

列出一个你喜欢的微博并介绍,你认为这个微博能吸引怎样的人群?如果用三个标签词介绍这群人,请问标签词会是什么?列表展示。

一、微博运营规划

要用微博做产品宣传工作,必须做好准确的微博运营定位及规划微博内容,深入对市场环境和用户画像进行分析。

(一)微博运营定位

个人微博定位,要具体,有生活感,有属于自己的气质,能引起同类受众共鸣。企业、政府、高校等官方微博定位,应具备并依托于自己专业的领域。一个恰当的微博定位就像一幅图,特别显眼。

▶ 1. 选择发布形式

微博发布形式越来越多元化,除了文字和图片外,还可以发布长微博(显示为"头条文章"和"文章")、视频(分为在线和本地上传两种形式)、音频(从新浪音乐库中选择内容或者其他支持的音乐链接)、点评、超话、新鲜事、问答、专栏等,如图5-15所示。2016年微博增加了直播发布。在微博手机客户端,还可以发布商品,这对于电商来说是很方便的形式,可以直接运用微博橱窗进行商品售卖。

图 5-15 微博发布

▶ 2. 设计话题

话题是能够引发讨论和转发的微博。为了强化微博话题,可以把话题关键词用"#"围住,引发更多人的注意。如果话题引发很多人关注,大家都在微博中讨论这个话题,那么这个话题有可能成为热门话题。一旦话题成为热门,就有可能进入新浪微博的热门话题榜,被更多人看见,带来巨大的讨论量。

微博话题可以申请主持人,话题主持人是对某个话题页面具有相关管理权限的用户。通过对话题页的编辑,用户可以完善话题页,并提升自己的微博影响力。目前,每个话题只能有一位话题主持人,如图5-16所示。

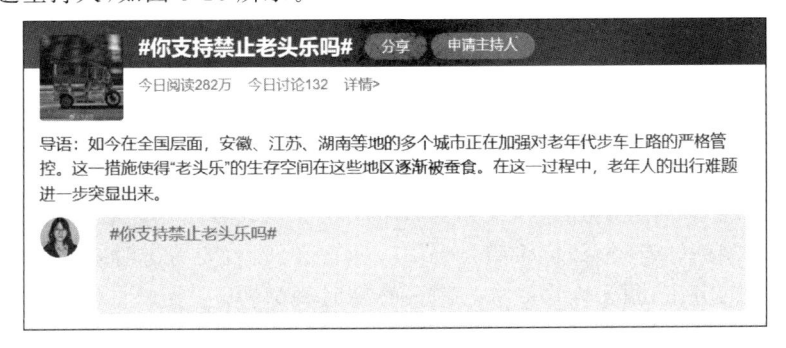

图 5-16 申请话题主持人

（二）微博内容策划

▶ 1. 话题素材库

微博内容分为针对热点话题的借势发挥和结合自己的定位做的每日更新。即便是每天发布的微博内容，也需要进行内容设计。要做好微博营销，平常要注意观察身边的各种事件、网上的热点事件、阅读各种资料和图片，并收集。下面提供了常见素材收集的网站。

（1）可供参考的专业知识、权威网站：

中国互联网络信息中心：https://www.cnnic.net.cn

中国知网：https://www.cnki.net

万方数据知识服务平台：https://www.wanfangdata.com.cn

（2）除此之外，还有一些互联网上的热点，以及评论观点等网站：

知乎网：https://www.zhihu.com

搜狗微信搜索：https://weixin.sogou.com

新榜：https://www.newrank.cn

知微事见：https://ef.zhiweidata.com

内容策划时可以根据专业知识及微信热搜文章、热点推荐，围绕着热点进行的讨论，借鉴参考其他公众号的文章。文字类素材可以去微博、简书、豆瓣等搜索文章。新闻热点可以通过今日头条、网易新闻等进行搜索查看。微博的热门话题以及热门微博基本上包括了最受关注的热点，要养成每天浏览的习惯。

▶ 2. 设计微博话题时间

除了常见的话题地图外，还可按时间地图策划内容（节日、节气、假日），因为节假日是最好的话题。节假日包括法定节假日、国际纪念日、民俗节假日、西方节假日、网络搞笑节、行业营销季、本地文化节等。每年提前整理时间地图，对运营微博、提前准备发布内容会非常有帮助。某高校微博 2023 年节假日话题举例如图 5-17 所示。

8月	9月	10月	11月	12月
1 建军节	10 教师节	1 国庆节		1 世界艾滋病日
12 国际青年日	27 世界旅游日	4 世界动物日	9 全国消防宣传安全教育日	22 冬至
22 七夕节	29 中秋节	10 世界精神卫生日	17 国际大学生节	
8-9月 新生入学季话题			10-12月 校园营销日	

图 5-17　某高校微博 2023 年节假日话题举例

▶ 3. 设计微博发布时间

除了话题内容和时间策划，微博发布时间也会影响微博的阅读打开率。所谓最佳发布时间，背后的含义是能让你期望的人最先看到的时间。

对于想和高质量粉丝互动的人，最佳发布时间也许是凌晨 1 点以后；

对于不同国家的朋友，假如你希望是外国的朋友看到，就要考虑时差的影响；

对于有地铁的城市，很多人喜欢在地铁高峰期时刷微博；

对于不同的人群，如大学生，他们很多是越晚越精神；

对于和节假日相关的微博，选择在节假日即将开始的时候发布效果更好；

对于突发性新闻事件,第一时间抢发,连续跟进,快速刷屏更好;

对于现场的活动,实时同步播报更好;

对于自己的个人感悟,也许选择大家都在休息的时间,效果更好。

微博最佳发布时间其实需要依据对微博发布效果进行动态观察,不断依据效果进行反馈调整。

▶ 4. 控制原创转发比例

内容策划也要考虑自己微博原创和转发的分配比例。一般而言,微博都是原创运营难度大,也不利于建设微博矩阵。转发太多,缺乏原创也会让别人不想关注。所以适度的原创是必需的。

微博上有大量来源不明、耸人听闻的消息,这些消息比普通消息更吸引人转发,转发后也会得到更多的粉丝转发,但是传播谣言后果很严重,乱发微博和乱转微博根据《中华人民共和国治安管理处罚法》的规定需要承担一定的法律责任。

> **课堂讨论**
>
> 关注@微博辟谣的微博内容,谈谈自己的感受。

▶ 5. 微博内容写作技巧

要写出好微博,一种训练方法是选择一个话题,尝试用各种不同的写作技巧为它编微博,然后反复修改,勤加练习,就可以形成很多写微博的"套路",以下介绍常用的几种微博内容写作技巧。

(1) 短小精悍法。编写微博文案时,要做到短小精悍、言简意赅、自然贴切,用浅显、白话的文字进行表述,让读者能快速抓住文章的中心思想,引导读者思考,从而达到快速传播的目的。微博规定消息字数不超过140字,用户在1秒内就能了解微博的主题内容,同时便于他人转发时加评论,如需加外部链接,一定要写出吸引人点击的理由,图5-18用88个字评论了"不该消失的课间10分钟"。

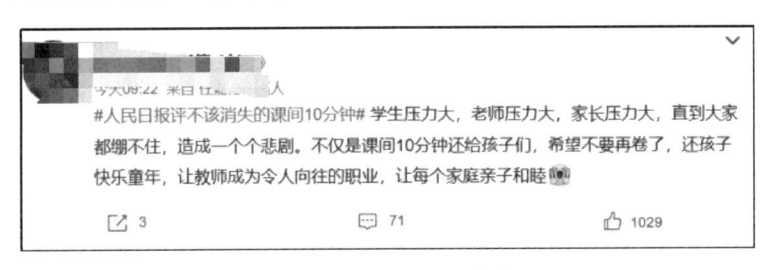

图 5-18 短小精悍法案例

(2) 主题明确法。要求有明确的主题,微博用户在编写微博文案时一定要明白微博文案写作目的是什么。同时,写作的过程中注意不能夸大其词,尽量使用适当的语言来描述需要表达的思想,保证文章的真实性和可读性,为吸引眼球而虚构信息、歪曲事实会适得其反。纯文字微博就是普通微博,而想要发布超过140个字则可以使用长微博。

(3) 巧妙利用符号链接法。

@符号:"@"符号本来用于邮件,后来用于微博中,其主要作用是指定某一用户,用法为"@用户",比如编写微博时在微博最后加上"@之译文化",用户"之译文化"就会收到@的提示,可以通过提示查看微博。也就是说"@用户"后,至少可以保证这一微博会被用户阅读到,如果微博内容好,他也会转发到自己的主页和粉丝分享这条微博。所以使用@符号可以提高微博的阅读量和转发量,增强互动。

♯符号:"♯"符号是话题符号,用法是"♯话题♯",即在话题前后各加一个♯符号。微博上有很多热门话题,进入话题中心后,所有添加了"♯话题♯"的微博都会显示在话题界面中,关注此话题的人可以看到。为了使微博更容易被搜索到、阅读到,可以在微博中间添加一个或多个话题,提高关注度。

链接:链接的用法很简单,直接将链接网址添加到文案中即可。无论是照片视频,或者是想要分享的其他网页文章,都可以利用链接的方法分享给粉丝。相关统计表明,带链接微博比不带链接微博的转发率要高出3倍左右。@有奖活动分享添加网页链接如图5-19所示。

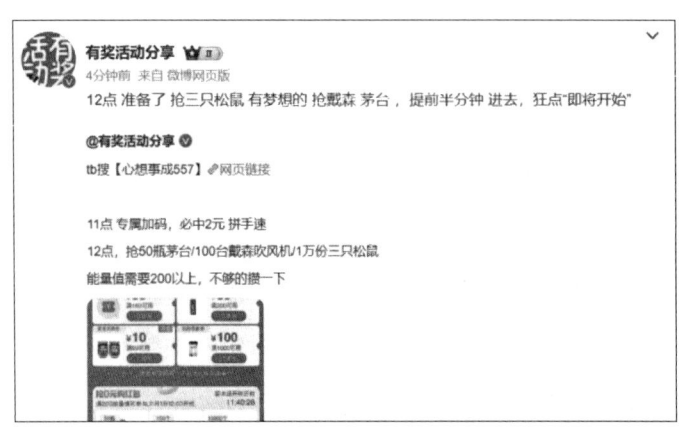

图5-19 @有奖活动分享添加网页链接

(4)插入图片或视频法。微博不仅能发布文字,还能加入图片和视频等多媒体元素,很多微博博主直接采用图片或视频的形式来进行软文表现,使微博内容更加丰富多彩,还能使用户更加直观地查看软文的内容。

如果微博以文字描述为主,图片或视频为辅,最好选择具有创意、视觉冲击力强的图片或符合文字描述的应景图片,增强微博的吸引力。如果微博是以图片或视频为主,就要注重图片和视频表现的内容,再配以一两句简短且点题的文字说明,如图5-20所示。

(5)图文对比归纳法。在微博营销中,图文对比归纳法是一种通过视觉对比和逻辑归纳强化用户认知的创意策略,尤其适合产品展示、效果对比、数据呈现等场景。图5-21所示为素颜霜功能前后对比照片。

(6)心灵鸡汤法。生活的过往,避免不了压力与伤怀,需要深刻地浸润与思考,寻找属于自己的突破与重建,包括自我治愈与给予希望,都市人们的心灵需要慰藉,此类微博也可以引起共鸣。

(7)借热评论法。微博涵盖方方面面的资讯,反映网民现实生活中的点点滴滴,通过微博可以发现人们身边的趣闻轶事、热点话题、借势热点话题创作微博内容,引导人们正确看待问题,例如,2024年初哈尔滨冰雪旅游爆火("尔滨"梗出圈)。《"尔滨"的真诚,是东北振兴的一把火》(《光明日报》),借旅游热讨论东北经济转型,将"服务细节"上升至"营商环境优化"。

图 5-20　微博视频

图 5-21　图文对比归纳

（8）连环吐槽法。吐槽成为大家生活中的一种乐趣。对于新闻事件或生活琐事，大家通过吐槽的方式来发泄压力，缓解烦躁的心情，通过一系列的疑问句，引发公众思考和共鸣。

（9）方言土语法。方言是一种社会现象，是一种独特的民族文化，它传承千年，有丰厚的文化底蕴。某种程度上，方言更能代表地区文化特色。方言体现的地方特色是普通话无法比拟的，微博通过方言传播，可以让大家相互交流学习，可以更好地沟通联络感情，引起共鸣，如图 5-22 所示。

（10）巧用谐音法。谐音主要用在人们的生产生活和广告文化中，主要作用就是提高趣味性，便于记忆。通过谐协音律、谐和的声音、字词的声韵相同或相近来表现，常用于广告或日常网友交流，如某网友发表微博"我说我比较喜欢李白的诗 陆游气坏了 结果我家就没办法上网了"，这里的"陆游气坏了"实际上是"路由器坏了"。

（11）分享干货法。人们总是喜欢实实在在、不含水分、价值比较高的"干货"，所以分享的信息或内容可以是实用、丰富的，能够提供大量有用的知识或者技能，让人们获得更多收益。

（12）归纳总结法。针对一些专业社会热点内容进行归纳总结，如@靳东如何答好一个

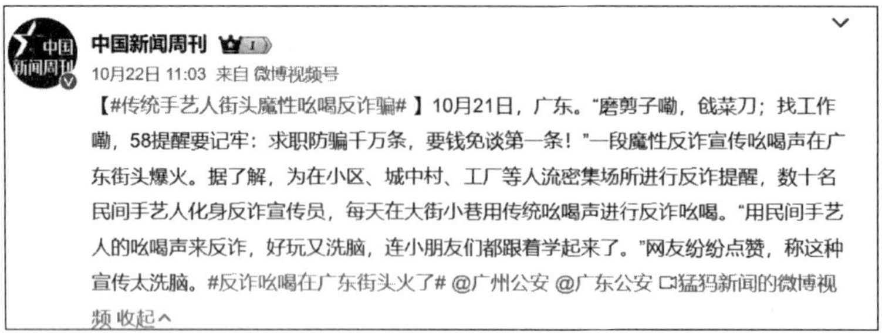

> 中国新闻周刊
> 10月22日 11:03 来自 微博视频号
> 【#传统手艺人街头魔性吆喝反诈骗#】10月21日，广东。"磨剪子嘞，戗菜刀；找工作嘞，58提醒要记牢：求职防骗千万条，要钱免谈第一条！"一段魔性反诈宣传吆喝声在广东街头爆火。据了解，为在小区、城中村、工厂等人流密集场所进行反诈提醒，数十名民间手艺人化身反诈宣传员，每天在大街小巷用传统吆喝声进行反诈吆喝。"用民间手艺人的吆喝声来反诈，好玩又洗脑，连小朋友们都跟着学起来了。"网友纷纷点赞，称这种宣传太洗脑。#反诈吆喝在广东街头火了# @广州公安 @广东公安 □猛犸新闻的微博视频 收起^

图 5-22　方言土语宣传

社会性话题？第一步，借时代背景谈感受，抛出观点"在我看来其实不然"。第二步，结合现场参与者反应谈现象，佐证观点。第三步，下结论"距离我们并不远，不要抱侥幸心理"。第四步，谈当下现状、谈如何做，归纳总结"提高防范意识"。

(13) 经典嵌入生活法。有些经典专业理论知识较难理解，可以结合生活实例进行创作，如著名的马斯洛需求层次理论，经博主进行再创作改为"中国人一看就懂的马斯洛需求层次理论"。马斯洛的需求层次理论说人的需求分为生理需求、安全需求、社交需求、尊重需求、自我实现需求五层，太掉书袋，对中国人简单说就是：①你饿不饿？②你吃饱了吗？③晚上回家我给你煮面好不好？④你要不要再加个菜？⑤今晚你想去哪里吃？

针对企业产品的博文，还可以采用以下方法。

(1) 产品功能故事化。博客营销要学会写故事，更要学会把自己的产品功能写到故事中去。通过一些生动的故事情节，自然地让产品功能自己说话。例如面对决策周期长的痛点，以袋鼠 Ruby 人设和用户沟通，在微博宣发 G'day 微电影，带领观众游览地标美景，快速点燃大众热情，打造出境游种草新标杆。

(2) 产品形象情节化。企业宣传自己的产品时总会喊一些口号，这样做虽然也能达到一定的效果，但并不能使自己的产品深入人心、打动客户。最好的方法就是把对产品的赞美情节化，让人们通过感人的情节来感知、认知你的产品。这样客户在记住情节的瞬间，也就记住了你的产品。

(3) 行业问题热点化。在微博文章写作过程中，一定要抓住行业的热点，不断地强调热点，才能引起客户的关注，才能通过行业的比较来显示自己产品的优势。要做到这些，也就要求博文的作者"知彼知己，百战不殆"。

(4) 产品发展演义化。微博营销文章要赋予产品以生命，从不同的角度、层次来展示产品。可以用拟人，也可以是童话、无厘头、幽默的形式等。越有创意的写法，越能让读者耳目一新，也就越记忆深刻。

(5) 产品博文系列化。微博营销不是立竿见影的电子商务营销工具，需要坚持不懈。因此在产品的博文写作中，一定要坚持系列化的创作，就像电视连续剧一样，故事不断有发展和高潮，这样产品的博文影响力才大。

课堂讨论

你知晓哪些有趣的企业产品博文？请分析讨论。

二、微博营销工具

微博营销工具指的是利用微博平台进行品牌营销活动的工具,通过微博营销工具可以帮助实现品牌曝光和宣传,提高品牌的知名度和曝光率;实现用户互动与粉丝关系维护,增强用户对品牌的认同感和忠诚度;提高社交传播效应,增强品牌的影响力,提升市场份额;进行数据分析达到精准的推广策略和运营优化;根据用户的兴趣、地域等特征进行广告投放,提高广告的精准度和效果。以下介绍企业常用的微博营销工具。

(一)粉丝服务平台

粉丝服务平台是微博认证用户、应用为主动订阅的粉丝提供精彩内容和互动服务的平台,包括六大功能。

(1) 数据统计:帮助使用者统计数据信息。

(2) 实时消息:查看最近5天用户发送给使用者的私信,快速给用户回复。

(3) 订阅用户:根据使用者设置关键词自动回复规则名进行分组,对发送给相应规则名下关键词的用户进行分组。

(4) 群发私信:把认为好的内容筛选出来,推荐给想要推送的粉丝。

(5) 素材管理:提前编辑要推送的内容,包括图片、语音、图文消息等都可以提前上传保存在素材库里。

(6) 高级功能:使用者可根据自己的情况选择编辑模式或开发模式。

> **课堂讨论**
> 微博的粉丝服务平台和微信公众平台在功能上有什么区别?请分析讨论。

(二)粉丝头条

粉丝头条是新浪微博官方推出的轻量级推广产品,以粉丝关系为核心,帮助客户实现博文阅读量、转评赞数量提升,助力粉丝迅速增长,提高粉丝变现效率,是微博粉丝经济的重要利器。

当博主某条微博使用粉丝头条后,在24小时内,它将出现在所有粉丝信息流的第一位,增加微博的阅读量,扩大微博的影响力。

▶ 1. 粉丝头条的优势

(1) 凸显头条信息内容。微博是当今最火的网络媒体之一,能快速把信息传递给消费者,但是每个微博用户关注的账号也很多,与微信朋友圈不同,微博信息流动极快,如果发布频率不高,很可能被"淹没"在滔滔信息流中。粉丝头条可以使博文展现在粉丝信息流首页第一位,让粉丝快速抓取重要信息。

(2) 提高营销效率。微博主为了提高粉丝对其发布微博的关注度,如果一天内重复发微博,会引起粉丝不满,久而久之,粉丝会对微博主反感,导致粉丝量流失。粉丝玩微博需要接收更多热度信息。只要内容精彩,那么一条微博信息能传递到每一个粉丝,也能引起大家的共鸣,比重复发布效果更好。

(3) 跨平台发布信息。粉丝不论是通过电脑还是通过手机登录微博,都能看见微博主发布的信息,解决粉丝登录微博习惯问题,能更好地传递优质信息。

▶ 2. 粉丝头条使用方法

电脑端使用方法:在自己的个人主页单击单条微博下方的"推广"按钮,选择"粉丝头条"功能。

移动端使用方法:在自己的个人主页单击单条微博右上方的小箭头,再单击推广,如图 5-23、图 5-24 所示。

图 5-23 粉丝头条推广

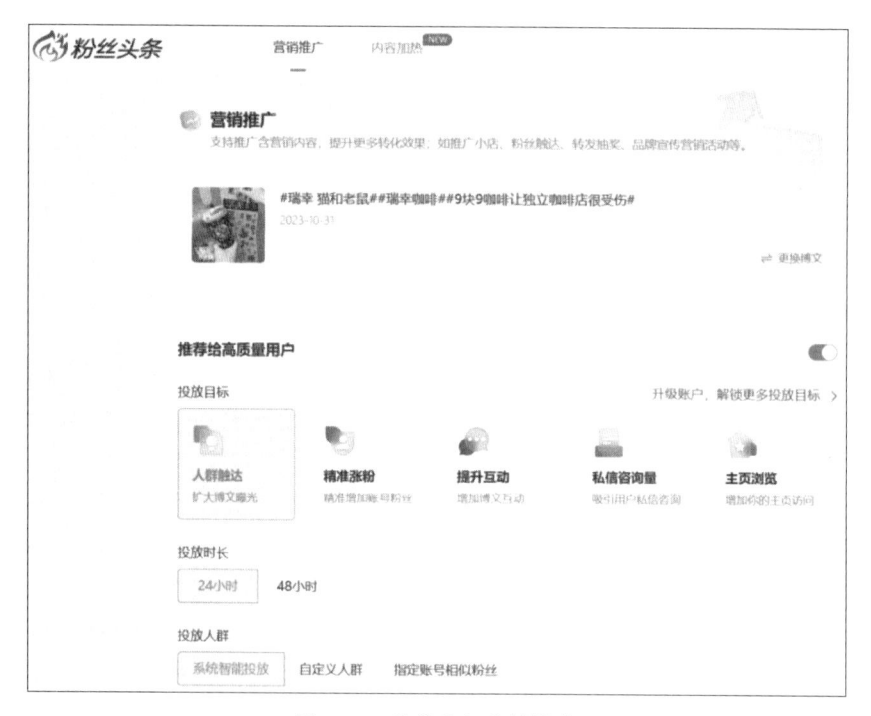

图 5-24 粉丝头条营销推广

▶ 3. 粉丝头条计费

粉丝头条购买价格与微博主粉丝数量、博文质量有关。粉丝数量越多,博文被越多粉丝看到,影响力越大,价格越高;博文质量越高,越容易引发粉丝转发、评论、点赞,价格越高。在计算价格时会排除掉垃圾粉、机械粉、僵尸粉及不活跃粉丝,以确保价格真实、合理。另外,博文内带服务链接会享受较大的优惠,如果是微博会员或橙 V,也可以享受优惠。

▶ 4. 粉丝头条展示规则

粉丝头条展示规则只投放给粉丝,"粉丝头条"只有发布微博账号的粉丝可见,不会展现给其他用户。

一次"粉条"推广对同一用户只会显示一次,用户看到过头条信息后,再次刷新时,该条微博不会继续置顶,会随正常信息流滚动,不会对粉丝产生干扰。

置顶的有效期是 24 小时,即自使用粉丝头条之后的 24 小时内有置顶效果。

> **课堂讨论**
>
> 打开微博,点开一条微博进入头条页面,看看头条投放的流程是怎样的。

(三) 微博抽奖平台

微博抽奖平台是微博自带的,是微博官方唯一的抽奖工具,可以通过这个工具进行抽奖,由系统随机抽取中奖者,同时自动给中奖用户发送中奖私信。

微博抽奖平台面向已认证的蓝 V 用户、VVIP 用户以及购买超级粉丝服务包/品牌服务包的用户。

目前微博抽奖平台支持的功能如下。

(1) 支持手机端、PC 端抽奖。

(2) 抽奖方式支持:转发抽奖、评论抽奖、点赞抽奖(每次只能选一种,不可同时选中)。

(3) 抽奖筛选条件支持:关注、@好友、关键字筛选、同时关注他人。

(4) 支持定时抽奖。

(5) 活动奖品支持实物奖品、虚拟卡券(只 PC 端可支持,包含优惠券、游戏码等)、现金、微博会员四种类型。

(6) 抽奖过程支持过滤选项(包含普通过滤、深度过滤)。

(7) 开奖后中奖用户收货信息支持一键导出。

(8) 发奖后物流信息支持上传(仅针对实物抽奖)。

(9) 单条微博支持多次开奖(最多支持 100 次),每次最多抽取三个奖项,每个奖项每次最多可抽取 100 个中奖用户;每个用户每天最多可开奖 50 次,如图 5-25 所示。

图 5-25 微博抽奖平台

微博抽奖,也包括数据分析,由于系统采取随机抽奖方式,有时候抽到的粉丝,可能是没有互动过,也有可能是"抽奖专业户"。如果是回馈热心粉丝的抽奖活动,可以采取人工选择方式进行有效设置。抽奖设置包含"设置奖品""基本参与条件""高级设置"等。

> **课堂讨论**
>
> 下面两则抽奖微博,哪个效果更好?
> 1. #双十一种草大会# 美妆品牌&美妆产品榜重磅上线!全民推选,种草有路径,来为你喜欢的品牌&产品打call吧!转发分享,抽5位小伙伴送面膜,有好运添好气色#好运不止一夏#。
> 2. 2023#微博竞燃之夜#炙热开启!聚焦体育与电竞,线上线下共创竞燃篇章,一起点燃热爱转发分享,抽10位小伙伴瓜分1 000元现金红包,共享好运#好运不止一夏#//@微博抽奖平台;奖品名称:现金奖品*10人;抽奖时间:2023-11-08 19:00:00。

此外,微博创作者中心还包括收益中心、学习中心、素材中心。收益中心包括广告共享计划、创作激励、微博赞赏等收益项目。学习中心涵盖微博运营新手入门、创作进阶、粉丝运营、商业变现等各种学习视频。素材中心帮助博主获取版权素材,降低创作成本,避免侵权风险、助力优质内容产出。

(四)微博数据分析工具

微博数据中心产品为微博账号提供微博上的营销效果分析数据,包括粉丝分析、微博/评论内容分析、粉丝互动分析、相关行业账号分析。通过数据中心,企业的微博账号可以全面了解其粉丝变化趋势,查看取消关注粉丝列表,查看博文转评赞数据情况,查看粉丝互动情况,以及查看行业相关账号的微博发布情况、粉丝情况等。

通过其他分析工具进行微博数据分析,"知微事见"是一款功能强大的微博分析工具,它是分析事件传播的工具利器,可分析单条微博的传播路径,找出关键节点、转发次数、地域分布、性别分布等,可以了解发布的微博社会影响力及公众态度等。

> **课堂讨论**
>
> 选择一条不超过2 000转发量的热门微博,看看知微分析结果是什么。

三、微博营销推广

(一)增加微博粉丝量

开通一个新微博账号,通过与身边的亲戚、朋友、同学互粉,相互加关注,增加微博互动。还可以通过好友推荐的形式来增粉。快速获取粉丝的前提是微博账号持续输出一些有价值的内容,这些内容决定第一批粉丝是否会长期关注你。在微博上,喜欢同一领域、有相同喜好的人群往往会相互关注。普通人更多关注同城好友,或者关注对同样话题感兴趣的人,或是关注有同样偶像的人,人们往往会聚在自己喜欢的圈子里。因此,微博有一个功能是对关注的人设置分组,分组后可以只查看某组人群的微博。对于特别重要的人,用户也可以加

"特别关注"。也可以采用视频直播、问答平台、媒体网站、视频平台、微博、出版读物、口碑、搜索等其他增粉方式。

（二）提升微博活跃度

企业微博或者微博"大V"的日常运营提高微博互动性的运营任务、增强粉丝黏性的方法，一是写有吸引力的内容；二是多和粉丝互动。

▶ 1. 互动的方式

互动的方式有四种：评论、转发、私信、@提醒。

（1）评论：指在微博下面进行回复，博主会收到提醒。

（2）转发：指把别人的微博通过转发，在自己的微博上展现。如果博主设置了接收全部提醒，也会看到你的转发。可以连同评论一起转发。

（3）私信：指某人发送给博主的私密信息，其他人看不到。

（4）@提醒：指在微博中主动@他人的昵称，如"@微博小秘书"，他就会收到你@他的提醒。

▶ 2. 互动的方法

方法一：及时回复

假如接到别人的@提醒，或者评论，如果内容是你感兴趣的，第一时间回复很重要，快速反应往往让刚刚发布评论和微博的人更容易感到贴心，仿佛感觉到你在线和他实时互动，这种感觉会让粉丝对你增添好感。

有时候一些人会提到你的名字但是不会用@，可以定期搜索"自己名字或相关信息"，找出相关微博，主动和这些人互动。

方法二：及时转发

如果粉丝的评论非常精彩，应该主动转发，粉丝看到自己的微博被转发会非常高兴，假如你是"大V"，你的转发会给普通人带来几十次乃至上百次@提醒，这对他而言是一种难忘的体验。

方法三：私信交流

有些粉丝在线@官方微博或"大V"的问题，不方便公开回复，可以私信沟通，这也是一种让粉丝感动的方式，而且私信会让粉丝认为更有亲密感。需要注意的是，不要轻易晒出私信，这样会失去私信的意义，很多人的私信聊天记录被晒后会很尴尬或者被攻击。

（三）与微博"大V"互动

"与君一席谈，胜读十年书"，微博上"发布十月好微博，不如大V转一条"，的确，能得到名人的转发，微博爆发概率会大大增加。一百个"草根"转发的影响力不如一个真正有价值的名人。

（1）定期关注某个领域名人的微博，对他的微博写出精彩的评论，或者转发。

（2）积极参与某个领域名人发起的微话题、微活动、微访谈、微直播，提出一个好问题。

（3）不仅在微博，在他的博客、专栏多个地方出现，当然，你的头像和昵称也要统一。

（4）如果他有线下的培训或者访谈活动，在可能的情况下积极参加。

（5）如果他有出版书籍，请写一些有真实感悟的书评，发在各个网站，如豆瓣的书评区，可以积极参与。同时持续输出有质量的微博，提高微博粉丝质量，扩大个人影响力，让名人愿意关注你。

（四）做好直播

2016年7月12日晚间，某网络红人进行了直播首秀，在1小时25分钟的直播中，该网络红人在八个平台收获了2 000万同时在线的峰值记录。众多的博主都加入直播阵营，直播带动了微博的活跃度。

▶ 1. 确定直播平台

做直播最好选择一个直播平台，不要多平台同时直播，多平台同时直播虽然能收获最大的传播效果，但也让各平台的粉丝感到无所适从，因为粉丝并不知道你在对谁说话。粉丝会感到困惑，体验非常不好。

▶ 2. 确定直播主题

虽然直播有很强的随意性，不过，最好确定一个主题，可以预告，让有兴趣的粉丝来参加，如果不确定主题，吸引力就会减半。其实直播也就是线上的实时交流，不仅是聊天，也可以是讲课这样的微分享，对于专业博主来说，更可以显现专业优势。

▶ 3. 确定直播流程大纲

直播流程大纲，也可以称为剧本，就像导演一样，直播也需要预先想好内容，什么样的场景，讲什么样的话，必要的话还应该事先排练一下，这样效果就会更有保障。

另外，要注意直播更接近小剧场表演，要充分预见观众的反应，允许屏幕前的用户某些互动成为直播内容的一部分，如和用户打招呼、喊他们的名字，回应他们的问题或要求。如果你在直播过程中把观众的反应作为自己直播互动内容的一部分，就能让直播过程更接地气、更亲民。

▶ 4. 备好直播硬件和软件

通常来说，用手机直播最为方便，同时其也是使用最多的直播硬件，不过由于屏幕小，所以iPad也比较适宜，有时候，离屏幕较远可能看不到粉丝的留言，而且讲话的声音也不够清楚，最好佩戴耳麦，并且测试好安全距离。软件也需要提前测试一下，避免到时候进不了直播间。如果有条件的话，还可以购买更加专业一些的设备，如电容麦克风、防喷罩等，通过电脑直播的效果会更好一些。

▶ 5. 注意直播形象

直播软件虽然通常都会有美颜功能，但是在直播之前，还是要在着装、妆容等方面都做一些修饰，建议不要随随便便地开始直播。

人文素养训练

微博——大学生思政新媒介

微博作为时下最流行的信息交流平台之一，在我国拥有广泛的用户。通过微博可以在用户中形成积极向上的精神凝聚力，其舆论还可以发挥改善社会现实的实际功用。大学生作为微博用户的重要部分，在推动其发展上贡献巨大，微博已成为他们生活的一部分。

微博，即微小博客，是一个基于用户关系的信息分享、传播以及获取平台。它的服务平台广，支持手机、电脑、iPad 等多种设备；对使用者的知识技术要求却不高，从几岁小孩到耄耋老人，只要认识基本的汉字，都可以在微博上找到自己的一片天地；微博上的信息言简意赅却丰富多样，消息及时迅速，可在极短时间内影响、辐射极多受众。因此自 2009 年进入中国市场后，微博便受到网民的广泛追崇。

大学生作为网络上最活跃、最时髦的群体，对微博的接受、使用，自然最为快速、广泛，也最具影响力。当代大学生喜欢用微博分享自己生活中的点点滴滴——抒发心情，或者分享美食，又或传播知识点……大学生在使用"微博"的过程中分享资讯、开阔眼界，还可以宣泄情感，微博成为大学生们信赖的"密友"。

微博与当代大学生的"亲密互动"，为学生健康发展带来了机遇，同时也带来了挑战：在它丰富、积极的信息中，也夹杂着不少毒害学生的颓废信息；在它大量便捷有效的资讯里，也有很多重复资料、无用信息，甚至虚假消息；大学生过度使用微博，还容易沉迷于网络、虚度光阴……总之，微博是把双刃剑，大学生应该辩证地认识其利弊，扬长避短，形成健康人格。

第四节 微博舆情监测

一、网络舆情研究兴起

2019 年 1 月 25 日，习近平总书记在主持中共中央政治局第十二次集体学习时强调："全媒体不断发展，出现了全程媒体、全息媒体、全员媒体、全效媒体，信息无处不在、无所不及、无人不用，导致舆论生态、媒体格局、传播方式发生深刻变化，新闻舆论工作面临新的挑战。"全媒体时代，舆论格局也发生了深刻的变化。

（一）门户网站、论坛时代的舆情传播

门户网站、论坛的出现，使报纸、杂志、电视等传统媒体的舆论传播能力进一步下降。此前，热点事件更多地通过主流媒体进行传播，以新浪、搜狐、网易、腾讯为代表的门户网站崛起之后，来自网络的实时信息成为公众新宠。部分事件由地方论坛发起，通过互联网进入人们的视野，直至发展为全国性舆情事件，初步展现了网络舆论的强大传播力和影响力。

（二）"两微一端"时代的舆情传播

随着互联网的普及和发展，人们对信息的接收习惯也发生了改变。以微博、微信、客户端为主要渠道的"两微一端"成为了解新闻时事的第一信息源，进而成为社会舆论形成与发酵的新引擎。传统媒体"你说我听"的一对多传播方式变成"你说我也说"的人人表达模式。此时，公众的话语权得到了空前的增强与释放，无形中促进了舆情事件的进一步发酵。突发事件发生后，人们可以通过微信、微博发出自己的声音，及时参与舆论事件的讨论。微博作为公开的信息平台与公共话语平台，面对突发性重大事件的快速反应和开放传播功能仍然难以被替代。微博成为网民表达观点和交流思想的主要渠道。

（三）视听时代的舆情传播

互联网进入下半场，信息传播模式已经转变为"社交＋图文"和"智能＋视频"。《中国网络视听发展研究报告（2024）》数据显示，截至2023年12月，我国网络视听用户规模达到10.74亿，网民使用率高达98.3%。短视频用户规模达到10.12亿，同比增长7770万，增长率为8.3%，在整体网民中的占比为94.8%。网络直播用户规模达到7.51亿，成为仅次于短视频的网络视听第二大应用。短视频人均单日使用时长为151分钟，远超其他应用。网络视听行业市场规模首次突破万亿，达到11 524.81亿元。这些数据表明，网络视听类应用，尤其是短视频和直播平台，已经成为重要的信息传播和消费渠道，其影响力和市场份额正在不断扩大，从而对舆论场产生深远影响。这些平台受众基数大、活跃度高，正在逐渐演变为移动网络舆论的主要阵地。随之而来的变化是舆情传播速度更快、监测难度更大、冲击力也更强。

二、微博舆情传播特征

全媒体传播语境下，微博舆情整体呈现出四个方面特征。

（一）舆情事件传播速度越来越快

随着5G、区块链等新技术在信息传播中的应用，热点事件的舆情传播速度正在不断加快。关于舆情回应的"黄金时间"也多次被刷新，从过去的24小时缩短到黄金4小时。如今，还有机构提出黄金2小时、黄金1小时。在新技术的推动下，图片、视频等内容的传播更加便利，可读性更高、冲击力更强，也促使舆情传播提速。

（二）舆情事件传播领域进一步扩大

互联网的普及打破了人们的时空限制，只要有网络，就能共享信息。因此，无论新闻事件发生在何处，人们均能够通过互联网了解事件的来龙去脉。除地域上的概念外，舆情事件的传播还打破了行业和领域的限制，无论是风口上的新兴产业还是远离风口的传统产业，都离不开网络传播与舆论监督。

（三）网络舆情传播交互性越来越强

自媒体的发展促使公众自我意识觉醒。公众习惯通过点赞、评论、发布朋友圈等方式表达自己的意见、观点和情绪，以表示对某个议题的关注。同时，公众之间、公众与主流媒体之间、主流媒体与意见领袖之间、社交媒体与公众之间等会存在信息的交流和传递，以点带面，具有较强的交互性。

（四）舆情事件传播隐蔽性趋势凸显

随着网络治理的强化，近几年，在线上公开讨论而爆发的重大舆情事件有所减少。不可忽视的是，圈群、组群内舆情传播易引发舆情风险。微信、QQ群、朋友圈、豆瓣兴趣小组等，这些半开放的公共平台承担了部分讨论功能，隐形舆情风险增加。这些群组内大部分都是熟人关系，互动密切，氛围宽松。群内成员因为某种原因聚合到一起，具有高度的黏性，一旦利益受损，更容易抱团取暖，促发舆情传播，从而引发舆情。

三、舆情数据分析

（一）舆情数据抽样

抽样按照是否遵循随机性的原则，分为随机抽样（概率抽样）和非随机抽样（非概率抽样)两类。随机抽样的特点是总体中的每一个个体都有被抽到的可能性,抽样误差可以事先确定,并加以控制;而使用非随机抽样,研究对象被抽取的概率是未知的,样本的代表性差、抽样误差较大,利用调查结果推断总体的风险也比较大。概率抽样的基本方法包括简单随机抽样、系统抽样、分层抽样等。非概率抽样包括方便抽样、判断抽样、配额抽样、滚雪球抽样。这里仅介绍简单随机抽样、分层抽样、方便抽样、滚雪球抽样。

▶ 1. 简单随机抽样

简单随机抽样的具体方法包括抽签法、随机数表法、直接抽选法等。抽签法需要将调查总体中的每个个体进行编号并做成号签,然后采用随机的方法抽取号签,直到抽足样本。随机数表法,即利用随机数表作为工具进行抽样。直接抽选法,是指从总体中直接随机抽选样本。例如,某热门微博下有 1 500 条网民评论,舆情研究需要抽取 100 条评论进行观点分析,可以从这些网民评论中随机抽取 100 条作为样本。在使用直接抽选法时,往往易受到主观判断的影响。抽签法和随机数表法都需要明确总体的数量,因此在总体数量庞大时,不建议使用这两类方法。

▶ 2. 分层抽样

分层抽样是先将总体按某些特征分成若干不重叠的层,然后从各层中按照相同或不同的比例随机抽取子样本,所有子样本合在一起即为样本。使用分层抽样,要求对总体结构有明确的把握。分层的特征可以是任何变量,如年龄、性别等,选择分层其实是在选择关键变量。分层抽样要求层内同质性高、层之间的差异性大。

例如,关于某热点事件的报道总量 1 000 篇,需从中抽取 100 篇作为样本分析媒体报道的观点,样本比例为 0.1。因不同类型媒体对事件报道的视角不同,所以按媒体类型对总体进行分层,分为财经媒体和行业媒体;在财经媒体和行业媒体子总体中,又可以按照媒体层级进行第二次分层,分为中央媒体和地方媒体。用各层子总体数量乘以抽样比例即可得出需要在各层内抽取的样本量,即中央财经媒体 40 篇、地方财经媒体 20 篇、中央行业媒体 30 篇、地方行业媒体 10 篇。最后再用随机抽样方法抽取样本即可。

▶ 3. 方便抽样

方便抽样又称任意抽样,由舆情分析师及舆情工作者按最方便的途径来选择样本,实施起来节省时间、精力,较为快捷。但抽样的误差大,结构的可靠性差,参考价值有限。

▶ 4. 滚雪球抽样

在研究对象总体难以找到时,适合采用滚雪球抽样。该方法的抽样程序是先收集目标对象少数单位的资料,然后再根据这些资料找出其他目标对象。例如,在关于某舆情事件的网络公开信息极少的情况下,可根据已掌握的一篇文章,重新设定更多搜索信息点,放大搜索范围,通过关联搜索到其他文章。再如,根据某一微博用户所发事件相关微博中@的其他用户,很可能在被@用户的微博中也能收集到事件相关信息。

(二)舆情数据技术抓取

▶ 1. 人民网舆情数据中心

人民网舆情数据中心是国内最早从事互联网舆情监测、研究的专业机构之一。人民网舆情监测室在舆情监测和分析研究领域处于国内领先地位。对传统媒体网络版(含中央媒体、地方媒体、市场化媒体、部分海外媒体)、网站新闻跟帖、网络社区/论坛/BBS、微博、网络

"意见领袖"个人博客、网站等网络舆情主要载体进行24小时监测,并进行专业的统计和分析,形成监测分析研究报告等成果。

▶ 2. 人民在线

人民在线具有基本的定时和关键词的全网舆情信息搜索功能,能实现热点舆情信息统计、舆情传播、趋势分析、舆情传播渠道分布、热点媒体排行、网民评论抓取等。此外,该系统还可将舆情数据生成可视化分析图,并进行7×24小时报、网、台、端全媒体监测、智能监测、智能预警、智能分析、智能报告。

▶ 3. 众云大数据平台

众云大数据平台是以人民在线、人民网舆情监测室近10年舆情服务工作为基础,结合学术研究和技术研发倾力打造的一款集舆情管理、精准传播、新媒体运营、大数据应用于一体的"舆情+开放"平台,囊括舆情管理、精准传播、新媒体运营、大数据应用。

实战训练

1. 突发热点舆情发生后,如何把握舆论引导的"时、度、效"?
2. 请结合已学到的知识对近期的热点舆情进行全面的舆情数据分析,包括舆情走势分析、媒体观点分析、网民观点分析、传播趋势分析等方面。

四、舆情数据应用

(一)热词盘点应用实例

相较于热点文章,热词分析更能明确显示出舆论关注的焦点和关键信息。

【案例1】 2023年4—7月全国自然灾害舆情分析热词词云

【解读】 4—7月,我国自然灾害以洪涝、地质灾害、干旱为主,风雹、沙尘暴、地震和森林、草原火灾等也有不同程度发生。国家减灾委员会办公室、应急管理部等综合分析认为,我国七大江河流域将全面进入主汛期,长江、淮河、太湖及松辽等流域存在洪涝灾害风险;强对流天气极端性增强,风雹灾害可能点多面广;有1~2个台风登陆会明显影响我国华南或东南沿海;浙江、安徽、江西、湖北、云南等局地地质灾害风险高;华北、东北等地森林火险等级较高,如图5-26所示。

图5-26 热词词云

（二）情绪变化趋势应用实例

情绪变化趋势能够反映出社会舆论对于某一事件、话题、对象在一段时期内的态度倾向变化，相较静态的信息倾向性分析，这类分析的动态性更强，更能凸显出舆论态度随时间变化而发生的变化，也是舆情数据分析的常用维度。以2023年4—7月全国自然灾害舆情为例。

【案例2】 2023年4—7月全国自然灾害舆情情感分析

【解读】 负面信息占比63%，主要集中在"质疑排水系统存在问题""质疑市政工程投入资金未能真正用以治理内涝""吐槽云南旱情严重却无报道"等方面；正面信息占比21%，主要集中在"抢险救灾""应急处置"等方面；中性信息占比16%，主要集中在"关注财产损失和民生保障问题"等方面。

（三）数据比较应用实例

在舆情研究中，通过图表形式观察两组数据之间的相关关系较为便捷，更符合时效性要求。

【案例3】 全国高校2023—2024学年寒假时间统计分析

【解读】 据不完全统计，从整体来看，各个高校的寒假总时长基本在35～45天，其中35天、44天出现的频率最高。哈尔滨音乐学院以68天的"成绩"名列前茅。

五、重大突发事件信息处理技巧

（一）统一管理，避免多头发布

重大突发事件头绪较多，常常涉及多个机构和部门，事发后由哪个部门、哪个人来进行对外发布非常关键。如果组织管理不到位，可能会出现多头发布、口径不一、信息混乱等问题。

对于涉及地方的政务舆情，按照属地管理、分级负责、谁主管谁负责的原则进行回应，涉事责任部门是第一责任主体，本级政府办公厅（室）会同宣传部门做好组织协调工作；涉事责任部门实行垂直管理的，上级部门办公厅（室）会同宣传部门做好组织协调工作。对涉及多个地方的政务舆情，上级政府主管部门是舆情回应的第一责任主体，相关地方按照属地管理原则进行回应。

对于以一个部门为主的信息发布，应由部门相关负责人或新闻发言人作为统一出口对外发布，防止出现员工随意接受采访、答复措辞不专业等情况。对于需要由多个机构、多个部门共同发布的情况，相关各部门一方面需按照各自职责做好分工；另一方面应加强沟通协商，确保回应的信息准确一致，必要时可确定牵头部门。

（二）高层级响应

高层级响应是指由更高级别的部门和人员出面进行信息发布，如某一地区的突发事件由当地人民政府主要负责人而不是宣传部出面回应，某一企业的突发事件由企业CEO（首席执行官）而不是公关部出面回应。高层级响应有利于增强信息发布主体的公信力，提振舆论信心，提高事件处置的权威性，从而有利于更好地应对突发事件。一般来讲，群体性事件、暴恐事件、重大自然灾害、重大安全生产事件等尤其需要高层级响应。

各级人民政府主要负责人作为地方管理"一把手"，掌握一诺千金的话语优势，在响应群众重大关切方面更是责无旁贷，必要时应以第一责任人的身份，到达第一现场，以第一时间的行动、表态和承诺，获得群众信任。

（三）第三方发布

第三方发布，即借助发布主体之外的权威机构、网络名人、专家学者、网民代表和媒体记者等发布信息，共同引导公众理性思考。一些负面事件发生后，涉事主体作为主要责任方、利益相关方，对事件进行自我调查、自我说明可能存在公信力不够的情况，导致群众心存疑虑，舆论引导效果有限。此时如能引入与突发事件没有直接利害关系的专业调查机构、权威科研机构等第三方的调查与证明，将有利于提高信息发布的可信度。

此外，一些活跃的网络名人、专家学者等，日常与网友沟通较多，积累了较高的信任度，如能协助进行信息发布，其相对客观独立的表态对说明事件真相、澄清公众疑虑、引导舆论走向具有重要作用，有利于减轻涉事主体的舆论压力。在重大突发事件信息发布过程中，涉事主体不仅要做到自身积极发声，还要积极进行多方联动，构建共同发声、联合引导的舆情回应格局。在日常工作过程中，应加强与各类媒体、网络名人、行业专家等群体的联系，做好线上和线下的沟通。

（四）精准、全面回应关切

重大突发事件信息发布，要瞄准舆论关注的焦点、热点和关键问题，针对群众的关切问题进行回应，不能回避核心问题。一些信息发布案例中，发布主体只关注"我想说什么"，而无视"公众关心什么"，导致答非所问、含糊其词，顾左右而言他。"打太极"式的回应看似信息量很大，但由于没有回应核心问题，往往会加剧群众的不满情绪，使其诚意受到怀疑。

在群众关注的焦点、疑点问题较多的情况下，要注意尽可能全面回应舆论关注点。只回答一部分问题，而故意忽略其他关注点，反而会使群众更加关注其他疑点。如果一部分群众关切的问题由于各种原因暂未调查清楚，应实事求是地明确告知，并承诺后续的回应时间。精准、全面的信息发布需要发布主体对舆情焦点、群众关切有准确的把握。因此，信息发布前需要做好舆情研判和民意分析工作。通过舆情研判及时掌握当前舆论发展动态，找准触发舆情的关键点，才能在信息发布中做到有的放矢。

（五）持续发布

重大突发事件进程、处置情况随着时间的推移在不断地发生变化，因此，突发事件在首次发布后，还需要根据信息进展持续进行发布，以较高的频率不断告知公众新的信息，直至整个事件处置完成。除了突发事件的基本事实需要不断更新，事件调查的进展、事件影响、问责情况、整改情况等都需要逐步发布，以保持整个舆情应对链条的完整性。在发布过程中，突发事件的事态往往是动态变化的，如伤亡人数等，可能不同时间的数字完全不同。因此，在发布时应有充分的时间节点意识，强调"此时"的情况。发布主体要学会"边做边说"，即在进行事件调查、处置的同时不断向公众发布相关进展，及时满足群众信息需求，而不是"做完再说"。

🎯 实战训练

请选择一个近期在全国范围内引发网络舆论聚焦的重大突发事件（最好尚处于舆情发生期或舆情发酵期，以确保实际演练效果），采取分组演练的模式，协同制订分工明确、实用有效的应急预案（含信息发布预案）。小组数量结合舆情实际而定，模拟角色建议包括但不限于涉事舆情主体所属地域/企业的"一把手"，宣传、网信部门相关负责人，实体部门相关负责人等。

人文素养训练

网络舆情环境下,把握时、度、效

网络意见领袖通常有独特的渠道,快速了解信息并发表自己的意见,在充分了解新媒体的情况下,靠较强的逻辑分析、犀利的文笔、很强的感染性带动舆情的发展,他们大多数已经有一批"粉丝",容易得到大量的支持,对于舆情的发展起主导作用。网络推手以分散式的结构,通过新媒体的各种渠道(如微信、微博、论坛、知乎等交互性较强的平台)在话题发布的第一时间发表自己的言论,引导和推动舆论的快速发展,进一步引发社会效应。

舆情,不仅仅作为社情民意的反映,更应该作为现代大学制度建设的一个重要抓手,积极参与到学校的管理工作中。"对舆论引导而言,呈现不了真实民意则难以准确把握社会心态,看不清舆论背后的社会真相则无法进行有效的引导。"当社会上一些重大的舆情事件对大学生产生影响,或者是学校将出台一些事关师生切身利益的重大制度时,可以利用新媒体平台开展相关议题的舆情专题调研,以便准确把握师生思想动态、及时了解师生对政策制度的看法建议,为下一步开展思政工作或调整工作制度提供参考依据。

就业季,是校园舆情的高发期。针对毕业的不同心态和出现的不同声音,新媒体联盟一方面组织各平台加强网络监测,对可能发展为舆情的言论进行动态跟踪;另一方面依托联盟开展就业心态调查。结果显示,大学生的就业心态呈现三方面的变化:求职薪资预期降低,看重晋升空间;优先考虑岗位匹配度,实现精准就业;找准自身定位,不盲目追求创业。引导就业季校园舆论的主流走向,同时为学校有针对性地做好毕业生就业心理工作提供了参考依据。做好网上舆论工作是一项长期任务,要创新改进网上宣传,运用网络传播规律,弘扬主旋律,激发正能量,大力培育和践行社会主义核心价值观,把握好网上舆论引导的时、度、效,使网络空间清朗起来。

资料来源:陈欣. 基于网络舆情做好高校思政工作的路径探究【2】[EB/OL]. (2018-05-17). http://media.people.com.cn/n1/2018/0517/c419722-29996935-2.html.

本章小结

本章介绍了微博的认知与账号注册、微博账户装修技巧、微博营销的技巧、微博舆情监测等方面内容,引导读者全面认识微博营销。

微博是社交媒体中用户极其活跃的社交平台之一,它因内容短小、发送信息方便彻底改变了媒体和信息传播的方式。不仅如此,微博的信息还可产生病毒式的传播。这些都使微博具备极高的营销价值。微博营销指企业以微博作为营销平台,利用更新自己微博、联合其他微博设计跟网友的互动,或者发布大家感兴趣的话题、让网友主动关注等传播企业的产品信息,从而达到树立良好企业形象的目的。

微博账户装修技巧包括微博的基础操作入门及如何申请微博账号并进行装修和认证,微博运营规则,包括明确微博的定位、内容等问题。

微博营销的技巧包括微博推广中如何增加粉丝、提升活跃度、与"大V"互动等经验和方法,并介绍了做直播和软文硬广策划的技巧。

微博舆情监测主要从网络舆情研究兴起、微博舆情传播特征、舆情数据分析、舆情数据应用、重大突发事件信息处理技巧五大方面进行介绍。

│想一想、练一练│

1. 收集京东、天猫或其他你感兴趣的电商平台微博营销案例。
2. 收集华为手机、白象或其他你感兴趣的企业微博营销策略。
3. 如果现在需要你运营一个微博账号,并使其实现商业变现,你会选择什么领域并如何运营?

│即测即练│

第六章　问答平台营销

知识目标
1. 了解问答平台的特性和运营规则；
2. 掌握问答平台营销的基本策略和技巧。

能力目标
1. 能够设计和执行有效的问答平台营销策略；
2. 具备良好的创新思维和问题解决能力。

素质目标
1. 积极主动，善于学习和分享；
2. 对产品和文化有强烈的认可感与执着的态度。

开篇案例

"知海图"大模型落地知乎 在 AI 时代重申真人问答内容价值

2024年3月20日，知乎创始人、董事长兼首席执行官周源在2024知乎发现大会上表示，互联网正在被快速AI化，但真人依然非常重要，"在工作和生活中遇到问题和挑战的是人，而不是AI。"他认为，新技术无法取代人与人的交流，"优质信息资源是稀缺的。"

会上，周源还发布了知乎的AI搜索功能，该功能应用了"知海图AI"大模型，集搜索、实时问答和追问功能于一体。

知乎首席运营官、高级副总裁、社区业务负责人张宁对新京报、贝壳财经表示，知乎2023年完成的预训练模型，除用户搜索外，还在内部大量用于内容理解、内容分级、用户画像、初阶审核等任务，对内容和人力有明显的效率提升。

当问及AIGC商业化前景时，他表示，AIGC目前应用场景还处于早期阶段，缺乏基本用户规模，无论是订阅付费还是其他商业模式的产品渗透率都不太高。他也表示，"面向企业端的可能好些，但面向用户端的产品谈商业化还太早"。

"在知乎，生成式AI的内容流量并不高。"张宁表示，考虑到用户心智，知乎从AI搜索产品做起，"让用户慢慢觉得这个产品确实提升了效率"，然后再考虑商业模式是否采取订阅付费或其他形式。

他还在大会上发布了知乎 2024 年的"海盐计划 6.0",引入"航海家"机制,该机制将面向小蓝标认证用户和互动活跃用户开放。

张宁在接受新京报、贝壳财经等媒体采访时表示,"航海家"很大程度上将帮助知乎平台算法趋向于更深层次理解内容。"我们基于过去经验觉得可以让小部分人对内容投票(赞同或反对)的权重更高些,能代表更多人,从而把平台上的争议性内容、不同观点和小众内容发掘出来。"他表示,在海量内容时代,知乎通过社区共建共治的方式为内容可信赖性和真实性提供保障。

资料来源:"知海图"大模型落地知乎 在 AI 时代重申真人问答内容价值[EB/OL].(2024-03-20). http://k.sina.com.cn/article_1644114654_61ff32de02001recr.html.

思考:问答平台引入 AI 人工智能解答问题,其给出的答案有多少是真实可靠的?我们应该如何应用 AI 给出的答案?

第一节 问答平台概述

一、问答平台的概念、目标和特点

(一)问答平台的概念

问答平台是一种以问题和回答为主要内容的社交媒体平台,旨在为用户提供一个交流、讨论和学习的平台。问答平台开放、包容、互动性强,旨在满足不同用户的需求和兴趣。问答平台自成立以来,经历了不断的发展和演变,从最初以问答为主的问答平台,逐渐发展成涵盖各种内容类型、用户群体和互动方式的综合性社交媒体平台。

(二)问答平台营销的含义

利用问答网站这种网络应用平台,以回答用户问题,或者模拟用户问答的形式进行宣传,从而实现提升品牌知名度、促进产品销售为目的的活动。例如:百度知道(图 6-1)、新浪爱问、搜狗问答、知乎、360 搜索等。该营销方式倾向于"互动式",通过第三方的阐述,与潜在用户进行互动,在互动的过程中,更容易将用户"转"为客户,树立品牌口碑,达到引流的效果。简言之,就是利用问答平台的特性,回答或以模拟用户问答的形式进行产品或企业宣传。

(三)问答平台的目标和特点

问答平台有助于增强平台的社交性和互动性,吸引更多用户的参与和关注。

问答平台有着明确的工作目标,一是促进用户之间的交流和知识分享:这是问答平台的主要目标,能促进用户之间的交流和知识分享,帮助用户解决问题、获取信息;二是帮助用户开阔视野和增长见识:通过提供各种问题和回答,问答平台可以帮助用户开阔视野、增长见识,了解不同领域的知识和经验;三是提供多元化的内容和服务:问答平台不仅提供问题和回答,还涵盖评论、讨论、互动等多元化的内容和服务,以满足不同用户的需求。

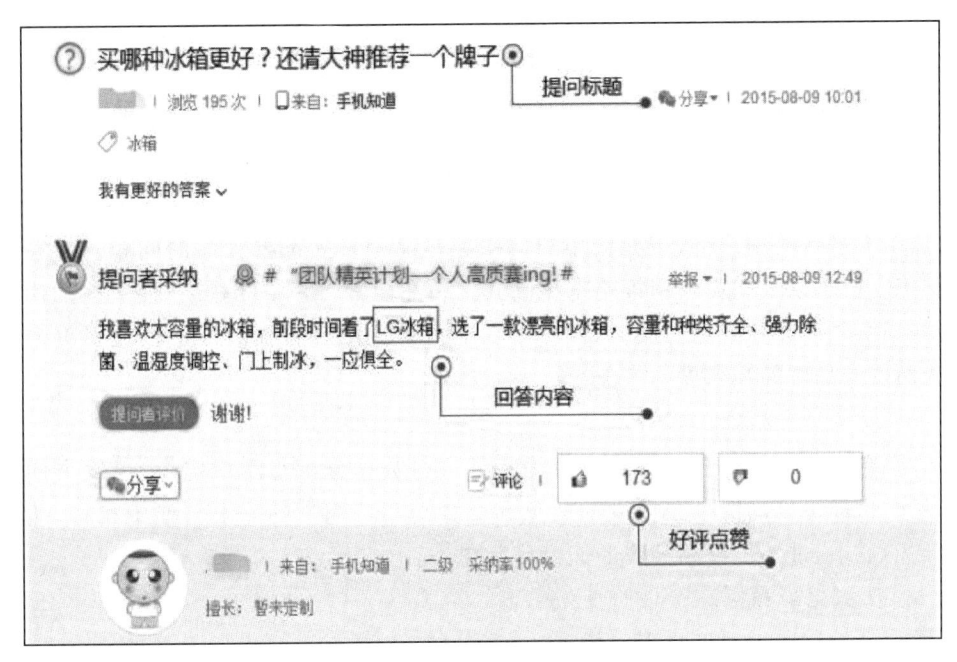

图 6-1 百度知道平台的问答

问答平台的特点主要包括开放程度高、互动性强、内容丰富多样、实时性和共享性强等。具体来说，一是开放程度高。问答平台对所有用户开放，用户无须注册即可提问或回答问题，这是一个开放、包容的平台，允许不同层次和背景的用户参与交流与学习。二是互动性强。问答平台鼓励用户提问、回答、评论、转发等互动行为，这有利于用户之间的交流和讨论，增强平台的社交性和互动性。三是内容丰富多样。问答平台上的内容涵盖了各种领域和主题，包括生活、工作、学习、科技、文化等。问答平台上的内容丰富多样，可以满足不同用户的需求和兴趣。四是实时性和共享性强。问答平台上的内容通常实时更新，用户可以随时获取最新的问题和回答。同时，问答平台上的内容可以共享和传播，有助于扩大知识分享的范围和影响力。

（四）问答平台营销的优势

问答平台营销在现在这个时代有许多优势，它能够利用大数据分析、精准定位和社交化营销等多种手段来提升平台的知名度和影响力。同时，问答平台也需要不断创新和改进，提供更加优质、高效、便捷的服务和产品，以吸引更多的用户参与和分享。本书认为，问答平台营销在信息覆盖面广、快速建立口碑、迅速提升品牌知名度、品牌营销精准和社交化营销方面有较大优势。

▶ 1. 信息覆盖面广

在现在这个信息爆炸的时代，如何将信息更有效地传播给受众是个很大的问题。问答平台可以利用其多样化的推广渠道，如社交媒体、搜索引擎、电子邮件等方式将信息传达给更多潜在的用户，让用户接触到平台的广告或消息推送，并让这些内容在其受众群体中快速扩散。通过这种方式，问答平台能够扩大其影响力和知名度，提高品牌认知度。

2. 快速建立口碑

除了传统的营销手段外,问答平台还可以利用互动性强的特点,通过举办各种线上或线下的活动,如知识竞赛、用户研讨会等,吸引用户的参与和关注,提升用户的互动性和忠诚度,以此来增强品牌认同度和提高用户对品牌的信赖程度,快速建立良好的口碑。

3. 迅速提升品牌知名度

快速扩大平台的用户群、培养新用户的兴趣是品牌发展都要关注的问题。问答平台可以采用 SEO 技术以及相关营销策略来提高其网站在搜索引擎中的排名,使更多的用户轻松地找到并了解其产品和服务。同时,问答平台也可以利用广告投放等手段吸引更多用户的关注,从而提升品牌的知名度。

4. 品牌营销精准

问答平台可以根据用户的需求和行为特征进行数据分析与用户定位,提供个性化的服务和产品。这样可以确保平台提供的信息和服务与目标用户的需求与期望相符,从而精准满足他们的需求,进一步提高品牌的满意度和忠诚度。

5. 社交化营销

社交化营销可以大大提高用户的黏性和参与度,问答平台可以通过各种社交媒体平台,如微博、抖音等来推广自己的品牌和服务。同时,也可以通过与用户的互动和分享来增强用户的参与感及归属感,进一步扩大平台的用户群和提升品牌的知名度。

二、问答平台的用户群体

问答平台的用户群体涵盖了不同层次和背景的用户,包括学生、职场人士和专家学者等。这些用户有不同的需求和特点,可以为平台带来不同的流量和影响力。通过了解不同用户群体的特点和需求,问答平台可以制定有针对性的营销策略,吸引更多用户的关注和参与,提高平台的互动性和社交性。

(一)学生

学生是问答平台的主要用户之一,他们可以通过提问和回答问题来巩固所学知识、开阔视野、交流经验等。学生用户通常具有好奇心强、求知欲高、年轻化的特点,对新鲜事物和新兴趋势比较敏感。因此,问答平台可以通过提供有趣、有深度、有实用价值的问题和回答,吸引学生的关注和参与,增强平台的互动性和社交性。

(二)职场人士

职场人士也可以在该平台上获取行业信息和经验分享,了解最新的趋势和动态。职场人士通常具有较高的学习需求和工作压力,需要不断更新知识和技能以应对职业发展的挑战。问答平台可以提供与职场相关的专业问题和回答,帮助职场人士获取最新的行业动态、经验和技巧,提高他们的职业素养和工作能力。

(三)专家学者

问答平台也为专家学者提供了展示研究成果、分享专业知识的平台,他们可以通过回答问题、发表评论等方式,与其他用户进行交流和互动。专家学者用户通常具有较高的专业素养和知识水平,他们的回答和评论可以为其他用户提供权威、准确、有深度的信息,增强平台的可信度和影响力。同时,问答平台也可以为专家学者提供一个展示研究成果、分享专业知识的平台,扩大他们的知名度和影响力。

三、内容类型

(1) 问题。问答平台上的问题涵盖了各种领域和主题,包括生活、工作、学习、科技、文化等。用户可以通过提问来表达自己的疑惑、寻求答案或建议。

(2) 回答。问答平台上的回答由其他用户提供,涵盖各种专业知识和经验分享。用户可以通过回答问题来展示自己的知识和能力、分享经验和技巧,与其他用户进行互动和交流。

(3) 评论。用户还可以在平台上发表评论,讨论和交流观点与想法。评论可以是针对问题的回应、对其他用户回答的评价或补充说明,也可以是对其他用户评论的回复和讨论。

四、问答平台营销的互动方式

(1) 提问和回答。用户可以在平台上提问和回答问题,与其他用户进行互动和交流(图 6-2)。提问可以是针对某个具体问题的询问,也可以是表达自己的疑惑和想法。回答可以是针对某个具体问题的解答,也可以是分享自己的经验和技巧。

图 6-2 知乎平台的提问和回答

(2) 评论和转发。用户还可以在平台上发表评论、点赞、转发其他用户的回答或评论,以表达自己的看法和支持(图 6-3)。这种互动方式可以促进用户之间的交流和互动,增强平台的互动性和社交性。

图 6-3 知乎平台的评论

人文素养训练

字节跳动下线悟空问答！失败的原因是什么？

2021年1月14日，悟空问答App向各位创作者推送了即将下线消息，悟空问答App将不复存在，其内容会迁移到今日头条，建议创作者到今日头条端进行创作。讽刺的是，悟空问答宣布关停的前一天，1月13日恰逢知乎十周年纪念日。那么，为什么悟空问答会下线呢？它失败的原因又是什么呢？

2016年年底，今日头条披露了问答的产品细节，宣布即将上市一款问答平台产品——悟空问答App，并刻意模糊了与知乎之间的相关性，初期采用AI算法给用户推送各种问题及问题的解答，同时也采取了头条系一贯的做法，即现金的补贴，激励创作者及用户下载使用。2017年6月，头条问答正式发布"悟空问答"品牌，并上线了独立网站及App，悟空问答刚刚问世，就遭到了网友们的议论，大致内容就是悟空问答一口气签约了数百名知乎大V，并且是给钱的，年收入还不少。

悟空问答独立上线不到半年，官方就开始炫耀成果了，即触达用户过亿，签约答主2 000多，每天会产生3万以上的提问及20万以上的回答，月补贴支出超千万元，同时头条还宣布将会在2018年投入10亿元来发展悟空问答，其中5 000位优质签约答主的预算是5亿元。消息一出，各路人马纷纷上线悟空问答进行互动，在各大贴吧、QQ群中都引起了不小的轰动，网友们都在交流如何开通收益、提升阅读量等经验。甚至有签约的大V表示，当时他还是学生，不夸张地说，人生中的第一辆车就是在悟空问答上赚的，一个300字优质回答就赚500元，每月前20篇都算稿费。由此可见，头条为了打造问答产品、为了从知乎挖人，出手阔绰。

字节跳动一掷千金补贴悟空问答，造成了很多答主不是为了分享而作答，而是纯为了收益，当时各种小号提问、大号作答骗补贴的行为屡见不鲜，今日头条的创作者也开始投机取巧利用悟空问答来为自己引流，其中包括从其他问答平台（如百度问答、搜搜、知乎等）复制粘贴内容来滥竽充数，也包括各种第三方公司借此来进行软文推广，造成了大量"注水"，内容良莠不齐，答主缺乏成就感，读者缺乏参与感。10亿元很快就烧光了，平台也没有起色，通过虚假的繁荣，没能建立答主和读者的良好生态，最终导致悟空问答平台下线。

资料来源：字节跳动下线悟空问答！失败的原因是什么？[EB/OL].（2021-01-19）.https://www.163.com/dy/article/G0NPA0930511HI42.html.

第二节 常见的问答平台

随着互联网的发展，问答平台如雨后春笋般涌现，为广大网友提供了一个分享知识和经验、解决问题和获取信息的平台。本书将盘点一些知名的问答平台，让大家更好地了解这个领域的现状（图6-4）。

图 6-4　市面上常见的问答平台

一、知乎

根据企业自述,知乎是国内最大的问答平台之一,以其高质量的内容和用户群体而著名。知乎的用户群体主要是各行各业的专家、学者、创业者、职场人士等,他们在这里分享自己的专业知识和经验,回答问题,进行深度交流。知乎的提问和回答质量都很高,有很高的参考价值。

二、百度知道

根据企业自述,百度知道是全球最大的中文问答平台之一,以其广泛的用户基础和搜索引擎优化而著名。百度知道的用户群体非常广泛,涵盖了各个领域和层次,他们在这里提问和回答各种问题,寻求解决方案。百度知道的流量非常大,是很多用户获取信息的重要渠道。

三、360 问答

360 问答是 360 搜索旗下产品,由用户有针对性地提出问题,并由问答本身的奖惩机制来发动其他用户来解决问题。同时,这些问题的答案又会进一步作为搜索结果,提供给其他有类似疑问的用户,达到分享知识的效果,以此营造"你问大家答"的良好网络知识氛围。同时,依托于奇虎 360 强大的安全技术支持,360 问答在"反作弊、反广告、反垃圾"方面一直成绩显著,致力于为用户打造一个干净、安全、可靠的问答环境。

四、微信搜一搜问答

微信搜一搜问答以其社交性和用户黏性而著名,用户群体主要是年轻人和学生,其界面设计简洁明了,用户体验良好。作为微信生态内的重要组成部分,微信搜一搜问答具有强大的社交属性,使信息和观点能够迅速传播。

人文素养训练

招商银行联合知乎"了不起的经历"线下分享会圆满结束

4 月 23 日是世界读书日。为推动更多的人去阅读和思考,招商银行合肥分行联合知乎城市——安徽，于2023年4月22日在安徽省图书馆举办了"了不起的经历"全天主题系列沙龙活动。当天除知识分享外，还进行了读懂孩子的考前压力与焦虑心理分享活动，以及制作徽笔、捐赠书籍等环节。

活动首先进行了心理指导分享环节，上午由合肥市家庭教育研究会副会长、合肥市未成年人心理服务专家组成员王庆华老师为大家进行心理知识分享，下午则由安徽省家庭教育研究会副会长、合肥市家庭教育研究会会长王芙蓉老师为大家讲解如何面对青春期的烦恼等问题。

在分享环节，老师们为参与活动的朋友们讲解了如何正确应对压力和负面情绪，以及如何培养自信心和积极心态。与此同时，在活动现场，还通过丰富精彩的互动游戏和情景演绎等形式，让大家更深入地理解和掌握这些技能。许多参与者在活动之后表示，他们对自己的情绪和行为有了更深刻的认识，并且学会了更有效的解决方法。整个分享会现场气氛热烈、掌声不断。

除了心理指导分享会外，在此次"了不起的经历"主题系列沙龙活动现场，还特别邀请徽笔制作技艺传承人——陈效进及他的女儿陈燕为大家带来了精彩的毛笔制作体验。陈效进利用图文解读、视频播放等方式，将两千多年的技艺传承历史和制笔的一百多道制作工序向大家娓娓道来。

参与者们通过制作自己的毛笔，了解了非遗文化的价值和意义。许多参与者表示，他们之前从未接触过这些手工技巧，但是在老师的引导下，他们发现自己也能够创造出毛笔，这让他们感到非常自豪和满足。

值得一提的是，在活动当天，到场的嘉宾还参与了招商银行合肥分行组织的"唤醒沉睡的书箱"——公益捐书活动。赠人玫瑰，手有余香，书籍的捐赠不仅促进了图书资源的有效利用，同时也让书籍和知识得以传递，更让大家的爱心播撒到招商银行合肥分行定点扶助的高大塘小学每个班级的各个角落，彰显出参与者们热心公益的精神品质。

本次"了不起的经历"主题分享活动的举办得到了广大市民朋友的热烈响应，共有近百名招商银行合肥分行的客户及"知友"参与了此次活动。

资料来源：招商银行联合知乎"了不起的经历"线下分享会圆满结束[EB/OL].（2023-04-23）.http://ah.people.com.cn/BIG5/n2/2023/0423/c401605-40388653.html.

第三节　问答平台营销技巧

问答平台营销的技巧包括选择优质的问答平台、提高账号等级、关注用户兴趣标签、收集高质量的问答内容、提供高质量的回答、设计合适的回答方式以及谨慎留下相关链接等方面。这些技巧可以帮助问答平台更好地满足用户需求，提高平台的知名度和影响力。新媒体营销中，问答平台的营销技巧可以帮助问答平台提高平台的互动性和社交性，吸引更多用户的关注和参与。同时需要持续关注用户反馈和数据分析结果，不断优化和完善营销策略。本书把问答平台的营销技巧概括为以下几个方面。

一、精准定位目标用户

精准定位目标用户可以让平台更加贴近用户需求,提高用户体验和转化率,同时也能够提升平台的知名度和影响力。在实际操作中,还需要根据具体情况进行调整和完善,确保营销策略的有效性和可行性。为了实现精准定位,可以从以下几个方面展开。

(一)了解用户需求和喜好

通过市场调研、用户调查、数据分析等方式,了解目标用户的需求和喜好,包括他们的年龄、性别、职业、兴趣爱好、消费习惯等。通过兴趣标签设置关注话题,可以更加精准地定位用户需求和兴趣,提高营销的精准度和效果。同时,也需要不断关注和调整话题,以适应市场的变化和用户的需求。

(二)细分用户群体,注意推广账号等级

根据用户需求和喜好,对目标用户进行细分,确定不同群体的特点和需求,制定针对性的营销策略。问答推广账号等级也很重要。在问答平台上,账号的等级越高,获得的曝光度和权重也越高。因此,需要尽可能提高账号的等级,以便获得更多的曝光机会,详见图6-5。

图6-5 用户在百度知道问答平台上的提问

(三)制定个性化推荐策略

根据用户的历史行为和偏好,制定个性化推荐策略,为用户提供更加精准、个性化的内容和服务。

(四)定期评估和调整

根据用户反馈和数据分析结果,定期评估和调整目标用户的定位,确保策略的准确性和有效性。

二、发布有趣、有价值的内容

发布有趣、有价值的内容不仅可以吸引用户的关注和互动,提升平台的知名度和影响

力,还可以提升用户黏性和忠诚度,提高平台的转化率和收益。在实际操作中,还需要根据具体情况进行调整和完善,确保内容的质量和吸引力。

问答平台上的内容应该有趣味性、实用性和价值性,吸引用户的关注和参与。通过与专家学者、行业领袖等合作,发布高质量、有深度、有实用价值的问题和回答,提高平台的可信度、提升影响力。同时,也可以通过与相关社区、社交媒体等平台的合作,扩大平台的影响力、提升用户参与度。为了展开这一策略,可以从以下几个方面着手。

(一)确定内容主题,做好问答内容的收集

根据平台定位和目标用户需求,确定内容主题,包括新闻、科普、娱乐、情感等,做好问答内容的收集。问答推广技巧做的就是长尾关键词推广,一定要收集用户关心的问题,只有用户关心的问题,才会有精准目标客户看,所以要做好问答内容的收集,如可以通过公司网销部来收集,分析潜在客户通常会咨询哪些问题,以此拓展延伸;也可以通过百度关键词搜索,根据目标客户的搜索习惯,组合一些长尾关键词,这样的问题也会是用户搜索的(图6-6)。

图6-6 利用关键词推广进行营销

(二)定期发布高质量内容

根据平台特点、用户需求和时间节点,制订发布计划,定期发布有趣、有价值的内容,保持用户关注度和黏性。回答问题是问答平台营销的重要环节。需要尽可能提供高质量、准确、有用的回答,以提高用户的满意度和信任度。同时,也需要不断优化回答的方式和内容,以提高营销的效果和效率。

(三)与行业专家合作,回答问题要求高质量

与相关领域的行业专家合作,邀请他们发表文章或开设专栏,提供专业、有深度的内容,提升平台的权威性和影响力。此外,回答问题质量要高。问答平台权重很高,提的问题排名都会很好,前提是优质的问答,并且只有优质的回答,才能解决用户的疑虑,推广企业品牌,

引导用户访问自己的网站,如果回答的内容不实用,用户也不会去关注,也就失去了问答推广的意义(图6-7)。

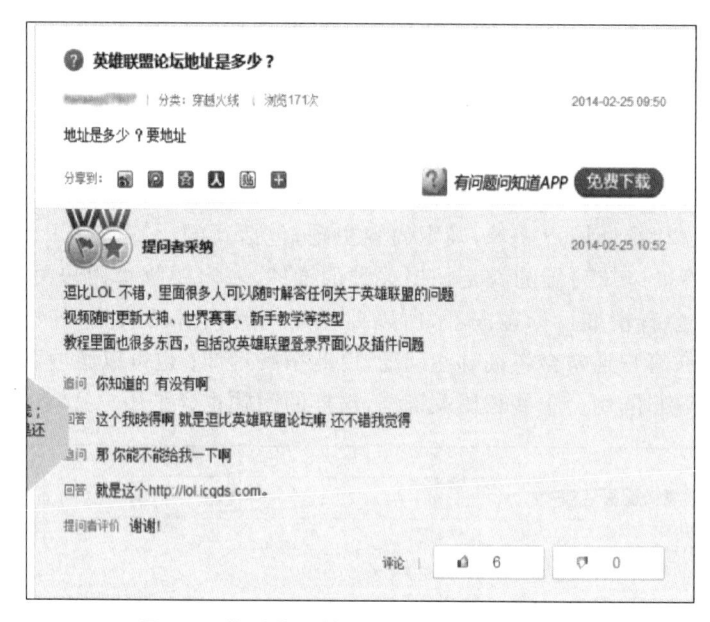

图6-7 优质的回答容易得到提问者的采纳

(四)创新内容形式,谨慎留下相关链接

回答时可以尝试不同的内容形式,如短视频、直播、互动问答等,吸引用户的注意力,提高互动和转化率。很多时候回答问题时会留下链接,这是广告推广的一种方式,很容易引起相关平台的惩罚。所以,可以考虑在特定的回答或者优质回答下留链接,不是每个回答都留链接;如果是追问追答,这种可以留下 QQ 或者邮箱,切记不要频繁,偶尔针对一两个问答留下即可(图6-8)。

图6-8 回答问题时谨慎留下相关链接和联系方式

(五)互动和反馈,设计问题回答的方式

要积极与用户互动,了解他们的反馈和建议,不断改进和优化内容,提高用户体验和满意度。设计问题回答的方式。问题回答的方式有两种:一种是自问自答;另一种是回答别人提问或者把问题发给别人回答。

三、问答平台营销注意事项

问答平台营销需要注意遵守平台规则、避免过度营销、注重用户体验、持续优化和创新以及监测数据和反馈等方面的事项。这些事项可以帮助问答平台更好地满足用户需求,提高平台的知名度和影响力。同时,也需要不断探索和创新营销策略,以适应市场的变化和用户的需求。问答平台营销需要注意以下事项。

(一)遵守平台规则

在问答平台上进行营销活动,需要遵守平台的规则,避免违反平台的规则和规定,影响营销效果和品牌形象。

(二)避免过度营销

问答平台营销需要适度,避免过度营销和干扰用户;需要关注用户的反馈和需求,提供有价值、高质量、个性化的服务或产品,以吸引用户的关注和参与。

(三)注重用户体验

问答平台营销需要注重用户体验,提供简单、便捷、高效的服务,以满足用户的需求和提高用户的满意度。

(四)持续优化和创新

问答平台营销需要不断创新和改进,根据市场的变化和用户的需求,调整营销策略和手段,提升营销的效果和效率。

(五)监测数据和反馈

问答平台营销需要监测营销活动的数据和反馈,及时了解用户的需求,不断优化和创新营销策略,提高平台的知名度和影响力。

人文素养训练

人民网推出全国两会 AI 智能问答助手"知政"

2024 年 3 月 3 日,在全国两会召开之际,人民网推出"知政·人民网 AI 智能问答助手"(以下简称"知政"),并同步上线移动端应用。

作为一款深度结合全国两会内容的智能问答产品,"知政"搭载 AI 创新技术,提供两会知识一站式"智库",针对用户提出的问题进行理解和分析,为广大网友提供关于全国两会全方位、精准化、定制化的互动式信息服务。

2024 年全国两会期间,产品基于海量的两会信息不断进行深度学习,提供 2024 年政府工作报告等权威学习资料,更好地回答广大网友关切的两会实时热点,持续赋能两会智媒报道。

资料来源:人民网推出全国两会 AI 智能问答助手"知政"[EB/OL]. (2024-03-03). http://lianghui.people.com.cn/2024/n1/2024/0303/c458500-40187748.html.

本章小结

本章全面介绍了问答平台营销的基本概念、策略和技巧。首先,我们探讨了问答平台的定义，它作为一个社交媒体平台，旨在促进用户间的交流和知识分享。问答平台以其开放性、互动性、内容丰富性和实时性等特点，吸引了广泛的用户群体，包括学生、职场人士和专家学者等。这些平台不仅提供了问题和回答，还包括评论和讨论，形成了多元化的内容和服务。

接着，本章阐述了问答平台营销的含义，即利用问答平台进行品牌宣传和产品销售的互动式营销方式。我们分析了问答平台营销的优势，包括信息覆盖面广、快速建立口碑、迅速提高品牌知名度、品牌营销精准和社交化营销。

本章还详细介绍了问答平台的用户群体和内容类型，以及营销的互动方式，如提问和回答、评论和转发。这些互动方式不仅增强了平台的社交性，也为品牌提供了与用户直接互动的机会。

最后，本章提供了问答平台营销的实用技巧，包括：精准定位目标用户，发布有趣、有价值的内容，以及在营销过程中应注意的事项，如遵守平台规则、避免过度营销、注重用户体验、持续优化和创新，以及监测数据和反馈。通过这些技巧和注意事项，本章旨在帮助读者设计和执行有效的问答平台营销策略，提升品牌影响力和用户参与度。

| 想一想、练一练 |

针对不同类型的产品或服务，知乎上的问题应该如何设计，以引起目标用户的兴趣并促进转化？

| 即测即练 |

第七章　百科平台营销

知识目标

1. 了解百科平台营销的定义、特点及形式;
2. 掌握百科平台营销的运营策略;
3. 理解百科平台营销的价值及其基本模式;
4. 灵活运用百科平台营销进行品牌或企业营销。

能力目标

1. 准确表述百科平台营销的定义、特点及形式;
2. 能够根据企业营销目标,制定适合企业的百科平台营销策略;
3. 灵活运用维基百科、百度百科、互动百科、360 百科等平台的营销策略,打造品牌人格化形象,传播品牌文化,助力品牌营销。

素质目标

1. 培养学生表达能力;
2. 培养学生团队合作精神、创新精神及动手操作能力。

开篇案例

2022 百度城市大会·成都站 | AI 赋能四川中小企业营销升级

中小企业是国民经济的重要组成部分,对经济发展和社会稳定起着举足轻重的促进作用。在外部环境影响下,如何帮助中小企业从容抓住机遇、应对挑战,实现可持续发展,成为社会关切的议题。

为切实帮扶中小企业复工复产,高效实现数字化转型,百度宣布启动"2022 百度城市大会",在全国陆续开展超过 100 场,与各地政府、专家及企业代表等共同探索如何在新时代助推区域经济建设、助力企业数字化营销创新,累计为超 10 万家中小企业提供培训等扶持。

百度营销商业产品能力升级,助力区域数字化建设。

近年来,用户的服务需求在迭代升级,用户从找"内容"到找"内容+服务"的消费习惯逐渐养成,百度成为智能决策的综合性内容与服务平台。

成都百都科技有限公司(百度营销四川服务中心)高拓部总监陈鹏飞先生分享道：百度营销帮助品牌构建智能营销产品服务体系，在全链路提供更加稳定和连贯的服务体验。在前链路用户沉淀部分，百度营销通过"自产+合作"模式，打造从内容生产到加速分发的一体化企业营销新场景；在后链路经营转化部分，百度营销通过基木鱼智能商家经营平台，为企业提供一站式生意经营全链解决方案，助力企业建设闭环经营阵地。为更好地服务于商家经营，百度还推出了本地生活、综合电商等更加细分的解决方案。

资料来源：2022 百度城市大会•成都站 | AI 赋能四川中小企业营销升级［EB/OL］.(2022-11-03). https://focus.scol.com.cn/zgsz/202211/58756762.html.

思考：百度营销通过怎样的方式助力中小企业品牌发展？

第一节　百科平台营销概述

一、解读百科平台营销

"百度一下，你就知道"，在百度搜索引擎中搜索"新媒体"这个词汇，会发现其百度百科的搜索结果排在靠前的位置，因为百科的内容以文字为主，更容易被搜索引擎收录。而百度百科是全球最大的中文搜索引擎，致力于让网民更便捷地获取信息，可以瞬间找到相关的搜索结果。

百科作为一种高权重、高权威性的网络营销，是一种建立企业品牌和知名度的网络营销方法。百科是全部学科的意思，百科平台营销是指利用百科平台，以建立词条的形式进行宣传与推广，从而达到提升品牌知名度和企业形象等目的的活动。

二、百科营销的概念、特点、平台

(一)百科营销的概念

百科营销是一种以百科知识对公司产品的推广，达到传播的效果，可以利用公司拥有的对用户有价值的信息，提高潜在客户对公司品牌或产品服务的认可度以及信任度，起到提升公司品牌的知名度的作用。国内百科有百度百科、360百科、搜狗百科、快懂百科(抖音百科)，国外百科有维基百科(Wikipedia)。

(二)百科营销的特点

百科营销推广主要有三个特点。

▶ 1. 辅助进行搜索引擎推广

在百度中搜索各种名词(包括人名、企业名、产品名、概念术语等)时会发现，往往排在搜索引擎结果页前列的，是百科平台中该词条的信息。

▶ 2. 权威性

互联网上的百科网站，源于现实中的百科全书。在传统观念中，能被百科全书收录的内容一定是权威的。而这种观念也同样延伸到了互联网中，大部分用户都认为百科收录的内容比较权威。

3. 有助于提升企业形象

随着互联网的普及,许多人在接触到陌生事物时,会先到互联网上进行检索。如用户与一家陌生的公司接触洽谈时,会先上网搜索该公司的背景、实力、口碑、用户信任度等,如果该公司能被百科收录,就会大大提升企业形象,增加用户对企业的信任感。

(三)常见百科平台

百科平台对公众而言是一种知识获取途径,知识不仅要具备有据可查、真实准确的属性,百科平台还需要保持客观的立场,以不影响用户的客观判断为准则,以此为信条的百科网站有很多。

1. 百度百科

百度百科是百度公司推出的内容开放、免费的网络百科全书。它的 Beta 版于 2006 年 4 月 20 日上线,官方版本于 2008 年 4 月 21 日发布,到 2024 年 1 月,百度百科已有 2 788 万个词条,785 多万人参与了词条编辑。

百度百科有很高的权威性。其内容真实可信,深受用户的信任。百度百科在百度搜索引擎中拥有较好的排名,百度百科一旦创建成功,一般都会排在百度首页前三位置,会获得大量流量和曝光度,拥有超高转化率。百度百科的创建范围一般包括四大类:第一,人物类如网红、明星、企业家、医生、律师、画家、某行业专家等;第二,企业类如企业名称、企业品牌、企业产品等;第三,政府组织如政府部门、权威媒体、学校、医院等;第四,网络类如各大 App 名称、网站名称等。

2. 360 百科

360 百科(原名"好搜百科"),是专业的中文百科,秉承"让求知更简单"的理念,是 360 搜索的重要组成部分。360 百科测试版于 2013 年 1 月 5 日上线,内容涵盖新闻、数码、财经、旅游、影视等知识领域。其宗旨是帮助用户更加及时、便捷地获得准确、权威的知识与信息,并且通过和 360 搜索的结合,以及同专业网站的合作给予用户全面的服务。2014 年 4 月 14 日,360 百科新首页正式上线。

3. 搜狗百科

搜狗百科是搜狗旗下的一个百科网站,于 2013 年 7 月 12 日正式运行,涵盖人物、影视、旅游、科技等知识领域,是服务于全部互联网用户的高质量内容平台,被搜狗视为继搜狗知立方后知识搜索产品线的重要延伸。搜狗百科基于海量的互联网数据和深厚的技术积累,融合搜狗知立方结构化知识库和"语义理解"技术,为用户提供直观、全面的百科知识查询服务。

4. 快懂百科

快懂百科(原名"头条百科")是今日头条旗下中文网络百科全书,其口号为"来这里,认识世界"。截至 2020 年 1 月,头条百科已收录了超过 1 800 万个词条,覆盖人物、科学、自然、文化、历史、娱乐等类别,除了学术类内容,也包含热点事件追踪。2021 年 3 月,头条百科更名为快懂百科。2021 年 11 月,字节跳动 CEO 梁汝波发内部信,称字节跳动将做组织调整,成立抖音、职业教育、飞书、火山引擎、朝夕光年、TikTok 六个业务板块,抖音百科其实就是头条百科。

5. 维基百科

维基百科,总部位于美国,是一个基于维基技术的多语言百科全书式的协作计划,是用多种语言编写而成的网络百科全书,维基百科由非营利组织维基媒体基金会负责营运,维基百科接受捐赠。其特点是内容自由、编辑自由。它是全球网络上最大且最受大众欢迎的参考工具书,名列"全球十大最受欢迎的网站"。

人文素养训练

百科词条创建审核不通过的原因有哪些

百科词条对网络营销实在太重要了,不管是个人还是企业,想在网上开展业务,都有必要建立百科词条。

百度官方发表过声明,表示人人都可以编辑百度百科词条,并且是免费创建,不需要任何付费,但是进行一些百度词条创建时往往审核不通过,因此我们很有必要掌握一些百度百科创建规则和技巧。

一、什么百科词条可以创建

进行百度百科词条创建之前要先去了解一下什么样的词条可以创建百度百科,然后查看这些词条是否已经被收录,被收录的词条无法再进行创建,建议换一个词条。

二、百度百科收录规则

百度百科收录规则主要分为规范词条名、客观真实、来源可查证、词条结构完整四部分。

(1)规范词条名就是应该使用容易被大众理解和使用的词条来进行百度百科的创建,比如在创建"乾隆"百度百科的时候,要使用"乾隆",而不是"爱新觉罗·弘历"来进行创建。

(2)词条内容要客观真实。百度百科从始至终都只收录客观真实的内容,所以创建词条时要客观,不要有虚构、编造的内容。

(3)来源可查证就是词条的参考资料,创建的词条必须有来源进行佐证,参考资料一般选用一些新闻门户发布的新闻稿。

(4)词条结构完整主要就是要求词条的主题有明确的定义,并且词条的内容要与主题紧密联系。

三、百度百科不欢迎的内容

(1)违反法律法规、色情、暴力、人身攻击的内容。如果创建违规词条,百度将会删除相关词条,如果有恶意违规的情况,将进行封号处理。

(2)有夸耀性质的内容。百度百科欢迎客观平实的内容,不喜欢加形容词的内容。

资料来源:百科词条创建的审核不通过的原因有哪些?[EB/OL].(2024-02-17).https://post.smzdm.com/p/a0x5oxqw/.

第二节 百科平台营销技巧

百度百科作为百度搜索引擎的一部分,吸引了数以亿计的用户访问,为百度提供了大量广告展示和点击收入机会。百度百科通过吸引用户、提供广告收入、促进商业推广和为企业提供智能信息服务，有巨大的商业潜力和价值。在百度百科建立企业档案，将产品广告写进百科词条中，只要有用户搜索相关关键词，创建的词条就会出现在百度搜索的第一页。这就是百科平台营销推广的意义。

一、百科营销优势

（一）利用百科提升品牌形象

相比于新闻、论坛、博客、SNS等网络内容，百科在网民心目中的公信力和权威性是较高的媒体，也被认为是互联网上的"定义媒体"。可以说，谁拥有百科词条，谁就有更高的品牌形象。

（二）百科营销是深度营销

知识营销是绿色营销方式，百科营销突破传统营销的思维模式，改变了过去物化生产型企业本身的认知，改变了企业乃至社会对商品的认知。

（三）向精准人群提升企业知名度

品牌知名度需要潜移默化的沉淀过程，其效果短期内不会那么显著。但其引导的用户却是精准人群。从这个角度讲，百科营销是成本相对低廉的营销方式。

（四）利用百科传递权重

搜索引擎给网站（包括网页）赋予一定的权威值，从而提高网站权重，这不但利于网站在搜索引擎的排名，还能提高整站的流量、信任度。百科内容的权重一般比较高，把企业的链接挂在这样的页面中能潜移默化地提高企业网站的权重。

二、百度百科编辑困难

纵观以下几年，百度百科编辑困难。时至今日，百科营销技巧难度较大，竞争激烈。

2011年，百度针对广告链接的泛滥对百度百科作出大调整，重新调整审核标准，使得很多百科爱好者对百度的这一举动手足无措。

2012年，百度百科再次升级对参考资料、词条内容要素的要求，人物词条参考资料不能来自论坛、博客；图书、电子产品、软件、游戏词条参考资料应来自官方网站或其他非售卖性网站等。

2013年，百度百科扩展阅读功能下线，意味着从此以后，网址链接不能在正文内容中添加，只能添加到参考资料，增加了留外链难度。

2014年，百度百科联手最高人民法院，承接最高人民法院在信息化上的新举措，意味着编辑百科内容要注重客观事实、讲究证据佐证、防止夸大行为，从此百度百科要求有权威的参考资料佐证。

2016年，百度百科词条评审规则再次做内部大调整，评审要求更加严格，创建百科通过率越来越低，随着百科不断完善升级，审核越来越严格。

2017年，百度百科再次升级难度，尤其是医院类、品牌类百度百科词条难度升级，任何夸大、有争议、无权威参考资料佐证、内容不真实等词条都不能通过审核。企业词条创建难度加大，修改内容更加困难。

三、百科营销技巧

一般来说，要创建一个百科词条，需要遵循以下步骤。

（一）确定主题

选择一个想要创建词条的具体主题或主题领域。确保主题有足够的重要性和知名度，以确保词条的价值和可访问性。

（二）进行调查和研究

对选择的主题要进行广泛的调查和研究。收集相关信息，包括事实、背景知识、事件、人物等。使用可信赖的来源，如学术出版物、权威网站、书籍、期刊等。

（三）规划结构和内容

根据收集到的信息，规划词条的结构和内容。确定主要的部分和子部分，并组织信息的逻辑顺序。确保词条内容清晰、准确和全面。

（四）编写词条

按照事实和客观的方式编写词条。使用清晰简练的语言，避免主观性和不准确的陈述。引用可靠的来源支撑你所写的内容，并避免侵权行为。

（五）使用标准格式和结构

百科词条通常遵循特定的格式和结构。熟悉并遵循百科词条的常见规范，包括分类、目录、引用和链接等。

（六）增加参考来源和引用

在词条中添加参考资料和引用的链接，以支持所陈述的事实和信息。这有助于提高词条的可信度和权威性。

（七）校对和编辑

在发布词条之前进行校对和编辑，确保词条的语法、拼写和格式都没有错误，内容的表达准确、清晰。

（八）提交和审查

根据百科网站的要求，将你创建的词条提交到相应的平台。注意，不同的百科网站可能有不同的审核和批准流程。

如果企业品牌以前没有在任何新闻媒体上报道过相关信息，也没有企业官方网站，想把这些内容上传到百科全书，往往会因为缺乏参考文献或文献不可靠，审核不通过。此类信息可以通过以下方式完成。

一是结合品牌最近的真实动态进行新闻报道。

二是建立临时官网，发布品牌相关信息。

三是品牌基本信息、品牌发展历程、品牌文化、产品等，引用企业官网的内容作为参考资料，而荣誉认证等需要第三方权威机构的信息佐证。

人文素养训练

比亚迪×百度 营销推广案例：超级品牌，超级阵地

营销背景

凭借技术研发和创新实力，2023年上半年比亚迪新能源汽车拿下全球销量冠军，旗下产品有6款车型进入全球新能源汽车销量的前二十，分别是比亚迪汉、宋PLUS、秦PLUS、元PLUS、海豚和比亚迪唐。从乘用车市场信

息联席会发布的报告来看,从2019年到2022年,新能源车销量逐年增加,比亚迪销量高歌猛进,2022年2月跃升厂商销量第二,属行业高潜品牌。同时,通过百度观星盘数据分析得知,比亚迪搜索关注持续上涨,且远高于行业关注增长速度。但其在营销布局上缺少品专阵地,易造成流量流失。

营销目标

伴随比亚迪销量与关注度的持续上涨,针对比亚迪百度营销现状,通过品牌专区投放及全车系超级品专长期在线,实现品牌关注度提升。

营销方案

四大驱动策略,实现全车系超级品牌专区投放(图7-1)。

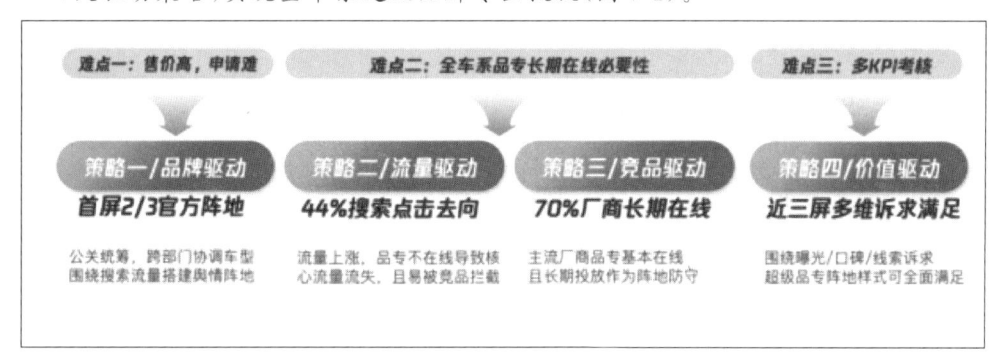

图7-1 四大驱动策略

营销效果

比亚迪全车系品牌专区上线后,整体CTR(点击通过率)优于行业均值,品牌指数显著提升。同时,其各阶段的品牌资产皆有显著提升(图7-2)。

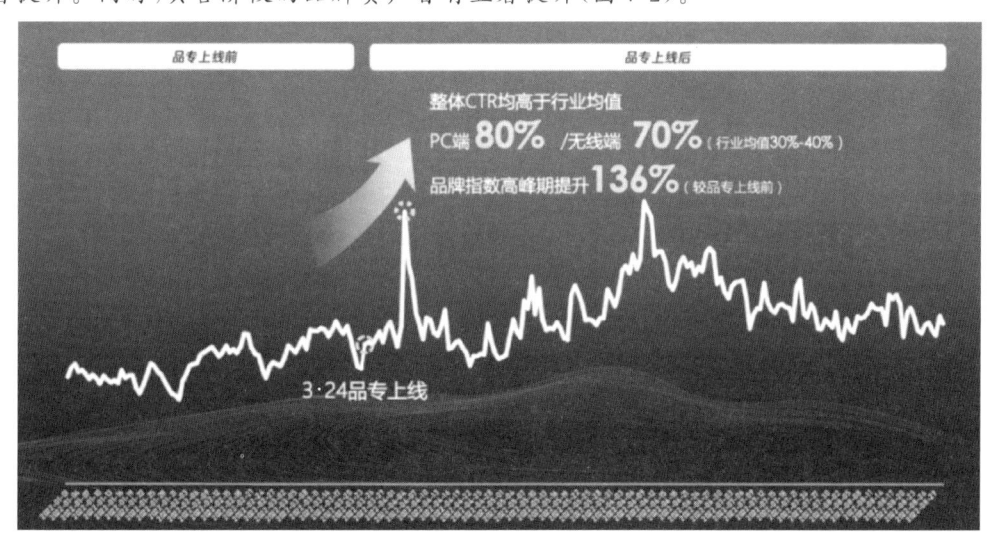

图7-2 营销效果

资料来源:「案例直达」比亚迪×百度 营销推广案例:超级品牌,超级阵地[EB/OL].(2023-04-17). https://baijiahao.baidu.com/s?id=1763391908246385892&wfr=spider&for=pc57.

本章小结

本章介绍了百科、百科营销、百科营销技巧等内容,引导读者全面认识百科营销。

百科作为一种高权重、高权威性的网络营销,是一种建立企业品牌和知名度的网络营销方法。百科平台国内有百度百科、360百科、搜狗百科、快懂百科(抖音百科),国外有维基百科,具有辅助进行搜索引擎推广、权威性、有助于提升企业形象的特点。

百科营销技巧需要遵循以下步骤:确定主题,进行调查和研究,规划结构和内容,编写词条,使用标准格式和结构,增加参考来源和引用,校对和编辑,提交和审查,根据百科网站的要求,将你创建的词条提交到相应的平台。注意,不同的百科网站可能有不同的审核和批准流程。

想一想、练一练

1. 百科营销本质是什么?
2. 百科营销有哪些技巧?
3. 做百科营销有什么要注意的事项?怎么做,被收录的可能性更高?

即测即练

第八章 直播营销

知识目标

1. 了解直播、直播营销的定义、特点及形式；
2. 掌握直播平台运营策略；
3. 理解直播营销的价值及其基本模式；
4. 灵活运用直播平台直播并打造品牌。

能力目标

1. 准确表述直播营销的定义、特点及形式；
2. 能够根据企业营销目标，制定适合直播营销的策略；
3. 灵活运用直播营销，打造品牌人格化形象，传播品牌文化，助力品牌营销。

素质目标

1. 培养学生表达能力；
2. 培养学生团队合作精神、创新精神及动手操作能力。

开篇案例

直播自出现后，热度就一直居高不下，尤其是2020年，不少人开始将目光转移到直播营销。直播正成为厂商连接消费者的最便捷的方式，从被迫直播卖货变为主动出击，实现了品牌宣传、营销造势、促成下单……未来几年的企业营销策略会越来越聚焦于视频营销、直播带货等方式，最终由此开启新一轮的竞争格局。

直播有其得天独厚的优势。对于消费者来说，它感性直观、通俗易懂的呈现方式，不仅能充分满足消费者猎奇、想要探索的心理需求，还能通过真实直观、接地气的即时呈现和360°无死角的体验，吸引各圈层的消费群体。

近年来，网络直播成为我国消费市场新兴业态模式，网络直播模式多种多样，直播电商平台呈现多元化、规模化的特点。商务部发布的数据显示，2023年前11个月，全国网上零售额为14万亿元，同比增长11%，实物网络零售额对社会消费品零售总额增长贡献率达31.4%，占比达27.5%，创历史新高。根据商务大数据监测，2023年前10个月，我国直播销售额超2.2万亿元，同比增长58.9%，占网络零售额的18.1%，拉动网零增长7.5个百分点。

直播对零售业的拉动作用巨大。目前,直播带货成为线上、线下商家经营的标配。越来越多的商场、超市开始布局直播,3C(计算机类、通信类和消费类电子产品)家电、生活百货、服饰鞋帽等线下实体零售参与其中。一些规模较大的连锁商超,一般采取"带逛"模式,由一名导购员在超市中带领,边走边逛介绍商品,移动镜头一路跟随,覆盖大部分商品种类,主打"沉浸式"体验。

商务部研究院电子商务研究所副研究员洪勇对《中国消费者报》记者表示,线下商家采用直播的方式进行经营,可以突破实体店铺的地域限制,拓宽销售渠道,其优势包括实时互动展示商品、提高消费者购买意愿、降低营销成本以及增强客户黏性等。但同时,这种方式也存在一些问题,包括质量控制难度增大、可能涉及不准确描述或夸大宣传、售后服务跟进不易、内容监管困难(如易出现低俗、虚假比价等违规行为)等,需要投入一定的技术设备和建设专业团队。

电子商务研究中心特约研究员解筱文对《中国消费者报》记者表示,通过直播的方式,线下商家可以展示产品,与消费者进行互动交流,提升消费者购买意愿。这种经营方式的优势在于能够提升品牌知名度,增加销售额,同时为消费者提供更直观、生动的购物体验。但是,直播的方式也存在产品质量不一、售后服务难以保障等问题。

资料来源:直播电商进入比拼内功时代[EB/OL].(2024-01-30). http://union.china.com.cn/cmdt/txt/2024-01/30/content_42687288.html.

思考:
(1) 网络直播作为一种新的商业形态,怎样影响人们的生活?
(2) 直播对零售业影响的利弊有哪些?

第一节　直播营销概述

一、直播营销的定义

直播是近几年互联网上最炙手可热的词汇,几乎在一夜之间成为家喻户晓的话题。2020年年初,直播进入新的爆发期。在短短几个月的时间里,房企、车企、餐馆、商场、超市、博物馆、酒吧等100多种不同行业的企业都进入各大平台的直播间,纷纷加入直播的热潮。

根据《中国网络视听发展研究报告(2024)》的数据,截至2023年12月,我国全网短视频账号总数已经达到了15.5亿个,同时职业主播数量也已经达到了1 508万人。另一份报告《中国网络表演(直播与短视频)行业发展报告(2023—2024)》显示,截至2024年5月末,我国网络表演(直播)行业主播账号累计开通超1.8亿个(多平台非去重数据)。由此,已经进入"人人看直播,人人做直播"的全民直播时代。由直播和短视频业务所拉动的平台经济,是国内数字经济发展的一大亮点。

什么是直播营销?其实它就是"直播+电商"的营销模式,简单来说是通过主播或丰富有趣的内容带动直播间的人气,并将引流来的客户最大化地转化和促成销售。

二、直播营销的特点和优势

(一)实时互动性

直播营销通过实时的视频直播与观众进行互动,观众可以即时提问、评论和参与互动活动。这种实时互动性增强了用户参与度和黏性，使观众得到更真实、直接的沟通体验。

（二）创造真实体验

直播营销能给观众带来真实的产品体验和用户感受。通过实时展示产品的特点、演示使用方法或举办现场活动，观众可以目睹产品的实际效果，增强对产品的信任和购买意愿。

（三）增强品牌互动性

直播营销为观众提供了与品牌建立互动关系的机会。观众可以通过实时评论、弹幕、点赞等方式与主播进行互动，并与其他观众分享意见和经验。这种互动性能够增强品牌与观众之间的连接，提升品牌认知和忠诚度。

（四）提升品牌影响力

直播营销通过直播平台的传播效应，可以将品牌推广到更广泛的受众中。观众可以通过分享直播内容、@好友或使用特定的话题标签等方式，将直播活动扩散出去，进一步提高品牌的曝光度和影响力。

（五）数据分析和优化

直播营销平台提供了数据统计和分析功能，能够实时监测观众的观看行为、互动数据和参与程度等指标。通过对这些数据的分析，企业可以评估直播活动的效果，了解观众的偏好和需求，进而优化策略和改进直播内容，提升营销效果。

（六）营销效果可量化

直播营销通过数据统计和分析，可以准确追踪和量化营销效果。企业可以监测直播观众数、观看时长、转化率和销售数据等指标，从而评估直播活动的ROI和效益，为决策提供可靠的数据支持。

三、直播未来发展趋势

直播行业在用户、主播、内容、品牌、平台和中介机构的相互作用下，呈现出权益意识增强、专业水平提升、内容升级、竞争加剧、市场秩序规范和生态优化的趋势。

（一）用户：不同年龄段的消费者参与，权益意识增强

从用户规模来看，根据中国互联网络信息中心的报告，截至2023年6月，中国电商直播用户规模同比增长12.5%。这表明越来越多不同年龄段的消费者开始接受并参与直播电商购物方式。

在直播电商购物过程中，用户更加注重个人隐私和财产安全，采取一系列措施来保护自己的权益。首先，用户在选择直播电商平台时更加谨慎。他们会关注平台的安全性和可靠性，选择信誉度高、口碑好的平台购物。用户还会仔细阅读平台的相关条款和政策，了解自己的权利和义务，以避免可能出现的风险。其次，用户在观看直播时更加注重个人隐私保护。他们不会轻易泄露个人信息，注意保护自己的账户安全，尤其是在直播间内，避免被不法分子利用。此外，用户还更加注重商品质量和售后服务，仔细了解商品详情、质量、价格等信息，避免购买到低质量或欺诈商品。用户还会关注售后服务政策，选择有良好售后服务的直播电商平台购物。

（二）主播：专业水平提升，多元群体涌现

直播电商主播的入职门槛将会持续提高，主播职业将向专业化方向发展。为了在激烈

的市场竞争中脱颖而出,主播们需要不断提升自己的专业素养和技能水平,直播电商主播需要具备扎实的商品知识和良好的口才表达能力。他们需要了解各种商品的特点、性能、使用方法等,并能够用通俗易懂的语言向消费者介绍和推销商品。

达人直播带货的新方式呈现以下特点。

(1)电视综艺带货 2.0 版:电视大屏娱乐与手机小屏带货联动,开启直播综艺化新模式。

(2)网站综艺+直播双屏:视频网站平台与直播平台联合直播带货。

(3)综艺+晚会+直播带货:电商平台和电视台合作"综艺+晚会+直播带货"模式,构建大小屏、线上线下、电视电商互动体系。

(4)主播带货+综艺真人秀:聚焦短视频直播领域,集结明星、商家、专家、主播的专业综艺真人秀,通过主播现场选品、展示带货能力、比拼销售数据等,选拔年度超级"带货王"主播。

(5)主播粉丝节:主播粉丝节是主播达人向粉丝表达感恩之情的节日活动,将社交电商和文娱晚会相结合,集购物、文艺、娱乐、公益等节目单元于活动中,实现粉丝福利与直播流量双重加码。

(三)内容:直播内容升级,经济社会价值双轮驱动

直播内容类型呈现出多元化的发展趋势,如商品展示类直播、带货类直播、生活分享类直播等。随着直播电商行业的健康发展,其经济社会价值也将得到更加充分的体现,越来越多的一线品牌开始积极参与直播电商。头部品牌在行业中的影响力具备标杆与背书效应,品牌商对直播电商的接受程度日益提升。主流平台也不遗余力地用明星背书等方式提升直播间的用户认可度。直播电商已经成为明星与粉丝沟通交流的重要渠道之一,明星在电商直播间频频亮相,提升直播电商在用户和品牌商心中的形象。专业内容制作机构入圈,提升内容制作品质。

(四)品牌:行业竞争加剧,产品链服务升级

直播电商行业近年来经历了飞速的发展,品牌竞争日趋激烈。传统品牌、新兴品牌纷纷涌入市场。针对不同消费群体,品牌方推出了针对性强的产品和服务。例如,一些品牌针对年轻消费者推出了时尚、个性化的商品;一些品牌则针对家庭用户推出了实用、性价比高的商品。直播电商协同发展,提高产品供应链的效能,更好地满足消费者的需求。通过人工智能和大数据分析,可以预测消费者的购买行为和需求,提前安排生产和制订库存计划,减少库存积压和浪费。

(五)中介机构:创新能力提升,直播生态优化

技术创新为直播电商提供了更大的可能性。例如,虚拟现实和增强现实(AR)技术的引入,使消费者能够通过 720 度全景视图等方式,更加直观地了解商品的外形、质地和功能。此外,人工智能的应用,为直播电商带来了智能推荐、语音识别、智能客服等便利,极大地提升了购物体验。数据驱动则能够帮助直播电商平台更好地理解消费者需求和行为。通过收集和分析用户数据,平台可以了解消费者的购物习惯、喜好和需求,从而提供更加精准的商品推荐和服务。利用人工智能技术,可以自动识别和筛选直播内容中的敏感信息,保障直播环境的安全和稳定;通过大数据分析,可以了解用户的购物习惯和需求,为不同用户推荐更适合的商品,提高购物的精准度和满意度。

人文素养训练

网络直播平台消费法律关系和责任的认定

网络直播作为一种新的商业形态,成为激活我国消费市场的新模式,且已呈现出从"头部主播"到"店播"的变化趋势,直播电商平台正朝着多元化、规模化的方向发展。同时,由于直播平台管理不严、治理能力有限以及网络直播准入门槛低、带货主播法律意识不强等原因,网络直播消费纠纷案件激增。网络直播消费具有即时互动、内容多样、参与度高等特点,但也给消费者权益保护带来很多风险和挑战。厘清网络直播平台消费关系的属性是保障消费者知情权、选择权、公平交易权的基础。

一、网络直播平台经营者身份及责任界定

网络直播营销行为是指商家、主播等参与者在网络平台以直播形式向用户销售商品或者提供服务的网络营销活动。网络直播平台经营者是指在网络直播营销活动中为交易双方或者多方提供网络直播营销场所、信息发布、交易撮合等服务,供交易双方或者多方开展网络直播活动的法人或者非法人组织。电商平台类的网络直播营销平台,应当认定为《中华人民共和国电子商务法》第九条第二款规定的"电子商务平台经营者",其需要承担严苛的注意义务和审核责任,需要对入驻平台商家主体资质进行规范,督促商家公示营业执照及与其经营业务有关的行政许可信息,采取下架封号等必要管理措施。

二、直播带货主播的身份及责任认定

网络直播营销打破了传统商业形态中营销与销售相分离的模式,"网络+直播+主播"的模式特点决定了营销与销售的混同。由于对直播带货主播的法律身份及责任认定争议较大,直播带货消费纠纷案件较为集中。带货主播既可能被认定为消费者权益保护法意义上的"销售者",也可能构成广告法意义上的"广告发布者""广告代言人"或者"广告经营者",有的甚至可能兼具"广告发布者""广告代言人""广告经营者"等不同身份。实践中主播的身份界定是认定的焦点和难点问题,不同的身份认定会导致法律适用和法律责任相差巨大,应当结合具体直播类型进行考察,根据主播在直播营销全流程链条上发挥的具体功能和效用,遵循权责相一致原则,来判断主播的法律地位。

三、直播打赏行为的性质界定

直播打赏的运作模式通常是:用户通过充值方式购买虚拟货币,再根据个人意愿将虚拟货币兑换成虚拟礼物,通过观看直播给主播赠送虚拟礼物。直播结束后,主播还需要与直播平台按照事先签订的协议对礼物价值进行分成和结算。而打赏人事后起诉要求退回打赏款项的纠纷时有发生。目前,实践中对于网络直播打赏行为法律性质的界定尚存在一些争议,主要存在赠与合同和网络服务合同两种观点。持赠与合同的观点认为,观众是根据自身意愿来决定是否向主播打赏,且打赏金额与主播提供直播服务的质量并没有完全的正比关系,观众对主播的表演是否打赏、打赏多少以及打赏的频率、标准都属于自愿状态,具有单务性和无偿性,符合赠与合同法律特征。持服务合同的观点认为,主播提供表演服务,打赏方的打赏行为只是向主播发送了平台上的虚拟道具,主播本身不具有占有虚拟道具的可能性,仅仅是作为积分符号来评价主播的流量带动能力,并通过这些虚拟道具向平台索取相应酬金,对于打赏人而言是从主播的表演中获

得精神上的满足感和享受感,是在网络新业态下形成的新型消费服务形态。

资料来源:网络直播平台消费法律关系和责任的认定[EB/OL].(2024-02-01).https://www.chinacourt.org/article/detail/2024/02/id/7792204.shtml.

第二节 直播平台探析

一、十大品牌直播榜

随着直播行业的火热发展,直播平台也在飞速涌现和消失。目前,主流互联网平台几乎全部入场直播营销,抖音、快手、淘宝凭借自身超大的 DAU 优势成了直播平台的三大巨头。社交平台(小红书、微博、微信)和传统电商平台(京东、蘑菇街、唯品会、拼多多)也呈现直播营销强力的趋势,如图 8-1 所示。

图 8-1 十大品牌直播榜

二、抖音直播

抖音有限公司,抖音集团旗下人气直播平台,专注于为用户提供主机单机、怀旧游戏、手机游戏、网游竞技、沙盒游戏等内容解说及其他娱乐内容服务。抖音是由原字节跳动(抖音集团)孵化的一款音乐创意短视频社交软件,于 2016 年正式上线,是一个面向全年龄段的短视频社区平台。抖音相关品牌达 28 个,包括今日头条、抖音电商、剪映、番茄畅听、西瓜视频等。

抖音凭借丰富活泼的内容、与生俱来的社交属性和对碎片化时间的占据集聚了巨大的流量。2023 年 12 月 12 日,抖音首次对外公布国内的用户数据,抖音国内的日活用户突破 1.5 亿。抖音因其日活跃用户数达亿级的流量为直播营销提供了良好的引流入口,已然成为直播营销的主要阵地之一。

对于大多数 App 来说,每周能打开一次的频率已经算很高。但是,抖音却能让用户平均每天都使用超过 1 个小时,抖音是用户使用时长仅次于 QQ、微信的 App,这也为抖音直播营销的发展提供了巨大的流量支持。抖音正在其独有的平台生态、流量优势的基础上,通过一系列的扶持计划全力构建一个短视频、直播双管齐下的新场景,并加速二者的融合。

2022 年 5 月,抖音电商正式从兴趣电商升级到全域兴趣电商,以短视频直播为主的内容场和以商城、橱窗、搜索为主的货架场双轮驱动,让品牌商家找到了新的增长点。据中视财经网公布的数据[①],2023 年抖音商城"双 11"好物节期间,累计销售额破亿的品牌数、销售额破千万的爆品数量增长都在 2.7 倍以上,不少品牌实现流量与销量全域双丰收。

三、快手直播

国内知名短视频分享平台快手旗下包含两大核心业务。①电商平台:以直播带货为主,电商领域新势力代表,拥有较为丰富的商品类目。②快手直播:快手软件的专业直播平台,汇聚了众多网络红人,同时也是培育网络红人的平台。

快手是北京快手科技有限公司旗下的产品。快手的前身叫"GIF 快手",诞生于 2011 年 3 月,最初是一款用来制作、分享 GIF 图片的手机应用。2012 年 11 月,快手从纯粹的工具应用转型为短视频社区,用于用户记录和分享生产、生活。随着智能手机的普及和移动流量成本的下降,快手在 2015 年以后迎来市场。

其相关品牌包括 7 个,如快手电商、快手联盟、快影等。

作为平均日活跃用户数达 3.87 亿的短视频直播平台,快手一直以来关注、记录普通人的生活,发现每一个普通人的闪光点。2024 年快手春节项目"许愿直播间"火热来袭。2024 年 1 月 30 日至 2 月 16 日期间,快手"老铁"可在快手 App 搜索"许愿直播间",通过单击会场中间的"快捷许愿"按钮,进行一键许愿。快手通过各种"花式"活动,结合"短直"平台接地气的优势,达到宣传活跃用户及营销目的。

四、淘宝直播

淘宝直播由阿里巴巴于 2016 年推出,是国内领先的直播电商消费专业平台,为直播带货达人提供货品选择,为商家提供新电商消费模式。2016 年 4 月 21 日,在某网红的拍卖活动中,有 50 万人通过淘宝直播平台围观了该次活动。2021 年手机版 App 升级为点淘,点淘采取短视频加直播的双核模式,让内容成为连接用户与服务的关键。据淘宝直播的官方数据,2024 年淘宝直播年活跃买家数超 2 亿,核心主播成交同比增长 31%,核心店播成交同比增长 36%;达人生态健康发展,日开播主播数同比增长 32%,月成交千万账号数增长 26%。[②]

五、哔哩哔哩

上海宽娱数码科技有限公司旗下运营的哔哩哔哩简称 B 站,于 2009 年 6 月 26 日创建;2018 年 3 月 28 日,哔哩哔哩在美国纳斯达克上市;2021 年 3 月 29 日,实现在香港二次上

[①] 四连破全年峰值:这届双 11,品牌在抖音电商成为赢家![EB/OL]. (2023-11-16). http://www.ccepi.cn/finance/2023/1116/1158179.html.

[②] 品质直播再升级!淘宝直播:2025 年再投 110 亿,成交和用户规模两年翻番[EB/OL]. (2025-03-31). http://www.imaijia.com/articleDetail.htm?id=28213.

市,现为中国年轻世代高度聚集的文化社区和视频平台。众多优秀的专业创作者聚集在哔哩哔哩创作内容,涵盖生活、游戏、时尚、知识、音乐等数千个品类和圈层,引领着流行文化的风潮。哔哩哔哩成为中文互联网极其独特的存在,目前已经涵盖 7 000 多个兴趣圈层的多元文化社区。哔哩哔哩还提供移动游戏、直播、付费内容、广告、漫画、电商等商业化产品服务,并对电竞、虚拟偶像等前沿领域展开战略布局。其相关品牌有必剪、BLG、哔哩哔哩漫画等。

六、虎牙直播

广州虎牙信息科技有限公司是一家以直播为核心业务、游戏相关服务多元化发展的互联网科技公司,旗下产品包括国内知名直播平台虎牙直播、聚焦全球泛娱乐直播和游戏直播平台 Nimo 等。虎牙直播成立于 2016 年,于 2018 年在纽约证券交易所上市(股票代码:HUYA),是国内大型游戏直播互动平台,涵盖多个游戏品类和电竞赛事,汇聚众多世界冠军级签约战队、职业选手及顶流主播,拥有完备的版权赛事和自办赛事体系。

立足游戏直播优势,虎牙直播在新战略下重点发力游戏分发、游戏道具销售和游戏广告等游戏相关服务,致力于满足全球游戏爱好者、内容创作者以及行业合作伙伴不断变化的需求,持续扩大在游戏行业的影响力。

七、斗鱼

斗鱼(武汉斗鱼网络科技有限公司旗下)的前身为生放送直播,于 2014 年更名为斗鱼,国内直播分享网站中的佼佼者,于 2019 年在美国纳斯达克交易所挂牌上市(股票代码:DOYU)。斗鱼是一家致力于为所有人带来欢乐的弹幕式直播分享网站,以游戏直播为主,涵盖了体育、综艺、娱乐等多种直播内容。

八、小红书

小红书科技有限公司成立于 2013 年,由毛文超和瞿芳在上海创立。公司旗下的小红书以"Inspire Lives 分享和发现世界的精彩"为使命,是颇受现代年轻人欢迎的生活分享社交平台,目前内容已覆盖美妆、母婴、读书、运动、旅游、家居、美食、酒店等领域的信息分享。小红书用户可以通过短视频、图文等形式记录生活点滴,分享生活方式,并基于兴趣形成互动。小红书福利社是小红书旗下自营平台,可为消费者提供一站式购物服务。

九、YY 直播

广州津虹网络传媒有限公司旗下的 YY 直播是国内知名的社交泛娱乐直播平台,原隶属于欢聚时代 YY 娱乐事业部,2020 年被百度全资收购。该平台移动端月活跃用户超 4 100 万,签约星级主播超 150 万。其最早建立在一款强大的富集通信工具——YY 语音的平台基础上。

YY 直播一直以来注重 UGC 的创造力的充分释放,演唱、游戏、聊天、DJ、说书等表演形式均有其固定的参与者和粉丝,满足用户音乐、舞蹈、户外等直播及绝地求生、王者荣耀等热门游戏直播的观看需求。从 2015 年开始,YY 直播大力发展 PGC,产生了一系列的直播节目,像 1931 女子偶像组合、《大牌玩唱会》《怪咖来撩》《世界百大 DJ 秀》《九宫举》等。

十、CC 直播

广州网易计算机系统有限公司旗下的 CC 直播是以游戏和娱乐直播为主的泛娱乐直播平台。其中,游戏直播包括"梦幻西游"系列、"大话西游"系列、"倩女幽魂"系列、阴阳师、第五人格、逆水寒、非人学园、明日之后、荒野求生、终结者、神都夜行录、天谕、天下3等网易精品游戏直播,还有炉石传说、守望先锋、魔兽世界、星际争霸、暗黑破坏神Ⅲ等;娱乐直播包括星秀、语音交友、二次元、陪玩等。CC 直播打造成熟的 KOL 生态链,孵化出众多明星主播。

2021年5月,CC 直播进行品牌升级,新定位为"有品质的游戏直播社区",新口号为"发现热爱新世界"。2019年进行了 Logo(徽标)更新、社交形象、海报设计等迭代,还有虚拟主播、产品功能升级。

十一、花椒直播

北京密境和风科技有限公司为花房集团全资子公司,其核心产品花椒直播是具有强属性的移动社交直播平台。花椒直播聚焦"90后""95后"生活,每天进行互动和分享。用户可以通过花椒直播了解明星鲜活接地气的一面。花椒直播推出上百档自制直播节目,涵盖文化、娱乐、体育、旅游、音乐、健身、综艺节目、情景剧等多个领域。不论是脱口秀、歌唱乐队表演,还是名人主持,都能在花椒直播见到。

早在2016年4月,花椒直播就尝试用 VR 进行车展的直播,为正式推出 VR 专区布局打造良好的基础。2016年6月2日,花椒直播正式上线 VR 专区,推动了 VR 技术的落地。花椒直播还耗资5 000万元为用户和主播免费发放10万台 VR 眼镜和1 000台 VR 摄像设备,降低用户参与 VR 体验的门槛。

2016年6月15日,花椒直播发布"融"平台。所谓"融"平台是指花椒直播打破媒体与媒体间的界限,打造一个"融合性"平台,不仅仅局限于个人用户,企业用户同样可以通过直播平台催生出更多优质的内容与营销新玩法。

人文素养训练

贷款直播火出圈

近期,商业银行、消费金融公司纷纷加入网络直播开展业务营销,关于贷款直播的话题引发业内关注。相关业务火热开展进行的同时,监管也正着手摸底直播贷款风险。

2023年7月5日,界面新闻从相关渠道独家获悉,金融监管总局下属风险处置局2023年7月4日向各家银行下发《关于开展网络直播销售情况调研的通知》(以下简称《通知》),拟开展书面调研。

《通知》设置了七大问题,调研内容主要关注银行2021年以来的网络直播销售情况和过往的投诉纠纷。

具体来看,一是调研银行2021年以来通过官方账号开展网络直播销售的次数、累计参与人数、业务规模等。二是要求银行列举通过网络直播销售的主要业务种类(如开卡、个人贷款、理财等)和涉及的产品种类(如信用卡、个人贷款、理财产品等)。三是银行开展网络直播的主要平台(次数占比10%以上)名称。四是了解银行开展网络直播的主要平台、开展网络直播销售的业务办理流程、客户资质审核等风险管理措施以及相关制度机制建设情况。五是关注投诉纠纷。调研 2021 年以来涉及银行网络直播销售的信访投诉和诉讼情况、主要纠纷点等。六是关注是否有无资质主体违规以银行或银行员工名义开展网络直播并销售相关金融产品。七是网络直播销售相比传统销售模式有哪些优势，业务开展中面临哪些问题和困难，对于加强网络直播销售管理有何建议。

据了解，本次调研内容仅针对通过网络直播方式开展产品推介、在线销售的情形，不含品牌推广、庆典论坛直播等行为。

近期，直播贷款火出圈，离不开部分网络主播在直播间"送温暖"。限时 4.8% 利率新人专享额度，新出账客户最高 10 天免息，最高可借 20 万元……抖音、快手、微信视频号等短视频平台上，主播们晒出各种贷款福利，有的甚至直接在直播间挂出了贷款申请 H5 链接，并通过各地低息、折扣方式在直播间揽客，吸引了不少消费者围观申请。

除了助贷平台，银行、消费金融公司纷纷加入网络直播开展业务营销。据不完全统计，交通银行、网商银行、微众银行、宁波银行、中信银行、马上消费等机构都"试水"过贷款营销直播。

资料来源：【独家】贷款直播火出圈！监管摸底商业银行网络直播销售风险，关注七大问题[EB/OL].(2023-07-05). https://m.jiemian.com/article/9690938.html.

第三节　直播营销技巧

一、选好直播平台

截至 2023 年 10 月，170 家国家电子商务示范基地中 151 家建立了直播基地，全国直播电商销售额达 1.98 万亿元，增长 60.6%，占网络零售额的 18.3%，直播电商拉动网零增速 7.7 个百分点。

直播电商促进创业就业成效显著。活跃电商主播数 337.4 万人，增长 164.3%。义乌市新增电商主体占新增经营主体总数的 3/4。四川蒲江打造农产品直播电商产业链，全县 28 万人口中，从事电商产业的超过 3 万人。[1] 直播"红利时代"，直播平台的选择则变得尤为重要。

扩展阅读 8-1　选好直播平台

选好直播平台，需要运营者做好以下三项工作：熟悉各大直播平台的本质区别，了解各直播平台入驻规范，快速定位直播间。读者可以通过扫二维码了解这三项工作的具体内容。

---

[1] 袁璐. 今年前三季度全国直播电商销售额达 1.98 万亿[EB/OL].(2023-07-05). https://www.taketoto.cn/news/2023/10/20/10597479.shtml.

二、选择直播间产品

大多数观众看直播主要是为了看产品性能、产品性价比，通过主播的讲解、互动对产品产生信任，最后形成交易。一场直播时长达 2~3 个小时，如果只是介绍产品，观众很容易产生疲劳或者选择障碍，激发不起购物欲望。直播选品是整个直播环节中不可忽视的环节，如果没有精心挑选产品，想要打造高关注度、高销量的直播间，基本是不可能的。因此，如何挑选产品是一门"学问"。

（一）"种草"低客单价、高性价比的特色产品

直播带货行业竞争非常大，在一定程度上，价格是直播带货的关键之一。观众在购买商品时，第一眼看的就是价格。同样是品牌产品，价格低一些的，观众会更愿意深入地去了解这个产品。了解之后会思考这个产品是不是自身需要的，如果刚好需要，价格也比平时低，观众大概率就会下单。

如果产品价格不高，购买决策成本低，观众会更容易冲动消费。数据显示，价格在 10~100 元的产品是比较合适的，毕竟很多短视频平台的带货都具备一定的娱乐性，观众比较容易冲动购买。一般来说，50 元以内的产品，观众购买的决策过程是最短的；50~100 元的产品，观众在购买的时候会有所顾虑，会去充分考虑购买的必要性、实用性；超过 100 元的产品，观众就会看质量、品牌等信息，下单的谨慎度更高一些。

（二）满足当前活动趋势和粉丝需求的产品

在满足低客单价和高性价比之后，直播产品还要满足当前的活动趋势和粉丝的需求。什么是当前的活动趋势？例如，电商平台的大促活动——"美妆春光节""家装节""聚划算38节"等系列购物节。这种活动节日是目标消费人群最集中，购买力和销售价值最高，影响力最大的日子，要考虑产品是否充足、产品是否有符合活动主题的故事。例如，在端午节可以选择粽子、绿豆酥等；在情人节可以选择巧克力、口红、香水等。

除此之外，我们也要多关注粉丝的需求。直播营销是集社交、社群、学习、娱乐、消费等内容于一体的，不是简单地卖产品给粉丝，因为粉丝不是单一地来买产品。主播应该思考粉丝们真正的需求是什么，该怎么满足他们。一开始直播的时候可以先不带货，只进行预热，在已经确定目标人群，并建立自己的粉丝群之后，通过粉丝群或直播与粉丝进行互动，了解他们的需求，收集粉丝想要在直播间看到的产品。深入分析粉丝的消费、地域、兴趣特点，以此为出发点选品。不然，即使选择了热销的产品，也是没有办法带来高转化率的。2023 年抖音十大穿搭风格热点如图 8-2 所示。

图 8-2 2023 年抖音十大穿搭风格热点

（三）有明显季节性特征的产品

根据时间节点考虑选品，每一个季节都有相对应畅销的产品，如冬季卖保暖的产品，销量一定会更高。季节性产品的最大优势是有很强的爆发力，如果操作得当，短时间能打造出爆款。选择季节性产品是典型的与时间赛跑，其弊端在于，平时销量少甚至无，应季来临时，目标人群需求量大。

因此，在选择季节性产品时，主播团队正确的做法应该是，提前做好季节性选品和备货规划。因为在本年度没有参考数据，选品方面可以参考前一年的销售情况，最好对本年度前几季度和上一年度同时期的产品走势曲线进行环比分析。在季节性产品的直播带货上，要尽量做到"快、准、狠"，主播的运营节奏一定要快，因为一旦稍有迟缓，就会被竞争对手赶超。流量一旦被竞争对手占据，想去超越就不那么容易了。还有一点，做应季的商品，也符合当时粉丝受众的需求，他们此时可能对价格相对没那么敏感了。

此外，还有一种特殊的季节性产品——农副产品。受天气影响，有些地方的优质农副产品会面临待销困境，影响农民收入。直播营销带动农产品销售成为助农的新渠道，形成了传统农产品销售的新模式。

（四）学会观察直播的动态数据

直播营销不只是主播在镜头前卖货，前期还有一系列的规划、准备、分析。在激烈的直播竞争下，品牌打造爆品者想要直播带货获得高销量，除了选对主播外，选商品也是至关重要的。新手主播要学会观察直播动态数据，让直播间的商品成为热门。

在直播后还需查看自己直播的商品详细售卖数据。目前直播数据的获取大部分是通过个人电脑及手机 App 的回放，还有一部分数据可通过文创中心及店铺生意参谋获取，部分隐藏数据需要通过一些特殊渠道获取。一般建议做直播数据统计包含以下内容：日期、直播时间段、时长、累积场观人数、累积互动、累积商品点击、粉丝点击占比、最高在线、粉丝平均停留时长、粉丝回访、新增粉丝、转粉率、本场开播前累积粉丝、场间掉粉、订单笔数、预估转化率等。分析直播中卖出的每一件商品数据，找出销量好和销量较差的商品，找出直播营销策划中存在的不足。

做直播，除了要了解自身和用户之外，还需了解竞争对手、平台总体情况、直播玩法调整和市场变化趋势等信息。查看一些数据分析报告，如卡斯数据、飞瓜数据、觅淘数据等，了解竞争对手的直播选品，分析直播件数、直播总金额和直播最低价等数据；研究竞品，了解同行的决策变化，借鉴成功的运营经验。持续关注直播行业，掌握行业的市场变化及趋势，及时调整并优化直播运营的策略，从而在行业变化中抢得先机。图 8-3 所示为花花小店 1 生意参谋数据。

三、直播准备

做好一场直播需要关注很多细节，尤其是直播前的开播筹备，更是决定是否能开播走红的关键一环。所谓万事开头难，要想做好开播前的筹备，以下技巧必不可少。

（一）内容：直播营销的核心

▶ 1. 提升直播内容文化内涵

随着直播领域的细化，直播平台用户对直播内容质量的要求也在不断提高。单纯的高颜值和以吸睛为手段的直播内容已经无法满足如今的用户，直播技术的发展和人类精神文化需求的增加带动着直播用户越来越倾向于有内涵、有深度的内容。因此，无论是采用直播营销的企业还是直播平台，都要在直播内容的文化内涵上下一番功夫。

▶ 2. 直播间创意交互方式

直播营销内容的创意策划，不仅包含直播营销想为观众展现的内容，还包含直播营销交互方式。所谓的"直播营销交互方式"，指的就是互联网上交流和互动的方式。直播平台的

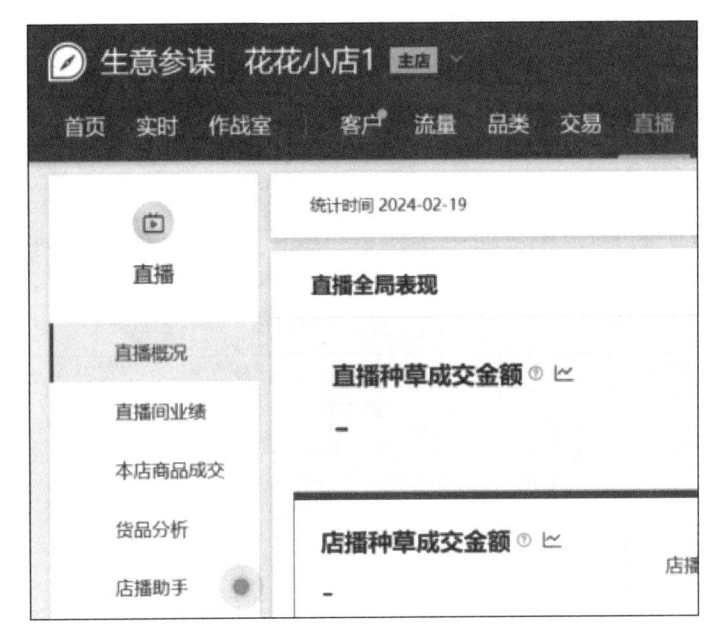

图 8-3 花花小店 1 生意参谋数据

交互方式，主要指的是观众"打赏"、留言、发送弹幕等方式。

无论是淘宝带领全国人民"云逛展"，还是拼多多百亿元补贴的"红包雨"，每个平台都在以最大力度吸引用户参与直播互动，因为创意交互不仅是直播创意内容的重要环节，也是直播营销带动用户活跃度的绝佳方式。具有创意的交互方式不仅能为直播内容增添创意特色，也能将企业产品的特色向用户展现出来。

（二）环境：打造优质场景

▶ 1. 背景布置

要根据直播内容调整背景面积的大小，背景以简洁、大方、明亮为基础，避免花哨、杂物堆积，尽量选择不反光的材质作为主要背景。如果背景太亮或反光，会让主播整个人显得很黑，白色背景会让主播看起来气色很差，如果是过于鲜艳的颜色背景，又会喧宾夺主。纯色背景上可以加上品牌 Logo 或对直播主题的装饰。

▶ 2. 划分好直播功能区

直播间应划分好陈列区、直播区域、其他工作人员的活动区等，一定要保证在屏幕里的主播是最中心的人，主播与镜头有一个适当的距离，并且以三分之一上半身或半身比例出镜。主播要注意自己的言谈举止，保持微笑。设置好直播设备和主播的距离后，不要轻易移动直播设备。主播信息或活动福利等，建议用和直播间一致的色调显示在屏幕的右侧，不能挡住主播，可安排工作人员在一旁传递产品。

▶ 3. 灯光照明

对直播间的布置，最重要的一点就是灯光的效果。直播间不能全部用冷色调的灯光和背景，全是冷色调会让画面显得坚硬且偏蓝，让人产生犹豫。直播间的灯管要避免在主播脸上照出光斑，一定要保证脸部光照均匀。最好的选择是用柔光双灯组合来进行补光。主播直播时，柔光灯的白色光线能极大地改善主播的肤色，让主播显得更加靓丽。注意直播间的光源不要只从一个角落射来,这会造成直播画面不协调,散光源是最佳光源。所谓散光源,就是空间中四面八方且均衡的光源,如头顶四周的光线,这样会照得直播间的每个角落都明亮,有舒适的视觉效果。

(三)主播:选择合适人选

对于主播的选择,可以先大致确定一个名单,然后从多方面观察主播的综合能力,最后选择一个与品牌契合度最好或最实惠、最合适的主播合作。只有选择与品牌匹配度最高的主播,才能使直播营销的效果最大化。可以从表8-1所示几点入手来综合挑选主播的最佳人选。

表8-1 合适主播条件

专业领域	选择与品牌同领域的主播	注重直播的品质,专注精品式的直播内容	因为主播对该领域的产品比较熟悉,介绍产品会更专业,也更有说服力,更容易获得粉丝的信任,转化率更高;同领域主播的粉丝,大多数是对产品有需求或有兴趣的粉丝,有利于转化;如果是跨领域的主播,直播效果可能没有那么好,如卖口红的品牌商却选择科技领域的主播,效果会比选美妆领域的主播直播差
粉丝画像	粉丝画像与品牌用户相匹配	垂直于3C领域,男性用户居多	分析并描绘自身品牌的用户画像;根据品牌需求匹配合适的主播,选择与之合作推广,实现精准定向;品牌要考虑备选主播是否符合产品用户人群心理画像
营销目的	主播要能帮助品牌达到营销目的	达到一定资质可免费开通	直播营销更多是"品牌下沉"的模式,以低价转化拉新为目的的典型操作,大品牌需考虑品牌调性和特征,要考虑把口碑较好的头部主播列入备选范围内;如果是为了解决产品滞销或者只是想增加销售量,那么就可以直接考虑带货量大的主播,因为直播营销从某种意义上来说是一种冲动消费,直播感染力非常重要,优秀的主播通过点燃粉丝购买欲望,使销售快速成交;在同等合作价格中,主播定位越垂直,精准越好,就会有越高的转化率和性价比

(四)语言:运用亲民的讲解词

直播对主播的语言能力要求比较高。主播在直播中通常会用到肢体语言和通用语言,这两方面都有相关的技巧。

▶ 1. 肢体语言

主播需要用丰富的肢体语言来吸引粉丝互动,得当的肢体语言可以传递一些正面的信息和情绪,同时可以让粉丝对主播的印象更加深刻。挥手、大笑、走动、试衣服等,都算肢体语言,肢体语言是需要根据直播内容和主题来定的,是临时做出的一种应景行为,没有统一的标准,主播应该学会随机应变。

▶ 2. 通用语言

主播用语必须简单明了、吐字清晰,让用户听得清,这是直播语言技巧的第一个要求。除了清晰之外,主播声音需要有特色,或甜美,或低沉,要有吸引力与亲和力。此外,说得声情并茂是一回事,能引起共鸣是另外一回事,这需要主播提高朗读的能力。

主播在直播介绍产品的时候一定要从亲民的角度去解说,比如在称呼上有的主播会用大哥、大姐之类的词语去拉近与观众之间的距离。除此之外还可在直播中分享人生经历和感受来引发共鸣,比如卖母婴产品的主播可以讲自己当妈妈的经历,以及那些育儿时难忘的回忆等,这很容易激发观众产生共鸣,因为她既是经历者也是参与者,这样更容易拉近两者之间的距离,粉丝也更愿意为故事买单。直播常用语见表8-2。

表8-2 直播常用语

开场语	"大家晚上好/早上好,欢迎进入某某直播间。这里是分享好货、共享品质的某某直播间"
结束语	"感谢大家的观看,下期内容更精彩"。然后对下期内容进行简单的播报

(五)预热:多方蓄势引关注

直播预热分为前期预热和播前预热。前期预热是指通过微博、微信、短信及店铺等渠道将直播信息传达给观众;播前预热是指在播放前一个小时内预热。直播预热渠道见表8-3。

表8-3 直播预热渠道

预热渠道	预热时间安排	预热内容安排
微博	滚动直播,可采取每日提醒一遍的方式	除了简单的直播信息以外,还可在微博做直播品牌、品类调研,提高粉丝参与度
微信	直播前1~2天	通知微信好友观看直播
店铺	直播前1~3天	客服话术,店铺横幅广告
抖音/快手	直播前1~2天、直播当天	发预告短视频
直播间	直播前1~2天	每天在直播间预热,告知用户直播活动的时间
个人主页及昵称预告	直播前1~3天	在个人昵称、简介处添加直播预告

除此之外,优化直播间的标题和封面也非常关键。标题在10字内,可吸引粉丝点击,如"粉丝专享等你来";封面用长、宽比例为1∶1,能吸引用户的高清方形图。如果是在淘宝店铺直播,可以提前在店铺的显著位置,如首页位置、商品详情页上方的关联位置、店铺的私域流量中、客服对接入口的签名等各个能够触及客户的宣传阵地,露出店铺的淘宝直播的信息。例如"每天18:00—22:00店铺淘宝直播,××品牌与您不见不散!"。当然淘宝直播的时间可以自由调整,一般能长期做淘宝直播的,可以全天候覆盖,如9:00—12:00,14:00—18:00,20:00—24:00,甚至凌晨等时间段都可以安排协调。

播前预热应该以与粉丝娱乐互动为主,可以设计一些营销类型的活动,见表8-4。

表8-4 直播活动方式

活动方式	内容
优惠券	1. 在预热期间,发放1分钟抵10元或者其他金额的优惠券,正式开始直播后下架优惠券链接; 2. 客服根据拍下的优惠券的信息,将优惠券发到顾客的淘宝账号里; 3. 优惠券发放金额与直播产品的特性有关,货值越高,优惠券的金额越高
礼品	赠送小礼品的方式可以多样化: 1. 采用与发放优惠券相似的方案将优惠券替换为小礼品; 2. 回答问题赠送小礼品; 3. 关注微博领取小礼物等
微信	通知粉丝或用户前去围观
短信	通知粉丝或用户前去围观

四、直播技巧

（一）直播开场技巧

无论采用何种直播技巧和套路，目的都是成交。如今直播风潮愈演愈烈，已涉及各行各业。随着年轻一代成为消费主力，构建新型的消费者关系成为品牌新的着力点。深受年轻人喜欢的直播营销是实现这一品牌诉求的最佳方式。但并非所有商家都能面面俱到、抢占销售额。因此，需要掌握以下直播技巧。

▶ 1. 直播的欢迎话术

直播的欢迎话术是每一场直播都不能缺少的。在直播开场时，主播首先需要对来看自己直播的观众表达感谢，如"欢迎各位小伙伴来到我的直播间，喜欢我的话可以先点个关注"等。

▶ 2. 开场节奏很紧密

在直播的开场白中"埋"下一些亮点，通过"留一半、藏一半"的方法，告诉观众，直播间是"有内容"的。而且越到后面，惊喜越多，福利越多，让观众越有所期待。"埋"亮点时可以先介绍整场直播的货品清单，详细介绍其中受关注度较高的产品，告知观众具体的产品上架时间段、优惠力度，提升粉丝的期待值。

▶ 3. 直播场景搭建

看直播的观众所处环境不同，沉浸感也会不同。为了给观众带来更好的体验，主播需要通过话术将不同环境中的观众带入自己设定的直播场景中。那么，如何搭建直播场景呢？主播只需要换位思考，结合直播主题，将大众普遍关注的要点、痛点生动地描述出来即可。例如，今天的直播主题是美妆。针对这个主题，其实有很多观众关心的话题，比如：经常看攻略买口红，钱花了一大堆，却买错口红色号，该怎么解决呢？主播可以教观众在什么场景下使用什么妆容、采用哪种色号口红。

▶ 4. 互动内容吸引观众

可以试着每场直播开头都是"话不多说，我们先来抽一波奖"。奖品一般都是比较热门的产品，如口红、手机等，通过与观众互动，活跃了直播间的氛围。简单、直接又稳定的开场容易增加观众的好感、激发观众的热情，奖品的配置又给人一种"不抽错过一个亿"的感觉，使其继续停留在直播间，保持直播间人数稳定，很快提升直播间的人气；另外，主播与观众的强互动，在活跃直播间气氛的同时，还能让观众参与进来。

（二）直播卖货技巧

▶ 1. 宠粉特惠

宠粉特惠是商家企业品牌方给粉丝的一种特殊福利，也是刺激消费的一种模式，让粉丝在限定的时间里抢购到自己心仪的商品，并且以低价获得，这种胜利感带来更好的消费体验感，直播间里各行各业都使用宠粉特惠的营销方式。中国网财经 2023 年 3 月 20 日讯，海底捞以 3 月周年庆生日月为契机，从 3 月 1 日起开展为期 1 个月的宠粉活动，3 月 17 日—19 日，海底捞在抖音平台开启 320 生日嘉年华官方直播，邀请脱口秀演员围绕《海底捞生日月嘉年华》和用户分享与品牌发生的有趣故事，活动期间官方直播间曝光 1.4 亿，销售破亿，抖音官方直播团购带货榜第一名,成为首个正餐官方直播破亿品牌。

▶ 2. 饥饿营销

"今天限量××单,多的没有,抢完就没有了!"这是经常在直播间里听到的一句话,每次直播限制库存量,抢完就下架,实在不行再加点库存,因此经常形成"每上架一件产品就一抢而空"的状态,消费者在直播间里购物乐此不疲,有"抢到即赚到"的感觉。"饥饿营销"简单来说,就是限量供应产品,营造供不应求的假象,以维护产品形象并维持商品售价和利润率。"饥饿营销"这一营销手段在营销界里分量颇重,大多数人在日常生活消费中也会遇到,如新品限量首发、限量秒杀等。

▶ 3. 现场砍价

砍价,就是通过买卖双方切磋而压低售价,这一招数在各种买卖中数不胜数。砍价营销方式也从线下搬到了线上直播间。主播们可以在直播中增加砍价环节,在优惠价的基础上再砍价,有时商家表现出很为难的样子就会让消费者有占到便宜的真实感,为福利买单。这就是价格差带来的销售优势,主播帮观众砍价,展示活动价格带来的冲击力,从而使观众感受到产品的极高性价比。主播与观众站在同一边对抗商家,极大地提升了观众的参与感,为产品买单的欲望也会随之增强。

▶ 4. 信任背书

所谓信任背书,在营销里可以简单理解为通过有话语权、有影响力的权威人士背书来增强产品或品牌的可信度。现在随便走进一个直播间,我们可以看到自己一直关注的明星或行业 KOL 在卖力带货。由明星来为产品做信任背书,一方面可以利用明星的知名度为直播间聚集人气;另一方面明星为了维护自身口碑形象,在品牌产品的挑选上也会更加严苛,提供给观众的产品都是有保证的。

▶ 5. 亲自试用

观看数百场带货直播后,我们从不同的优秀主播身上看到了相同的做法,即亲自试用。例如,一位时尚类带货主播在直播中自己穿上商品并展示其搭配效果,让观众更直观地感受到商品的质地、款式和舒适度。又例如,一位美食类带货主播会亲自品尝食物,详细描述食材的口感、味道和烹饪方式,让观众更有信心购买。

可见,在所见即所得的当下,直播间的观众不再轻信商家们的花言巧语,而是选择亲眼见证了解产品的真实情况。主播们在直播间里亲自体验所推销的产品,通过镜头向观众展示产品的质地、样式、使用效果等,加之直播无法进行后期剪辑,能够最直观地展示产品的质量,有效地说服观众为产品"种草"。

▶ 6. 超级买赠

超级买赠,就是有买有送,如买一送一、买二赠五等。对于大多数直播间观众来说,占便宜心理并不能触发他们下单,但是可以激发他们加快下单的速度。超级买赠满足了消费者占便宜的心理,赠品越多,销量也就越多。如快手直播平台上的某电商,在直播间出售电动剃须刀,拍一件剃须刀就赠送剃鼻毛器、剃鬓角器、手串、牙膏和牙刷、吊坠、充电宝等各种物品,有的赠品数量甚至高达 12 件。这样的超级买赠营销方式,为品牌商创下剃须刀日销量过万单的好成绩。

> **课堂实战**
>
> 你还能总结出哪些直播小技巧呢？请分享你的观点。

(三) 直播收尾技巧

▶ 1. 对产品概括总结，促进销售转化

对产品的概括性总结，可促进少量库存产品的进一步销售转化，将流量引至销售平台（官网或网店），促进购买与转化。通常在直播间一直观看到结束的观众，对直播或者主播都比较感兴趣，对于这部分观众，主播可以扮演售前顾问的角色，在结尾时对产品进行概括性总结，让观众形成记忆点，进一步引导观众购买产品。

▶ 2. 引导观众关注

在直播快结束的时候，主播要感谢观众的支持，夸赞他们积极活跃的表现，如果能喊出具体的观众名字，效果会更好。另外要引导观众加入粉丝群，下次直播时自动提醒，如"今天的直播就到这里了，喜欢我的朋友可以加入我的粉丝群，直播前我会在群里告诉大家的"，做好粉丝维护，还要引起新观众的关注，吸引更多的流量，增强粉丝黏性，将"流量"变成"留量"，将公域流量转化为私域流量。

▶ 3. 对下一场直播的预告

对下一场直播的时间、产品、奖品预告应该在直播观看人数最多时宣布，同样在直播结束时也需要再次提醒观众，多次重复能形成记忆点，引导观众关注下一场直播，为下一场直播做铺垫。

▶ 4. 与观众聊天互动

主播可以和观众聊天，要跟产品产生一些关联和记忆点，还可以聊聊个人的感情、生活、兴趣等，发掘自身的优点，放大能吸引人、有辨识度的特点，有利于主播塑造人设，更容易被记住。让观众在潜意识中为你贴上标签，增强观众的黏性，为下一场直播打好基础。

五、提高直播商品点击率

一场直播中，如果观众只关注主播，而主播未引导更多的观众进入商品详情页，那就不可能促成更多的转化和成交，所以需要让更多的人进入商品详情页，提高直播间的商品点击率。

(一) 实时讲解和查看商品两不误

在一般情况下，用户需要单击打开直播间页面的购物袋，才能看到商品，所以主播在讲解商品的同时继续上商品链接。主播在讲解时后台可以中控配合，在直播页面弹出产品链接，引导用户单击商品链接，让用户更方便、更直观地了解商品的性能。

(二) 发放限量优惠券

主播设置商品链接，并在直播间讲解商品时发放限量优惠券，该优惠券，观众只有在这个直播间购买才生效，再适当营造抢购氛围，通过倒计时，提醒观众即将停止发放优惠券。这样做，一方面可以调动直播间的气氛，提升直播间热度；另一方面有利于粉丝点击商品页面，粉丝的专属利益同样能够刺激他们转化，促进成交。

（三）多渠道展示直播

直播展示的商品是有限的，直播时不仅要让观众点击商品详情页、购买直播中出现的商品，还要引导观众进入店铺、了解店铺，查看并购买商品，培养忠诚度。所以直播时可以通过设置直播互动、直播装修、直播设置中的客服、评论等来引导关注店铺和直播账号，结合直播发放福利。

六、结合数据复盘直播

结合数据进行复盘，目的就是查漏补缺。打造一款爆品需要一次次尝试、总结经验。如何打造爆款，需要合适的选品、推广引流、刺激促销等各方面的配合，需要每次直播后的复盘。

（一）复盘直播的内容

（1）回顾目标，对比分析。根据策划方案来反复回顾直播，分析直播过程中有没有遗漏的地方，通过数据查看粉丝量是否有增加、产品销量是否有增长，清晰了解整个直播过程中的得失。

（2）分析原因，评估结果。根据直播前制订的计划查看直播结束后有没有达到预期的效果，如观看直播时长、粉丝停留时长、增粉数、互动数等数据是否达到预期要求，分析直播有没有吸引粉丝、粉丝留存率有没有达到预期目标。

（3）发现规律，复制技巧。从原有分析中总结经验，吸取成功经验，了解成败的关键原因。复盘后寻找规律，总结经验，保留成功的模式，复制技巧。如观众喜欢的话题、观众对你的期待等，可以放在下一场直播中讲，逐渐形成自己的直播风格。同样，应避免再犯在直播过程中的错误。

（4）复盘本场直播，设定下一场直播的目标。通过对本场直播进行复盘，设定下一场直播的目标，观察同行，通过同行或者业内的第三方数据工具，如飞瓜数据、蝉妈妈等，以及一些直播平台的商品排行榜、带货数据等，分析同行情况，设定直播的初始目标。

（二）复盘直播节奏

通过上一场直播的数据分析结果，如观众对哪类产品的活跃度较高较低、哪一个产品时长的增加导致了粉丝活跃度下降等，对下一场直播产品的时长、布置进行规划，在直播中严格执行。

直播控场可分四个阶段：吸引粉丝、缓解疲劳、刺激促销、留下悬念。直播结束后的复盘，通过查看流量的分布，掌握直播节奏的把控情况。在吸引粉丝阶段，也就是直播开始时，需要充足的流量，后面才有可能带货，需要考虑怎样吸引流量，是进行前期预热宣传，还是通过标题封面引人进入直播间。在缓解疲劳阶段，若一场直播的时间太长，主播和粉丝都会随着时间的流逝变得疲劳，比如在直播后的一个半小时或两个小时的时候，流量相对较低，粉丝数、互动量下降，这时应该安排一个抽奖环节或者讲笑话来活跃气氛，增加娱乐属性让观众活跃起来。在刺激促销阶段，找出活跃度高、观看人数多的时间（通过互动量、点赞数等判断），推出策划好的促销活动及推荐优质款，这样会提升直播间的转化。在最后的留下悬念阶段，很多主播是等到粉丝少的时候下播，其实这样做不合适，直播间的数据是实时变化的，在即将结束的时候,可以推出悬念预告,吸引观众下次继续观看。

(三) 复盘商品订单情况

电商直播目的是卖货,商品的品类、价格会直接影响观众是否愿意购买和商品的销售量。所以复盘商品订单情况很重要,通过对商品点击数、订单等数据进行分析,调整下一场直播选择的商品种类。通过数据可以直观看出哪个品类、哪个品牌的商品销量好,哪种商品的销量不佳,发现问题所在,找到优化方案。直播中商品的销量一般会有以下三种情况。

(1) 供不应求。供不应求的商品,就是在直播中的销量大、销售快的爆款。通过原始库存和剩余库存的对比,找出对应爆款,进行录屏。在复盘会议中,分析出现爆款是因为主播的控场能力好还是商品好。清楚形成爆款的原因后,为其他商品的销售提供借鉴。对于此款爆款商品,还要考虑如何维持其热潮,持续长时间的销售转化。

(2) 供需平衡。直播结束,当商品仅剩少量时,说明离爆款仅差一步,需要借鉴爆款的经验,优化销售方案。

(3) 供过于求。直播结束,当商品的剩余库存和原始库存相差无几时,就要考虑是商品的优惠力度不吸引受众,还是直播的受众不是该商品的目标人群。如果受众和目标人群不匹配,那应不应该撤掉该类型的商品?有些新品上直播间,更多是为增加品牌的曝光,进行新品宣传、增加热度,销量不是主要目标。

(四) 复盘粉丝喜欢的促销活动

直播促销其实是一种沟通活动,即主播发出刺激消费的各种信息,把信息传递给一个或更多的目标对象,以影响其态度和行为,从而直接增加粉丝数和提高转化率。每场直播中各式各样的促销活动总是观众最期待的环节。每一种促销活动总能带来不同的直播反馈,复盘这些促销活动带来的数据,可以洞察哪种促销活动的转化率最高、消费者对哪种促销活动最感兴趣,并根据这些数据,对下一场直播的促销活动设置做进一步改善。

直播促销活动可谓五花八门,图 8-4 展示了常见的直播带货八大促销活动类型。

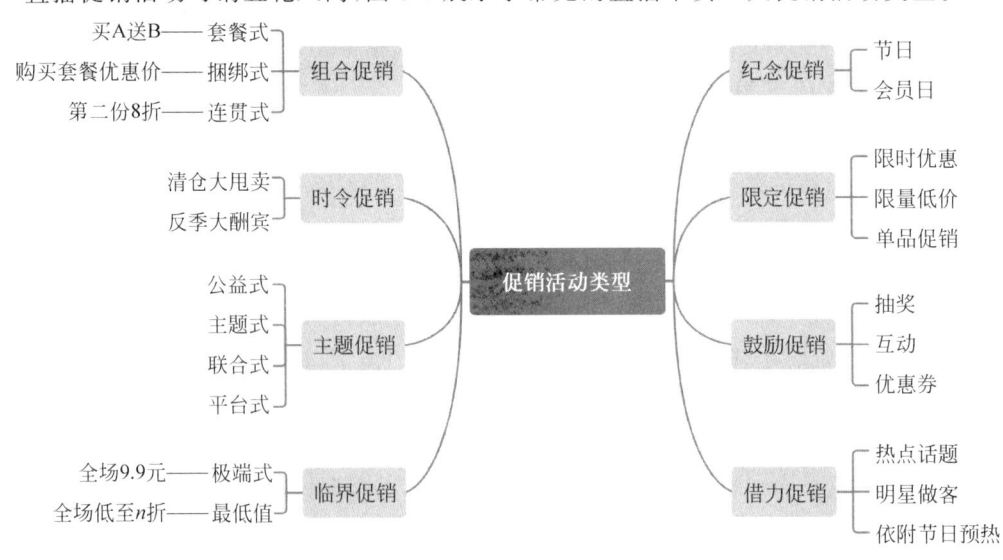

图 8-4 促销活动类型

如何根据直播数据评判直播促销效果的好坏呢？可以借助成交额转化过程中促销活动的数据反馈。比如，商家在一次直播中采用的第一个促销类型是奖励促销中的放出500张优惠券，这500张优惠券被用户领取之后，实际上有多少张转化为成交订单，统计这个数据就可以显示出优惠券的促销效果如何。

> 扩展阅读8-2　2022年美妆短视频及直播电商报告

人文素养训练

党员干部直播带货要答好"规范题"

近年来，随着网络直播的兴起，越来越多的党员干部也加入"直播带货"的行列，为当地农产品代言推销。这一现象既展现了新时代干部群众关系的新变化，也引发了人们对党员干部直播带货的思考。

党员干部直播带货的火爆背后，是人民群众对政府公信力的坚定支持。为了避免透支这份信任，党员干部在直播带货时必须坚守适度原则，确保本职工作不受影响；同时，还要树立正确的政绩观，摒弃形式主义的"官僚气"，真正为民服务，让网络营销成为推动产业发展和群众增收的新动力。

在直播带货的过程中，党员干部要慎重而为，把好思想意识关。要始终保持清醒的头脑，明确直播带货的目的是解决农产品滞销问题，而不是追求个人名利；同时，还要立足当地实际，深入了解农产品生产和销售情况，确保直播内容真实可信。走出直播间后，党员干部更要继续关注农业发展问题，思考如何实现产业的可持续发展，为乡村振兴贡献自己的力量。

产品质量是直播带货的生命线。党员干部在直播带货时，必须以自身形象为担保，严守产品质量关。要坚决杜绝假冒伪劣产品和低质量产品，确保消费者购买到安全、可靠、优质的农产品。为了实现这一目标，党员干部需要积极参与产品质量监管工作，从生产、采收到销售、物流等各个环节进行严格把控；同时，还要充分利用互联网平台的信息优势，对市场需求变化作出及时反应，满足消费者的多样化需求。

在直播带货的过程中，党员干部还要守住底线，把好纪律规矩关。要时刻牢记自己的身份和职责，严格遵守相关法律法规和规定。在直播带货时，不能随意接受企业邀请或参与相关营销活动，以免损害政府形象和公信力。同时，各级党委、政府也要加强对党员干部直播带货活动的监督管理，建立健全、科学的绩效考核评价机制，确保直播带货活动健康、有序发展。

总之，党员干部直播带货是一种创新的服务方式，为推动地方经济发展注入了新动力。然而，在享受直播带货带来的红利时，更要保持冷静、理性的思考，不断完善相关制度和规定，确保直播带货活动在法治化、规范化的轨道上健康发展。只有这样，才能推进乡村振兴，让更多优质农产品被看见。

资料来源：宁实平. 党员干部直播带货要答好"规范题"[EB/OL]. (2024-02-04). http://www.nnnews.net/pinglun/p/3193186.html.

第四节　直播营销成功案例

案例一　vivo X100 系列来啦！联合"好好生活节"开辟生活营销新场景

一、营销背景

对很多都市白领来说，闲暇时光很奢侈，而好好生活更成为一种奢望；努力工作是为了更好地生活，却一次次在匆忙追逐中与好好生活擦肩而过。抖音生活服务"好好生活节"和 vivo X100 系列深度合作，充分调动线上线下全场景玩法、资源，联合场景营销玩法，并延伸站外多端，打造落日生活场景和风潮。以"落日最美时间只有 8 分钟"为话题，在线上联动众多明星达人，通过物料释出、话题打造等，营造享受落日生活氛围，充分调动用户对好好生活的向往；在线下打造多元特色体验场景及创新玩法，让用户在记录美好的互动中，感受落日生活的自由和治愈，并自发地将这种生活态度带进真实生活，如图 8-5 所示。

图 8-5　落日 8 分钟

二、营销过程

通过明星和达人使用产品记录分享等线上话题打造，用户使用产品定格落日风景等线下玩法设计，将 vivo X100 系列产品的性能展示自然融入活动中，让用户能够主动体验产品、了解产品，为产品和用户的接触建立了畅通的路径。在"种草"产品的同时，抖音生活服务"好好生活节"与 vivo X100 系列以"落日"为关键词，串联"好好生活"的主题，通过深度互动、情绪物料、关联场景，持续夯实"落日的最美时刻只有 8 分钟，但是落日生活不止 8 分钟"的情绪理念，为每个人的好好生活提供情绪价值，实现对落日生活方式的深度"种草"。

三、营销效果

随着"落日式社交"开启，抖音话题#西湖的落日 8 分钟美到哭最高登至全国榜 TOP5、杭州榜 TOP1，在浙江多个城市（宁波、温州、嘉兴、金华）登上同城榜单前十；#收集人间落日 8 分钟冲上种草榜 TOP10，吸引了用户的踊跃参与，全民任务超级话题#8 分钟落日人间超 9.1 亿次播放。此次活动从线上到线下的全方位整合资源，依靠平台、明星、达人、商家和品牌的深度联动，开辟了"落日生活"这一独特的情绪营销场景，以"好好生活"为情绪出口，vivo 品牌与用户之间建立了深度情感连接。抖音#好好生活节主话题播放高达 118.7 亿次，卷入站外 290.3 万的关注，以抖音为核心的多端矩阵传播，为 vivo X100 系列的发售带来了充足流量爆点，整体 vivo X100 系列品牌新机热度高达 15.7 亿次播放，如图 8-6 所示。

图 8-6　杭州榜 TOP1

四、营销特点

（一）明星、达人造热话题，玩爆互动流量

依托明星势能，vivo X100 系列联动和平台用户深度绑定的明星博主，借助其在平台扎实的粉丝基础，让活动扩散至更多目标人群。用 vivo X100 系列的"长焦悬日"功能记录所在城市的落日景色，并分享各自解压放松的落日生活方式。无论是"早 C 晚 A"，还是竞争压力，都在这场与落日的奔赴中被暂时消解。以暖心治愈方式释放出 vivo X100 系列新品核心利益点的同时，也有效唤醒了用户、粉丝们好好生活的情绪，持续助推"落日 8 分钟"活动的加速破圈传播。

同时，vivo X100 采用"超头达人＋多类型达人"的短视频铺排策略，开启一场隔空"落日式社交"狂欢。其他颜值、情侣、拍照、旅行等多个类型达人，也通过 vivo X100 系列的"长焦悬日"拍摄，让更多人看见落日人间的美好，分享各自在落日陪伴下的拍照、散步、吃喝玩乐的治愈瞬间。

（二）营造落日生活氛围，触发情绪共鸣

如何让用户产生实际行动，参与到追寻、记录落日生活中呢？抖音生活服务"好好生活节"和 vivo X100 系列选择以"氛围"作为"情绪扳手"，通过营造和场景强相关的落日生活氛围，让用户置身于落日的舒适场景，调动用户去活动现场开启好好生活的热情。

推出"落日邀请函"系列海报,融合了橘色的落日投影灯和吃喝玩等具象生活场景,营造了满满的落日生活氛围;辅以精准洞察都市白领痛点的走心文案,对"好的""没事""online"等忙碌时刻出现的高频词作出新解读,直击用户各种忙碌场景痛点,让用户更准确地接收到"好好生活"的邀请,并跟随"好好生活"的信号走出高压、不愉快的生活工作场景,去往餐厅、酒馆、live演出等解压场所,以及"落日8分钟"的活动现场。

(三)落日生活玩到尽兴,深植品牌记忆

"现代营销学之父"菲利普·科特勒(Philip Kotler)曾说:以商品为载体,为消费者构建优质的场景并引导其体验,能更好激发用户情感共鸣,从而为其留下独具特色的产品或品牌印象。在"落日8分钟"的活动现场,vivo X100系列聚焦落日生活,打造"拍落日""看落日""喝落日""听落日"四个特色区域。通过具象化呈现用户情绪,开辟情绪营销场景,并以丰富玩法、达人参与、走心物料撬动vivo X100系列产品体验,为用户创造温馨治愈的品牌记忆,将"好好生活不止8分钟"的理念深植用户心中。

案例二　官栈在微信视频号打造公私域联动的生态系统,开辟拓新渠道

一、营销背景

古时官家贡品,今日官栈出品。一直以来,官栈秉持初心,致力于让古代只有国内外贵宾能吃的食材,在今日走进寻常百姓家,变成人人可享用的消费品。作为广州本土崛起的滋补科技品牌,官栈以即食花胶、鲜炖花胶为主打产品,在中式新滋补赛道上取得了不俗的成绩。而在不断突破发展的过程中,官栈也希望触达更广泛的滋补需求受众,拓展获客渠道,并深耕长期经营,助力销售的持续增长。

二、营销过程

官栈在微信视频号完成新的突破——以微信视频号为中心构建公私域联动的生态,在新流量池开辟拉新通道。作为首批进驻微信视频号的滋补品牌客户,官栈积极测试直播付费引流,成功占据先发红利,打造高客单直播间标杆,如图8-7所示。

三、营销效果

从品牌角度分析,官栈作为抖音电商会员产品运营标杆商家,2022年招募会员超过33万,年度LTV(life time value,客户终身价值)同比提升20%多。在2022年9月12日—18日的新一期"抖音新锐发布"活动中,官栈一周内销售额达到了622万元。同年在抖音电商官方的建议下,活动期间,官栈和

图8-7　官栈直播营销

"稻草放毒"合作了一场专场直播,6个小时的直播期间,交易额达到了100万元。

官栈品牌在微信视频号营销中的成功经验为其他品牌树立了一个充满创新和活力的范本。通过巧妙整合各个方面的资源,展现了在数字化时代成功运营品牌所需的全方位能力,更突出了打通公域、私域流量为品牌销售带来的强劲助力。

四、营销特点

（一）探索高价值新用户

微信视频号汇聚着一批关注健康、对滋补食品有着浓厚兴趣的受众,他们有较为充裕的时间和收入去最追求健康品质的生活,同时乐于"种草"好物,而且电商购物较少。官栈以微信视频号为阵地去触达这类优质用户,通过短视频、分品类直播间、私域运营和达人互选等多个板块布局,率先构建一个完整的微信闭环链路。这一公私域联动的战略使品牌能够更全面、深入地与用户互动,了解用户需求,从而实现更长远的服务和价值挖掘。

（二）精细化客群运营

随着对用户需求的加深,精细化运营是品牌必经之路。同样是滋补炖品,有些用户目的在于滋养,有的在于代餐。针对不同的用户需求,官栈巧妙运用精细化直播间运营,开设了不同主题、不同货组的直播间,深度服务"高价值妈妈人群"和"喜好轻食的年轻白领"。这种差异化的产品和销售思路使品牌能够更全面地满足不同人群的需求,提高直播间的效益。

（三）付费流撬动高客单转化

滋补食品本身有一定的价格门槛,品牌在海量的流量中需要不断寻找目标客群。官栈作为首批开展ADQ（精准投放资质）投流的品牌,采取短视频feeds引流直播间方式,前端用丰富多样的短视频内容"种草",筛选意向用户进入直播间,再进行深度讲解,实现高客单转化。

（四）合适的私域模式

一个优质的营销闭环一定离不开完善的售后服务。基于滋补品类特性,官栈吸引售后客户添加企业微信、分享产品用法等,将客户沉淀私域二次运营。这种深度服务提升了客户的黏性,更在后续实现了超高客单的复购。这为官栈品牌创造了长期稳健的收益,展现了其在微信视频号平台上运营的深度思考和长远眼光。

人文素养训练

广州工商学院与YY直播共建数字营销实践教学基地

欢聚集团一直以改变人们的沟通方式为使命,用信息技术还原人们最原始的沟通方式。通过YY语音、多玩游戏网、YY LIVE、欢聚游戏、YY教育、虎牙直播等平台,运用文本、语音、视频等综合手段进行沟通,引领富集通讯的前行发展。2009年,YY语音同时在线用户破200万;2024年,欢聚集团全球平均移动月活跃用户数为2.752亿。[1]"守正,出奇,简单,迅猛",欢聚集团一直在用自己的方式前进,不断革新技术,开创并且引领富集通讯的前行发展。

---

[1] 欢聚集团二季度净利润环比增长.完成管理层更新换代[EB/OL].（2024-08-29）.https://k.sina.cn/article_1644114654_61ff32de02001uhea.html%EF%BC%89.

> 　　欢聚集团2005年成立于羊城广州,针对战略部署同时设立珠海分公司、北京分公司、上海分公司,凭借广州地区得天独厚的人才资源以及政策扶持,飞速发展成为行业龙头企业。2024年欢聚集团员工超过7 000人,在全球30个国家和地区设立了办公室。欢聚集团注重科技创新,专利申请量和授权量均处于行业领先地位。[①] 总部由YY语音、多玩游戏网、YY LIVE、欢聚游戏、YY教育、虎牙直播等核心业务团队以及集团职能部门组成。
> 　　广州工商学院商学院是YY数字营销学院实践教学基地(以下简称"实践基地")建设的主体和第一责任人,根据单位专业发展规模,制订示范性实践基地规划,充分发挥自身的专业优势、校友优势、师生优势,有计划、有目的、有步骤地开展实践基地建设工作。广州工商学院商学院与欢聚集团广州分公司的合作始于2020年,在各专业和广州大区广州分公司双方领导的关怀与支持下,双方举办了多种形式的合作活动。
> 　　(1) 欢聚集团多次派遣相关专家和技术骨干到市场营销、跨境电商专业进行交流。
> 　　(2) 市场营销专业李润发老师、跨境电商专业余晓勤老师已经与该公司达成很好的合作关系。
> 　　(3) 每年均有推荐教师和学生参加企业相关顶岗与实习工作。
> 　　(4) 欢聚集团相关营销课程和案例已经被多名教师采用,并在"新媒体营销""内容营销""新媒体广告设计"等相关课程中得以实践。
> 　　资料来源:广州工商学院官方网站 https://www.gzgs.edu.cn/.

本章小结

　　本章包括直播营销概述、直播平台探析、直播营销技巧及直播营销成功案例等方面。

　　直播营销是"直播+电商"的营销模式,引流客户最大化地转化和促成销售,具有实时互动性、创造真实体验、增强品牌互动性、提升品牌影响力、数据分析和优化等特点。

　　直播平台介绍了十大品牌,包括抖音直播、快手直播、淘宝直播、哔哩哔哩、虎牙直播、斗鱼、小红书、YY直播、CC直播、花椒直播。各大平台均有其特点及优势。

　　直播营销技巧介绍了如何选好直播平台、选择直播间产品、直播准备,以及直播技巧(包括直播开场技巧、直播卖货技巧、直播收尾技巧)、提高直播商品点击率、结合数据复盘直播。

想一想、练一练

　　对于大多数用户来说,去现场观看时装周并不是一个非常现实的想法,需要花费高昂的费用、漫长的时间并经历长途的奔波。而"直播+时尚"却跨界成功,并能得到大多数人的认可。请分析"直播+时尚"跨界成功的原因。

---

① 欢聚集团招聘官网 https://app.mokahr.com/apply/hjsd/48#/.

即测即练

第九章　视频与音频营销

知识目标

1. 理解视频营销的概念、特点及形式；
2. 熟悉常见的视频平台，理解各平台的特点；
3. 掌握视频号注册和维护要点，理解视频创作与拍摄要点和视频效果监测指标；
4. 了解音频产业发展趋势，理解音频营销概念、营销方式。

能力目标

1. 会分析视频营销环境，能够策划视频营销活动；
2. 熟悉常见的视频营销平台，并根据营销目标、目标受众媒体偏好选择合适的视频平台；
3. 熟悉两个或以上视频平台的注册、登录、视频发布与管理流程，能够发布原创营销视频，并监测营销效果；
4. 能够在常见的音频平台注册、发布和管理营销音频。

素质目标

1. 培养学生团队合作精神、创新精神及动手操作能力；
2. 增强道德意识和法治意识，遵守平台规则和有关法律规定、道德准则，确保视频、音频营销活动合规。

开篇案例

2021金旗奖获奖案例：安踏东京奥运会整合营销

项目目标：深化#爱运动 中国有安踏#主题，以绝对C位形象实现消费者心目中"代表中国"的心智占有。

项目策划：以"奥运规律为线索"寻找品牌链接公众的情感共鸣之匙——关注度峰值、国民向心力顶点。

1. 传播核心价值：#爱运动 中国有安踏#。在中国与奥运相关的每个角落与时刻，在每个热爱运动的中国人身边。

2. 传播目的：提升品牌认知——安踏科技助力中国奥运健儿。吸引注意力——穿安踏国家队同款为中国加油。深化#爱运动 中国有安踏#主题。以绝对 C 位形象实现消费者心目中"代表中国"的心智占有。

3. 事件规划：安踏签约游泳队；安踏东京奥运会冠军龙服发布会；东京奥运代表团出征；东京奥运会赛时快反。

4. 媒介策略：以安踏奥运科技为传播核心，筛选以科技类为核心，营销、财经、新闻类为辅的媒体资源，涵盖视频、图文、文稿、条漫多类型账号，覆盖包括电视、抖音、B 站、微信在内的多类型传播平台。

5. 传播规划：将整个传播周期按内容类型进行划分：核心媒体合作、科技视频线、科技图文线、原创视频线、营销复盘线。

项目评估：

1. 东京奥运会冠军龙服发布会获得多家媒体关注及报道，其中包含新华社、新闻联播等主流媒体。

2. 东京奥运会期间，安踏赞助队伍斩获 14 金、36 枚奖牌，奥运装备科技主线传播曝光量破 19.9 亿。

3. 安踏奥运装备科技 1.0、2.0 系列短片，借势安踏赞助运动员热点比赛释出，热度高涨，曝光 5.2 亿，互动 53.8 万以上。

4. B 站、抖音大号原创视频解读安踏奥运装备科技，成功揽获 5 481 多万曝光，256.7 万以上互动量。

5. 内容引发广泛自主传播，主流媒体争相转载，喜提热搜，全网粉丝热议，收获好评如潮。

扫描以下二维码，了解安踏东京奥运会整合营销项目详情。

资料来源：2021 金旗奖获奖案例：安踏东京奥运会整合营销[EB/OL].（2021-11-18）. https://www.17pr.com/news/detail/205515.html.

思考：

（1）安踏的视频在哪些视频平台发布比较合适？为什么？

（2）看完视频后，评价"安踏东京奥运会整合营销"项目效果，如果由你来策划项目，你会有什么创意？

视频 9-1 爱运动 中国有安踏

第一节 视频营销概述

一、视频及视频营销的概念

（一）视频的概念

视频泛指将一系列静态影像以电信号的方式加以捕捉、记录、处理、储存、传送与重现的各种技术。连续的图像变化每秒超过 24 帧（frame）时，根据视觉暂留原理，人眼无法辨别单幅的静态画面，看上去是平滑连续的效果，这样连续的画面叫作视频。视频技术最早是为了电视系统而发展的，但现已发展为各种不同的格式以利消费者将视频记录下来。网络技术的发达也促使视频的纪录片段以串流媒体的形式存在于互联网之上并可被电脑接收与播放。

严格地说,视频与电影属于不同的技术,后者是利用照相术将动态的影像捕捉为一系列静态的照片。本书所指的视频是广义的视频,将电影也列入视频之类。视频的种类非常丰富,可以根据不同的标准和内容进行分类。以下是一些常见的视频种类。

(1) 电影。长片电影,通常在电影院上映,也可以是短片电影,用于电影节、广告等。

(2) 电视剧。其包括连续剧、系列剧、迷你剧等,通常在电视台或在线流媒体平台上播放。

(3) 纪录片。其是指以真实事件或人物为基础的影片,旨在提供信息、启示或娱乐。

(4) 动画片。其是指通过二维或三维图像技术创建的影片。

(5) 综艺节目。其包括真人秀、脱口秀、访谈节目、游戏节目等,通常以娱乐和娱乐信息为主要内容。

(6) 广告。其是指用于推广产品或服务的短片,通常在电视、电影、互联网等媒体上播放。

(7) 教学视频。其是指用于教学目的的视频,可以是技能培训、语言学习、科学普及等。

(8) MV(音乐视频)。其是指以音乐为主题,配合音乐节奏和歌词内容的短片。

(9) 网络视频。其是指在互联网上发布的任何类型的视频,包括用户自制的短视频、社交媒体分享的视频等。

(10) 直播视频。其是指实时拍摄并播放的视频,如新闻直播、体育比赛直播、网络直播等。

视频格式是指视频文件所采用的特定编码方式或压缩方式,常见的视频格式有 AVI、MP4、MKV、MOV、RMVB,其他格式如 FLV、VOB、ASF 等。不同的视频格式各有优缺点,选择哪种格式取决于具体的应用场景和需求。

(二) 视频营销的概念

视频营销是基于互联网视频展开的营销活动。在新媒体时代,可从以下几点理解视频营销。

首先,视频营销基于互联网视频,特别是移动互联网视频。通过互联网的传播,视频播放突破了传统电视广告的时间限制,消费者可以在任何时候观看视频。

其次,视频营销的主要任务是通过视频向消费者传达促销信息,从而宣传企业品牌、产品及服务,激发消费意愿。

最后,与传统的电视广告相比,视频营销更加注重视频本身能给受众带来的价值。传统的电视广告有一定的强制性,只要看电视就难免要接触视频。而互联网时代,广告爆炸已经让消费者对广告产生了厌恶感,被广告轰炸的受众对纯广告的视频产生了天然的排斥感。因此,视频本身给消费者带来价值,广告巧妙地融入视频显得尤为重要,事关广告的传播效果(图 9-1)。

二、短视频营销

《中国网络视听发展研究报告(2024)》指出,短视频直播在赋能电商、文旅发展方面表现突出。71.2%的用户因观看短视频/直播购买过商品;40.3%的用户认同"短视频/直播已成为我的主要消费渠道";44.4%的用户经常收看旅游/风景类短视频,较 2022 年(28.1%)提升了 16.3 个百分点;27.9%的用户"会因为看短视频/直播去某地旅游"。

图 9-1　爱奇艺视频插入的广告

（一）短视频的定义

视频需要通过网络平台发布，少数企业可以自建网站并推广，在自有网络平台推广视频。大部分企业并无能力自建平台推广视频。因此，须寻找合适的平台推广视频，以带动视频营销的效果。通常而言，平台根据发布视频时间的长短，可分为短视频平台和长视频平台。关于短视频和长视频的分类标准，并无统一的说法。王晓红等认为短视频主要指的是时长在 10 分钟以内，以 UGC 和 PGC 为主要生产方式，以客户端、网站或社交媒体为主要传播渠道的视频表达形式。根据其内容差异，本书将短视频主要分为资讯类、综合类和社交类。刘磊将视频分为短视频、中视频和长视频，认为 5 分钟以下是短视频，30 分钟以上是长视频，未涉及的部分留给中视频。中视频为时长通常在 5~30 分钟的视频，是短视频时代下的衍生新品，是被"拉长的短视频"。本书认为 10 分钟以下为短视频，超过 10 分钟的为长视频。

（二）短视频营销的特点

短视频营销的特点主要包括以下几个方面。

（1）短小精悍。短视频的时长通常在几十秒到几分钟之间，内容精简、紧凑，能够快速吸引受众的注意力，并在短时间内传达品牌的核心信息。这种特点使企业能够更好地展示自己的产品和服务，让消费者迅速了解企业的特点和优势。

（2）视觉冲击力强。短视频营销以图像和声音为主要传播方式，具有强烈的视觉冲击力和感染力，能够有效地吸引受众的眼球，激发他们的情感共鸣。这种强烈的视觉冲击有助于加深观众对品牌的印象。

（3）内容多样化。短视频营销可以涵盖各种类型的内容，从娱乐、搞笑到实用、教育，从产品展示到用户体验分享,多样化的内容能够满足不同受众的需求,提高品牌的曝光度和认知度。企业可以根据自身品牌特点和受众喜好,选择适合的内容类型和风格进行创作。

(4) 互动性强。短视频营销能够通过评论、点赞、分享等方式与受众进行互动,增强受众的参与感和黏性,同时能够及时收集用户反馈,为品牌提供有价值的数据和信息。这种互动性有助于建立品牌与受众之间的紧密联系和信任关系。

(5) 时效性强和传播速度快。短视频营销具有时效性强和传播速度快的特点,能够在短时间内将品牌信息传播给大量受众,提升品牌的曝光度和传播效果。企业可以抓住热点事件或节日等时机,制作相关主题的短视频进行营销,以吸引更多关注和流量。

(三) 短视频广告类型

短视频广告是一种在短视频平台上投放的广告形式,通常包括以下几种类型。

(1) 原生广告。这种广告与短视频平台的内容融为一体,看起来就像平台上的普通视频一样。它们通常以故事的形式展现,使用户在观看过程中不会感到明显的广告干扰。

(2) 开屏广告。这是用户打开短视频应用时首先看到的广告。由于其占据了用户的第一视觉焦点,因此通常具有较高的曝光率。

(3) 信息流广告。信息流广告是嵌入短视频流中的广告,它们通常与用户生成的内容混合在一起,以图文、视频等形式展现。由于它们与平台内容融为一体,因此用户可能不容易察觉到它们是广告。

(4) 植入式广告。这种广告形式将品牌或产品自然地融入短视频内容中,如角色使用的道具、背景中的标识等。它们通常以创意和巧妙的方式呈现,以吸引用户的注意力。

(5) 定制广告。定制广告是根据特定品牌或产品的需求量身定制的广告。它们可以根据品牌或产品的特点,以独特的方式展现,从而吸引目标受众的注意力。

总的来说,短视频广告具有多种类型,每种类型都有其独特的特点和适用场景。广告主可以根据自己的需求和目标受众的特点选择合适的广告类型。

课后实践

1. 登录三个短视频平台,每个平台找出 5 个广告视频或插入广告的视频,判断属于什么类型的视频广告。

2. 三五个同学上微信朋友圈,从最新的朋友圈信息开始往下翻,并找出 5 条广告类视频,看看不同微信号视频广告的主题、内容的差异,并讨论具体原因。

三、长视频营销

(一) 长视频营销的特点

长视频营销,就是运用网络长视频开展营销活动。在碎片化时代,短视频受到追捧。但长视频有其独特性,是不能完全被短视频替代的。长视频营销的特点主要体现在以下几个方面。

(1) 深度内容展示。长视频提供了足够长的时间来详细展示产品或服务。这种深度展示有助于观众全面理解产品的功能、优点和使用方法,从而作出更明智的购买决策。

(2) 故事性强。长视频通常包含丰富的故事情节,能够吸引观众的注意力,并使他们产生共鸣。这种故事性可以帮助品牌建立与观众的情感连接,增强品牌影响力。

（3）互动性强。长视频可以包含更多的互动元素，如问答、投票、评论等，使观众能够更积极地参与进来。这种互动性不仅提高了观众的参与感，还有助于收集观众反馈，优化营销策略。

（4）高转化率。由于长视频提供了充足的信息和深度内容展示，观众在观看后更容易产生购买欲望。此外，长视频还可以结合其他营销策略，如优惠券、限时折扣等，进一步提高转化率。

（5）建立品牌形象。长视频营销为品牌提供了展示其价值观和理念的机会。通过讲述品牌故事、展示品牌文化等方式，长视频有助于塑造独特的品牌形象，增强消费者对品牌的认知和信任。

（6）易于分享传播。长视频往往具有较高的观看价值和娱乐性，容易被观众分享到社交媒体平台。这种分享传播有助于扩大品牌的曝光度和影响力，吸引更多潜在客户。

2023年，中央电视台推出了"品牌强国之路"系列视频，起到了推广中国品牌、展现我国品牌风采的作用。视频深度展示中国品牌的风采，丰富的情节吸引观众的注意力并使其产生共鸣。视频注重互动与传播，下有评论区供观众评论，可收藏、点赞，还能分享到微博、微信、QQ等主流社交媒体。视频《Haier：科技让生活更美好》展示了海尔的系列创新产品，突出了海尔以科技创新打造美好生活的追求。

（二）长视频营销策略

（1）明确目标受众。运营者需要明确自己的目标受众是谁。了解他们的特点、需求和喜好，可以帮助自己制作出更符合受众需求的视频内容。

（2）制定营销策略。确定自己的营销目标，如提高品牌知名度、提高销售额等。然后，根据目标受众和营销目标，制定具体的营销策略，如选择视频内容、发布渠道、发布时间等。

（3）制作高质量的视频内容。长视频营销的核心是视频内容。运营者需要制作高质量、有趣、有吸引力的视频内容，才能吸引观众并留住他们的注意力。在视频制作过程中，注意画面清晰、音质良好、剪辑流畅等细节。

（4）进行视频SEO。为了让更多的人找到自己的视频，运营者需要进行视频SEO，包括选择合适的关键词、编写有吸引力的标题和描述、设置合适的标签等。

（5）利用社交媒体推广。社交媒体是长视频营销的重要渠道之一。运营者可以将视频发布到各大社交媒体平台，如抖音、快手、B站等，通过分享、转发等方式增加视频的曝光量。

（6）与观众互动。在视频发布后，运营者需及时回应观众的评论和反馈，与他们建立良好的互动关系。这不仅可以增强观众的忠诚度，还可以为运营者提供宝贵的反馈和建议，帮助改进视频内容和营销策略。

（7）定期更新和维护。长视频营销需要持续的努力和投入。运营者需要定期更新和维护自己的视频内容和营销策略，以保持观众的兴趣和参与度。

> **课堂讨论**
>
> 1. 长视频和短视频的异同有哪些？
> 2. 在什么情况下适合用长视频？在什么情况下适合用短视频？还是综合运用长视频和短视频？请举例说明。

四、常见的视频平台

视频平台是指提供视频内容播放、分享和互动服务的在线平台。这些平台通常包括在线视频网站和手机视频应用,提供各种类型的视频内容,如电影、电视剧、综艺节目、纪录片、短视频等。

(一)短视频平台

本书所指的短视频平台,是主要发布短视频的平台,但不代表不能发布长视频。同样,下文所说的长视频平台,大多也会有短视频。

▶ 1. 抖音

抖音(原名"抖音短视频")于2016年9月上线,是由字节跳动公司推出的一款音乐创意短视频社交软件。抖音最初的定位是年轻人的音乐短视频社区,后来逐渐发展成为全民短视频平台。

根据字节跳动官网介绍,抖音是一个帮助用户表达自我、记录美好生活的平台。2020年9月15日,第二届抖音创作者大会在上海举办,北京字节跳动CEO张楠公布了抖音的数据,截至2020年8月,包含抖音火山版在内,抖音日活跃用户超过6亿,并保持高速增长。

抖音以其独特的音乐库和创意特效著称,用户可以轻松创作出富有节奏感和创意的短视频。同时,抖音拥有强大的推荐算法,能够根据用户的喜好推荐相应的内容,确保用户持续享受到感兴趣的视频。

▶ 2. 快手

快手是北京快手科技有限公司旗下的产品,最初是一款制作、分享GIF图片的应用,后来转型为短视频平台。快手的前身是"GIF快手",诞生于2011年3月。2012年11月,快手从纯粹的工具应用转型为短视频社区,成为用户记录和分享生产、生活的平台。后来随着智能手机、平板电脑的普及和移动流量成本的下降,快手在2015年以后迎来爆发期。2019年11月,快手短视频携手春晚正式签约"品牌强国工程"强国品牌服务项目。快手成为中央广播电视总台2020年《春节联欢晚会》独家互动合作伙伴,开展春晚红包互动。北京快手科技有限公司发布的2023年第四季度及全年业绩数据显示,2023年快手总收入达1 134.7亿元,同比增长20.5%,这也是快手年度总收入首次突破千亿门槛。

快手强调"原生态"内容,注重展现普通人的真实生活,平台上有大量的才艺展示、生活分享和搞笑娱乐等内容。此外,快手也注重地域文化的传播,为用户提供了丰富多样的视频内容。

▶ 3. 微信视频号

微信视频号是2020年1月22日腾讯公司官微正式宣布开启内测的平台。微信视频号不同于订阅号、服务号,它是一个全新的内容记录与创作平台,也是一个了解他人、了解世界的窗口。视频号的位置也不同,放了微信的发现页内,就在朋友圈入口的下方。

微信视频号内容以图片和视频为主,可以发布长度不超过1分钟的视频或者不超过9张的图片,还能带上文字和公众号文章链接,而且不需要PC端后台,可以直接在手机上发布。视频号支持点赞、评论互动,也支持转发到朋友圈、聊天场景,与好友分享。2023年1月10日,在2023微信公开课PRO上,视频号团队介绍,2022年视频号总用户使用时长已经超过了朋友圈总用户使用时长的80%。视频号直播的看播时长增长156%,直播带货销售额增长800%。第三方机构QuestMobile发布的《2022中国移动互联网半年大报告》显示：微信视频号用户规模达到8.13亿。

微信视频号主要面向微信用户，具有强大的社交属性。用户可以在视频号上观看和分享短视频，同时与微信好友进行互动。视频号的内容以生活记录、美食分享、旅行见闻等为主，注重展现用户的真实生活。

▶ 4. 微博视频号

微博视频号是基于微博平台推出的短视频功能，微博本身是一个以短文本和图片为主要内容的社交平台，后来逐渐增加了短视频功能。2020年7月，微博启动"视频号"计划，该计划成为微博2020年的S级项目。微博为其整合内部各类最优质的资源，希望通过该计划，获得视频消费市场更大的份额。

微博短视频具备竞争力的核心是其成熟的分发模式和内嵌式功能。在抖音、快手等App上，用户行为较为单一，以批量刷视频为主。而微博上的内容覆盖文字、图片，以及短视频和直播。加之用户分享转发的传播链条，网红"吸粉"的途径不止于视频，其还可以通过文字、图片等内容去吸引流量。同时，优质内容会被有共同兴趣的用户、红人、大V集中转发，使得视频创作者走红的路径不再过度依赖算法，因此微博上较火的短视频内容，一般活跃周期都很长，很多视频在发布一周后，流量增长才出现停滞，这在纯短视频平台上是不可想象的。

其次，从用户使用效率来说，内嵌化的微博视频号和过去孵化出的秒拍最大的不同就是这些视频号账户能够在微博大生态里直接"吸粉"，不用再借着"秒拍"的壳进行运营。过去类似微视、秒拍上的内容可以"同步"到微博上，粉丝想要看该账号全部的视频内容和其他信息，需要下载App后查看。视频号很明显"缩减"了时间成本，方便视频作者和微博上粉丝之间的互动，缩短了用户运营的链条。

▶ 5. B站

B站成立于2009年，最初是一个以ACG（动画、漫画、游戏）为主的视频分享平台，后来逐渐增加了短视频功能。2023年11月29日，B站公布了截至2023年9月30日的第三季度未经审计的财务报告。财报显示，第三季度日均活跃用户（DAUs）首次突破1亿，第三季度月均活跃用户（MAUs）达3.4亿，总营收达58.1亿元人民币。

相比于其他内容社区，B站的主要用户是"Z世代"的人群，也就是1990—2009年出生的一代人。QuestMobile的统计数据显示，B站近82%的用户是"Z世代"，大多数是中学生和大学生，是生长在互联网下的一代人。此外，B站的用户大多数聚集在一、二线城市，并且有较强的付费意愿。年轻有活力的用户群体，具有一、二线城市的高消费潜力、高付费意愿，是大众品牌推广战略中的必争目标人群，这对于传统品牌在年轻群体中的推广传播具有重大的意义。

（二）长视频平台

▶ 1. 长视频平台简介

iiMedia Ranking（艾媒金榜）发布的《2023年中国长视频平台排行榜TOP10》依托艾媒自主研发的"中国移动互联网大数据挖掘与分析系统"（CMDAS），采用iiMeval大数据评价模型计算赋值，监测期内根据企业规模、平台月活、平台安装量、网络传播、分析师团队评价五个一级指标进行分析核算生成，侧重平台月活、平台安装量等评价因子。上榜品牌指标分数范围为0~100分,分数越高则表示企业所在领域综合实力越强。上榜的十大视频平台依次是:腾讯视频(96.63)、爱奇艺(91.88)、优酷视频(89.66)、哔哩哔哩(84.84)、西瓜视频(82.16)、芒果 TV(78.87)、华为视频(77.78)、搜狐视频(76.58)、咪咕视频(74.08)、小米视频(71.66)。前三强依旧是腾讯视频、爱奇艺、优酷视频,哔哩哔哩位列第四名,西瓜视频进入榜单第五名。

▶ 2. 长视频主要平台

以下是对腾讯视频、爱奇艺、优酷视频、西瓜视频、芒果 TV 以及 CNTV(中国网络电视台)这六大长视频平台的介绍,包括它们的历史和特点。

(1) 腾讯视频。腾讯视频成立于 2011 年,是腾讯公司旗下的在线视频平台。腾讯视频是中国领先的在线视频媒体平台,拥有丰富的优质流行内容和专业的媒体运营能力,是集热播影视、综艺娱乐、体育赛事、新闻资讯等于一体的综合视频内容平台,并通过 PC 端、移动端及客厅产品等多种形态为用户提供高清、流畅的视频娱乐体验,以满足用户不同的体验需求。腾讯视频的特点主要是内容丰富多样,涵盖了电影、电视剧、综艺、动漫等多个领域。同时,它还与腾讯视频会员紧密结合,提供高清画质、独家内容等增值服务。

(2) 爱奇艺。爱奇艺是由北京爱奇艺科技有限公司于 2010 年 4 月 22 日创立的在线视频网站,2011 年 11 月 26 日启动"爱奇艺"品牌并推出全新标志。爱奇艺从成立伊始,始终坚持"悦享品质"的理念,以"用户体验"为使命,通过持续的技术投入、产品创新,为用户提供清晰、流畅、界面友好的观影体验。2022 年 7 月 19 日,爱奇艺和抖音集团宣布达成合作,将围绕长视频内容的二次创作与推广等方面展开探索。爱奇艺将向抖音集团授权其内容资产中拥有信息网络传播权及转授权的长视频内容,包括"迷雾剧场"在内的诸多剧目,用于短视频创作。未来,抖音集团旗下抖音、西瓜视频、今日头条等平台用户都可以对这些作品进行二次创作。2022 年 11 月,爱奇艺发布网络微短剧分账合作模式。面向上游微短剧创作方,单集时长 2~15 分钟且内容完整连贯的剧集,可通过会员付费或 CPM(千人成本)广告分账模式上线爱奇艺平台。爱奇艺的特点主要是注重原创内容的制作与推广,拥有大量独家版权内容。此外,它还注重社交元素的融合,用户可以与其他观众互动、分享观影感受。

(3) 优酷视频。优酷视频成立于 2006 年,是中国最早的视频分享网站之一。其特点主要是注重多元化内容的提供,涵盖了电影、电视剧、综艺、纪录片等多种类型。同时,它还与阿里巴巴集团的其他业务相结合,如淘宝直播等。

(4) 西瓜视频。西瓜视频成立于 2016 年,是字节跳动公司推出的一款短视频平台。其特点是以短视频内容为主打,注重内容的创新性和个性化推荐。同时,它还与抖音、今日头条等平台打通,实现内容共享和互通。

(5) 芒果 TV。芒果 TV 成立于 2014 年,是湖南广播电视台旗下唯一的互联网视频平台。芒果 TV 以湖南卫视的综艺节目和电视剧为主要内容来源,同时注重自制内容的开发和推广。它还与湖南卫视、湖南经视等媒体实现内容互通,为用户提供丰富的视听体验。

(6) CNTV。CNTV 成立于 2009 年,是中央广播电视总台旗下的在线视频平台。其特点是:以新闻、时政、综艺等为主要内容,注重内容的权威性和多样性。同时,它还与央视各频道实现内容共享和互通,为用户提供全面的视听服务。作为官方视频平台,它在重大事件和活动的直播报道方面具有较高的影响力和传播力。

课后实践

打开链接"https://tv.cctv.com/2023/01/17/VIDALVHghQ8ET9e4MzE3JuK0230117.shtml"观看中央电视台"品牌强国之路"系列视频,并完成以下练习。

1. 与同学讨论其中一个视频的构思、传播目标等。
2. 制订长视频营销方案,选择一个品牌,制作 3 集视频,每集 10 分钟。营销方案内容:系列视频主题、视频受众、传播目标、视频拍摄脚本、发布平台、预期效果。

人文素养训练

推广类短视频未标"广告",罚!广州公布 2023 年第二批违法广告典型案例

发布分享类推广短视频未标明"广告"、网上"图书专营店"声称"学校指定"……2023 年 12 月 21 日,广州市市场监管局公布了第二批违法广告典型案例。据悉,2023 年以来,广州市市场监管局持续开展互联网广告、户外广告、"神医"和"神药"广告等专项整治行动,强化广告导向监管,依法查处医疗、药品、食品、医疗器械、教育培训、房地产等民生领域违法广告,切实维护人民群众合法利益,有力净化全市广告市场环境。

一、广东某信息技术有限公司发布违法广告案

当事人通过自设 App"百易宝",在首页发布"手机号码测算""万灵预测:可测万事万物""车牌号测算:行车安全必看"等广告;对商品"九星除煞钱",发布"可以化解是非"广告;对商品"梅花钱挂件",发布"可以去假好人"等广告。当事人通过互联网媒介发布含有迷信的用语,宣扬风水、命相等思想,与社会主义精神文明建设格格不入,有违社会公德,并以此销售商品和服务,违反了《中华人民共和国广告法》(以下简称《广告法》)第九条第(八)项的规定。

南沙区综合行政执法局依据《广告法》第五十七条第(一)项的规定,责令当事人停止发布违法广告,并处罚款 30 万元。

二、谢某超违法广告案

当事人在抖音发布"广州也有室内赶海乐园了,一大一小只要 19.9,就在天河奥体优托邦,抓鱼抓螃蟹一票畅玩,室内有空调也不怕晒,想去的朋友赶紧囤几张"等分享类推广短视频,且附加团购链接。该视频未标明"广告",不具有可识别性,不能使消费者辨明其为广告,违反了《互联网广告管理办法》第九条第三款的规定。

天河区市场监管局依据《广告法》第五十九条第三款、《互联网广告管理办法》第二十五条的规定,责令当事人停止发布违法广告,并处罚款 1 000 元。

三、广东某健康科技有限公司发布违法广告案

当事人在其小程序上架的"优丐"产品页面发布"吸收率更是高达 50%～60%""优丐 vs 普通钙片的对比图"的广告内容,其无法提供上述广告内容的相关证明材料,构成了《广告法》第二十八条第二款第(三)项所指的发布虚假广告行为;当事人在销售其 15 个普通食品的过程中通过微信公众号、微信小程序商城、微信影音号对外发布含有涉及

疾病治疗功能，以及使用医疗用语或者易使推销的商品与药品、医疗器械相混淆的用语的广告，违反了《广告法》第十七条的规定。

增城区市场监管局依据《广告法》第五十八条第一款第（二）项的规定，责令当事人停止发布违法广告，并处罚款12万元。

四、广州某保健食品有限公司从事违反广告综合性法律法规及规章的违法行为案

当事人在申请某牌骨疏康胶囊的保健食品广告批准文号时，提供虚假材料，以欺骗的不正当手段取得广告审查批文7宗，违反《广告法》第四十七条第一款的规定。

白云区市场监管局依据《广告法》第六十五条的规定，对当事人处以40 000元的罚款。

五、广州某美容仪器有限责任公司发布违法广告案

当事人在天猫网络商城"kadas卡丹斯旗舰店"上架销售"负压操盘手"产品，标题为"卡丹斯电动刮痧仪器家用经络刷按摩神器瘦小腿经络疏通排毒拔罐具"；在天猫网络商城"煜之美旗舰店"上架销售"中药熏蒸舱"产品，标题为"蒸汽熏蒸舱汗蒸家用太空舱满月发汗湿蒸舱加药包机汗蒸房美容院"，并在上述商品详情页面对产品的外观、功能、结构、原理、使用方法等进行展示宣传，吸引消费者购买。经核实，"负压操盘手"和"中药熏蒸舱"为第二类医疗器械。当事人发布上述医疗器械宣传广告未经广告审查机关审查。

白云区市场监管局依据《广告法》第五十八条第一款的规定，责令当事人停止发布违法广告，并处罚款20万元。

六、广州某健康产业发展有限公司发布违法广告案

当事人为推销其经营的普通用途化妆品"御萃滋润至尊套（养骨10次套）"，于2022年1月24日通过微信公众号"颜露露"内的"颜露露商城"发布"你是否还有这些烦恼？颈椎疼痛、椎间盘痛、颈椎压迫、颈部肌痉挛、颈肩酸痛？怎么能行？御萃滋润至尊养骨套为您保驾护航""缓解关节疼痛 安全健康不刺激""直达痛点，渗透直达筋膜层，集诊断、调理为一体"等内容的广告，违反《广告法》第十七条的规定。

番禺区市场监管局依据《广告法》第五十八条第一款第（二）项的规定，责令当事人立即停止发布违法广告，并处罚款50 000元。

资料来源：黄亚兰. 广州市市场监管局公布2023年第二批违法广告典型案例[EB/OL]. (2023-12-25). https://news.southcn.com/node_d16fadb650/40a14db5a5.shtml.

扩展阅读9-1 中华人民共和国广告法

第二节 视频营销实务

一、视频营销模式

视频营销作为当下火爆的营销手段，正在对传统广告、交互活动以及内容营销等领域产生深远的影响。

（一）传统广告视频化

传统广告视频化是指基于互联网的视频改变了传统电视、电影广告形态，具备了传统广告没有的新特点。随着电视剧、电影等传统视频上网，腾讯视频等平台发布的视频可以插入各种广告，传统广告正在经历一场视频化的变革。在腾讯视频、优酷视频等媒体平台上插入广告，已经成为广告主们追求的新趋势。这种新型广告方式既带来了诸多优点，又与传统电视、电影广告有着显著的差异。以下是它们主要的区别。

（1）广告形式与互动性。在线视频平台的广告形式更加多样和灵活，如前置广告、中插广告、暂停广告、角标广告等。这些广告形式可以根据视频的内容和用户的观看习惯进行定制，提升广告的针对性和效果。而传统电视广告的形式相对固定，通常以 30 秒或 60 秒的短片形式呈现。此外，在线视频广告通常具有更高的互动性，如可以通过点击或滑动来跳过广告或了解更多信息，而传统电视广告则无法提供这样的互动体验。

（2）广告定位与受众。在线视频平台可以通过用户画像、观看历史等数据来精准定位广告，将广告展示给最有可能感兴趣的用户。这种定位方式使得广告的投放更加精准和有效。而传统电视广告的受众定位通常基于电视节目的观众群体，相对较为宽泛。

（3）广告效果评估。在线视频平台通常可以提供更详细的广告效果评估数据，如广告的曝光量、点击率、转化率等，这些数据可以帮助广告主更好地了解广告的效果并进行优化。而传统电视广告的效果评估通常较为困难，难以准确衡量广告的曝光量和观众的反应。

（4）广告环境与用户体验。在线视频平台的广告环境通常更加复杂和多样化，用户可以通过各种方式来屏蔽或跳过广告，这可能会对广告的展示效果产生一定的影响。同时，如果广告过于频繁或侵入性较强，可能会影响用户的观看体验。而传统电视广告的环境相对单一，用户通常无法主动屏蔽或跳过广告，但广告的插入也可能影响用户的观看体验。

此外，传统电视广告通常需要较高的制作成本，包括拍摄、后期制作等环节；而在线视频平台广告可以根据预算和需求进行灵活制作，成本相对较低。

（二）交互活动模式

视频营销为交互活动模式提供了更多可能。通过融入互动元素，如弹幕评论、点赞分享、抽奖游戏等，视频营销不仅能吸引用户参与，还能收集用户反馈，实现双向沟通。这种交互式的视频营销不仅增强了用户的参与感和沉浸感，还有助于提升品牌形象和用户忠诚度。

（三）内容营销模式

视频营销在内容营销领域同样发挥着重要作用。通过制作有价值、有趣、有深度的视频内容，企业可以吸引用户的关注并建立良好的品牌形象。同时，视频内容易于传播和分享，有助于扩大品牌影响力和用户群体。此外，视频营销还能与其他内容营销形式相结合，如文章、图片等，形成多元化的内容生态，为用户提供更丰富的阅读体验。

二、视频营销策划

视频营销策划是一个综合性的过程，涉及多个关键步骤，包括构思、制作、发布和效果监测与优化等。以下是关于视频营销主要环节的详细介绍。

(一)构思阶段

在这个阶段,需要明确视频营销的目标。然后进行受众分析,根据目标受众的特点和需求,制定合适的主题和内容。同时,还要分析竞争对手的视频营销策略,以确保视频在众多内容中脱颖而出。

(二)制作阶段

制作阶段涉及脚本编写、拍摄、剪辑和音效设计等多个环节。脚本编写是视频制作的基础,要确保内容有趣、有吸引力,并能有效传达营销信息。拍摄和剪辑则需要专业的技术团队来完成,以确保视频画面清晰、流畅。音效和配乐也能与视频内容相得益彰。

(三)发布阶段

发布阶段的关键在于选择合适的发布平台和发布时间。发布平台应根据目标受众的活跃平台和喜好来选择,如抖音、快手、B站等。根据目标受众的特点和平台的覆盖范围,选择适合的视频平台进行发布和推广。例如,社交媒体平台如微博、抖音、快手等,这些平台用户活跃、覆盖面广,适合进行短视频的推广和分享。视频分享网站如B站、优酷视频、爱奇艺等,这些平台以长视频为主,适合发布更具故事性和观赏性的视频内容。发布时间则要考虑受众的在线时间和视频内容的时效性。此外,还要制定一套有效的推广策略,如利用社交媒体分享、与网红或意见领袖合作等,以提高视频的曝光度。

(四)效果监测与优化阶段

通过收集和分析观看数据、互动数据、分享数据等,可以了解视频的实际表现和用户反馈。这些数据不仅可以帮助评估视频营销的效果,还可以提供改进的依据,如调整内容、优化发布策略等。

总之,视频营销策划是一个复杂而富有挑战性的过程,需要在构思、制作、发布和效果监测与优化等多个环节上下功夫。只有这样,才能创作出高质量的视频内容,实现营销目标,提升品牌价值和市场竞争力。

三、视频号注册与维护

(一)视频号注册

各视频平台注册流程有所不同,基本流程如下。

(1)选择平台。选择想要注册视频号的平台,如微信、抖音、B站等。

(2)填写资料。根据平台要求,填写相关信息,如用户名、密码、邮箱或手机号等。

(3)身份验证。为了确保账号的安全性,大多数平台都需要进行身份验证,可能需要提供身份证或其他有效证件的信息。

(4)设置账号信息。完成身份验证后,设置账号名称、头像和简介。确保这些信息与内容定位相符,并避免使用违法违规的内容。

(5)提交并审核。提交注册信息后,平台通常会进行审核。这个过程可能需要一些时间,请耐心等待。

(6)登录并开始创作。审核通过后,就可以登录并开始上传你的视频内容了。

(二)视频账号维护要点

(1)确定账号定位,明确视频内容和风格,形成账号的特色。

（2）建立运营团队，组建包括内容策划、视频制作、运营推广、数据分析等专业人才的团队。

（3）选定合适的视频平台，选择能够发挥账号优势的平台。

（4）多样化的内容形式，不仅限于短视频，还可以尝试直播、音频、图文等多种形式。

（5）跨平台内容输出，在其他平台如微博、微信公众号等进行二次传播，扩大影响力。

（6）建立科学的推荐算法，根据用户喜好推送内容，提高用户满意度。

（7）优化用户体验，改进交互设计、播放界面等，延长用户停留时间。

（8）建立用户反馈系统，及时解决用户问题，收集反馈，不断优化平台功能和服务。

（9）鼓励用户多参与，通过线上活动、打卡任务等鼓励用户互动，提高用户黏性。

（10）保障技术运维，确保平台系统稳定、可靠，加强用户信息保护和隐私保障，提高视频传输速度和播放质量。

（三）注册和维护视频号时的注意事项

▶ 1. 平台规则

在注册和使用视频号之前，务必详细阅读并理解相关平台的用户协议和服务条款。这些规则通常会详细说明如何注册账号、发布内容、互动、管理账号以及违反规定可能导致的后果。不同平台的规则可能有所不同，因此要确保自己清楚了解并遵守每个平台的特定要求。

▶ 2. 法律法规限制

视频内容必须遵守当地的法律法规，不得发布违法、违规或侵犯他人权益的内容，这包括但不限于侵犯版权、诽谤、色情、暴力、恐怖主义等内容。违反法律法规可能会导致账号被封禁，甚至面临法律责任。

▶ 3. 账号安全

确保账号和密码的安全至关重要。避免使用过于简单的密码，定期更换密码，并启用双重认证等安全设置。同时，不要将账号信息泄露给他人，以防账号被盗用或滥用。

▶ 4. 内容质量

发布高质量、有价值的内容是吸引观众和保持账号活跃的关键。确保内容清晰、有趣、有教育意义，并符合目标受众的兴趣和需求。同时，注意避免发布低质量、重复或无关的内容，以免降低观众的兴趣和参与度。

▶ 5. 互动与社区建设

积极与观众互动，回复评论、私信和@提醒，营造良好的社区氛围。这有助于提高观众的参与度和忠诚度，提高账号的影响力和关注度。同时，注意维护良好的社区秩序，及时处理恶意攻击、诽谤等不良行为。

▶ 6. 版权问题

尊重他人的版权和知识产权至关重要。在发布视频时，确保使用的素材、音乐等内容已获得授权或属于个人创作。避免盗用他人的作品或侵犯他人的版权，否则可能面临法律责任和声誉损失。

▶ 7. 避免违规行为

熟悉并遵守平台的违规行为规定，避免发布违规内容或进行违规行为。违规行为可能导致账号被封禁或受到其他惩罚。

总之,在注册和维护视频号时,务必注意以上事项并遵守相关规定和要求。通过遵循平台规则、法律法规和最佳实践,可以确保账号的安全、稳定运营,吸引更多观众并营造良好的社区氛围。

四、视频制作

视频制作是一个涉及多个步骤和环节的过程,包括视频构思、编写视频脚本、前期准备、创作视频、剪辑视频以及后期处理。

扩展阅读9-2 营销视频创意方法

(一)视频构思

视频构思是视频制作的第一步,也是最关键的一步。在这个阶段,需要确定视频主题、目标观众、视频风格以及想要传达的信息。这个阶段可能需要进行市场调研和观众分析,以了解他们的需求和喜好。

(二)编写视频脚本

一旦有了明确的构思,就可以开始编写视频脚本了。视频脚本应该包含所有的对话、场景描述以及任何重要的视觉元素。视频脚本应该清晰、简洁,并且能够准确地传达主题和信息。

扩展阅读9-3 5分钟教你写出专业的短视频脚本

撰写脚本需要注意:一是简洁明了,避免冗长和复杂的句子,尽量使用简短、有力的词汇和句子,以便观众轻松理解并记住关键信息。二是情感和故事,情感和故事能够吸引观众的注意力并引起共鸣,加入一些引人入胜的故事、幽默元素或情感点,吸引观众的兴趣并增强视频的吸引力。三是考虑视觉元素,视频脚本不仅要关注文字内容,还要考虑与之相配合的视觉元素。例如,可以描述场景、动作、背景音乐等,以指导制作团队拍摄和编辑视频。

(三)前期准备

在前期准备阶段,运营者需要进行一系列的工作,包括选角(如果需要的话)、场地选择、设备准备以及任何必要的许可或权限申请。这个阶段还需要制订详细的拍摄计划,包括每个场景的拍摄时间、地点以及所需的设备和人员。

(四)创作视频

创作视频是实际拍摄和制作的过程。在这个阶段,需要根据脚本和拍摄计划进行拍摄,同时也可能需要进行音频录制、动画制作或其他视觉效果的制作。这个阶段可能需要一定的技术知识和经验,可能需要聘请专业的摄影师、录音师或动画师。视频创作分为两种:一是原创视频创作,从零开始,完全由创作者自己构思、拍摄、编辑和制作视频内容。这种创作方式要求创作者具备丰富的想象力和较强的创新能力,同时也需要一定的技术基础,如摄影、剪辑、音效等。二是网络素材二次开发创作,利用已有的网络素材(如图片、视频片段、音频等)进行再创作,生成新的视频内容。这种创作方式要求创作者具备一定的创意和编辑能力,同时需要遵守版权相关的法律法规。

(五)剪辑视频

剪辑视频是将视频素材进行剪辑、拼接和整理的过程。在这个阶段,需要选择最佳的镜头、调整时间顺序、添加过渡效果以及进行音频和画面的调整。剪辑师需要对故事情节和节奏深入理解,以便制作出引人入胜的视频。科学地选用剪辑软件可以提高视频处理效率。剪辑软件很多,如爱剪辑、Adobe Premiere Pro、Final Cut Pro 和 DaVinci Resolve。这些软件都提供了丰富的剪辑功能,包括剪辑、拼接、添加过渡效果、调整音频和画面等。剪辑师需要熟悉这些软件的操作,能够根据剧情和节奏进行精准剪辑,使视频更加流畅和有吸引力。

(六)后期处理

后期处理包括添加音效、配乐、字幕以及颜色校正等。这个阶段可以进一步提高视频的质量和观感。音效和配乐可以增强视频的氛围和情感,而字幕和颜色校正则可以让观众更好地理解和欣赏视频。

五、视频发布与效果监测

(一)视频标题与描述

为视频起一个吸引人的标题,简要概括视频内容,激发观众的观看欲望。同时,编写详细的视频描述,介绍视频的背景、目的、主要内容等,帮助观众更好地了解视频。

(二)视频封面与关键词

选择一张高质量、具有代表性的图片作为视频封面,吸引观众点击观看。同时,为视频添加关键词,提升视频在搜索引擎中的排名,提高曝光率。

(三)视频平台选择与传播路径规划

根据视频内容和目标受众,选择合适的视频平台进行发布。同时,规划好视频的传播路径,包括社交媒体、网站、博客等渠道,以扩大视频的影响力。

(四)视频上传

将剪辑和优化后的视频上传到选择的平台,确保上传过程中视频质量不受损失。同时,注意视频格式的兼容性,确保观众顺畅观看。

(五)视频数据监测

通过数据监测工具,实时了解视频的播放量、观众行为、观众反馈等信息。通过营销视频监测数据,可以了解视频营销的效果,找出存在的问题和改进的方向,从而优化视频营销策略,提升营销效果。

(六)调整与优化

根据数据监测结果,对视频进行调整和优化。例如,如果发现某个环节的观众流失率较高,可以针对这部分内容进行调整,提升观众的观看体验。同时,根据观众反馈和市场需求,不断优化视频内容和发布策略。

扩展阅读 9-4 常见的营销视频监测指标

六、视频发布与管理

各视频平台视频发布与管理流程和具体做法有所差异,下面以抖音为例展示视频发布与管理要点。

(一)登录/注册

在电脑上,进入抖音官网首页(也可下载安装手机 App 登录)。单击右上角"登录"按钮,可以选择不同的登录方式,如果尚未注册,可以注册账号,如图9-2所示。

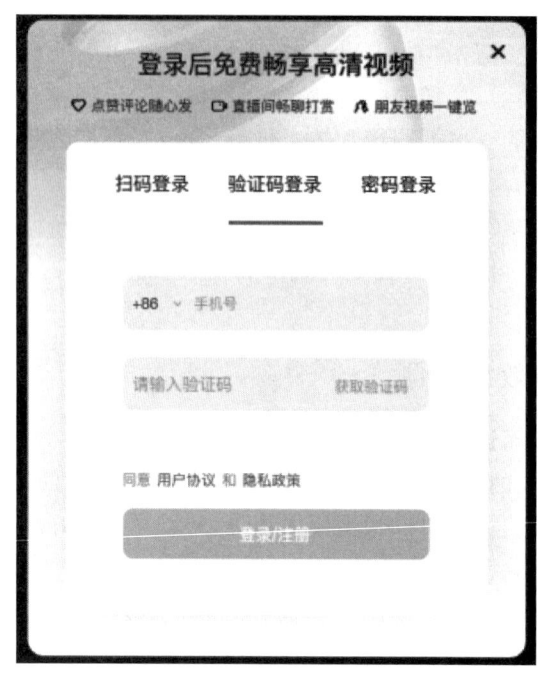

图9-2 抖音登录/注册页面

登录账号后,可根据自己的隐私偏好、兴趣爱好等在系统内完成相关设置,让账号更加懂你。

注意:要认真阅读用户协议、隐私政策等文件,留意账号安全、使用规则等信息。

(二)进入创作者中心

单击右上角"投稿"按钮,进入创作者中心。

进入抖音创作者中心后,可浏览功能模块,主要功能模块如图9-3所示。

(三)发布作品

单击"发布作品",可以看到"发布视频、发布图文、发布全景视频"等,运营者可以根据营销需要发布各类作品。单击"发布视频",上传视频后可以撰写作品描述、设置作品封面及进行相应的设置,如图9-4所示。要精心选择作品封面、设置相关参数,使自己的视频更高效地传播。要注意视频内容不得违反法律法规及平台规则。

(四)视频剪辑

可以在其他软件平台剪辑视频,也可以在抖音平台提供的剪辑软件剪辑视频。

(五)内容管理

内容管理栏目下设作品管理、合集管理和原创保护中心,在这些子栏目可以查看作品发布、审核情况以及原创作品保护等,如图9-5所示。

(六)互动管理

单击"互动管理",可以看到"关注管理、重点关心、粉丝管理、评论管理、私信管理、弹幕管理",运营者可以管理评论、查看粉丝数据等。

图 9-3　抖音创作者中心功能模块

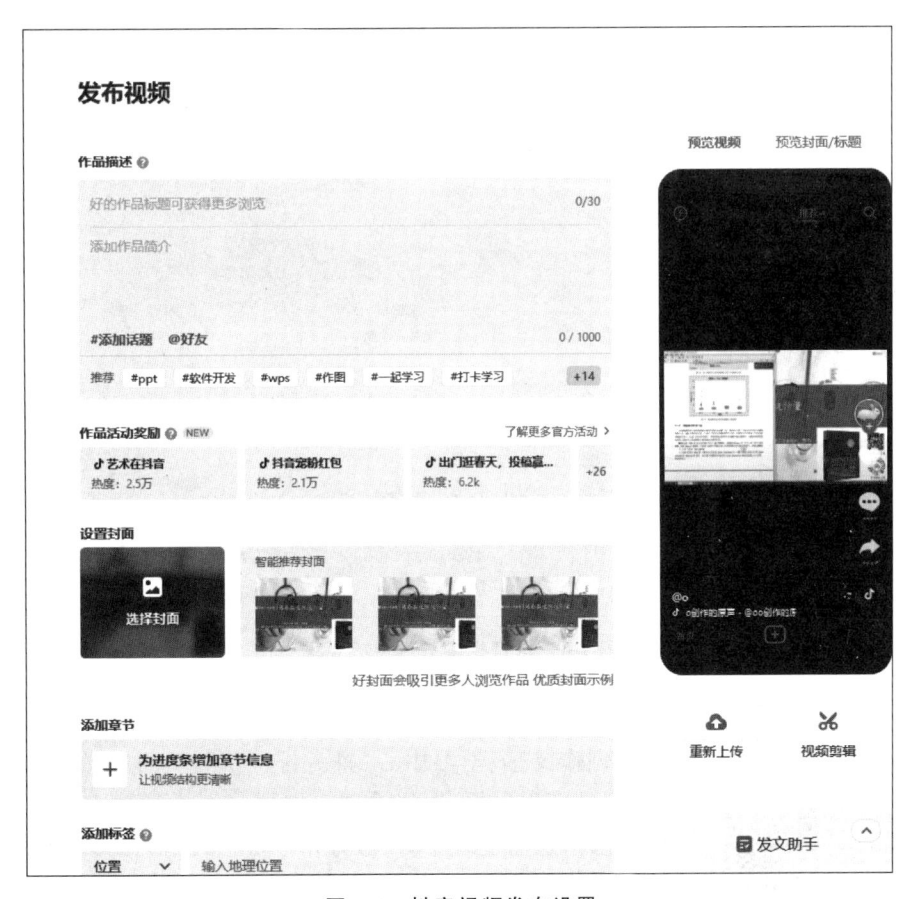

图 9-4　抖音视频发布设置

图 9-5　抖音视频内容管理

（七）数据中心

单击"数据中心"，可以看到"经营分析、内容分析、粉丝画像、创作周报"，如图 9-6 所示，运营者可以了解账号数据，分析账号绩效。

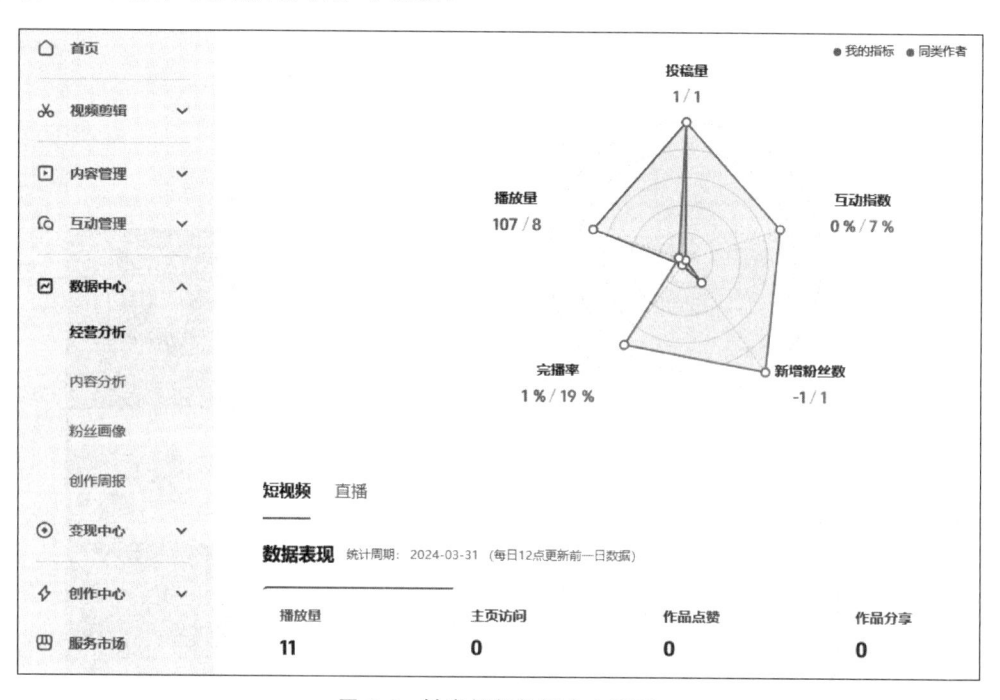

图 9-6　抖音视频数据中心页面

（八）创作中心

单击"创作中心"，可以看到"创作灵感、学习中心、抖音排行榜"，里面有做作品、教学视频等帮助新手更快、更好地创造作品。

此外，还有变现中心、服务市场等栏目，根据具体情况使用相关功能。

扩展阅读 9-5　各大平台的创作者中心信息

实战训练

1. 阅读抖音、微信视频号、B 站、腾讯视频这几个平台的创作者中心相关信息，熟悉相关功能，学习相关知识。
2. 选择一个视频平台注册，根据你的喜好选择视频内容，拍摄视频并发布。
3. 视频效果监测，发布视频后监视观看量等数据，分析视频传播效果。

人文素养训练

视频造假及其危害

近年来，短视频发展迅猛。截至 2023 年 6 月，国内短视频用户规模约为 10.26 亿，占网民总数比例高达 95.20%，用户人均单日使用时长超过 2.5 个小时，遥遥领先于其他应用。然而，随之而来的问题也很突出。记者发现，继 2022 年 12 月中央网信办开展"清朗·整治短视频信息内容导向不良问题"专项行动后，"摆拍制作和技术生成虚假短视频"的违规现象还有不少。这类短视频为何屡禁不止呢？

2024 年 3 月 15 日，在网络平台上发布的一起"男女感情纠纷"短视频；2024 年 1 月 27 日，在网络平台上传播的"211 毕业男子被裁瞒着妻子送外卖？"短视频；一则"商场保安徒手接住坠楼婴儿"的短视频……这些视频无论是标题还是内容都很抓人眼球，它们不仅在网上大量传播，还引发了网友们热烈的讨论。然而，这些所谓"亲身的讲述""真实的记录"，随后均被证实是通过摆拍、演绎的手法制作的。

又如，2024 年 1 月 6 日，网络平台上发布了一个短视频，画面中的女子在重庆某公园内，以孕妇的形象主动征婚，手拿写着征婚条件的纸张，语出惊人："虽然娃儿不是你的，但是媳妇是你的，生娃已经够痛苦了，如果说你真的爱我的话，你都不用在乎娃儿是不是你的。月薪七八千的不行，我看不起，月薪低于 2 万的不考虑，以后娃都养不起。"警方的通报信息显示，该女子是一名自媒体博主，为了吸引流量乔装孕妇自导自演了相亲场景。

这段视频在被警方证实为摆拍造假后，网友纷纷谴责这种行为，列举了其危害性。例如"三观尽毁""给女性洗脑""带坏风气"等。实际上，这类摆拍造假视频的危害远不止于此，以"凉山曲布""赵灵儿""凉山孟阳"为代表的"摆拍卖惨""虚假助农""伪慈善"等违法违规行为，骗取了网友的同情和共情，让很多人纷纷掏腰包买了假冒产品，消费公众同情心，有网友感慨"以后再也不相信这些了，一开始还哭了"。此外，还有"阜阳敏姐被家暴""男女感情纠纷"等这种摆拍视频，传播焦虑，制造性别对立。而像 2023 年被热议的"4 000 万网红自导自演被社会大哥绑架"的短视频，更是制造了社会矛盾，直接扰乱社会稳定。

中国政法大学传播法研究中心副主任、研究员朱巍认为："短视频造假的危害非常大，各有各的样，但是它们的共同点是传递了一种错误的价值观，而且通过误导公众的方式获取流量，引发对立，甚至一些影响到社会稳定的事件，引起社会的恐慌。透支了公众的信任，而且会有特别不好的标识作用，只要肯猎奇、只要能获取流量，所谓的价值观、正义观、道德感都不需要考虑，所以这种摆拍再加上算法推荐，就会变成流量经济主导了价值观。"

> 然而,为了流量不择手段、毫无下限的摆拍博眼球的案件不在少数。记者发现,这些虚假短视频大多以生活痛点和社会热点为话题,撩动人们的情绪,利用人们的情感。从婆媳斗争、性别对立到贫富差距、乡村困境等,这些虚假短视频以戏剧化的情节展示、真实化的拍摄手法炮制热点、制造争议。
>
> 这些内容导向不良的短视频,冲击公序良俗,甚至违规违法,必须加以整治。如果纵容这样的信息泛滥,人们频繁地被欺骗,会对真人真事的新闻事件也变得麻木无视。这些负面影响最终要全社会买单,受害的可能就是我们每一个人。对于这种以虚假手段骗取流量的无底线做法,有关部门、互联网平台以及视频制作发布者等相关方,都需要各负其责。流量经济不能成为造假经济,更不能脱离法治轨道。
>
> 资料来源:焦点访谈丨为流量不择手段 摆拍短视频"套路深"[EB/OL].(2024-03-18). http://news.cnr.cn/local/dftj/20240318/t20240318_526631521.shtml.

扩展阅读9-6 中国微短剧市场发展研究报告

第三节 音频营销

一、音频产业及音频营销概况

据赛立信媒介研究发布的《2023:中国在线音频市场发展研究报告——"耳朵经济"商业价值及其用户洞察》,2022年在线音频用户规模达到6.92亿人,平均月活用户3.3亿人,环比2021年上升4.5%,全网渗透率超过30%,市场规模突破310亿元。音频产业近年来呈现出稳步增长的态势,市场规模持续扩大,同时随着技术的进步和消费者需求的变化,也在不断地探索新的商业模式和发展方向。

(一)收入方面

音频行业的收入主要来源于订阅付费、广告营销和直播打赏等方式。以中国网络音频平台为例,2022年的市场规模达到了115.8亿元,同比增长15.6%。其中,订阅付费收入占据了最大的市场份额,达到了53.8亿元,占比46.5%。广告营销和直播打赏收入则分别占据了26.7%和17.7%的市场份额。可以看出,订阅付费是目前音频行业最主要的收入来源。

(二)重点音频平台

当前市场上存在许多音频平台,其中一些重点平台包括喜马拉雅、猫耳FM、漫播等。这些平台提供了丰富的音频内容,包括有声书、播客、音乐等,吸引了大量的用户。同时,这些平台也在不断地探索新的商业模式,如开展直播业务、推出付费订阅等,以增加收入来源。

(三)音频广告

音频广告是一种以声音形式播放的广告,通常通过无线电广播、互联网广播、音频串流等媒体进行传播。随着数字时代的到来,音频广告的形式也在不断地创新,如播客广告、音乐流媒体广告、语音助手广告等。音频广告具有生动、直观、互动性强等特点,能够有效地吸引用户的注意力,提高广告的转化率。

(四)音频直播带货

直播带货是近年来兴起的一种新型电商模式,而音频直播带货则是其中的一种形式。通过音频直播的方式,主播可以向听众推荐商品并进行销售。与视频直播相比,音频直播在内容上有所限制,需要主播通过语言向听众提供商品信息和推荐理由。尽管如此,音频直播带货仍然具有一些优势,如可以充分利用碎片时间进行购物、降低购物门槛等。

(五)音频消费者画像

音频用户的收听习惯和需求呈现出多样化的特点。他们会在不同的场景和时间选择收听不同类型的音频内容,如通勤时听新闻、居家时听有声书、休闲时听音乐等。同时,音频用户也具有较高的黏性,他们通常会选择固定的平台和内容进行收听,形成稳定的收听习惯。

展望未来,音频产业将保持增长态势,并探索更多新的商业模式和发展方向。随着5G、AI等技术的不断发展,音频产业也将迎来更多的创新机遇和挑战。例如,智能音频、3D音频、空间音频等新兴技术将为音频产业带来更大的可能性;同时,音频产业也需要面对版权保护、内容质量等挑战,以确保行业的健康发展。

二、音频营销平台

音频营销平台众多,本书介绍五个主流音频平台,即喜马拉雅、蜻蜓FM、荔枝FM、网易云音乐和QQ音乐。这些平台各具特色,音频内容丰富,覆盖广泛的用户群体。

(一)喜马拉雅

平台历史:喜马拉雅成立于2012年,是中国最早的音频分享平台之一。经过多年的发展,它已经成为中国最大的在线音频平台。

用户构成:喜马拉雅的用户群体非常广泛,包括学生、上班族、中老年人等各个年龄段和职业背景,特别是中产阶级用户占比较大,他们注重知识付费和学习提升。

音频内容定位:喜马拉雅以知识付费音频为主打,涵盖了有声书、课程、讲座、娱乐等多种类型的内容。它还与大量出版机构、教育机构和个人创作者合作,提供高质量的付费音频内容。

平台影响力:喜马拉雅在音频行业具有极高的影响力,它不仅推动了音频内容付费模式的普及,还培养了大量音频创作者和付费用户。同时,喜马拉雅也多次荣获各类奖项和荣誉,证明了其在行业中的领先地位。

(二)蜻蜓FM

平台历史:蜻蜓FM成立于2011年,是中国较早的在线音频平台之一。它以网络广播和有声书为主要内容,逐渐发展成为综合性的音频内容平台。

用户构成:蜻蜓FM的用户以年轻人为主,尤其是大学生和年轻白领。他们喜欢听网络广播、娱乐节目和有声书等轻松有趣的内容。

音频内容定位:蜻蜓FM以网络广播和有声书为核心内容,涵盖了新闻、娱乐、情感、生活等多个领域。它还与多家广播电台和出版机构合作,提供丰富多样的音频内容。

平台影响力：蜻蜓FM在网络广播和有声书领域具有较大的影响力，为众多网络广播主持人和有声书作者提供了一个展示才华的平台。同时，蜻蜓FM也多次参与各类音频活动和赛事，提升了品牌知名度。

（三）荔枝FM

平台历史：荔枝FM成立于2013年，是一家以UGC为主的音频社区平台。它鼓励用户创建和分享自己的音频节目，逐渐形成了独具特色的音频生态。

用户构成：荔枝FM的用户群体相对年轻，以"90后"和"00后"为主。他们喜欢创作和分享自己的音频内容，也喜欢聆听其他用户的创作作品。

音频内容定位：荔枝FM以UGC音频内容为主打，涵盖了音乐、情感、生活、娱乐等多个领域。它还提供了丰富的音频创作工具和社区功能，方便用户进行音频创作和交流。

平台影响力：荔枝FM在UGC音频领域具有较大的影响力，为众多音频创作者提供了一个展示才华和实现价值的平台。同时，荔枝FM也积极参与各类音频活动和赛事，推动音频行业的发展和创新。

（四）网易云音乐

平台历史：网易云音乐成立于2013年，是中国领先的在线音乐平台之一。除了音乐播放功能外，它还提供了丰富的音频内容和社区功能。

用户构成：网易云音乐的用户以年轻人为主，特别是"90后"和"00后"。他们热爱音乐、注重品质生活并乐于参与社区互动。

音频内容定位：网易云音乐以音乐为核心内容，同时涵盖电台、有声书、播客等多种类型的音频内容。它还与多家音乐制作公司、唱片公司和个人音乐人合作，提供丰富多样的音乐资源。

平台影响力：网易云音乐在音乐领域具有极高的影响力，不仅推动了音乐产业的数字化发展，还培养了大量音乐爱好者和音乐人。同时，网易云音乐也以其独特的社区氛围和精准推荐算法赢得了用户的喜爱与信任。

（五）QQ音乐

平台历史：QQ音乐的历史可以追溯到2005年，当时它作为腾讯公司的一个音乐频道出现。随着数字音乐市场的不断发展和用户需求的变化，QQ音乐转型为独立的音乐流媒体平台。2016年，酷狗音乐、QQ音乐、酷我音乐合并为"腾讯音乐娱乐集团"（简称TME），进一步巩固了QQ音乐在音乐产业中的地位。

用户构成：QQ音乐的主要用户群体是年轻人，特别是青少年和大学生，这部分用户对流行音乐、潮流音乐和独立音乐有极大的兴趣与需求。平台还吸引了大量的音乐爱好者，他们不仅听歌，还积极参与评论、分享和创作。此外，由于QQ音乐与腾讯娱乐的紧密合作，许多艺人选择在此平台发布新专辑和单曲，吸引了大量粉丝用户。QQ音乐中老年用户相对较少，但也有一定的中老年用户群体，他们更倾向于听经典老歌和民族音乐。

音频内容定位：QQ音乐的定位是打造一个"智慧声态"的"立体"泛音乐生态圈，以优质内容为核心，以大数据与互联网技术为推动力，为用户提供多元化的音乐生活体验。这意味着QQ音乐不仅提供音乐播放服务，还通过引入社交、直播、演出等多元

> 扩展阅读9-7 谁会听音频

化内容,满足用户在不同场景下的音乐需求。

三、音频营销方式

音频营销,以音频作为媒介进行品牌或产品的推广与营销。它通过各种音频形式,如歌曲、播客、有声读物、广告等,将信息传达给听众,进而实现营销目标。以下是一些常见的音频营销方式。

(一)音频广告

一是播客/播客广告,在播客节目中插入广告,可以直接向目标受众传达品牌信息。这种方式的优点是目标受众明确,且播客听众通常有较高的参与度和忠诚度。二是在播放歌曲之间或歌曲播放过程中,插入短暂的音频广告。三是弹窗广告,在用户浏览歌单、歌手页面等场景时,出现弹窗广告,引导用户点击了解相关信息。

(二)音乐营销

音乐营销是通过创作和发布与品牌相关的音乐,以吸引潜在客户的注意力。这种方式适用于希望打造独特品牌形象的企业。

(三)音频社交媒体营销

音频社交媒体营销是在社交媒体平台上发布音频内容,如短视频、音频帖子等,以吸引粉丝互动。这种方式可以帮助品牌扩大影响力、提高曝光度。

(四)语音助手营销

语音助手营销是利用语音助手(如 Siri、Alexa 等)的功能,将品牌信息或服务整合到语音助手中,以便用户在使用语音助手时接触到品牌信息。

(五)音频邮件营销

音频邮件营销是通过发送包含音频内容的电子邮件,向潜在客户介绍品牌、产品或服务。这种方式可以增强邮件的趣味性和吸引力,提高转化率。

(六)音频直播营销

音频直播营销是通过音频直播平台(如喜马拉雅、蜻蜓FM等)进行实时音频推广,与听众互动,回答他们的问题,增强品牌信任度。

例如,百威啤酒在喜马拉雅做音频广告。啤酒市场竞争激烈,百威啤酒创新出奇,希望借助音频内容营销玩法,在传递产品特点的同时赋予更多的品牌文化内涵。为满足听众的需求,百威啤酒选取当前热点话题,定期招募平台大流量主播,为听众定制多期优秀内容,获得听众的一致好评。电台春节期间上线,以聊爸妈槽点之下的脉脉温情和一封封的音乐家书等春节热点话题,从受众与产品关系的角度设立了搞笑和温情两张专辑,并在整体节目的设计上邀请粉丝在节目留言区留下遇到的相关趣事,百威抽取幸运听友,送出六瓶装狗年限量版铝瓶啤酒,大幅提升品牌好感度。音频广告效果明显,与两名头部主播合作,2019年10月以来总播放量突破5 000万,如图9-7所示。

四、音频营销模式

(一)与主播合作

品牌可以与知名主播合作,利用他们的个人影响力和号召力来推广品牌与产品。合作

图 9-7　百威啤酒在喜马拉雅的音频广告数据

方式可以包括定制节目，根据品牌和产品的特点，通过设定粉丝特权加速营销转化。与音频主播合作营销时，需要注意：一是选择合适的主播，根据企业的产品或目标群体，选择与之契合的主播进行合作。主播的风格、内容以及粉丝群体应与企业的品牌形象和目标客户匹配。可以通过观看主播的直播记录、了解其粉丝群体的特点等方式进行评估。二是设定好协议条款，务必仔细阅读合作协议，注意其中的条款细节，特别是关于权益分配、合作期限、违约责任等方面的内容，要确保双方权益得到合理保障。三是注意主播信誉，选择具有良好信誉和口碑的主播进行合作，避免与有不良记录或负面新闻的主播合作，以免对品牌形象造成不良影响。四是避免法律风险，要遵守相关法律法规，避免涉及侵权、虚假宣传等法律风险。同时，要注意保护用户的隐私和信息安全。

（二）IP 音频营销

IP 音频营销是利用具有知识产权的音频内容，通过营销策略和推广手段，实现商业价值的过程。这种营销方式通常涉及与知名作家、音频创作者等合作，制作原创音频内容，以提高产品的独特性和内容质量。同时，通过与主流在线音频平台合作，进行推广和宣传，增加用户曝光和流量来源，从而实现盈利可持续增长。这种营销方式可以通过授权、合作、联名等方式实现，帮助企业在市场中树立独特的品牌形象，提升知名度和影响力。在 IP 音频营销中，营销策略和推广手段的运用至关重要。例如，可以通过个性化推荐、社交化互动、用户活动等方式，增强用户黏性，提高用户付费转化率。同时，注重内容创新，如制作原创音频内容、进行跨界内容创作等，也是吸引更多用户关注和参与的关键。

（三）打造音频自媒体

商家打造音频自媒体时需要关注的问题：一是确定目标受众，了解他们的兴趣、需求和习惯，分析音频内容如何满足他们的需求；二是选择平台，如喜马拉雅、蜻蜓 FM、网易云音乐、荔枝 FM 等，如果有条件，也可以考虑建立自己的音频平台或网站；三是制作高质量的内容，确保音频内容质量高，有价值和吸引力，使用专业的录音设备保证音频清晰，根据情况雇用或合作专业的声音艺术家、配音员或制作人；四是 SEO，在标题、描述和标签中合理使用关键词,提高内容在搜索引擎中的可见性;五是互动与社区建设,鼓励听众评论、分享和订阅你的内容,创建一个社区,让听众可以交流、讨论和分享相关内容,定期回应听众的反馈,建立稳固的粉丝基础。

人文素养训练

"耳朵经济"

上下班路上听电台、健身时听音乐、睡前听有声书……不论是纯粹的音乐软件,还是包罗万象的在线音频平台,以声音为载体的"耳朵经济"已在很多人的日常生活中如影随形。

"耳朵经济"是以有声读物、知识付费和网络直播等为主要新兴业务模式的经济形式,它的声音价值、传播价值、人群价值和场景价值均可有效提升品牌营销效果,其营销潜能正被越来越多的品牌所关注。

2022年,尼尔森IQ发布《入耳更入心,润物细无声——网络音频媒体价值研究》,以喜马拉雅作为音频平台的研究案例,详细分析了领跑"耳朵经济"的喜马拉雅,媒体优势凸显,在网络音频市场的机遇下,喜马拉雅玩转声音媒体独特优势,运用移动音频助力深化品牌营销与受众情感连接。尼尔森报告显示,在调研样本中广播用户占比48%,网络音频用户占比88%,网络音频用户基数更大。另外,传统广播与网络音频兼听的用户中,更常听网络音频的用户占绝对多数。大众的音频收听习惯从传统广播转向网络音频的趋势明显。

央广广告文章指出,音频平台以订阅、广告和直播盈利模式三轮驱动,变现效率较高;在广告方面,音频平台通过整合营销传播方案为广告主提供服务,结合平台用户特点和全场景覆盖优势完成智能化的精准投放,并且以IP共建、品牌电台和节目定制等方式来实现品牌营销诉求,提升品牌曝光。此外,直播带货、用户打赏、连麦和送礼物等形式让音频娱乐平台有了更为广阔的商业想象空间,目前这部分占音频市场收入的17%,未来或成为音频平台新的营收增长点。

资料来源:"耳朵经济"营销数据出炉,听声音如何助力品效共振[EB/OL].(2023-04-11).https://ad.cnr.cn/hyzx/20230413/t20230413_526216694.shtml;尼尔森报告:通过声音可打造"听觉针"加强信息触达深度[EB/OL].(2022-06-14).https://caijing.chinadaily.com.cn/a/202206/14/WS62a83b78a3101c3ee7ada7b8.html.

扩展阅读9-8 "耳朵经济"营销数据出炉,听声音如何助力品效共振

扩展阅读9-9 尼尔森报告:通过声音可打造"听觉针"加强信息触达深度

本章小结

本章主要介绍了视频营销与音频营销的概念、营销模式、常见的视频和音频平台及营销实务等内容。

视频营销是基于互联网视频展开的营销活动。短视频和长视频的特点不同,营销人员

需要考虑营销目标、传播内容、受众特点和宣传定位等因素设计视频时长。常见的短视频平台有抖音、微信视频号、微博视频号、快手、B 站等，常见的长视频平台有腾讯视频、爱奇艺、优酷视频、西瓜视频、芒果 TV、CNTV 等，要掌握各视频平台特点、用户规模与构成、内容定位和传播模式。视频营销策划是一个综合性的过程，主要涉及视频构思、视频制作、视频发布和视频效果监测与优化等关键阶段，要理解各阶段的目标和主要任务。各视频平台注册流程有所不同，但基本上包括填写资料、身份验证、设置账号信息与提交并审核等流程。注册视频号后，要加强运营、维护和管理，熟悉平台规则、法律法规限制，确保账号安全。视频制作是创意性极强的工作，视频构思、编写视频脚本、前期准备、创作视频、剪辑视频以及后期处理工作的质量直接关系到视频营销成败。视频创作完成后，要选择适当的视频平台发布视频，并做好效果监测工作。

音频营销是以音频为媒介的营销活动。尽管音频不如视频那样传播丰富多彩的信息，但在一些场合其有着视频不可替代的优点，如行车过程中的驾驶员出于安全考虑不宜观看视频。加之互联网音频有着传统音频所不具备的优点，其营销潜能有待释放。喜马拉雅、蜻蜓 FM、荔枝 FM、网易云音乐和 QQ 音乐等音频平台广受营销者关注，创新的营销方式正在不断广化音频营销的范围和深化音频营销的内涵，丰富的音频营销模式正在吸引更多的营销者。

想一想、练一练

1. 视频营销策划的关键步骤有哪些？
2. 登录一个视频平台，注册账号，并发布一个视频。
3. 调查消费者视频平台偏好，问卷或访谈。调查各年龄阶段人群、男性和女性、不同职业和收入人群最常登录的三个视频平台，并撰写简要调查报告。
4. 随着 AI、大数据等信息技术的进步及在营销活动中的进一步普及，面向老年人的音频类广告、音频购物服务发展趋势是什么？

即测即练

第十章　自媒体营销

知识目标

1. 了解自媒体的概念、类型和特征；
2. 掌握自媒体营销的概念、特征及营销策略；
3. 熟悉常见的自媒体营销平台，并能够分辨不同平台的营销特点及盈利方式。

能力目标

1. 能形成自媒体营销观念；
2. 能根据不同需要采取合适的自媒体营销策略；
3. 能根据自身需求选择合适的自媒体平台进行营销。

素质目标

引导学生利用新媒体平台讲好中国故事，例如：某网红通过抖音短视频号的运营，弘扬中国传统文化，增强文化自信。

开篇案例

中国故事，她们这样讲

在法国巴黎埃菲尔铁塔下，穿着汉服的女孩弹奏起古筝；在非洲岛国科摩罗的大学里，中国老师带着非洲学生体验拌肉馅、包饺子；在泰国北榄府的高中课堂上，孩子们和老师一起讨论中国的热播电视剧……如今，越来越多在海外求学、工作的中国人，选择了做UP主，在视频网站上分享异国生活趣事，记录不同文化交融碰撞的瞬间。

"相知无远近，万里尚为邻。"这些UP主的作品，为更多人打开了一扇扇了解世界的窗口，搭建起一座座沟通中外文化的桥梁。记者采访了两位因分享海外生活而走红网络的年轻人，听听她们的故事。

一、带着古筝看世界

"好厉害，小姐姐让国风艺术走向世界！""太美妙了，看完你的视频，我马上决定学古筝。""弘扬中华文化的'网红'，真棒！"……在UP主"碰碰彭碰彭"的视频作品下，网友们不吝赞美之词。

大家非常喜欢看这个27岁的中国女孩身着汉服在法国街头神采飞扬地弹奏古筝的画

面。"碰碰彭碰彭"不仅在哔哩哔哩、抖音、微博等国内视频和社交网站上吸引了超过 1 500 万的粉丝,还在 YouTube、Instagram 等海外社交网站上拥有百万拥趸。

"艺术没有国界。不同文化背景的人,都能够被美丽的音乐打动,我想这就是国内外很多网友会关注我账号的原因吧。""碰碰彭碰彭"笑着对记者说。

"碰碰彭碰彭"本名叫彭静旋,她自幼学习古筝。2017 年,从武汉音乐学院中乐系毕业后,彭静旋决定去法国进行音乐理论深造。"之前我一直在系统地学习古筝演奏,比较偏实践。到研究生阶段,我想学习更多音乐理论知识,了解不同音乐体系,所以来到法国。"

欧洲的艺术氛围在彭静旋心中激起了新的灵感火花。

在法国,她见到很多艺人走上街头表演,弹钢琴、拉小提琴、吹奏单簧管,甚至还有整支乐队的演出。"有一次在巴黎奥赛博物馆门口,我看到一支小型的铜管乐队坐在台阶上演奏。周围很多人在看,还有人跟着音乐舞动,大家一起鼓掌、欢呼,那种自由、快乐、人人享受音乐的氛围,一下子就感染了我。于是我就在想,能不能把古筝也带到街头去表演呢?"

虽然学习古筝技艺多年,但此前,彭静旋都是在音乐厅里进行正式的室内表演。一下子要把舞台搬到街头,她还是有些忐忑。"这对我来说是件比较需要勇气的新鲜事,自己内心也酝酿了很久。最后还是下定决心去锻炼一下,想提高自己在未知情况下的表演能力。"

2018 年夏天,彭静旋穿着一条中国风的白色长裙,在法国波尔多大剧院的广场上第一次进行街头古筝表演。"广场上人来人往,开始弹之前我还是有些紧张。但琴声一响,我心里就想着把每首曲子弹奏好,正常发挥就可以了。"

40 多分钟后,彭静旋停下抚筝的手,周围立刻响起了热烈的掌声。街头首秀的受欢迎程度,超出了她的预期。"演奏结束了,很多人还是不愿走,围着我问这是什么乐器、来自哪里、演奏的曲目是什么。这让我意识到在街头演奏古筝还有另一层价值,就是能让更多国外的普通民众接触中国民乐,了解中国文化,那我想肯定要坚持演下去。"

然后,彭静旋准备了一个小盒子,上面摆放着一个牌子,写着"中国古筝"四个大字,以及古筝的英文、法文简介。有时她还会打印一些介绍中国乐器的小册子,买一些小的古筝模型摆件放在盒子里,送给感兴趣的观众。

同时,彭静旋在每次街头演出时,请朋友用手机帮忙拍摄,把演奏过程记录下来,分享到网上。"逐渐有更多人来关注我,这让我感觉自己身上的责任更重了,所以想在每次演出中都呈现更新颖、丰富的内容。"彭静旋说。

她精心编排每次演出的曲目,既有传统的古筝名曲,也有当下颇受年轻人喜爱的古风歌曲,还有一些英文歌、法文歌,让古老的乐器焕发出新的活力。"十一"国庆节期间,彭静旋还特意演奏了《我和我的祖国》《歌唱祖国》等曲目,以传递一份思乡爱国之情。

每次演出的服装都经过认真挑选。彭静旋觉得,汉服是中国传统文化的一部分,和古筝的风格很契合。而且在国外的街头演出,汉服会和当地的街景、建筑产生一种视觉碰撞,也很浪漫。所以她慢慢积攒了一大衣柜的汉服专门作为演出服,现在已经有一百多件了。

演出的地点也越来越多,瑞士、西班牙、意大利……彭静旋专门整理了一组视频合集叫"带着古筝去旅行——看世界"。她已经习惯了去哪儿都背上古筝、拎上音箱,随时准备在街头来一场演出,把中国民乐带向更多地方,也让关注自己的粉丝能看到世界各地更多不同的风景。

这几年的街头演出经历,让彭静旋对自己未来的发展有了更清晰的规划。"首先我想在音乐上继续精进。"彭静旋告诉记者,之前表演时有欧洲观众说"古筝像躺着的竖琴",这个类比让她觉得很有趣。"再加上竖琴也是偏抒情的音色,所以我前两年开始学习竖琴演奏,希望未来能进行更丰富的音乐创作。"

另外,彭静旋还想继续做好中国民乐文化的海外传播。"中国传统文化如此丰富、优秀,应该让更多人知道。恰好音乐交流就是最直观的文化交流方式之一。我希望自己演出的音乐作品,能让大家感受到中国的文化自信。我也期待有一天,自己能在海外开办一个古筝社团,把我的所学教授给海外更多喜欢中国民乐的人。"

二、到非洲去闯一闯

26岁的路维乙将自己的名字倒过来,取了网名"一尾鹿"。2023年9月16日,"一尾鹿"在哔哩哔哩网站上发布了一则视频《大家好,我回来了》,收获了20多万次播放。视频中,她眼中含泪地整理好行囊,与前来为自己送别的非洲学生一一拥抱、告别。学生们大声唱起了一首中文歌:"明天我要离开,熟悉的地方和你,要分离,我眼泪就掉下去……"很多网友在视频弹幕中留言,"欢迎回家,但也和你一样感到不舍""好感动,我也想哭了"。

这份依依惜别的感情,要从4年前讲起。

学习汉语国际教育专业的路维乙,在大学毕业后参加了汉语教师志愿者的选拔。2019年,她来到非洲岛国科摩罗,从事汉语教学。路维乙坦言,自己原本对这个国家并不了解。刚得知要到科摩罗任教的时候,家里人也有些担心。"毕竟是我第一次独立到那么远的地方生活。但我心里还是非常憧憬的,觉得年轻的时候就应该去外面闯一闯。如果能到非洲走一走,那肯定会是一辈子难忘的记忆!"

为了体验别样的人生精彩,路维乙带着兴奋的心情来到异国。她说:"虽然刚到这边,生活上也是状况百出,但一两周之后,我就顺利适应了全新的生活。"

在科摩罗首都莫罗尼,路维乙的教学任务并不轻松。她既要负责为科摩罗大学中文专业的学生授课,又要带一个小学的汉语兴趣班和一个周末授课的社会兴趣班。"虽然工作很忙碌,但这也让我有机会接触到了很多不同年龄层的学生。下到七八岁、上至六七十岁的非洲学生,我都教过。"路维乙自豪地说。

在教学过程中,路维乙还真切地感受到中国文化在当地是多么受欢迎。"举办社会兴趣班招生活动时,很多当地的百姓非常感兴趣。特别是我们说到在这里不仅可以学习中文,还可以学习中国武术、学太极拳,他们就特别兴奋,都举着手来报名。上了一段时间课以后,很多学员还会拉上自己的亲朋好友一起来听课,特别热闹。"

工作之余,路维乙也开始做起UP主,在网络上分享自己的非洲日常,用视频记录生活中的趣事:国际中文教师的工作日常是怎样的,非洲超市里有哪些好吃的,在当地烧烤摊吃饭是怎样的体验,自己在非洲怎么过春节……

国内寄来的快递到了,路维乙就把中国零食分享给学生们试吃。辣条、芥末花生、山楂卷,非洲学生第一次品尝后,有人惊讶"中国人太能吃辣了",也有人直呼"很好吃,再来点",课堂上一片欢声笑语。路维乙还和非洲同事、学生一起和面、包饺子,教他们用筷子吃饭。当非洲朋友终于用筷子夹起一个饺子,路维乙连连夸赞"Very good"(非常棒)。

身在科摩罗4年,路维乙在网络上收获了越来越多的关注。有的网友从她这里第一次知道了科摩罗这个国家,第一次看到了那里美丽的海岛风光。有的网友惊叹,路维乙的非洲学生能十分流利地说中文、熟练地写汉字。有的网友说,喜欢路维乙的那种哪怕遇到困难,也始终保有乐观、向上的心态。还有很多同样学习汉语国际教育专业的学弟、学妹,因为路维乙的分享而对自己未来的职业规划有了更明确的认识。

在路维乙心中,这些视频的意义在于"能给大家打开一扇窗,去看到非洲不同的风土人情,也更加了解国际中文教师这个职业"。

在科摩罗期间,路维乙通过考试正式成为一名中国国家公派出国教师。2023年9月,她结束了在这里的教学任期,回到中国。离别令人不舍,但那些美好的记忆会一直留存。

路维乙说,自己下一步的目标是在国内休整一段时间后,再次报名外派,远赴非洲,继续为传播中华文化做贡献。"教授中文是我的专业,也是我的使命。能在自己年轻时做一些大胆且有意义的事,年老时翻看人生相册,才不会感到遗憾!"

资料来源:李贞. 中国故事,她们这样讲[N]. 人民日报海外版,2023-10-11(5).

思考:

(1) 为什么要讲好中国故事?

(2) 从彭静旋和路维乙两位年轻人讲述中国故事的做法,你认为传播中国文化的创新方式有哪些?你认为如何借助自媒体平台讲好中国故事呢?

第一节 认识自媒体

一、自媒体的概念和特征

(一) 自媒体的概念

美国新闻学会媒体中心于2003年7月发布了由谢因·波曼(Shayne Bowman)与克里斯·威理斯(Chris Willis)联合提出的"We Media"(自媒体)研究报告,对"We Media"下了一个十分严谨的定义:"We Media是普通大众经由数字科技强化、与全球知识体系相连之后,一种开始理解普通大众如何提供与分享他们自身的事实、新闻的途径。"简言之,即公民用以发布亲眼所见、亲耳所闻事件的载体。

360百科给"自媒体"这样下定义:自媒体是指普通大众通过网络等途径向外发布他们本身的事实和新闻的传播方式。实际上,自媒体是普通大众在数字科技的赋能下,与全球知识体系相连后,提供和分享事实与新闻的一种途径。这种途径反映了大众如何通过数字技术的力量,主动参与到信息的生成与传播中,从而形成一种去中心化的新闻生产与分享模式。

本书认为,自媒体是指个人或组织利用互联网、移动互联网等新媒体技术自行创作、发布并传播自己的信息内容,建立自己的传媒品牌和传播渠道,以获取流量、影响力和经济利益的一种新型媒体形态。

> **课堂讨论**
>
> 有人说:自媒体影响和改变了人们的生活,你同意这个说法吗?请和身边的老师、同学谈谈你的感受。

（二）自媒体的特征

▶ 1. 门槛低，易操作

对电视、报纸等传统媒体而言，媒体运作无疑是一件复杂的事情，它需要花费大量的人力和财力去维系。媒介的设立需要经过国家有关部门的层层核实和检验，测评严格，门槛极高，让人望而生畏，几乎是"不可能的任务"。但是，在互联网高度发展的时代，人们坐在家中就可以看到各地美景、欣赏流行乐曲、品味名家经典……互联网似乎让"一切皆有可能"变成现实，普通大众建立一个属于自己的"媒体"也成为可能。

在小红书、百家号等提供自媒体创作的平台上，用户只需要通过简单的注册申请，根据服务商提供的网络空间和可选的模板，就可以利用版面管理工具，在网络上发布文字、音乐、图片、视频等信息，创建属于自己的"媒体"。因为门槛低、操作简单，自媒体大受欢迎，发展迅速。

▶ 2. 个性化，平民化

在互联网世界中，个性是独一无二的。每个人的性格都不一样，但是很多人都有共同的爱好和兴趣。因为存在共同的爱好和兴趣，他们会产生共鸣，并会有双向的交流，因此个性化是自媒体吸引粉丝的法宝。平民化是指前面说的门槛非常低，只要会使用互联网工具，就可以从事自媒体工作。门槛越低，参与的人就越多；参与的人越多，流量就越大；流量越大，商机就会越多。互联网时代是流量为王、粉丝为王。只要你有粉丝，就会有流量；有流量，就可以赚钱。

▶ 3. 交互强，传播快

得益于数字科技的发展，自媒体平台没有空间和时间的限制，任何时间、任何地点，我们都可以经营自己的"媒体"。信息能够迅速地传播，时效性大大增强。

在自媒体平台上，作品从制作到发表，其迅速、高效，是传统的电视、报纸媒介无法企及的。自媒体能够迅速地将信息传播到受众中，受众也可以迅速地对信息传播的效果进行反馈。自媒体与受众的距离为零，其交互性的强大是任何传统媒介都望尘莫及的。

▶ 4. 碎片化

自媒体之所以具有"碎片化"的特点，是因为自媒体平台提供了一个相对开放的创作和传播环境，使信息的生产和传播过程变得更加容易与广泛。

首先是内容碎片化。自媒体平台的内容通常以短视频、短文、微博等形式呈现，篇幅短小，信息量相对有限。这种碎片化的内容形式，与传统媒体的长篇报道相比，更加迅速和简洁，容易被用户浏览和消费。

其次是话题碎片化。自媒体平台汇聚了海量的内容创作者，每个人都有自己喜欢的话题和专长领域。因此，自媒体平台上的内容涉及的话题广泛且多样，从社会热点到个人生活，涉及的领域非常广泛。这使用户在自媒体平台上可以根据自己的兴趣选择和浏览不同的话题内容。

二、自媒体的类型

现今，自媒体的种类繁多，每个平台属性不一样、流量群体不一样，甚至发布作品的审核机制都完全不一样。通常来说，我们可以从内容形式、创作者属性和传播渠道等多个角度进行分类。

（一）按内容形式分类

内容形式指的是自媒体平台或账号主要以何种形式呈现内容。按内容形式的不同，自媒体可以分为文字类自媒体、图片类自媒体、视频类自媒体和音频类自媒体等几种类型。

▶ 1. 文字类自媒体

文字类自媒体以文字为主要形式，通过文字叙述、分析、评论等方式传达信息。典型的文字类自媒体包括博客、微信公众号、知乎等，这些平台提供了方便的文字编辑和排版功能，使创作者能够用文字来传递信息、分享知识、展示观点等。

▶ 2. 图片类自媒体

图片类自媒体以图片为主要形式，通过图片展示、图文结合等方式传达信息。典型的图片类自媒体包括 Instagram、Pinterest（缤趣）等，这些平台注重视觉传达，用户可以通过图片来分享和发现有趣的内容，如美食、时尚、旅行等。

知识链接

Pinterest

Pinterest 是全球最大的图片社交分享网站，用户可以利用其平台作为个人创意及项目工作所需的视觉探索工具，同时也有人把它视为一个图片分享类的社交网站，用户可以按主题分类添加和管理自己的图片收藏，并与好友分享。

Pinterest 的名字由 Pin 和 Interest 组成，前者字面解释就是"钉"，后者是"兴趣"，加起来意思就是：大家在网络上发现有兴趣的内容就可以通通钉到一块板上，方便自己查阅或者与其他朋友分享，所以在 Pinterest 里大家可以创建不同分类的 Board（板）。Pinterest 以瀑布流的形式展现图片内容，无须用户翻页，新的图片不断自动加载在页面底端，让用户不断发现新的图片（图 10-1）。

图 10-1　图片社交分享网站 Pinterest

3. 视频类自媒体

视频类自媒体以视频为主要形式，通过视频展示、演示等方式传达信息。典型的视频类自媒体包括抖音、快手、YouTube 等，这些平台提供了视频拍摄、编辑和分享的功能，用户可以通过视频分享自己的生活、技能、经验、观点等。

4. 音频类自媒体

音频类自媒体以音频为主要形式，通过音频播放来传达信息。典型的音频类自媒体包括播客平台（如喜马拉雅、Spotify 等）、在线电台等，这些平台提供了音频录制、编辑和分发的功能，用户可以通过音频传递故事、分享知识、讨论话题等。

（二）按创作者属性分类

按创作者属性，可以将自媒体分为个人自媒体、机构自媒体和品牌自媒体三类。这三类自媒体都有其特定的运营者和运营目的，通过不同形式的媒体平台，它们各自具备独特的特点和价值。

1. 个人自媒体

个人自媒体是由个人独立运营的媒体平台，如个人博客、个人微信公众号等。通过个人自媒体，个人创作者可以表达自己的观点、分享知识和经验，并吸引读者或粉丝的关注和互动。个人自媒体的特点是灵活性强，创作者可以自由选择内容和形式，而且可以建立深入的个人品牌形象。

2. 机构自媒体

机构自媒体是由媒体机构或组织运营的媒体平台，常见的包括新闻媒体的自媒体账号、机构的官方微博等。机构自媒体通常具有更严肃的报道和专业性，可以传达机构的观点、提供权威的信息和支持机构的品牌建设。机构自媒体的特点是报道的广度和深度较大，更具备公信力和权威性。

3. 品牌自媒体

品牌自媒体是由品牌或企业运营的媒体平台，主要用于宣传推广和品牌建设。常见的品牌自媒体包括企业的官方微信公众号、品牌的社交媒体账号等。品牌自媒体通过发布有针对性的内容、与粉丝互动等方式，提升品牌的知名度、形象和忠诚度。品牌自媒体的特点是强调品牌传播和营销的目的，注重与目标消费者的互动和沟通。

（三）按传播渠道分类

按传播渠道，可以将自媒体分为社交媒体自媒体和独立媒体自媒体两类。这两种形式各具特点，都在数字时代的媒体生态中扮演着重要的角色。

1. 社交媒体自媒体

社交媒体自媒体是指利用社交媒体平台进行内容创作和传播的自媒体形式。这些社交媒体平台包括微博、抖音、微信公众号等。通过在社交媒体上发布内容，自媒体创作者可以与用户进行互动，并通过社交媒体平台的算法推荐机制扩大影响力。社交媒体自媒体的优势在于其庞大的用户群体以及信息传播的快速性和广泛性。创作者可以通过社交媒体的特点，以轻松、娱乐性的方式吸引用户注意，并与用户形成更紧密的互动和联系。

2. 独立媒体自媒体

独立媒体自媒体是指通过独立建立官方网站或 App 进行内容创作和传播的自媒体形

式。这类自媒体可以是个人博客、播客或新闻类自媒体等。相比于社交媒体自媒体，独立媒体自媒体更加注重内容的深度和专业性。创作者通过建立专属的平台，可以更自由地控制和管理内容，并且在传播过程中更加独立。独立媒体自媒体的优势在于能够保持更高的自主性和粉丝忠诚度，同时也能够提供更多样、更专业的内容。

需要注意的是，以上分类并非互相排斥，很多自媒体平台在内容上可能会涵盖多种形式，并且创作者也可能同时存在多种属性。同时，自媒体的分类也会因为互联网发展和新形式的出现而不断变化与丰富。

三、主流的自媒体平台

自媒体平台有许多，主流的包括以下几个。

（一）微信公众号

微信公众号是微信推出的一款自媒体平台，支持文字、图片、语音、视频等多种形式的内容创作。公众号作者可以通过发布优质的内容，吸引粉丝关注，并获得一定的广告收益。同时，公众号还支持打赏、付费阅读等功能，让作者能够更好地变现。

（二）今日头条

今日头条是一款新闻客户端，也是一个自媒体平台。用户可以在今日头条上注册账号，发布自己的创作内容。今日头条支持多种形式的内容创作，包括文字、图片、视频等。作者可以通过发布优质的内容，获得一定的广告收益。同时，今日头条也提供了付费阅读、付费问答等功能，让作者能够更好地变现。

（三）百家号

百家号是百度推出的自媒体平台，旨在为广大自媒体人提供更好的内容创作和分发服务。作者可以在百家号上发布文字、图片、视频等多种形式的内容。百家号的内容将通过百度搜索、百度信息流等产品进行分发，为作者带来更多的流量和关注度。同时，百家号也提供了广告分成、付费阅读等功能，让作者能够更好地变现。

（四）小红书

小红书是一个以分享消费经验、生活美食等内容为主的社交应用。用户可以在小红书上浏览其他用户的购物心得、美食评价、旅游攻略等，并可以购买商品、查看店铺信息等。此外，小红书还提供了一些创作工具，让用户可以发布自己的消费经验和心得，并获得其他用户的关注和认可。

（五）企鹅号

企鹅号是腾讯旗下的自媒体平台，借助腾讯庞大的生态系统，拥有海量用户流量。在企鹅号上，作者可以通过发布文章、图文、视频等多种形式的内容，实现内容变现。入驻企鹅号的好处是能与腾讯旗下的其他产品和服务相互衔接，增加曝光和粉丝互动，适合各种领域的创作者，是拓展变现渠道的好选择。

（六）大鱼号

大鱼号是一款由阿里巴巴旗下的 UC 头条推出的自媒体平台。在大鱼号上，作者可以通过发布图文、视频、长文章等多样化的内容实现变现。平台依托 UC 头条的庞大用户群体，提供了更多的曝光机会。大鱼号对内容质量有一定要求，优质的创作将更容易获得推荐,从而增加变现的机会。

(七) 简书

在众多自媒体平台中,简书是默默无闻的平台。这也与它的创始人的初衷密不可分,简书定位为写作者的写作软件。虽然简书比较特立独行,但发布在简书上的文章收录效果好,在百度可轻易搜索到。

(八) 知乎

知乎是一个以问答为主的自媒体平台,用户可以在知乎上发布问题、回答问题,并获取一定的关注度和收益。知乎的内容覆盖了科技、文化、娱乐等多个领域,是一个较为综合的自媒体平台。同时,知乎也提供了付费问答、付费咨询等功能,让作者更好地变现。

(九) 新浪微博

新浪微博是一款社交媒体应用,允许用户发布文字、图片、视频等多种形式的内容,并与其他用户进行互动。用户可以在新浪微博上浏览热门话题、关注名人明星、查看最新消息等。同时,新浪微博还提供了广告分成、付费会员等功能,让自媒体作者可以更好地变现自己的创作。新浪微博已经成为中国最具影响力的社交媒体之一。

四、自媒体平台的盈利模式

自媒体不仅让用户获得优质内容及信息,享受到更高品质的服务,更让内容创作者有了变现方式。目前,自媒体的盈利模式主要有以下几种。

(一) 广告收入

自媒体可以通过在自己的平台上展示广告来获得收入,主要是通过阅读量、广告商来变现,这种盈利模式主要针对文字类文章。这是目前自媒体最普遍也最重要的盈利模式,通过在各大平台发布文章或视频来吸引流量,然后进行广告植入。例如,一个新闻媒体网站可以在网页上方或侧边显示横幅广告,并根据广告曝光量或点击率来计费。此外,一些自媒体也会接受品牌赞助的原生广告,在文章中进行自然融入展示,获得收益。例如,一家旅游自媒体撰写一篇关于某个目的地的旅行攻略文章,发布后在文章中嵌入相关旅行社的广告链接,当读者点击该链接后,自媒体就会获得广告费用。

但是要注意的是,只有在创作者的内容足够优质时才会有收益,如果没有优质内容的话,平台就不会给予推荐。

(二) 赞助和合作

自媒体可以与品牌或机构进行合作,获得赞助费用或互助推广。例如,一个美妆博主可以与化妆品品牌合作,接受其提供的产品和费用,为其撰写使用心得或举办线下活动,促进产品推广。一个摄影自媒体可与相机品牌达成合作关系,在自己的社交媒体账号上分享使用该品牌相机拍摄的照片,并标注相关品牌的官方账号,从而提升品牌知名度。

(三) 自主销售产品和服务

自媒体可以通过自己的平台销售自主开发或代理产品和服务,这种模式适用于具备一定推广能力、拥有大量粉丝的自媒体创业者。创业者可以在自己的自媒体账号上发布产品测评、购物攻略等内容,以引导用户购买,从中获得佣金。例如,一个健身自媒体可以编写并销售电子书教程,或在线提供个性化训练计划。一个音乐自媒体可在自己的平台上开设音乐学习课程,并提供在线视频教学和个别辅导服务,通过课程费用来获取收入。

(四) 付费订阅或会员制

自媒体可以提供独家内容或特殊服务,并以付费订阅或会员制的方式获取收入。自媒体通过自身内容积累会员用户,会员用户因得到自媒体的额外增值服务而付费。会员付费盈利模式依赖于自媒体积累的社区强关系,这种强关系使用户对自媒体产生极高的忠诚度,会自动去传播自媒体品牌。当然,这种模式对于自媒体的要求较高。例如,某公众号就曾向会员推出增值服务而收取一定的会员费,目前该栏目已有超100万用户订阅过课程。再如,一位美食自媒体开设会员制美食社群,会员可以获得每月推荐的精选美食清单、独家食谱和预订餐厅的优先权,从中获取增值服务与特殊内容。

(五) 知识付费或打赏

自媒体可以通过提供知识付费内容或接受读者或观众的打赏来获得收入,这种模式对创业者的要求较高,需要其具备丰富的专业知识和技能。创业者可以开设线上课程、直播培训等,为有需求的用户提供有价值的内容,从而获取收益。例如,一位心理学自媒体可以提供在线心理咨询服务,向用户收取一定费用。一位演讲自媒体可在自己的平台上发布精彩的演讲视频,并允许观众对其进行打赏,观众可以通过电子支付平台向其赠送金额以表达赞赏。

(六) 代理销售或推广费用

自媒体可以成为某些产品或服务的代理商,并通过销售或推广获得佣金或推广费用。例如,一个新闻自媒体可以代理某家出版社的新书,并通过宣传和销售该书赚取佣金。一位游戏自媒体可与游戏开发商合作,通过自己的平台推广并销售该游戏,从销售额中获得一定比例的佣金。

(七) 线下活动

线下活动是自媒体创业者通过线下演讲、培训、签售等方式,实现盈利的一种模式。这种模式对创业者的要求较高,需要其具备丰富的经验和良好的口碑。创业者可以组织线下活动,为用户提供面对面的交流和指导,从而获取收益。例如,某新浪微博红人先是以新浪微博为自媒体平台进行创作,其《三国微博》《水浒微博》《西游微博》三个假想微博体走红网络,有了一定的名气之后便开始在北京一些剧场举办脱口秀表演。

人文素养训练

罗辑思维的生意经

一、搭建"文字+音频+视频"罗辑思维知识矩阵

罗振宇在央视做过制片人,也担任过电视节目的主持人,他博览群书、擅长演讲,离开央视后,搭上了互联网的快车,开启了知识脱口秀的新篇章。

2012年12月21日,很多人沉浸在末日的恐惧中,罗辑思维的第一场节目《末日启示:向死而生》开始了。当时,微信刚刚上线第二年,微信公众号也是一片空白,罗振宇准确地踩中了红利。谁也想不到,未来几年,微信公众号会爆发出如此大的商机。每天6点一条60秒的语音消息,成为罗辑思维的传统特色,延续至今。除此之外,罗辑思维还以文章的形式提供免费的、轻量级的知识服务,并推荐图书及相关衍生品。

另外,《罗辑思维》脱口秀还以视频形式周播,每次节目40～50分钟。在节目中,罗振宇将自己的知识积累,用诙谐幽默的方式进行解读,深入浅出,内容包罗万象,开播便在豆瓣获得了8.5的高分。至此,"文字＋音频＋视频",罗辑思维的知识矩阵初步搭建完成!仅仅半年时间,罗辑思维在优酷视频、喜马拉雅等平台的播放就超过10亿人次;上线第一年,平均每期点击量超过百万。

罗振宇牢牢抓住了知识付费的红利。下一步,毫无疑问,就是变现!

二、罗辑思维的赚钱矩阵

罗振宇的粉丝非常有号召力!2013年8月,罗辑思维正式推出付费会员,分200元、1 200元两个档次,仅仅6小时,5 000个亲情会员、500个铁杆会员全部卖光,160万元轻轻松松收入囊中。罗振宇才是粉丝经济的鼻祖!

罗辑思维的赚钱矩阵还在进一步扩张。2016年5月,得到App正式上线,在个人品牌的免费课程之外,平台还推出了薛兆丰、吴军、熊逸、武志红等大咖的收费课程。截至2020年3月31日,得到App月度活跃用户数超过350万,累计激活用户数超过3 746万,累计注册用户达到2 135万。随着线上产品矩阵的日益丰富,每个付费用户的客单价也由2017年的203.81元提升至2019年的231.93元。

除了线上之外,罗辑思维的业务还有两个重要部分:线下和电商。

在线下,罗辑思维的"吸金"方法有以下几种:"得到大学"、"时间的朋友"跨年演讲、线下发布会。如今,"得到大学"线下校区已经覆盖国内11个城市,开设85个班次,录取学员超过7 000人。2019年,仅一场"时间的朋友"跨年演讲,就获得门票流水近1 300万元!大家跨年都看演唱会,罗振宇则通过演讲疯狂向观众输出知识,不管这些知识有没有用,至少让观众觉得,自己在这"娱乐至死"的世界里,是特别的。

在电商这一块,除了卖实体书之外,罗振宇还卖阅读器,也就是"中国版的Kindle"。虽然得到阅读器有模仿的嫌疑,同样面临着"泡面之上,阅读之下"的尴尬,但从付费内容到硬件,罗辑思维的商业模式也算有了突破。2017年至2019年,公司实现营业收入分别为5.56亿元、7.38亿元、6.28亿元,总计接近20亿元。这就是"书中自有黄金屋"最有力的写照!

资料来源:周文君.3年狂赚20亿,罗辑思维要上市:知识能造黄金屋![EB/OL].(2023-05-10). https://jiameng.baidu.com/content/detail/6725271243?from=search&rid=1.33.39.124.

第二节　认识自媒体营销

一、自媒体营销的概念和特征

(一)自媒体营销的概念

自媒体营销是一种新兴的市场营销手段,它充分利用了社交媒体的优势,为企业提供了更多的商机。具体来说,自媒体营销是指企业通过社交媒体平台(如微博、微信、今日头条、百度、搜狐、UC等),以及在线社区、博客、百科、短视频等途径,实施一系列推广、销售、公共关系处理和客户关系维护等活动,以达到提升业务知名度、增强品牌知晓度和拓展更多客户群的目的。

(二)自媒体营销的特征

▶ 1. 低成本、高效率

自媒体平台的开通和发布内容的成本相对较低,可以快速搭建个人或企业的品牌形象,并与粉丝群体进行直接互动,传播效果好且成本较低。例如,通过自媒体平台建立个人美食博客,上传自己制作的美食图片和分享独特的食谱,与粉丝互动并提供烹饪技巧和厨房小贴士。

▶ 2. 精准定位受众

利用自媒体平台的用户数据及分析工具,可以针对不同的受众群体进行精准定位和推送。根据受众的兴趣、地域、性别、年龄等特征,制定个性化的推广策略,提升推广效果。例如,健身教练使用自媒体平台展示自己的健身技巧和分享营养饮食建议。

▶ 3. 独立自主

自媒体营销让个人或企业对传播内容和发布形式具有更大的掌控力。例如,一个旅行爱好者可以通过自媒体平台分享自己在世界各地的旅行经历和旅行建议。他可以自由选择发布内容的时间和方式,并且不受传统旅行杂志或游记书籍的限制和审查。他可以根据自己的经历和观点,独立地呈现旅行内容,展示个人的旅行风格,增加读者对他的关注和信任。

▶ 4. 互动性强

自媒体平台提供了与受众直接互动的机会,可以通过评论、点赞、分享等方式与粉丝进行互动。这种互动不仅增强了用户对品牌或个人的认同感,还增强了用户参与感,提高了口碑效应。例如,一位时尚博主在自媒体平台上发布时尚穿搭和搭配技巧,并与粉丝进行直接互动。粉丝可以在评论区提问,博主则可以及时回答疑问、提供更多的时尚建议和服装推荐。

▶ 5. 反应性强

自媒体平台可以实时发布内容,实时与粉丝互动,及时应对市场变化和用户需求的变化。对于企业而言,可以快速推送新品、促销活动等信息;对于个人而言,可以及时回应用户的问题和反馈,提高用户满意度。

扩展阅读 10-1 流量主整合:拆解创造出SHEIN万亿市值的流量玩法

二、自媒体营销的策略

(一)明确自身定位

虽然自媒体门槛低,人人皆可做,但并不是谁都能做起来的。前期若无明确的定位,就像是无头苍蝇四处乱飞。创作者首先要明确自身定位,理顺四个问题:我是谁?我能创作什么内容?我的目标用户是谁?我能为他们提供什么价值?

(1)我是谁?——穿搭能手?全职妈妈?大学生?音乐爱好者?留学生?

(2)我能创作什么内容?——是穿衣搭配、育儿经验、留学趣事、生活妙招、歌唱舞蹈、情感励志,还是个人理财?

(3)我的目标用户是谁?——确立了内容方向,目标用户自然一清二楚。

(4)我能为他们提供什么价值?——帮助成长、获得最新信息、科普知识或是技巧妙招？

（二）掌握涨粉技巧

▶ 1. 进行基础数据分析，了解粉丝画像

每个账号都拥有特别且唯一的粉丝画像，通过查看画像数据就可以做到快速涨粉。

（1）性别。可以看关注账号的粉丝是男性多还是女性多，从而有针对性地调整发文方向，生产某一性别爱看的内容。例如，男性粉丝占比高的账号，如果天天发情感美文，可能阅读情况不好；相应地，一个女性粉丝占比高的账号，如果天天发国际军事内容也是同理，要根据男女对内容喜好的不同，灵活作出调整。

（2）粉丝活跃时间。一般来说，在粉丝最活跃的时间发布内容，被粉丝刷到的概率就高，如果粉丝晚上 8 点最活跃，那么早上 8 点发文就太早了。

（3）定时发布。保持一个相对稳定的发文频率和发文时间，有利于培养粉丝的阅读习惯，更有利于快速涨粉。

（4）年龄。知道粉丝的年龄阶段，可以帮助创作者决定用什么样的口吻与粉丝对话，文中该使用什么风格的词汇。如果粉丝的年龄层偏大，文中使用一些英文词句缩写的新潮词汇，他们很可能看不懂，有阅读障碍时就会关闭文章，取关也是情理之中了。

▶ 2. 与粉丝保持良好的互动

自媒体创作者积极与粉丝进行互动、回应他们的评论和留言，是一种极其重要的行为。通过与粉丝积极互动，能够有效地增强他们的参与感，提升他们对账号的认知度和好感度。在互动的过程中，创作者积极地回应粉丝的评论和留言，给予他们充分的关注和回应。这种关注和回应不仅仅是回复评论，更是在思考和理解粉丝意图的基础上提供有针对性的答复和建议。创作者努力为粉丝提供有价值的信息和内容，以满足他们的需求和兴趣。这样的互动不仅仅单纯地为了增加粉丝数量，更是为了建立起紧密的关系，让粉丝真正感受到被重视。

此外需要创作者注意的是，对于读者的评论，无论是鼓励还是良性的批评，都要虚心接受，切勿和读者"打嘴仗"。

▶ 3. 发起意见征集

意见征集也可以帮助创作者更准确地掌握粉丝的喜好，了解读者对账号的意见建议。征集的问题很重要，不要问一些很宽泛的问题，比如"大家爱看我的文章吗"，而是要问一些指向性强的问题。例如，一名影视解说作者，可以发布几个电影片名让粉丝在下面留言想看哪部电影的解说。或者每篇内容后都留一个开放性强的问题，让读者产生互动的欲望，在聊天之中成为新粉丝。

（三）创作高质量的内容

创作高质量的内容可以有效提升自媒体的影响力和传播力。因为内容是自媒体营销的核心，只有通过高质量的内容吸引受众的关注，才能提升品牌知名度和影响力。在创作内容时，需要注意以下几个方面。

▶ 1. 独特性

创作内容应具有独特性和个性，与众不同的内容更容易引起读者的兴趣和共鸣。

▶ 2. 专业性

对于特定领域的自媒体，应展示自己的专业知识和经验，提供有深度、有价值的内容。

3. 多样性
内容形式多样化可以吸引不同类型的受众,包括文字、图片、音频、视频等。

4. 更新频率
保持定期更新内容,不断满足受众的需求和期望。

5. 避免被平台消重
创作者需要坚持优质原创,不要发表低质"搬运"内容;谨慎追逐热点,要有独特观点;创作的内容要有鲜明的个人特色。

(四)精细化运营推广
自媒体运营需要精心策划和推广,只有深入了解受众需求,合理分析数据,才能进行有针对性的运营推广。例如,创作者可以采用以下精细化运营推广做法。

1. 社交媒体互动
积极参与社交媒体平台上与目标受众相关的讨论,并回复受众的问题和留言,提高关注度和增加粉丝互动。

2. 关系营销
与相关领域的其他自媒体合作,互相推荐和宣传,扩大影响力和受众范围。

3. 优质输出
在其他自媒体平台发表有价值的文章或观点,提升个人或企业的影响力和专业形象。

4. 活动策划
定期举办线上或线下的活动,吸引受众参与,增加粉丝数量和提高其忠诚度。

(五)数据分析与优化
数据分析是自媒体营销的重要环节。通过对数据的深度分析,可以了解受众行为和兴趣,以及自媒体运营的效果。根据数据分析的结果进行优化,对推广策略进行调整和改进。以下是一些常用的数据分析与优化方法。

1. UV 和 PV 数据分析
UV 和 PV 数据分析即 unique visitor(受众访问量)和 page view(页面浏览量)数据分析。通过分析受众访问量和页面浏览量,了解受众的关注点和偏好,进而调整内容和推广策略。

2. 转化率分析
对关键指标如点击率、转化率进行分析,了解受众对内容的接受程度,进而优化相关内容。

3. 用户反馈分析
关注用户的评论、留言和反馈,了解受众的需求和期望,并有针对性地改进和优化。

(六)注意发布内容进入复审环节的情况
有时候创作者可能会遇到以下情况:一篇内容推荐了一半,推荐数据都很好,为什么忽然就不推荐了呢?这很可能是因为内容出现了一些指标上的问题,如它的点击率虽然高,但同时负面评论也多。在这种情况下,这个内容就会进入复审环节。系统会重新对内容进行严格审核,主要审核以下几类问题。

1. 标题党

标题过度夸张,故意营造悬念、无中生有、歪曲事实、题文不符、低俗引导等内容会无法通过审核。

2. 封面党或低俗

封面图不清晰、涉及低俗引导等行为,都会被复审拦截。

3. 内容涉及虚假

创作内容违背科学常理,描述未被证实或者与已经发生的事实相悖也无法过审。

4. 包含推广信息

平台为了保护用户的体验和权益,避免用户受到错误指引遭受损失。平台对内容的推广信息非常严格,内容中如果包含二维码、微信号、手机号等各种联系方式或一些恶意推广内容,都会被审核拦截。

5. 其他综合因素

其他因素如冷启动推荐效果差、热点过时等,也会导致无法过审。

三、自媒体平台的内容创作

(一)有吸睛的标题

俗话说:好马配好鞍,一篇好文章自然也需要有好标题。在自媒体中,标题至关重要,一个好标题可以引起读者对文章的好奇心,让文章的点击率成倍增长,甚至是让文章成为爆款的关键之一。好标题必须让读者一秒读懂;必须能吸引读者点击;必须能引起话题,这样更容易让用户在评论区和自己互动;必须能直戳读者心底,使读者有情绪递进,产生共鸣。

(二)运用"凤头、猪肚、豹尾"的基本结构打造爆文

扩展阅读 10-2 自媒体爆款标题公式

有一句话是这样说的:"每一篇爆款文章都由凤头、猪肚、豹尾组成,读完之后令人回味无穷。"所谓的凤头,指的就是文章开头需要像凤头那样美丽优雅、精彩绝伦;而猪肚指文章主体内容,在细读品味下内容充实,心驰神往;最后就是文章结尾,需要像豹尾一样简洁有力。

1. 凤头:引人入胜的开头

清人李渔曾在《闲情偶寄》中写道:"开卷之初,当以奇句夺目,使之一见而惊,不敢弃去。"由此可见,一个好的开头该有多么引人注目,让读者拍案惊奇!自媒体创作者可以这样开头:引用名言或故事,快速抓住用户眼球;表明自己的观点,亮出明确的态度;直接向用户表明与他们相关、对他们有用。

例如,《年轻人,你凭什么不加班》的开头是:"你在未来某一天成功后,一定会感谢当年辛苦加班的自己。"

2. 猪肚:清晰的段落架构

文章的主体要言之有物,紧凑而有气势,如同猪肚一样充实、丰满。千万不要泛泛空谈,创作者要做到有清晰的段落架构,有理有据,信息量丰富。以下是文章结构的五个公式,创作者可以选择其一来进行写作,使文章符合逻辑。

公式一：（观点1＋故事a）＋（观点2＋故事b）＋（观点3＋故事c）
公式二：（故事a＋观点1）＋（故事a＋观点2）＋（故事a＋观点3）
公式三：观点1＋故事abc＋观点1（强化）
公式四：故事ab＋观点1＋故事c＋观点2（详略，补充）
公式五：故事a＋观点1＋方法论abcd

▶ 3. 豹尾：简洁有力的结尾

结尾响亮有力，像豹子的尾巴一样。这里指总结全文、点题升华。自媒体创作者可以这样进行结尾：提炼文章核心，总结全文；抛出话题，引发用户的讨论；煲心灵鸡汤、放金句，制造共鸣。

例如，《双十一最终成交1207亿！但腾讯干了件更疯狂的事：给员工发了15亿！》的结尾是："阿里、腾讯，中国最牛的两家互联网公司，一起度过了疯狂的一天，你更想加入哪家公司呢？"

《优秀的人，都敢对自己下狠手》的结尾是："我们得付出多少努力，才能看起来毫不费力，在这些繁华的城市，过上平凡的日子。"

（三）与用户情感共鸣，创意多样化

首先，情感共鸣是自媒体创作的重要技巧之一，情感共鸣指的是通过文字、图片、视频等多种手段，让读者对内容产生共鸣，更加深入地了解内容背后的含义和价值。情感共鸣的前提是针对不同的读者人群，了解他们的需求、关注点和心理，从而有的放矢地进行创作。同时需要注重创意和质量，让读者在有限的时间内产生情感共鸣，从而广泛分享。

其次，要让自己的创意尽量多样化。创意是自媒体创作的灵魂所在，是指对某个问题或现象的独特视角和解决方案，创意需要多元化，既要有创造性的思维，同时也需要广泛的知识和经验积累。多样化的创意可以让读者更加喜欢创作者的内容，确立创作者在该领域中的首席专家地位，吸引更多人的关注。

人文素养训练

《关于开展"清朗·从严整治'自媒体'乱象"专项行动的通知》

2023年3月，中央网信办发布《关于开展"清朗·从严整治'自媒体'乱象"专项行动的通知》。通知明确表示，专项行动自即日起开展，为期两个月。专项行动聚焦社交、短视频、网络直播等类型重点平台，针对"自媒体"造谣传谣、假冒仿冒、违规营利等突出问题，坚决打击，从严处置，营造清朗网络空间。

一、坚决打击"自媒体"发布传播谣言信息、有害信息和虚假消息

（1）打击"自媒体"造谣传谣。一是编造虚假事件、离奇故事，臆造案事件原因、细节、进展或结果，无中生有制造谣言。二是集纳旧闻旧事冷饭热炒，使用异地新闻嫁接拼凑，选取无关人物、图片、音视频恶意关联，移花接木制造虚假消息。三是打着"国学经典""红色文摘"等旗号，杜撰老一辈革命家诗词或者言论。

（2）打击"自媒体"炮制有害信息。重点是搭蹭公共政策、宏观经济形势、重大灾难事故、社会热点事件等，断章取义歪曲解读、颠倒是非抹黑攻击、渲染悲情煽动对立，制造损害党和政府形象、干扰经济社会发展的有害信息。

（3）打击"自媒体"恶意炒作。通过搬运倒灌、"标题党"炒作、集中发布相似文案、多账号联动发文等手段，对明知或应知为谣言、虚假消息、有害信息仍肆意传播的行为。在谣言、虚假消息已被澄清，有害信息已被查实的情况下，仍盲目跟风、人云亦云，搬运散播谣言、虚假消息、有害信息的行为。

二、坚决取缔假冒仿冒官方机构、新闻媒体和特定人员的"自媒体"

（1）取缔利用账号名称信息假冒仿冒的"自媒体"。一是在名称、头像、简介等账号名称信息中，使用相同或相似名称、标识等，假冒仿冒党政军机关、事业单位、新闻媒体的"自媒体"。二是在账号名称信息中擅自使用县级以上行政区划地理名称、误导公众的"自媒体"。三是通过更改账号名称、修改个性签名、新设用户头像等方式，冒充官方机构、新闻媒体工作人员及其他特定人员的"自媒体"。

（2）取缔利用信息内容假冒仿冒的"自媒体"。一是谎称所谓热点事件当事人、亲友或相关人员爆料案事件线索细节、求救信息等内容的"自媒体"。二是篡改、截取官方新闻发布会、通报等部分内容，制作发布假通报等信息的"自媒体"。三是在直播间或短视频背景中假借与电视新闻节目相同或相似布景的"自媒体"。

（3）取缔无专业资质假冒仿冒的"自媒体"。无教育、司法、医疗卫生等领域资质，擅自使用"教师""教授""律师""医生""医师"等称谓假冒仿冒专业人士，发布育儿、教育心理学、法条解读、案件剖析、医学知识科普、疫情形势解读等专业领域信息的"自媒体"。

三、全面整治"自媒体"违规营利行为

（1）从严整治"自媒体"蹭炒热点吸粉引流。重点是"自媒体"通过不当评议、胡乱解读、片面曲解公共政策、社会热点事件获取热度，借机推销售卖商品、课程或服务，接受用户打赏，开通付费咨询，在直播间带货；打着探访、追踪、帮扶、救助等旗号，在灾难或事故现场、热点事件发生地、热点人物相关地等场地开设直播、拍摄视频，消费灾难，借势引流。

（2）从严整治"自媒体"造热点博流量。一是在重大案事件发生后以恶意揣测、散播阴谋论、关联集纳等方式挑动公众情绪、制造次生舆情。二是刻意选取民营经济、家庭矛盾、婚恋生育等高关注度话题，发布争议性、误导性言论煽动对立、撕裂社会共识。三是打造违背公序良俗的"励志网红"、低俗人设等，哗众取宠收割流量。

（3）从严整治"自媒体"利用弱势群体进行流量变现。一是哄骗、利诱老年人摆拍视频、开设直播，骗取网民点赞、打赏、捐赠等。二是欺骗、引诱残障人士，通过卖惨、恶搞、虐待等违法失德方式博取流量。三是罔顾未成年人身心健康，利用未成年人牟利。

资料来源：中华人民共和国国家互联网信息办公室.关于开展"清朗·从严整治'自媒体'乱象"专项行动的通知[EB/OL].(2023-03-12).https://www.cac.gov.cn/2023-03/12/c_1680256771482498.htm.

第三节 常见的自媒体平台实战

一、百家号

（一）百家号平台简介

百家号，是百度为创作者打造的集创作、发布、变现于一体的内容创作平台，也是众多企业实现营销转化的运营新阵地,支持发布图文、视频、动态、直播、图集等多类型内容。创作者可以通过百家号 PC 端后台和百家号 App 两种方式进行内容的发布。通过搜索和信息流双引擎驱动,创作者发布的内容将在百度 App、百度百科、好看视频、百度健康、百度知道、百度文库、问一问、有驾等多平台分发。一个百家号,内容、粉丝、认证、权益多平台打通,让创作更高效。

目前,百家号平台支持商单、带货、付费、问一问、赞赏等多元内容变现模式,帮助创作者拓宽收入渠道,让用心的创作者有回报。此外,百家号将利用"百度搜索＋AIGC 产品能力",帮助更多创作者在多个维度实现成长和突破。

(二)百家号的注册流程

百家号注册有两个入口,在 PC 端和手机端都可以操作。这里将重点介绍 PC 端的注册流程。

▶ 1. 登录百度账号

申请百家号账号前,创作者需要有一个百度账号,并通过绑定创作者本人手机号的百度账号来申请、管理百家号(图 10-2)。如果创作者没有百度账号,可进入 passport.baidu.com 页面注册,或单击百度官网右上角登录。如果创作者已有百度账号,那么登录百度账号后,先绑定本人手机号。此外,还要保证百度账号的实名信息和要开通的百家号实名信息一致。

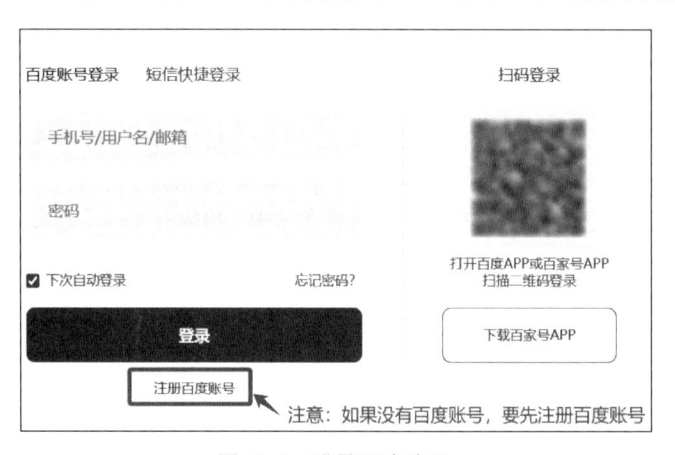

图 10-2 登录百度账号

百度账号开通百家号后不可解绑,建议机构类型账号勿绑定员工私人资产(如钱包、网盘等)百度账号申请百家号。

▶ 2. 选择申请账号类型

百家号有个人、媒体、企业、政府、其他组织五种账号类型,供运营者根据实际情况选择(图 10-3)。其中,个人账号适合垂直领域专家、意见领袖、评论家、自媒体人士及站长申请;媒体账号适合有媒体资质的网站、报刊、电台、电视台等申请;企业账号适合公司、分支机构、企业相关品牌等申请;政府账号供国内外政府机构、事业单位、参公管理的社团组织申请;其他组织账号供各类公共场馆、公益机构、学校、社团、民间组织等机构团体申请。

▶ 3. 填写并提交申请材料

不同账号类型申请百家号时,需要提交的资料如图 10-4 所示。

创作者还需要特别注意以下的信息填写。

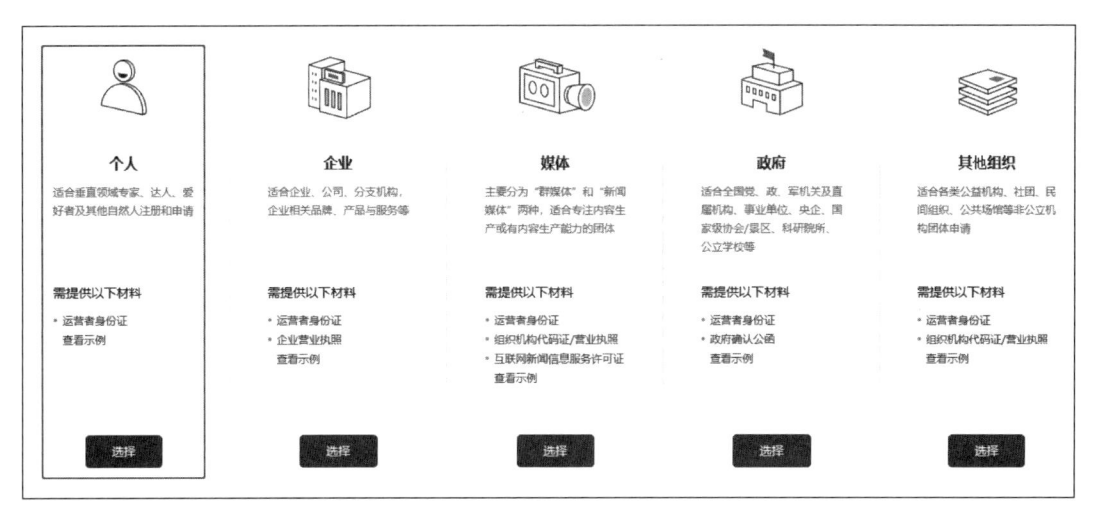

图 10-3　选择所申请的百家号账号类型

图 10-4　各账号类型需要提交的资料

(1) 百家号名称：2~10 字，先到先得，使用与发文领域相关的名称，可有效提升读者认知和阅读量；不能使用特殊符号或繁体字，字符中间不能使用空格。

(2) 百家号签名：10~20 字，用来向读者简明扼要地展示你的百家号内容风格；不能使用特殊符号或繁体字，字符中间不能使用空格。比如一个健身类百家号，签名可以是"专注运动健身知识分享"，让读者快速了解你的百家号。

(3) 头像：清晰、健康、代表品牌形象，不要使用二维码、政治敏感及色情图片。图片格式支持 bmp、jpeg、jpg，200×200 像素，且大小不超过 5 M。

(4) 运营者姓名：需与身份证姓名保持一致，如果名字包含分隔号"·"，也需填写。

(5) 运营者身份证号码：需为本人身份证号码，且与上传身份证照片上一致。

(6) 身份证照片：使用本人身份证正反面，勿遮挡身份证有效信息，确保包括身份证号在内的信息清晰可见，大小不超过 5 M。

▶ 4. 完善账号信息

打开百家号后台，找到左边菜单栏"账号权益——百家号设置"，打开设置账号基础信息，包括百家号头像、名字、简介、领域等，并实名，如图 10-5 所示。实名的步骤只需要单击"去实名"并按照提示完成即可（即最后一步）。

同时，创作者也需要注意以下的相关事项。

图 10-5　完善账号信息

（1）账号头像：照片不要带广告，不能含有明显广告推广信息，如二维码、电话等，也不能用名人照片，可以选择一张与创作者账号名字一致的高清图片来当作头像。企业号也可以直接用公司 Logo。

（2）账号名称：2~10 字，最好选取与创作者的领域相关的名字，格式可以参考"公司简称＋行业＋服务"。

（3）简介：不要有明显推广信息，不辱骂、抨击，要体现正能量，有符合账号信息的介绍即可。

（4）领域：个人号最好选择和自己从事的职业相关、自己擅长的领域；非个人号可从各个企业服务或内容角度选择，便于之后发布内容保持垂直。注意非个人号涉及健康、新闻等领域务必出示相应的专业资质证书。健康领域需出示公立医院就职的相关个人资质证书；新闻领域要提交互联网新闻服务许可证。领域一旦确定，不建议再更改。

▶ 5. 填写运营主体信息

个人号填写运营人实名信息，机构类型账号要出示机构的主体信息和运营人的实名身份信息。以个人账号为例，在"百家号设置"中单击"去实名"，进入实名认证扫码页面，如图 10-6 所示，打开手机百度 App 扫码认证（需要人脸识别）即可完成认证步骤。需要注意的是，百度账号若已关联实名信息，则此处填写务必保持一致。

这个步骤结束之后，创作者可进一步单击左侧菜单栏"账号权益——我的认证"去进行身份职业、优质领域创作者等其他认证。

（三）百家号的常用功能

百家号是一个面向内容创作者的平台，主要提供发布内容、展示作品、粉丝互动等功能。创作者可以在百家号后台左边的菜单栏逐个了解。现针对四个常见的功能进行介绍。

图 10-6　实名认证扫码页面

▶ 1. 发布内容

百家号是一个内容分发平台，创作者可以在上面发布自己的原创内容，包括文章、视频、图片等，并且可以根据不同的平台需求进行分发。单击左侧"发布"进入内容输入页面，标题能输入 8～30 个汉字，正文内容可借助 AI 功能快速生成，非常方便。创作者还可以在正文中加入超链接、图片、音频、视频等形式的内容。在此建议创作者，设计 20 个字左右的标题比较适合，用两段式或者三段式会更吸引用户，并且有更大概率触发百度搜索关键词。

▶ 2. 管理

百家号的管理功能包括内容管理、评论管理、话题管理、粉丝管理、素材管理五大模块。内容管理提供了图文、图集、视频、直播的筛选，增加了点赞、收藏以及分享的互动数据，帮助创作者了解文章的受喜爱程度。评论管理提供给创作者全部评论（文章评论和动态评论）并可以对评论进行回复。话题管理可以查看编辑创建和主持的话题，还可以通过话题搜索查找指定话题。粉丝管理可以让创作者管理自己的粉丝，创建粉丝群，与他们互动。素材管理支持上传素材、删除素材、修改素材名称，上传和删除支持多选操作。

▶ 3. 变现工具

变现工具功能包括变现任务、电商工具箱、度星选商单任务、付费内容分销四大模块。变现任务其实就是百度发布的一些任务，完成任务可以获得对应的奖励。电商工具箱是其提供的一项服务，旨在帮助自媒体作者在平台上进行电商推广和销售。度星选商单任务当前包含征文任务、招募任务、定制任务三种模式。其中，征文任务是由品牌主制定推广主题，发布任务面向创作者征集内容，创作者自主投稿的合作模式；创作者粉丝＞100 就可以参与招募任务，这是按照效果付费的合作模式；定制任务是品牌主主动选择某一位创作者发出合作邀请的模式，门槛相对高一些，品牌主通常会考察创作者本身的"人设调性、内容质量、粉丝量与画像匹配度、传播效果和影响力"等。付费内容分销模块可以轻松地将创作者的优质内容推广给更多的用户。

4. 数据

百家号运营的相关数据都在作者后台，左侧的数据模块下包含内容分析、消息分析、号主页分析三个子模块。内容分析主要包括整体数据和单篇数据两个部分，创作者可以更好地了解自己的内容表现和用户反馈，并以此来优化内容创作。消息分析包括私信数据、自动回复数据，主要展示的是留言消息数、留言人数、人均留言消息数以及变化趋势图和详细的数据。号主页分析则给创作者提供"主页配置"、掌握"品宣区""模块区"等区域的变化趋势，以及每天的 PV 数据和 UV 数据。

（四）百家号的运营策略

创作者除了需要认真考虑自己的垂直细分领域外，还需要做到：结合热点、标题优化、配图美观、选择发布时间、保证更新频率。

1. 结合热点

创作者要学会蹭热点，那么热点从哪儿来、要如何挖掘呢？百度搜索风云榜、百度热搜、新浪微博热搜每天都有很多热点，也有许多查热点的工具。例如，PICK FREE 网站（网址：http://www.pickfree.cn/）是一个收录大量无版权、可商用的素材的网站，资源涵盖了图片、音乐、插画以及视频等素材，里面的"新鲜——今日热榜"提供了各大媒体平台的热榜文章。创作者可以思考如何把这些热点和所写的领域结合，例如，2023 年 8 月日本倾倒核污染水事件，如果创作者是做医疗健康的，可以从核污染延伸到身体健康，最后提及自己的产品或者服务。对于同行最近发的，在造势和运作方面的一些内容，创作者也可以顺势而上，或延伸，或对标，这都是可以吸引到该领域目标用户的。

2. 标题优化

前面也多次提及，好标题能吸引读者眼球，甚至是起到画龙点睛的作用。而且百家号会根据用户搜索的习惯推荐文章，如临近春节的时候，用户经常搜索"春节抢票"，那么一篇标题含有"春节抢票"的优质文章则会在用户使用百度时呈现在用户眼前。另外一点是标题要吸引人，标题是吸引读者的一个关键，所以标题必须简洁有力，不过不可低俗，因为每篇文章都需要接受审核，太低俗了，审核通不过，甚至会被封号。

3. 配图美观

配图和标题一样关键，都是吸引用户的关键点，特别是封面图，用户看到的第一眼是标题，第二眼就是封面图。封面图要简洁明了、颜色不杂乱、契合主题，最好能代入场景，让用户一看到就能联想到文章要说的内容。

百家号配图还有六大"雷区"：图片带水印还模糊不清；图片重复多次使用；图片与文章内容不符；图片中图像拉伸变形；出现联系方式、二维码等推广信息；纯文字或表情包作为大图。创作者一定要注意避免踩踏"雷区"。

4. 选择发布时间

每个平台都有一些文章推荐的规律。如果创作者所在的领域是休闲类或者泛娱乐类的，最好的时间是大家都空闲的时间，如午休、上下班路上、晚上睡前等。如果是热点内容，那肯定是越早发布越好，因为热度一过，用户就再没有打开的欲望了。有人还总结出百度推文的黄金时间：早上 9—10 点发布，11—13 点系统会有一次推荐。

当然，关于具体的发布时间，还是需要创作者自己多琢磨、多测试，找到自己所在领域用户最活跃的时间。

▶ 5. 保证更新频率

平台需要新鲜的"血液",如果每日都有更新,每天都有新的内容输出,系统会判定你的账户为优质账号,资源分配的权重也会向你倾斜。例如,初级账号每天可以更新一篇文章,当连续更新一段时间且文章阅读量高时,百家号平台会将账号等级升到"中级",账号等级越高,获得曝光以及推荐的机会也越多。所以在没有特殊情况和有内容输出的前提下,最好是每天都更新,长期坚持发布下来,账号的等级越高,获得的推荐量会越多。

二、头条号

(一) 头条号平台简介

头条号是今日头条推出的开放内容创作与分发平台,基于今日头条的推荐引擎,实现媒体、企业、政府等机构与个人的内容创作、发布与精准分发。成功申请并入驻头条号平台后,用户可以创作、发布包括文字、图片、视频等多种形式的内容,经过今日头条推荐引擎,向数亿今日头条用户展示。目前,头条号发布的内容产生的阅读量占今日头条阅读总量的90%左右。

头条号和微信公众号最大的不同是,头条号根据"推荐"决定阅读量,而不是根据"粉丝"决定阅读量,也就是说,创作者获得的"推荐"越多,那么他的文章阅读量就越高。即使创作者刚入驻,粉丝只有1,也有可能获得高流量。

头条号的账号包括个人、媒体、国家机构、企业和其他组织五种类型,其注册流程和百家号大同小异,因此在这里不再赘述。

(二) 头条号指数的构成

头条号指数是大数据指数,它由机器通过对读者阅读行为的记录与分析而得出,用于判断一个账号是否值得被推荐以及获得多少推荐量。头条号获得高流量和头条号指数的高低有密切关系,头条号指数由原创度、活跃度、健康度、专业度以及互动度五个维度组成,这五个维度的分值越高,头条号的指数就越高。

▶ 1. 原创度

内容的原创度是每个自媒体平台对作者首要的衡量指标,更何况头条号是主动为用户推荐优质原创内容的。试想,如果头条号长期为用户推荐一些毫无价值的重复内容,久而久之肯定会有很多用户选择离开头条号。

此外,不仅要坚持推出原创内容,内容的质量也很重要,质量好的内容才能降低跳出率,只有抓住用户的"胃",用户才能用心看完每一篇文章,这样原创度才高。

▶ 2. 活跃度

活跃度是头条号指数五个维度中最容易提升的一个维度。创作者只要每天定时更新一篇文章到头条号且通过审核,活跃度就会提升。

除了每天更新发文外,增加每天使用头条号的频率以及在线时间,也可以提升活跃度。对于创作者来说,他们既是内容输出者、又是忠实用户,在互联网时代,使用频率和在线时长成为评价一款软件活跃度的指标。因此,只要创作者坚持每天更新内容,在PC端和移动端打开头条号并保持在线状态,他们的活跃度就会得满分。

3. 健康度

健康度是头条号指数里面最不容易提升的维度。头条号健康度主要从以下三个方面考核：①图片大小、美观度；②内容是否涉及黄、赌、毒；③文章标题和内容是否严重失实。

首先，编辑文章时一定要配图、排版精美，图片大小一致、清晰，这样才更容易吸引读者的注意，并引导读者深度阅读。

其次，创作者发布的文章或者视频主题要健康、积极向上，坚决不能发布消极、负面以及低俗等易产生不良舆论导向的内容。另外，选材要新，不要发布一些陈旧过时的信息，这样读者才有读完的可能性。

最后，标题要好，一定要和内容相关且具有吸引力，一定不要做"标题党"。通过夸张的标题来吸引读者点击，配上名不副实的内容，头条号是坚决打击的，很有可能会审核不通过且降低头条号的健康度。

做到这几点，头条号的健康度上来了，头条号指数就会提高，自然而然推荐量也就会上来。所以想要在头条号获取收益，健康度还是很重要的。

4. 专业度

在注册头条号时需选择专业的领域，产出的文章越专业、垂直，头条号推荐才能越精准。虽然可以在多个板块（如美食、旅游、体育等）发内容，但如果发布的文章不在所选择的领域，会降低专业度的评分，从而影响头条号指数。

5. 互动度

当读者评论自己的文章时，要主动去回复，和读者互动，这样能增加头条号指数的互动度。除了与读者互动，还可以主动去评论别人的文章，得到较多的认可，获得热评，就有机会被推荐到首页，从而带来曝光量，获得点击量与订阅量。

（三）头条号的运营方式

1. 头条号写文章

文章创作是运营头条号十分常见的一种变现方式，可以从娱乐、科技、生活、美食这几个领域去选择，而且头条号平台每天有上亿的活跃用户，可以给图文创作者提供充足的流量。在头条号上写文章，必须语句通顺，无病句、错字，所写题材不能涉及敏感内容，文章必须原创，不能抄袭。

图文头条号的收益来源，是创作者的文章发布出去后产生的阅读量转化成的流量收益。一般10万阅读量的"小爆款"文章，最低都可以获得100元的收入，所以创作者想要写出高阅读量的文章，一定要打造好文章的吸引力，从标题、题材和文笔三点出发，让用户对自己的内容产生兴趣，从而点击阅读。

2. 头条号做视频

视频头条号是平台上非常流行的账号类型，视频的流量也远远大于图文。关于视频头条号的运营，首先要确定好账号的定位，如创作者是否选择真人出镜，以及想要做什么领域。只有在定位明确以后，再做内容的垂直更新，视频头条号才可以运营出自己想要的效果来。

3. 微头条

微头条是头条号非常重要的一个板块，在账号粉丝突破100以后，创作者所发的微头条就可以通过阅读量产生收益了。只要创作者蹭好热度，写一些实时热点方面的内容，就很容易引起用户阅读以及互动。一般来说,微头条1万阅读量的单价是5元左右,10万阅读量就可以拿到50元的收益,收入相当不错。

▶ 4. 头条问答

和微头条一样,头条问答流量也相当庞大,同样要满足粉丝满100人的条件,才能够开通收益。在这个板块,创作者可以去挑选一些自己擅长的问题来进行回答,而自己的回答看的人多了,就可以产生收益;还可以利用回答的曝光度,在账号上涨粉。

三、企鹅号

(一) 企鹅号平台简介

企鹅号是由腾讯公司开发并运营的内容创作平台,为用户提供了一个自媒体的平台,让用户能够轻松地创作并分享自己的文章、音频、视频等多种形式的内容。同时,企鹅号提供了丰富的工具和功能,方便用户管理自己的内容,分析数据并与读者互动,让创作者能够更好地和受众进行交流与合作。

企鹅媒体平台为自媒体提供多出口、多场景的分发渠道,创作者发布的文章将在天天快报、腾讯新闻客户端、微信新闻插件、手机QQ新闻插件、QQ公众号、手机腾讯网、QQ浏览器等平台渠道进行一键分发,实现优质内容的更多、更准确曝光。

(二) 企鹅号运营方法

▶ 1. 内容垂直度

创作者在注册的时候选的是什么领域,那么发文的时候就必须是什么领域,在这个垂直领域深耕下去。创作者不能今天发娱乐内容、明天发汽车内容、后天发美食内容。也就是说,从创作者申请开始,就必须保持领域的一致性。

▶ 2. 首发

很多创作者都是一篇文章发布到很多个自媒体平台,而企鹅号是比较注重文章的首发性,也就是说创作者必须把所写的文章第一个发布在它的平台。

▶ 3. 原创

原创是所有自媒体平台的必备要求,特别是创作者在试运营企鹅号时,每篇文章都必须要原创。

▶ 4. 拒绝黄、赌、毒

创作者对文章内容的质量一定要严格把控,特别是不能有低俗的、色情的内容出现。这点非常重要,腾讯对低俗的内容零容忍。

▶ 5. 文章选题

最好就当前或最近的新闻热点,并结合自己所选择的领域,组织文章的内容。内容要和相关图片结合,不能乱配图。此外需要注意的是,通过试运营前不要带广告信息,等通过试运营后可以在文章适当位置放微信公众号的ID。

四、大鱼号

(一) 大鱼号平台简介

大鱼号是阿里巴巴旗下的阿里文学开发的自媒体平台,它专注于原创文学和文化创作,为作者提供了一个展示和发布作品的平台。大鱼号拥有庞大的读者群体和流量,能够帮助作品得到更多的曝光和传播。作为自媒体平台,大鱼号允许作者发表各类文学作品,如小说、散文、诗歌等,并提供了赋能工具和资源,方便作者进行创作、编辑、排版和推广。同时,大鱼号也提供了商业化的机会,通过广告、付费阅读等方式帮助作者实现收益。大鱼号已经成为国内文学创作者展示才华和获得认可的重要平台之一。

(二)大鱼号指数的构成

大鱼号指数是平台从账号的内容原创度、用户关注度、创作活跃度、内容垂直度、内容质量度五个方面进行评估的。指数越高,创作者获得的权益就越多。

▶ 1. 内容原创度

任何平台都鼓励作者发表优质原创内容,原创文章可以获得优先推荐,现在自媒体平台检测都很准,任何抄袭和"搬运"的情况都可以查出来。当然,除了内容不能转载和"搬运",一些热门话题也可能不会被推荐。大家都知道蹭热点是获取高推荐量和播放量的方法,但是如果同一个话题很多人都在写,那么创作者也可能不会获得高推荐量,因为类似的内容太多了,除非创作者能够从另一个角度去写,写出新花样。

▶ 2. 用户关注度

积极运营维护账号粉丝也是必须要做的,如果有粉丝评论或者私信,要及时回复,有良好互动,这对提升用户指数很有帮助。

▶ 3. 创作活跃度

保持稳定、高频的内容创作,避免断更。因为一旦断更,账号各项指数评分都会随之下降。比如,原创图文周更2~3篇,原创视频内容周更1篇,坚持内容输出有利于账号活跃指数的提升。

▶ 4. 内容垂直度

内容垂直度指的是内容是否保持在一个领域内,内容的同领域性越高,垂直度就越高,如果发了与所选领域不相关的内容,垂直度分数就会降低。

▶ 5. 内容质量度

内容质量度主要指的是内容写得好不好、有没有营销推广,以及有没有违规情况。切忌留联系方式及违规经营,否则质量指数就会下调。

课堂讨论

除了百家号、头条号、企鹅号和大鱼号之外,你还知道哪些主流的自媒体平台?请和其他同学一起分享。同时,根据自己的需要选择自媒体平台注册账号,并尝试发布内容,开启自己的自媒体之旅吧!

人文素养训练

央媒评奥迪广告等涉抄袭事件:尊重原创需把共识力转为行动力

奥迪汽车广告文案涉嫌抄袭,本田汽车广告未经允许"复制"他人生活故事及文字,舞剧《只此青绿》被打上"原创"标签的其他作品照搬……近段时间,多起涉嫌抄袭的事件引发关注。对此,创作者和公众态度高度一致,明确反对抄袭、呼吁保护原创。

抄袭,无异于窃取他人劳动果实、攀折他人创意花枝,必然会损耗创作者的积极性。围绕有关抄袭事件,调查和处置工作已展开,人们期待给出满意结果。由此引发的讨论充分说明,尊重原创、保护版权早已不是"沉睡的意识",抵制剽窃、打击盗版已成为主流声音,每个市场主体、创作主体只有不断增强版权意识、法律意识,规范运营、遵纪守法,才能让知识产权保护真正成为发展的激励。

原创不易,鼓励并呵护原创值得珍视。一段时间以来,在广告、文学、影视等方面屡有涉嫌抄袭之事。有的涉嫌"洗稿式抄袭",有的打着"分享""致敬"的旗号抄袭,有的则是"原封不动"地照搬照抄……虽然形式不同,但实质没有变化,抄袭、剽窃的行径严重侵害他人合法权益,严重戕害原创精神。面对任何领域、任何平台、任何形式的抄袭侵权,人们都应该坚决说"不"、坚持零容忍。随着人们的关注越来越多、讨论越来越深入,当事人更加注重拿起法律武器捍卫创作权益,抄袭风气会得到一定程度的扭转。

尊重原创、抵制抄袭,需要把共识力转化为行动力,更需要激活法治力量。一些平台、个人之所以敢抄袭,一个重要原因是违法成本低、维权成本高。以舞蹈作品为例,有专家指出,倘若侵权作品特别多,维权会耗费大量人力、物力、精力,收效与成本不匹配。这在一定程度上意味着,我们不仅要完善立法,更要加强执法。既扎紧法律篱笆,又疏导维权堵点;既压缩维权周期,又提升保护效能;既探索减轻被侵权人举证负担的方法,又加大侵权赔偿的支持力度;既建立一支专业执法队伍,又综合运用技术手段强化监管……只有加大法律保护力度和提高执法管理效率两手抓、双管齐下,不断提高执法专业化、信息化、规范化水平,让法律对版权保护的支持更有力度,才能让原创作品的百花园更加丰富多彩。

保护原创,还需全过程参与、全方位发力。相关制作审核机构利用人工监测等方式提升监测能力,及时过滤明显抄袭的内容,掐灭侵犯版权的苗头。监管部门灵活运用新技术提升知识产权的审查质量、效率,加快完善相应规则。发布平台通过"查重"识别等功能,及时制止、删除涉及抄袭的内容,自觉维护良好生态。在内容生产、发布、传播等全流程遏制抄袭滋长,从全链条中尽早斩断侵扰版权保护的藤蔓,原创作品得以在肥沃的土壤中汲取营养、在周全的照料中茁壮生长,方能结出更优质的文化果实。

保护版权,是保护知识的价值;尊重原创,是尊重创造的意义。全社会共同呵护、凝心聚力,才能让原创之花绚丽绽放、文化行业果实累累。

资料来源:央媒评奥迪广告等涉抄袭事件:尊重原创需把共识力转为行动力[EB/OL].(2022-05-25).https://m.thepaper.cn/baijiahao_18263335.

本章小结

本章主要介绍了自媒体及自媒体营销的概念及特征,解析了自媒体营销策略,并分享了常见的自媒体平台实战经验。

自媒体是指普通大众通过网络等途径向外发布他们本身的事实和新闻的传播方式。自媒体具有四大特点:门槛低,易操作;个性化,平民化;交互强,传播快;碎片化。根据内容形式、创作者属性和传播渠道等的不同,可从多个角度对自媒体进行分类。在此基础上,需要读者了解并掌握常见自媒体平台的七种盈利模式。

　　自媒体营销是指企业通过社交媒体平台（如微博、微信、今日头条、百度、搜狐、UC等），以及在线社区、博客、百科、短视频等途径，实施一系列推广、销售、公共关系处理和客户关系维护等活动，以达到提高业务知名度、增强品牌知晓度和拓展更多客户群的目的。自媒体营销具有低成本、高效率、精准定位受众、独立自主、互动性强、反应性强等特点。要实现良好的自媒体营销效果，需要把握以下因素：明确自身定位、掌握涨粉技巧、创作高质量的内容、精细化运营推广、数据分析与优化，并注意发布内容进入复审环节的情况，进行内容创作及平台推广。

| 想一想、练一练 |

　　如何借助自媒体平台，讲好大学生的故事？可以采取哪些策略呢？

| 即测即练 |

下篇

拓展篇

第十一章　利用新媒体数据寻找热点

知识目标

1. 了解百度指数、百度搜索风云榜、微博热门话题、爱奇艺风云榜、知乎"发现"和"等你来答"各功能模块的内容；
2. 熟悉百度指数、百度搜索风云榜、微博热门话题、爱奇艺风云榜、知乎"发现"和"等你来答"查看热点的步骤。

能力目标

1. 能通过百度指数分析近期趋势，通过百度搜索风云榜分析数据；
2. 能通过微博热门话题寻找热点；
3. 能通过爱奇艺风云榜分析热门视频；
4. 能通过知乎分析大家都在讨论什么。

素质目标

培养学生的数据素养、批判性思维，引导学生理解具体的数据分析，使其能正确运用数据结果发现值得讲述的故事（发现问题），运用数据讲故事（分析解决问题），并最终创作有理有据且符合社会与时代价值的新媒体作品。

第一节　百度系数据分析工具

百度系数据分析工具很多，在此主要介绍百度指数、百度搜索风云榜这两个常用工具的使用。

一、通过百度指数分析近期趋势

（一）百度指数介绍

百度指数是指百度搜索数据分析工具，可以展示特定词语在百度搜索引擎上的搜索趋势和热度变化，帮助用户了解关键词的搜索量随时间不同的变化情况。通过百度指数，用户可以看到关键词的搜索热度排名、地域分布、搜索来源、相关搜索等信息，这些数据在市场分析、搜索引擎优化等方面都具有重要意义。

（二）百度指数的功能模块介绍

▶ 1. 趋势研究

关键词的搜索趋势是百度指数最核心也是最基本的功能，通过观察搜索指数的波动，可以判断特定关键词（如品牌词、明星名人、热点事件等）在最近一段时间内在不同地域或不同终端上的关注度，进而分析原因帮助制定决策。从大体上来看，搜索趋势可分为以下几种。

（1）周期型。周期型又可分为以周、月、年为周期的趋势变化。由于这类词的搜索行为具有周期性，因此可以预测未来搜索趋势或者对比历史同期水平。例如，关键词"贾玲"在2024年2月10日的指数高于以往是因为贾玲成功减肥100斤，其导演的电影《热辣滚烫》在当天上映（图11-1）；"双11"的搜索指数近两年不增反降，有可能是由于消费者品牌认知接近饱和。

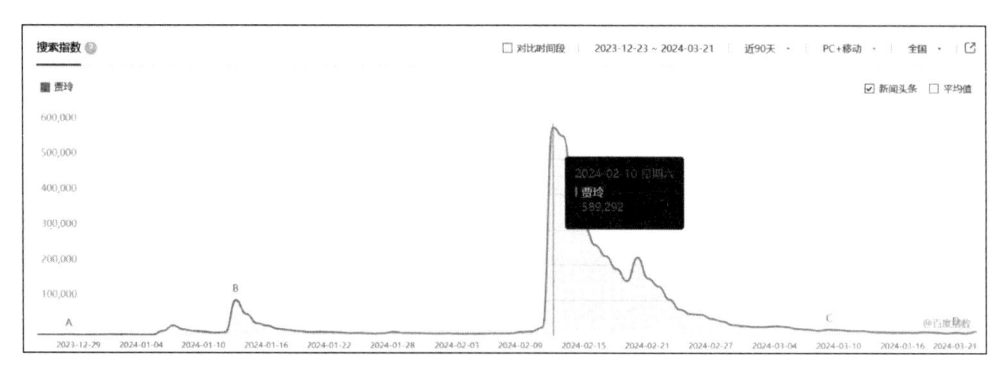

图11-1　关键词"贾玲"在2024年2月10日出现搜索峰值

① "办公技巧""Excel表格怎么换行"这类词的趋势是以周为周期的，且在周末降为波谷，因为这类词多为工作性质的关键词，用户一般会在工作日进行搜索；而"看电影""游乐场"这类娱乐性质的关键词则在周末升为波峰。

② "摇号查询"这类关键词一般一个月会出现一次峰值，以月为周期。以广州为例，车牌摇号通常安排在每月的26日进行，摇号结束后，申请人即可查询自己是否获得车牌指标。设定地点范围为广州，用"摇号查询"关键词查看趋势，会发现每个月的26日为搜索高峰（图11-2）。

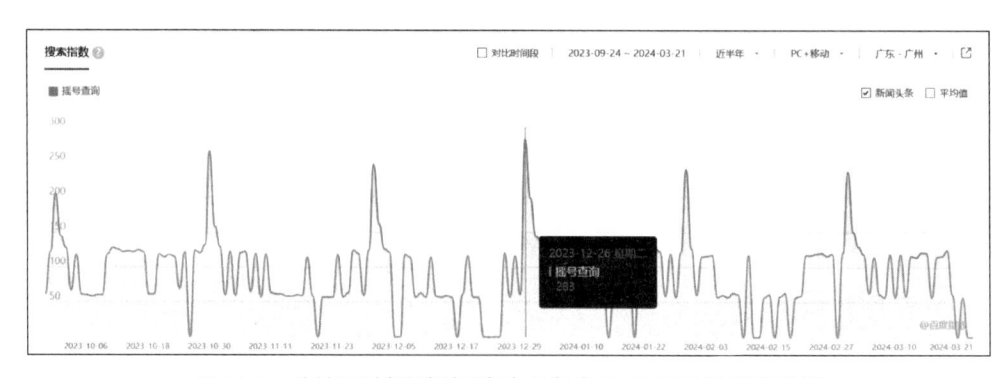

图11-2　关键词"摇号查询"在广州每个月26日出现搜索高峰

③ 有的活动则以"年"为单位,比如"315晚会""春晚"这类词会在每年的特定时间段出现搜索高峰。以"315晚会"为例,这是中央广播电视总台联合国家政府部门为维护消费者权益,在每年3月15日晚共同主办并现场直播的公益晚会,该晚会曝光一批不法商家的名单,因此受到关注。图11-3显示,每年的3月15日前后,"315晚会"都会出现搜索高峰,但其他时间段的搜索量就非常低。

图 11-3 近五年"315 晚会"的搜索情况

（2）突发型。突发型的关键词多为一些最新流行的网络热词、热点事件、近期上映的电视剧、电影等,这类关键词的特点是前期指数较低或指数为0（未被收录）,某个时间点陡增（或被自动收录）,后又迅速下降至较低水平,在趋势图上留下一个尖尖的波峰。这类关键词可以通过趋势图判断其热度大小及热点周期。以"繁花"为例,这是一部在2023年12月27日开播的电视剧,在过去基本上没有人去搜索"繁花"这个词,从2023年底到2024年1月,这个词的热度一直居高不下,而在2024年2月后又迅速下降,因为又有新剧开始热播了（图11-4）。

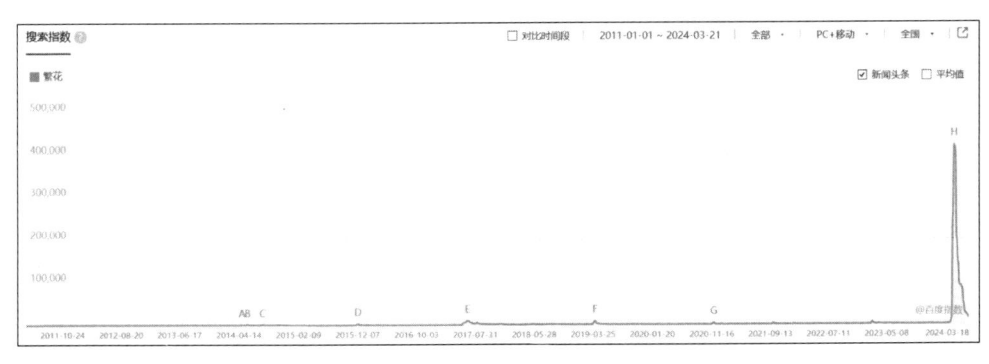

图 11-4 关键词"繁花"在 2024 年 1 月出现搜索高峰

（3）不定型。这类关键词的搜索行为没有明显的规律,但指数的高低起伏间往往有着更深层次的原因,如宣传推广、国家政策、竞品影响、时间季节等。

此外,人们勾选"平均值",就可以知道平均每天的搜索情况,帮助判断某个时间段的搜索量是高于平均值还是低于平均值。

▶ 2. 需求图谱

需求图谱是百度针对特定关键词的相关检索词进行聚类分析而得的词云分布,主要用于展示特定关键词或主题在搜索引擎上的相关搜索热度趋势、地域分布以及相关搜索词等数据。通过需求图谱，用户可以直观地了解某个关键词或主题的搜索兴趣和变化趋势，有助于市场分析、数据研究以及了解用户需求等方面的工作。它提供了有价值的数据，帮助用户更好地理解和把握网络上的需求和趋势。

因为每年的3月份都是人们找工作的高峰期，下面我们以关键词"找工作"为例，说明需求图谱的使用和解读。

图11-5显示了关键词"找工作"在2024年3月11日—3月17日的需求图谱，在"找工作"周边分布了很多相关词，相关词到圆心的距离表示相关词相关性强度，相关词自身大小表示相关词自身搜索指数大小，黑色代表搜索指数上升，灰色代表搜索指数下降。因此，与"找工作"强相关且处于搜索上升期的词语有"国家正规的招聘网站""找工作在哪个App找比较真实可靠"和"找工作哪个网站好"，这些词语都代表着现在有找工作意向的朋友对找工作渠道的一种筛选，以期帮助自己选择到合适的渠道。可能是2023年缅北电诈的相关信息实在太多，大家在找工作的时候对招聘信息的可靠性需求增加了。而"找工作什么平台最可靠"搜索热度有所下降，这可能是因为人们转向了上述三个关键词的查找。

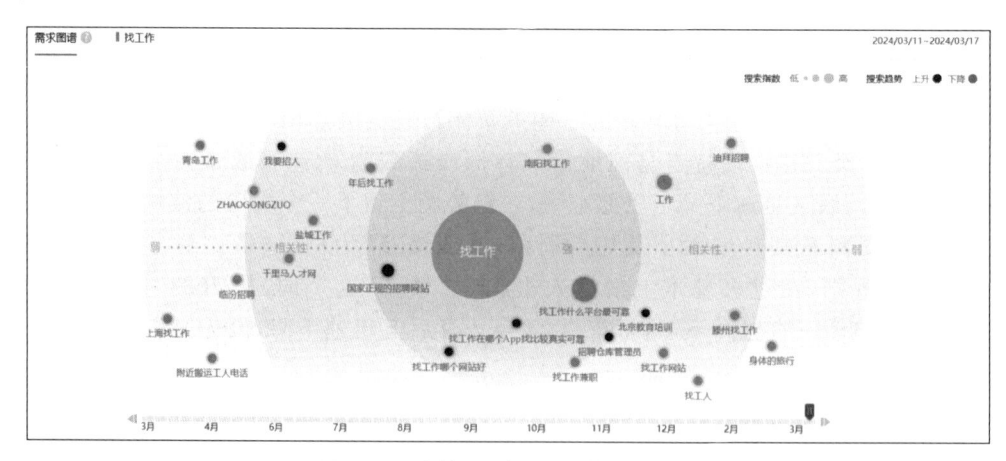

图11-5 关键词"找工作"的需求图谱

我们还可以拖动下面的滚动条选择以往不同时间段的需求图谱来进行分析。其实这个分析就是大数据分析中的一种。通过对不同词语的分析，我们可以得到很多需要的信息，具体的只有自己了解分析手段之后才能够得出答案。

▶ 3. 人群画像

人群画像是指通过对大量用户数据进行分析和挖掘，从而描绘出特定群体或用户群体的特征、行为习惯、偏好等信息的过程。简单来说，就是当一个人在百度搜索一个关键词的时候，百度后端记录这个搜索动作并加以归类，解析他的省份、地区、城市、年龄、性别、爱好等数据，同时归纳搜索与这个人同一个关键词的用户，解析归类以上信息，就形成了人群画像。

我们依然以"找工作"为例来分析搜索这个关键词的人群画像。先看"人群属性"，图11-6显示了搜索"找工作"人群的年龄分布情况，深灰色条形图表示各个年龄段的人群在搜索"找工作"总人数中所占的比例，浅灰色条形图表示各个年龄段的人群在全网分布的比例。我们还可以单击"TGI"，即Target Group Index（目标群体指数），用于衡量特定产品、品牌或广告在特定人群中相对于整体人群的受欢迎程度或接触率，计算公式为：TGI＝目标群体中具有某一特征的群体所占比例÷总体中具有相同特征的群体所占比例×标准数 100。如果 TGI 的值大于 100,表示该特定人群对于该产品、品牌或行为的偏好程度高于整体人群;相反,如果 TGI 的值小于 100,则表示该特定人群对于该产品、品牌或行为的偏好程度低于整体人群。

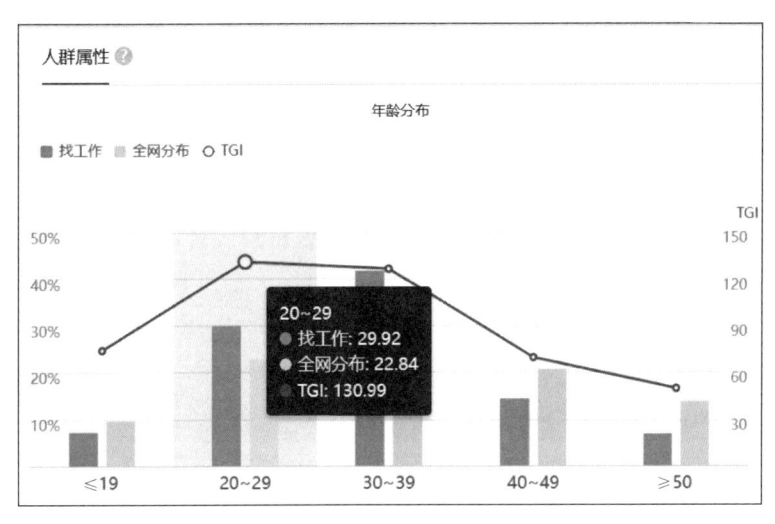

图 11-6 搜索"找工作"的年龄分布情况

在搜索"找工作"的人群年龄分布上,TGI=某年龄段搜索"找工作"的人数比例÷某年龄段占全网人群的比例×100,我们算出≤19 岁人群的 TGI 为 74.04(注:7.16%÷9.67%×100),同理,其他各年龄段人群的 TGI 分别为 130.99、126.38、69.48 和 49.65,说明 20~29 岁人群明显对"找工作"这件事的偏好度更大。

除了解年龄分布之外,我们还可以了解性别分布和兴趣分布情况,以更全面地了解搜索用户的人群画像。

二、通过百度搜索风云榜分析数据

在当今社会,热搜榜、视频榜、电视剧榜和电影榜已经成为人们关注的焦点。这些榜单集中反映了人们对热门话题的关注,同时也反映了当前社会文化水平、审美风向等方面的变化。百度搜索风云榜(即"百度热搜")给我们展示了这些信息的实时排名情况。

(一)百度搜索风云榜介绍

百度搜索风云榜(网址:http://top.baidu.com/)是百度推出的实时展示搜索热点和热门关键词的榜单。该榜单会根据用户在百度搜索引擎中的搜索热度和搜索次数,实时更新并展示当前最受关注的搜索热点话题和关键词。用户可以通过百度搜索风云榜了解到当前社会热点、热门事件、流行话题和热门搜索关键词,从而更好地了解并跟上当下的热点趋势。

百度搜索风云榜不仅反映了用户的搜索兴趣和需求,也为用户提供了一个即时的信息汇总平台,让用户可以方便快捷地获取最新、最热门的信息内容。通过浏览百度搜索风云榜,用户可以了解到当前社会的关注焦点,有助于拓宽视野、获取新知识。该榜单在一定程度上反映了互联网用户的整体搜索行为和热点话题。

（二）百度搜索风云榜功能介绍

▶ 1. 浏览最近热搜的话题

在热搜榜上，不断有各种话题，涉及政治、社会、娱乐等多个领域。例如，新冠疫情、"真香"等话题都曾在热搜榜上受到高度关注。这些热门话题的出现，源于人们对社会、生活的关注与热议。通过热搜榜的排名，可以了解社会的热点事件，进而了解当下社会的动态和趋势。

在百度搜索风云榜页面上，我们可以看到实时的热门搜索排行榜，涵盖了不同的领域，如影视、娱乐、体育、科技等。首先，我们可以单击"热搜榜"来了解当前最热门的话题。以2024年3月22日的热搜榜为例，当天热搜排行前三的话题分别是：无臂男子回应武汉地铁道歉、捡到30万练功券的环卫工获奖8 000元、智慧春耕藏着多少黑科技。同时，话题"总书记为中部地区细谋划"的热度在急升（图11-7）。人们每天都可以单击热搜榜密切关注最新发生的事件，了解最热门的话题，特别是新媒体行业的从业者，紧跟热点是必备的工作技能。

图 11-7 百度热搜榜热门话题（2024 年 3 月 22 日）

▶ 2. 小说榜

爱看小说的人或者小说创作者可能会对"小说榜"感兴趣。通过该榜单，我们既可以看到全部类型小说的排行榜，也可以看到具体某个小说类型的排行榜。例如，2024年3月的小说榜前五位包括3部玄幻小说和两部都市小说，说明这两类小说最受读者欢迎。小说创作者如果要获得较好的点击率和阅读量，选择"玄幻"类和"都市"类进行创作是比较适合的（图11-8）。

▶ 3. 电影榜

与电视剧不同的是，电影在时间和空间上限制要求更高。但是，电影作为一项文化活动，依然有着深刻的文化内涵和艺术价值。例如，当前不少好评如潮的电影像《周处除三害》《潜行》《第二十条》《孤注一掷》等成为人们期待的影片。而这些作品在电影榜上的排名，也反映出人们对电影质量的追求。观众对电影的需求发生了巨大变化，已不再是过去只图一时的欢乐而看电影。当今，随着经济下行，观众对电影提出了更高的要求，要求电影不仅有

图 11-8 百度小说榜（2024 年 3 月）

娱乐性，还提供情感价值、话题价值和获得感。观众不再容忍空洞的大片，追求有深度和能触动内心的作品（图 11-9）。

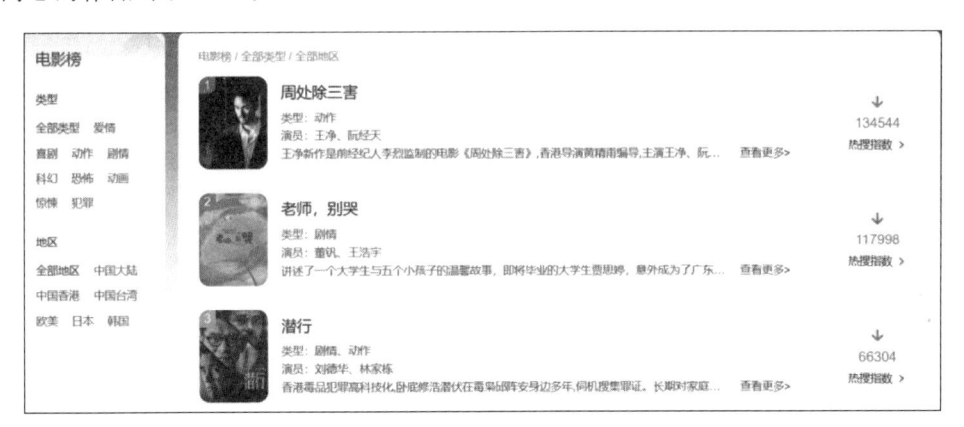

图 11-9 百度电影榜（2024 年 3 月）

▶ 4. 电视剧榜

由于电视剧具有较强的故事性和感染力，因此受到不少人的喜爱。近年来，不少国产电视剧像《繁花》《庆余年》《都挺好》等成为最受欢迎的电视剧之一，它们在电视剧榜上的排名往往能够间接反映出人们的口碑和观感。在观看电视剧时，人们往往会从剧情、人物、语言等方面进行评价，并通过电视剧榜对自己的喜好进行调整。

此外，百度搜索风云榜还提供了汽车、游戏的排行榜，相关需求人员可以根据自己的兴趣去查看。

其实，无论是热搜榜、小说榜，还是电视剧榜、电影榜，都反映了人们对于文化、娱乐、社会等方面的关注和追求。这些榜单是人们理解和解读现实的重要方式，同时也是时代文化和精神变迁的重要标志。当然，我们不应该完全依赖这些榜单，而是根据自己的需求和兴趣，进行自我选择和判断。

第二节　通过微博热门话题寻找热点

一、微博热门话题介绍

微博热门话题是指在微博平台上被用户广泛关注、讨论和转发的话题。微博根据话题的热度和流行程度，通过算法将相关的话题排名展示在热门标签页中，使用户可以方便地了解各个领域的热门话题。这些热门话题往往是引起用户广泛关注的事件、话题或讨论，包括但不限于时事热点、明星动态、体育赛事、电视剧、电影、音乐、科技等各个方面。用户可以通过单击热门话题，进入相应的话题页面，浏览与该话题相关的微博内容、用户观点、新闻报道和相关讨论等。

微博热门话题不仅是用户获取信息和参与话题讨论的重要途径，也是微博平台对用户兴趣和关注点的反映。用户可以根据自己的兴趣选择关注热门话题，及时了解社会热点和时事动态，并与其他用户分享观点、交流想法。

二、查看微博热门话题的步骤

第一步：打开微博的电脑主页或微博 App，登录自己的账号。下面以电脑端为例进行说明。

第二步：微博顶端菜单栏上有一个火焰图标，那就是热门话题的页面，单击即可看到如图 11-10 所展示的页面。用户既可以单击左边各类"热门"信息，也可以直接查看右边的微博热搜榜单。图 11-10 展示了 2025 年 4 月 1 日的热门微博榜单的信息，排在第一位的热门微博是"海空卫士"王伟昔日的战友葛汉昌到王伟烈士的墓前致敬的相关信息。

图 11-10　微博热门话题主页

第三步：单击左边热门菜单栏的"要闻榜"进入，即可看到最新的话题排行榜，如图 11-11 所示。我们选择其中一个话题，既可查看该话题的讨论情况，还可以看到该话题的讨论数量、转发量、评论量等数据，以及热门话题中的一些内容，包括博主的微博、用户的评论等。

图 11-11　微博话题排行榜

我们选择话题"♯微信官方回应朋友圈横线问题♯"，单击进入，既可参与话题讨论，也可以滑动鼠标查看微博上关于这个话题的新闻、其他网友发的相关微博等信息（图 11-12）。

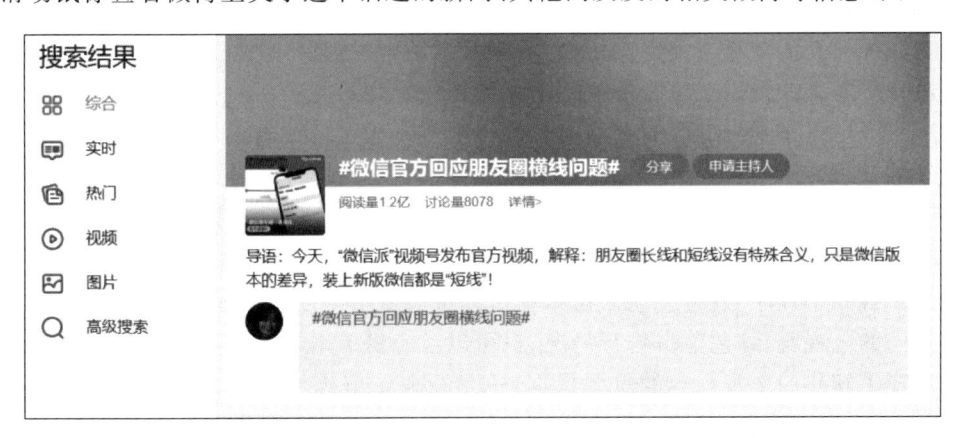

图 11-12　微博话题"♯微信官方回应朋友圈横线问题♯"

三、微博榜单操作流程及准备

（一）确定话题词条

微博话题很多，但是我们不可能全部话题都去回应和讨论，选择适合自己的话题词条是非常重要的工作。

首先,热门话题榜的排序是以单位小时的"阅读"为依据,这里所说的"阅读"是指累积的带"♯话题词♯"的微博被阅读的次数,"阅读"并不是热门榜单的排序标准,因此会出现榜单排名与"阅读"高低不一致的情况。

其次,单位小时内,一个账号阅读多次同一个话题,均只计算该账号一次,另外话题榜只计算真实有效的用户数。

最后,发布更多的带有"♯话题词♯"的微博、高影响力账号发博,可提高微博被传播的可能性,带热话题。

(二)确定话题领域及申请话题主持人

这里需要注意,申请账号最好是对应领域的高权重账号,否则有可能出现申请主持人不通过的情况。

(三)定位及策划词条内容

确定好话题之后,接下来就要定位及策划词条的热点、燃点、讨论点、传播性。做好引导文案、帖子预埋这两个方面,话题文案要让人对话题产生表达的欲望。

(四)形成流量矩阵

流量矩阵一定要形成,比起热点本身,更重要的是我们编辑的信息需要引起共鸣、引起互动,通过点赞、评论、收藏、精选、置顶、更大的流量曝光等方面去激励用户参与话题的互动。

第三节 通过爱奇艺风云榜分析热门视频

一、爱奇艺风云榜介绍

爱奇艺风云榜的前身为爱奇艺指数,后来升级整合为内容热度及风云榜,使内容评价体系得到进一步完善。爱奇艺风云榜是基于海量用户的观看行为、互动行为、分享行为等多维数据,综合计算得出内容热度、对全站内容进行的热度排名。该榜单设置了总榜、热搜、电视剧、电影、综艺、动漫等多个标签,每个标签下面根据不同情况,再细分为热播榜、飙升榜、必看榜、期待榜等榜单,单击标签即可查看相应类别下最受欢迎、最热播的内容排行。用户可以直接在爱奇艺官方网站单击菜单"风云榜",或者通过微信搜索关键词"爱奇艺风云榜",在搜索结果中找到小程序"爱奇艺风云榜",单击即可一览榜单详情。通过风云榜,用户可以了解当前热门的电视剧、综艺节目排行情况,也可以参考榜单来选择观看内容。爱奇艺风云榜不仅是用户了解热门影视内容的重要依据,也是行业了解市场状况和用户口碑的重要参考指标(图11-13)。

二、爱奇艺风云榜功能模块介绍

爱奇艺风云榜既可以看总榜、热搜榜,也可以分类查看不同标签的榜单,目前,爱奇艺风云榜包括九类子榜单,分别是电视剧、电影、综艺、动漫、儿童、纪录片、说唱、知识、体育。每个榜单底下还包含细分榜单,不过这些细分榜单是根据不同类别决定的,比如"电视剧"榜包含热播榜、飙升榜、必看榜、高分榜、历史榜、古装榜、青春榜、都市榜、偶像榜、警匪榜;而"知

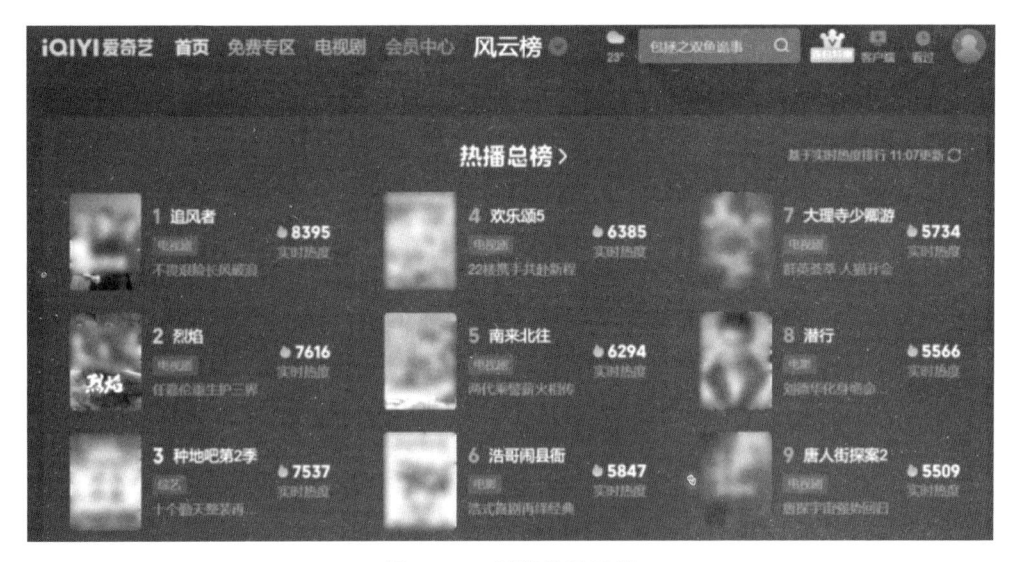

图 11-13 爱奇艺风云榜

识"榜仅包括热度榜和飙升榜。下面以"纪录片"榜单为例介绍其模块功能。

（一）热播榜

爱奇艺的热播榜是根据用户在爱奇艺平台上的观看、点赞、评论、分享等行为统计而得出的热度排行榜。这个榜单每天都会更新，展示当前在爱奇艺上最受欢迎、最热门的影视剧、综艺节目、动画片等内容。用户可以通过热播榜快速了解当前最受关注的影视作品，以及热门节目的播放情况和用户口碑反馈。热播榜可以帮助用户更加便捷地选择自己感兴趣的影视内容，也可以作为行业了解市场趋势和用户喜好的重要参考指标。

2024年3月22日，打开爱奇艺纪录片的热播榜，看到当前最受追捧的纪录片前三位是《香港味道》《中国通史》《街边下饭魂第二季》。这个榜单是根据内容当前观看与视频互动的实时数计算的，也是综合评估平台海量用户的观看、互动、分享等行为的数据，热播榜排名靠前表明内容在当前受欢迎、对用户有较强的吸引力。

（二）飙升榜

飙升榜展现的是内容热度在24小时内增长最快的视频排名，其中飙升幅度是根据内容热度与互动播放的相对增幅计算出来的。比起其他榜单，飙升榜的更新频率相对较高，能够及时展示用户当前最为热议和追捧的影视作品。飙升榜的榜单内容可能因用户的热情互动而呈现急剧增长的态势，从而吸引更多用户关注和加入讨论，形成一种短期内的热门现象。用户可以通过飙升榜迅速了解最新、最火爆的影视内容，把握短时间内用户的热点话题和品位，感受平台短期内的暴增热度。

打开2024年3月22日的爱奇艺纪录片飙升榜，看到短时间内热度激增的纪录片前三位是《香港味道》《布衣中国》《嫁花》。喜欢追踪最新热度内容的用户可以根据此榜单来获取相关信息和灵感。

（三）高分榜

爱奇艺高分榜取自爱奇艺观众推荐分，主要综合考虑观众的评价以及观影情况等多方面因素，更准确地反映观众对内容推荐程度，该排行榜每天更新。高分榜的出现主要是为了方便用户寻找评价较为优秀的影视作品。如果一部影片在高分榜上排名靠前,说明它得到了大量用户的认可和好评,通常意味着它具有较高的质量和观赏价值。用户通过浏览高分榜,可以快速了解当前备受推荐的高质量影视作品,为他们的观影选择提供参考和指引。

同样以2024年3月22日为时间节点,打开爱奇艺纪录片的高分榜,由此知道观众认可程度最高的纪录片前三位是《生门》《人间世》《地球脉动》。实际上,我们通过其他社交平台也发现,这三部纪录片确实拥有良好的口碑,证明这个高分榜众望所归。不过需要注意的是,高分榜可能会因用户的评分和评价随时间而变化,所以榜单的实时性可能会有所不同。但整体而言,高分榜是一个相对权威的指标,可以帮助用户筛选出评价较好的影视作品。

(四)内容热度曲线

作为内容热度展示的有效补充,"内容热度曲线"提供更直观的热度趋势,可以展现最近7天、最近30天和自上线至今全部的内容热度走势。用户可以通过两种方式查看"内容热度曲线":一是在App播放页面找到影视作品的"简介",单击"热度值"即可查看"内容热度曲线";二是电脑播放页面的右侧菜单栏影片简介的下方有火焰图标,单击进去同样能看到"内容热度曲线"。热度值越高,颜色呈现越深,表示影视作品受欢迎度越高。

我们以电视剧《狂飙》为例,该剧自2023年1月14日上线以来内容热度持续攀升,至2月1日收官结局,2月2日达到历史最高热度值11 800,随即该剧热度逐渐下滑。但该剧热度仍然一直处于高位,就连收官后两个月的内容热度仍然保持在7 000以上,体现了优质内容对观众的持续吸引力。内容热度曲线可以为内容创作者提供更直观的内容评估依据,通过分析曲线的变化情况,创作者可以有针对性地分析用户偏好,为后续的内容创作提供参考(图11-14)。

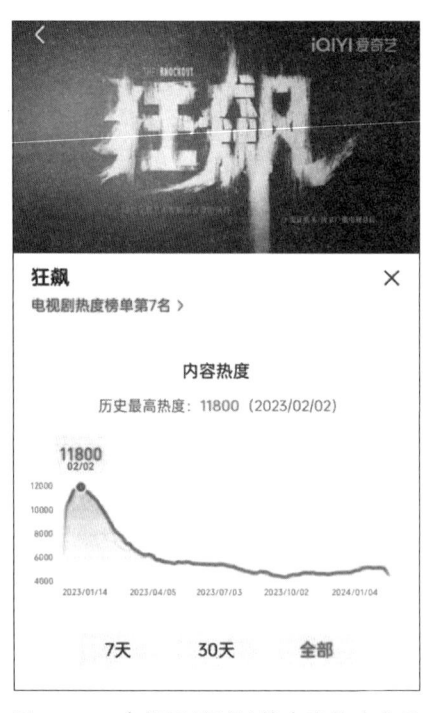

图11-14 电视剧《狂飙》的内容热度曲线

三、爱奇艺风云榜评价

爱奇艺风云榜的推出,使用户可直观地了解爱奇艺平台最热、最吸引用户的优质内容。对内容创作者来说,无论是爱奇艺风云榜还是内容热度曲线,均可以帮助其及时掌握用户喜好和内容消费新趋势,有助于产出真正符合用户观看诉求的内容,让其创作、投资价值最大化。以内容热度为基础的爱奇艺风云榜及内容热度曲线,有助于行业更加精准地洞察用户对内容的偏好及变化趋势,并以此为动能,继续推出更高质量的内容,从而推动行业的持续发展。

第四节　通过知乎分析大家都在讨论什么

一、知乎介绍

知乎是一个中文问答社区平台，用户可以在上面提出问题、回答问题、分享知识和见解。用户可以关注感兴趣的问题和其他用户，通过在平台上的互动，获得信息、见解、知识等内容。知乎上的内容涵盖了各个领域，包括但不限于科技、文化、教育、健康、旅行等，用户可以通过浏览问题和回答问题来获取相关领域的信息和资讯。

知乎的特点包括用户社区的开放性、专业性和自我监督性。用户可以通过提问和回答问题来分享自己的经验和知识，同时也可以对其他用户的内容进行评价、评论和讨论。知乎平台上的内容大多经过用户的讨论和筛选，保证了内容的质量和可信度。知乎还有关注和赞同功能，可以帮助用户找到优质内容并关注有影响力的用户。

二、通过知乎了解热门问题的步骤

（一）好问题广场

第一步：登录知乎账号，单击知乎网页顶部菜单栏"发现"，进入"好问题广场"，即可看到"近期热点"和"潜力好问题"这两个部分的内容，如图11-15所示。

图11-15　知乎"好问题广场"

第二步：单击"近期热点"最下方的"查看全部热点问题"，进入知乎的创作中心，可以看到近期热点问题。用户既可查看全部热点问题的排名，也可以查看不同类别问题的热度；可以分别查看小时榜、日榜和周榜热门问题。知乎根据问题的关注度、内容质量、互动程度、时效性等指标进行综合评分得到热力值。热力值越高，说明当前该问题越受欢迎。由图11-16可以看出，2025年4月1日晚上"旅行频道"的小时榜，排在前三位的问题分别是"在国外旅行时，你发现过哪些中国符号？""'China travel'为何突然爆火？如何看待国外来华游客爆增？""布达拉宫到底有多么震撼？"。

第三步：找到关注的问题，单击"写回答"进入，即可"关注问题"和"写回答"，可以点赞、查看已有评论，还可以分享给其他人。如图11-17所示，回答完问题后单击"发布回答"按钮，即可完成一次本问题的互动。

第四步：移步到"好问题广场"的"查看全部潜力问题"了解潜力问题，这是一类被认为有提升空间、值得深入探讨和思考的问题。潜力问题通常会吸引众多用户的关注和参与，他们会通过提供详细的回答、分享相关知识和经验来深入探讨这些问题，有助于促进用户之间

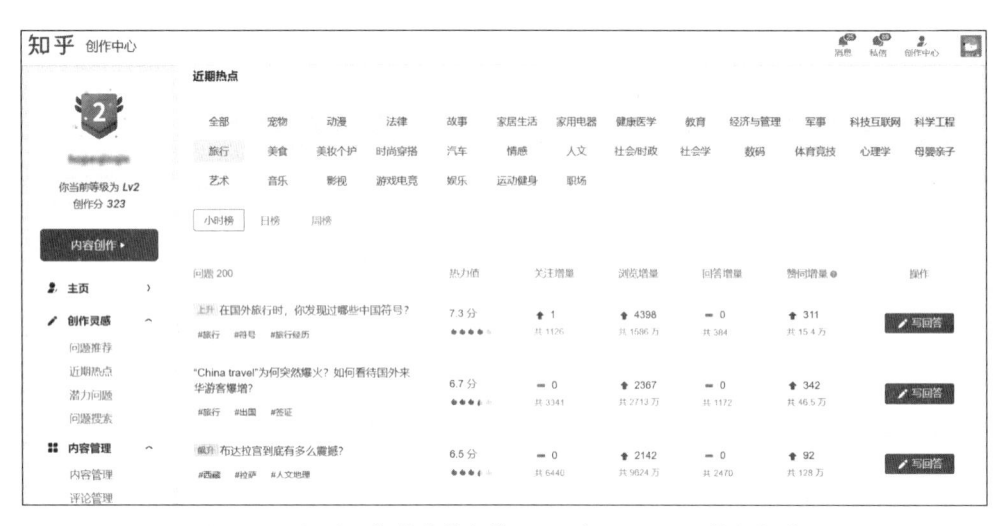

图 11-16　知乎近期热点排行榜（2025 年 4 月 1 日，旅行频道）

的交流和思想碰撞。例如，2025 年 4 月 1 日，知乎上的"家居生活频道"潜力问题是"一个人在家吃饭，会做些什么？"，该问题 24 小时浏览增量和回答增量都较大（图 11-18）。人们关注这些热门问题，不但可以让自己参与相关的讨论和交流，从中获得启发和思考，更可以通过回答与自身领域相关的热门问题，提升自己在该领域的影响力和知名度，建立个人品牌。

（二）等你来答

第一步：单击知乎网页顶部菜单栏"等你来答"进入，这是一个专门针对用户提出的问题进行邀请回答的功能。通过"等你来答"，用户可以有针对性地邀请自己认为有专业知识或者相关经验的人来回答问题，增加问题得到有质量答案的机会。而对于受邀来答的用户，他们会收到一条个性化的邀请信息，通知他们有人希望他们来回答特定的问题。这种方式能够提高用户参与度，促进用户之间的交流和互动，让知识在平台上更加丰富和多元化（图 11-19）。

第二步：分别单击"为你推荐""邀请回答""最新问题"和"人气问题"查看不同类型的问题，并根据自己的实际情况选择适合互动的问题。

▶ 1."为你推荐"类问题

这类问题是系统根据用户的兴趣、关注话题和历史回答等信息，为用户推荐的可能感兴趣的问题。这些问题通常与用户关注的领域或者关注的用户相关，旨在提供个性化的内容推荐，让用户更容易找到感兴趣的问题，并参与回答或者关注。

▶ 2."邀请回答"类问题

这类问题是其他知乎用户主动邀请用户回答的问题，通常是针对有专业知识或者相关经验的用户。在这类问题下，用户会看到邀请回答者的用户名，以及邀请者为何选择邀请该用户回答的简短说明。用户可以根据邀请者的解释来决定是否回答问题。

▶ 3."最新问题"类问题

这类问题是用户在知乎平台上提出的最新问题，按时间顺序列出，用户可以看到最近发布的问题并选择参与回答。这个板块通常是用户发现最新内容的地方，有助于及时了解社区内正在讨论的话题。

图 11-17　在知乎上回复问题

图 11-18　知乎上的潜力问题排行榜（2025 年 4 月 1 日，家居生活频道）

图 11-19 知乎"等你来答"

▶ 4. "人气问题"类问题

这类问题是对热度和关注度高的问题的汇总,通常是一些讨论度高、回答数量多,或者引起广泛共鸣的问题。这些问题可能涉及热门话题、当前事件,或者是用户普遍感兴趣或关注的内容。用户可以通过参与回答这些问题,加入社区的热门讨论中。

本章小结

本章主要介绍了百度指数、百度搜索风云榜、微博热门话题、爱奇艺风云榜、知乎"发现"和"等你来答"新媒体大数据工具的使用,使相关需求受众能借助这些工具寻找热点资讯。

百度指数是百度搜索数据分析工具,可以展示特定词语在百度搜索引擎上的搜索趋势和热度变化,帮助用户了解关键词的搜索量随时间的变化情况。通过百度指数,用户可以看到关键词的搜索热度排名、地域分布、搜索来源、相关搜索等信息,这些数据对于市场分析、搜索引擎优化等方面都具有重要意义。

百度搜索风云榜是百度推出的一个实时展示搜索热点和热门关键词的榜单,该榜单会根据用户在百度搜索引擎中的搜索热度和搜索次数,实时更新并展示当前最受关注的搜索热点话题和关键词。用户可以通过百度搜索风云榜了解当前社会热点、热门事件、流行话题和热门搜索关键词。

微博热门话题是指在微博平台上被用户广泛关注、讨论和转发的话题,这些热门话题往往是引起用户广泛兴趣和关注的事件、话题或讨论,包括但不限于时事热点、明星动态、体育赛事、电视剧、电影、音乐、科技等各个方面。用户可以通过单击热门话题,进入相应的话题页面,浏览与该话题相关的微博内容、用户观点、新闻报道和相关讨论等。

爱奇艺风云榜是基于海量用户的观看行为、互动行为、分享行为等多维数据,综合计算得出内容热度、对全站内容进行的热度排名。该榜单设置了总榜、热搜、电视剧、电影、综艺、动漫等多个标签,每个标签下面根据不同情况,再细分为热播榜、飙升榜、必看榜、期待榜等榜单,单击标签即可查看相应类别下最受欢迎、最热播的内容排行。

通过知乎"发现"里的好问题广场,可以查看近期热点和潜力好问题;通过"等你来答"可以了解"为你推荐""邀请回答""最新问题"和"人气问题",查看不同类型的问题,并根据自己的实际情况选择适合互动的问题。

想一想、练一练

1. 借助百度指数分析关键词"两会""新媒体营销""躺平"等的趋势研究、需求图谱、人群画像情况,并和你的同学分享交流。

2. 打开微博热门话题,查看今天有什么热点话题,尝试从中选择一个你感兴趣的话题,参与这个话题的讨论。

3. 今天,爱奇艺风云榜热播第一的电影是什么?尝试分析这部电影的内容热度曲线。

4. 打开知乎App,查看今天的潜力好问题有哪些,试着回答一个好问题吧!

即测即练

第十二章　社交电商 TikTok 新号入门攻略

> **知识目标**
> 1. 了解 TikTok 的发展历程和基本功能与特点；
> 2. 掌握 TikTok 的常用操作技巧和功能；
> 3. 了解 TikTok 在社交电商中的作用和影响。

> **能力目标**
> 1. 能够熟练操作 TikTok App，包括发布视频、编辑视频、添加音乐等；
> 2. 能够利用 TikTok 进行商品推广和营销活动；
> 3. 能够分析和评价 TikTok 在社交电商中的优势和局限性。

> **素质目标**
> 1. 培养学生的创新意识和实践能力，激发其对社交电商的兴趣；
> 2. 培养学生的沟通和合作能力，使其在 TikTok 平台上进行团队合作和互动交流；
> 3. 培养学生的网络素养和自我管理能力，引导他们在社交电商中理性、健康地使用 TikTok。

第一节　TikTok 平台介绍

一、TikTok 详细介绍

TikTok 由抖音集团在 2016 年推出，最初以"抖音"为名在中国市场崭露头角，随后于 2017 年下半年扬帆出海，面向国际市场更名为"TikTok"。2017 年 5 月 12 日，字节跳动向海外进军，TikTok 在谷歌商店上线。TikTok 的独特之处在于用户可以拍摄、编辑和分享 15 秒的短视频，加入音乐、滤镜和特效，创造出富有创意和娱乐性的内容。

二、TikTok 的主要特点和功能

（一）短视频创作

TikTok 的核心特色是短视频创作，用户可以通过拍摄 15 秒的视频来表达自己的创意

和才华。这短暂的时长迫使创作者在有限的时间内展示创意,让内容更为精炼和富有创意。

(二) 音乐和特效

TikTok 与音乐紧密结合,用户可以选择背景音乐,并通过在视频中加入音乐元素增添趣味。同时,TikTok 还提供了各种特效和滤镜,使用户能够为视频添加有趣的视觉效果。

(三) 挑战活动

TikTok 经常推出各种挑战活动,用户可以参与这些挑战,通过创作有趣的视频来响应挑战。这种互动方式促使用户更加活跃,也为内容创作者提供了更多的曝光机会。

(四) 社交互动

用户可以关注其他用户、点赞、评论和分享视频。TikTok 的社交互动机制使用户能够更直接地与其他用户互动,提高了用户黏性和平台活跃度。

(五) 个性化推荐

TikTok 通过智能算法,根据用户的兴趣、行为和喜好,向用户推荐更符合其口味的内容。这种个性化推荐机制使用户能够更好地发现感兴趣的视频。

(六) 商业合作和广告

TikTok 也成为一些品牌和商家进行广告宣传的平台。通过推动一些具有创意和趣味性的广告活动,品牌能够借助 TikTok 的庞大用户基数进行有效推广。

(七) 全球影响力

TikTok 在全球范围内迅速崛起,拥有数以亿计的活跃用户。其影响力不仅在年轻人中迅速扩大,也在各国形成了独特的社交文化。

总体而言,TikTok 以其简单易用、创意丰富的特点吸引了大量用户,成为一种全新的社交媒体形式。以短视频的形式,TikTok 为用户提供了表达自己创意的平台,同时也为企业和品牌推广产品和服务提供了独特的机会。

人文素养训练

国货应该如何出海?

国货彩妆 Focallure(菲鹿儿)连续多年稳坐东南亚市场跨境电商彩妆销售冠军宝座,其在 TikTok 电商的成绩也可圈可点。在东南亚电商市场,Focallure 走平民化路线,以产品迭代快和极致的性价比为卖点。其 TikTok 账号首页有多个千万播放的视频,以本土年轻模特入镜,简单易懂地展示产品使用效果,加入前后对比,让消费者更直观地感受到产品优势,从而迅速转化。

资料来源:突破文化壁垒:中国品牌如何打造吸引本土消费者的 TikTok 电商营销短视频?[EB/OL].(2024-05-28). https://zhuanlan.zhihu.com/p/700341055.

三、TikTok 在跨境电商中的应用

TikTok 在跨境电商中的应用越来越受重视,其独特的短视频社交平台为品牌和商家提供了创新的推广途径。以下是 TikTok 在跨境电商中的主要应用。

(一) 产品展示和推广

TikTok 为品牌提供了一个独特的展示产品和推广品牌的平台。通过制作富有创意的

短视频,品牌可以生动地展示产品的特色、用途和优势,吸引用户的目光。这种直观的展示方式有助于激发用户对产品的兴趣,促进购买行为。

(二)品牌合作与推广活动

许多品牌在 TikTok 上通过与流行创作者、博主或明星合作,进行品牌推广活动。这种合作能够让品牌吸引大量活跃用户的视线,并通过有影响力的个人或团体传播品牌形象,提高品牌的认知度和好感度。

(三)社交电商

TikTok 通过与一些电商平台的合作,提供了直接在应用内购买商品的功能。用户可以通过单击视频中的商品链接,直接进入购物页面,完成购买。这种社交电商的模式刺激了用户的购买欲望,并缩短了从产品展示到购买的路径。

(四)用户反馈和互动

在 TikTok 上,用户可以通过评论、点赞和分享等方式与品牌进行直接互动。品牌可以借此了解用户对产品的反馈,回答用户疑问,甚至根据用户的建议进行产品改进。这种实时的互动机制有助于建立品牌与用户之间更为密切的关系。

(五)地域化和文化差异的考虑

跨境电商需要考虑到不同地区和文化的消费者习惯。TikTok 作为一个全球性的社交平台,能够帮助品牌更好地了解和适应不同国家和地区的消费者需求,提供更具地域特色的内容和推广策略。

(六)趋势引导和市场洞察

TikTok 作为年轻用户主导的平台,能够及时反映出当下的潮流和市场趋势。品牌可以通过观察 TikTok 上的热门话题、挑战活动等,及时调整产品策略,把握市场脉搏,提高市场敏感性。

综合而言,TikTok 在跨境电商中的应用为品牌提供了全新的推广手段,通过短视频形式,将产品生动地展示给全球用户,加强了用户与品牌之间的互动,促进了商品的销售。随着 TikTok 的不断发展,跨境电商在这个平台上的应用也将更加多样化。

第二节 注册 TikTok 账号

一、注册步骤

(一)下载并安装 TikTok 应用

打开手机应用商店(如 App Store 或 Google Play),搜索 TikTok 并下载安装。

(二)启动应用

安装完成后,单击 TikTok 图标启动应用。

(三)选择注册方式

在启动画面上,你将看到"注册"按钮。单击后,系统将提示你选择注册方式,通常包括手机号码、电子邮件地址、Facebook 账号等,如图 12-1、图 12-2 所示。

图 12-1　TikTok 中文界面

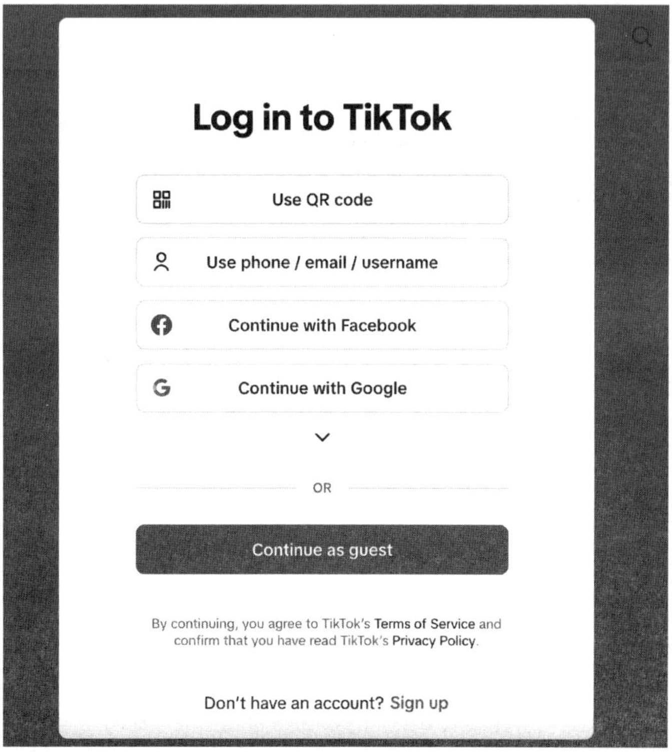

图 12-2　TikTok 英文界面

(四)输入注册信息

(1)手机号码注册:输入你的手机号码,系统将发送验证码至你的手机,验证后继续填写个人信息。

(2)电子邮件注册:输入你的电子邮件地址,系统将发送验证邮件,单击链接后填写个人信息。

(3)设置账号密码:选择一个安全的密码,确保账号的安全性。

(4)填写个人资料:输入个人资料,包括用户名、性别、生日等。这些信息将有助于TikTok为你推送更相关的内容。

(5)选择兴趣:TikTok会根据你的兴趣推送相关内容,选择你感兴趣的领域,以获取更加个性化的推荐。

(6)设置隐私和安全选项:根据个人需求设置账号隐私和安全选项,包括是否允许其他用户评论、谁可以看到你的视频等。

TikTok注册界面见图12-3。

图12-3 TikTok注册界面

二、首次登录TikTok账号要注意的事项

首次登录TikTok账号是用户踏入这个短视频社交平台的第一步。为了确保良好的用户体验和账号安全,新手在首次登录时需要注意一些重要事项。

(一)账号安全

保护账号安全是首要任务,选择强密码并妥善保存至关重要。新手应选择包含字母、数字和符号的强密码,并定期更改密码,避免使用容易被猜到的生日或常用密码。

(二)隐私设置

TikTok提供了丰富的隐私设置,新手应根据个人需求合理配置。在设置中仔细检查隐私选项,确定谁可以查看个人信息、评论和点赞。此外,可以设置谁能给你发送消息等。

(三)关注和粉丝管理

首次登录后,可能会遇到关注和粉丝管理的问题,需要厘清关系。厘清自己的关注和粉丝列表，可按需关注感兴趣的用户，并根据个人兴趣决定是否回关粉丝。

（四）熟悉界面和功能

初次登录可能对TikTok的界面和功能不熟悉，容易感到困惑。浏览TikTok的各个标签，了解首页、热门、关注等不同区域的内容。学习使用点赞、评论和分享等基本功能。

（五）了解推荐算法

TikTok的推荐算法会根据用户行为推送个性化内容，新手可能需要时间适应。主动浏览不同类型的视频，给自己设定兴趣标签，与更多用户互动，让算法更好地适应个人兴趣和爱好。

第三节　手把手教你发布TikTok视频

一、如何发布一条视频

发布TikTok视频是与其他用户互动、分享创意的重要方式。下面是一个详细的教程，帮助新手轻松发布自己的TikTok视频。

（一）打开TikTok应用

解锁手机，找到TikTok应用图标并单击打开。

（二）登录账号

如果还未登录，使用之前注册的账号进行登录。

（三）单击"＋"按钮

找到"＋"按钮，单击开始创建新视频（图12-4）。

图12-4　TikTok首页

(四)选择音乐或声音

在音符图标处选择你想要在视频中使用的音乐或声音。你可以浏览热门音乐,搜索特定曲目或选择 TikTok 提供的声音效果(图 12-5)。

图 12-5　TikTok 发布视频用户界面

(五)拍摄和编辑视频

长按红色录制按钮开始拍摄视频,松开停止录制。可以单击相册图标导入已有视频,使用右侧的特效按钮添加滤镜、特效和转场效果。

(六)调整视频速度

使用速度按钮调整视频的播放速度,可以创建慢动作或快速播放效果。

(七)添加文本和贴纸

单击"Aa"按钮添加文本,可编辑文本内容和样式。单击贴纸图标,选择并拖动贴纸到视频中。

(八)设置视频封面

在视频编辑完成后,单击右上角的勾选按钮,选择视频封面,它将显示在你的 TikTok 主页上(图 12-6、图 12-7)。

(九)添加描述和标签

在下一步界面,填写视频的描述和相关标签,这有助于更多用户发现你的视频(图 12-8、图 12-9)。

(十)选择发布设置

选择谁可以看到你的视频,包括公开、私人和好友。

(十一)单击发布

确认一切设置无误后,单击发布按钮,你的视频将上传至 TikTok 平台(图 12-10)。

二、利用 TikTok 进行品牌出海

TikTok 作为一个全球性的社交平台,为品牌提供了出海和拓展国际市场的机会。以下是一些具体的步骤和案例,帮助品牌更好地利用 TikTok 进行品牌出海。

图 12-6　TikTok 用户上传视频节目

图 12-7　TikTok 用户预览视频效果

图 12-8　TikTok 用户设置视频属性

图 12-9　TikTok 视频上传成功

（一）了解目标市场

在考虑出海前，品牌方需要仔细研究和了解目标市场的文化、消费习惯、市场趋势等。TikTok 在国际市场的成功就是通过深入了解不同国家与地区用户的文化和偏好，对平台进行本地化调整。

（二）创建多语言内容

在 TikTok 上发布多语言的内容，确保品牌信息被更多国家和地区的用户理解。一些国际化的品牌会在视频中添加字幕或语音翻译，以适应不同语言的受众。

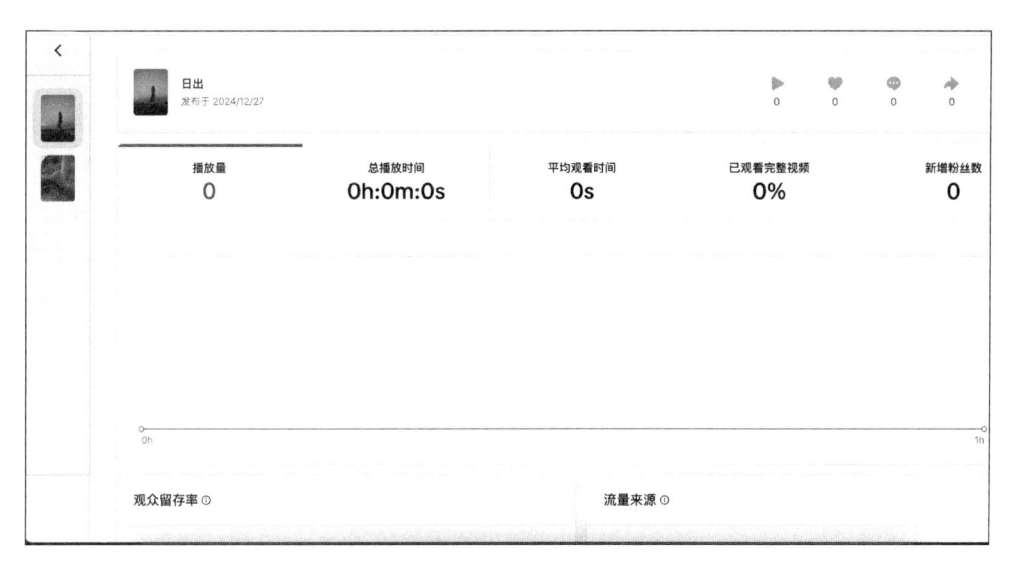

图 12-10　TikTok 用户后台管理视频

（三）合作本地创作者

与当地有影响力的 TikTok 创作者合作，借助他们的粉丝基础推广品牌。例如，一家美国品牌在进入欧洲市场时，与当地欧洲的 TikTok 明星进行合作，通过他们的影响力快速建立品牌知名度。

（四）参与本地挑战和趋势

积极参与当地 TikTok 的挑战和趋势，提高品牌的曝光度。例如，一家亚洲美妆品牌在进入北美市场时，通过参与当地用户喜爱的挑战，快速吸引了大量关注。

（五）运用本地化营销策略

运用本地化营销策略，根据目标市场的文化和需求进行调整。一家日本食品品牌在进入中东市场时，根据当地人的口味和食用习惯进行调整，成功吸引了中东用户的关注。

（六）投放广告

利用 TikTok 的广告平台，定向投放广告，精准触达目标受众。例如，一家欧洲时尚品牌通过在 TikTok 上精准投放广告，提高了品牌在亚洲市场的知名度和销售额。

（七）关注数据分析

利用 TikTok 提供的数据分析工具，了解品牌在不同市场的表现，根据数据调整销售策略。例如，一个墨西哥品牌通过 TikTok 的数据分析工具发现其产品在亚洲市场的表现不如预期，于是调整了推广策略，取得了更好的效果。

（八）积极回应用户反馈

关注并回应不同国家和地区用户的反馈，建立积极的品牌形象。例如，一个澳大利亚品牌健康产品在进入印度市场后，通过回应印度用户的问题和反馈，提升了该品牌在印度市场的声誉。

通过以上步骤和案例，品牌方可以更有针对性地利用 TikTok 进行品牌出海，根据不同国家和地区的特点进行差异化的推广和营销。这有助于建立全球品牌影响力，提升国际市场竞争力。

本章小结

本章主要介绍了知名社交电商平台 TikTok，详细介绍了 TikTok 注册流程和使用技巧，并进一步分析其作为社交电商在当前新媒体营销中的重要作用。

社交电商是将社交媒体和电子商务相结合的商业模式。它通过社交平台（如微信、微博、TikTok、Instagram 等）来促进商品销售和营销活动。在社交电商中，商家可以通过社交媒体平台展示产品、与消费者互动、提供购物体验和完成交易。

当前的社交电商平台有很多，主流的除了我们常见的微信、微博、抖音、快手等，也有一些其他行业的社交电商。企业在新媒体营销中，应当充分利用各类型的社交电商平台，不断拓宽新媒体营销的边界，从而达到提高销售量的目的。

想一想、练一练

尝试注册 TikTok 账号，并完成相关设置，发布一条视频。

即测即练

第十三章 海外社交媒体营销

知识目标
1. 了解常用的海外社交媒体平台；
2. 了解中国企业拓展海外市场面临的宣传推广难题；
3. 理解海外社交媒体平台的营销特点、营销流程。

能力目标
1. 能够根据企业营销目标和产品特点，选择合适的社交媒体平台；
2. 具备应用海外社交媒体开发海外市场的初步能力。

素质目标
1. 服务好全球客户，助力我国高水平对外开放格局形成；
2. 应用海外社交媒体，讲好中国故事，展现我国经济、政治和文化等领域发展成就。

第一节 LinkedIn 营销

一、LinkedIn 简介

LinkedIn，中文名"领英"，成立于 2002 年 12 月并于 2003 年启动，总部位于美国加利福尼亚州山景城（Mountain View）。公司于 2011 年 5 月 20 日在美上市。LinkedIn 的愿景是为全球 30 亿劳动力中的每一位创造经济机会。截至 2023 年 11 月初，LinkedIn 全球会员总数已超过 10 亿，覆盖 200 多个国家和地区。

LinkedIn 是一个基于社交网络的招聘与求职平台，这里汇聚了大量的优秀人才，是猎头眼中的优秀人才库。企业可以在 LinkedIn 找到大量高质量的管理者、专家、工程师的简历，还能够看到他们的同事、同学的推荐与背书。尤其是在中国，很多大城市的猎头非常喜欢通过 LinkedIn 沉淀人脉、发掘高端人才资源。

LinkedIn 还是一个营销服务公司，它有大约 25% 的收入来自市场营销活动。如果我们留心国内几个知名的外贸论坛，很多人通过在 LinkedIn 上拓展人脉网络，建立联络，获得了不少询盘。这里聚集了世界方方面面的专业人士和专业群组。很多B2B(企业对企业)的营销者尝试在这里提升自己公司和产品的品牌影响力,买家和卖家之间也通过社交网络实现沟通交流,并逐渐转移到线下开展贸易活动。在我国,LinkedIn更是把战略重心定位于市场营销业务,赋能中国企业全球化。

二、LinkedIn中国的主要业务

LinkedIn于2014年宣布进入中国,持续提供优质的本地化产品和服务。2023年5月,LinkedIn调整在中国市场的战略重点,聚焦于帮助中国企业在海外的人才招聘、品牌营销和技能培训,通过LinkedIn人才、营销和学习解决方案业务持续支持中国企业的全球化发展,实现人才国际化、品牌世界化、学习终身化的目标。在中国出海100强企业中,已经有75%的中国企业与LinkedIn展开深度合作。

LinkedIn中国主要业务有三类:一是LinkedIn营销解决方案,贯穿整个营销生命周期,为侧重国际市场及全球化的LinkedIn中国客户提供针对高净值人群的精准化、定制化的广告服务,助力企业面向全球打造商业品牌、拓展商机,并提供真实透明的营销效果评估和自助广告服务。二是LinkedIn人才解决方案,基于全球领先的高端人才库、强大的人才大数据分析,LinkedIn致力于为中国企业的国际化发展提供优质的人才服务,高效招才引智。通过LinkedIn海外征才服务,企业能够面向全球招募高端人才,制定全球化人才战略。三是LinkedIn学习解决方案,这是一个面向企业的全球化技能升级平台,提供了超过2.1万门世界级顶尖课程,帮助企业赋能员工,构建适应未来竞争的核心技能,从而实现全球化组织的不断成长。

三、LinkedIn的专业性

LinkedIn网页上写道"LinkedIn is the world's largest professional network on a mission to connect the world's professionals to make them more productive and successful."(图13-1),大意是"领英是世界上最大的专业网络,其使命是连接世界上的专业人士,使他们更高效、更成功"。

图13-1 LinkedIn的网页

(1) LinkedIn是全世界最大的招聘平台之一,同时也是世界上最适合B2B营销与销售的媒体平台之一。即便在过去没有LinkedIn中文版"领英"的时代,来自中国的LinkedIn注册用户居然也超过了400万。LinkedIn中文版自2014年推出之后,来自中国的LinkedIn

注册用户数量有了更多增长。其中很多人是受过良好教育的专业人士,特别是在外贸、互联网等行业。在涉外业务的公司中,LinkedIn 的注册用户比例更高。

仅仅聚集了高质量人群仍然不够,这个人群还必须足够大,否则,开发客户的成本就会过高。既然营销者花费同样精力在一个媒体平台上,那么该平台聚集的人群多、覆盖范围广、人群分布精细,所能挖掘出来的价值通常就会更大。

(2) LinkedIn 是全球最大的商务社交媒体网络。其注册用户主要分布在北美、欧洲、印度等。和世界其他各大社交媒体平台相同,LinkedIn 的注册用户大多使用英语,但是在中国、法国、意大利、西班牙、土耳其这些不使用英语的国家中也有大量注册用户。即便是在沙特阿拉伯,据 LinkedIn 广告资源中公布的数据,2024 年初 LinkedIn 也拥有 890 万会员,约占该国总人口的 1/4。据维卓(Wezo)发布的《2024 LinkedIn 全球营销数据洞察》,84% 的 B2B 营销人员认为 LinkedIn 为其组织带来了最大价值。该报告还指出 LinkedIn 是 B2B 内容营销人员最有效的社交媒体平台之一,近 50% 的营销人员认为 LinkedIn 在实现营销目标方面"极其有效"或"非常有效"。其中信息技术服务、金融、高等教育、软件、电信行业的渗透率最高。从国内的外贸企业来看,在我们常见的传统出口制造业领域中,也有很多人借助 LinkedIn 获得了不错的询盘和销售成果。

四、在 LinkedIn 上营销

利用 LinkedIn 的人脉推广产品是一个极具策略性的市场营销手段。LinkedIn 作为一个专业的社交网络平台,聚焦职业人士,为企业提供了一个独特的推广渠道。以下是从广告、品牌宣传、收集客户信息、售后服务等角度对如何利用 LinkedIn 进行产品推广的分析。

(一) 广告

在 LinkedIn 上投放精准的广告,可以定位到特定的行业、职位、公司和地域,确保广告信息触达目标受众。假设你是一家专注于提供云计算服务的企业,你可以在 LinkedIn 上投放广告,针对 IT 行业的决策者或高管。广告内容可以突出你的云服务的稳定性、安全性和创新性,同时配以吸引人的优惠活动,如首次购买折扣或免费试用。某知名化妆品品牌希望推广其新推出的护肤品系列。其选择在 LinkedIn 上投放广告,定位到对美容行业感兴趣、年龄在 25~45 岁之间的女性职业人士。广告以"专为职场女性设计,焕发自信光彩"为主题,结合产品特点和优惠活动,成功吸引了大量目标客户点击和购买。

(二) 品牌宣传

通过 LinkedIn 的博客、文章和动态发布功能,分享与产品相关的专业知识、行业动态和公司文化,提升品牌形象和知名度。可以定期在 LinkedIn 上发布与公司产品相关的行业报告、技术文章或公司新闻。例如,如果你是一家健康科技公司,可以分享关于健康最新研究成果、产品如何帮助用户改善健康生活的案例故事等。又如,一家科技创新企业,在 LinkedIn 上定期发布公司最新技术成果、行业动态和公司文化的博客文章,这些文章吸引了大量关注和讨论,不仅提升了品牌形象,还为公司带来了潜在的合作伙伴和投资者。

(三) 收集客户信息

利用 LinkedIn 的搜索和数据分析工具,了解目标客户的职业背景、兴趣爱好和行业动态,为精准营销提供数据支持。通过 LinkedIn 的搜索功能,你可以找到与产品相关的潜在客户,了解他们的职业背景、公司规模、业务发展方向等信息。这些数据可以帮助你更精准地定制营销策略,提升营销效果。

(四)售后服务

在 LinkedIn 上建立客户支持群组或页面,快速响应客户的问题和反馈,增强客户满意度和忠诚度。例如,一家专注于高端家居产品的公司,在 LinkedIn 上创建了一个专门的客户支持群组。客户可以在群组中提问、分享使用心得和提出建议。公司团队定期监控群组,确保及时回应客户需求和问题。这样做不仅提高了客户满意度,还为公司收集了大量宝贵的产品反馈和改进建议。

综上所述,通过精准的广告投放、高效的售后服务、有策略的品牌宣传和有效的客户信息收集,企业在 LinkedIn 这个职业社交平台上可以实现产品的有效推广和市场拓展。

> 扩展阅读 13-1 LinkedIn 用户数据报告

五、LinkedIn 广告投放流程

(一)准备工作

在 LinkedIn 投放广告,需要先注册账号、创建公司主页和创建广告账户。

(1)注册账号。使用有效的电子邮箱和密码进行 LinkedIn 账号的注册,完善个人或企业信息,确保账户的真实性和准确性。

(2)创建公司主页。根据 LinkedIn 的指引,详细填写公司资料,包括公司名称、行业、主要产品或服务、公司简介等。上传公司 Logo 和背景图片,以提高品牌识别度。在"关于我们"部分详细介绍公司的历史、文化、愿景和使命等。

(3)创建广告账户。在 LinkedIn 广告管理平台上填写广告账户相关信息,如账户名称、货币类型、时区等。设置广告预算和投放时间,确保广告投放的连续性和稳定性。

(二)确认营销目标

根据企业战略和市场需求,明确广告的主要目标,如提高品牌知名度、增加网站流量、促进销售等。为每个目标设定具体的 KPI(关键绩效指标),以便评估广告效果。

(三)锁定目标人群定向

根据产品或服务的特点,选择适合的目标人群属性,如职位、行业、地理位置、年龄、性别等。利用 LinkedIn 的数据分析工具,对目标人群进行深入研究,以确保广告投放的精准性。

(四)选择广告类型和竞价

根据营销目标和目标人群,选择合适的广告产品,如动态广告、文本广告、视频广告等。根据广告效果和预算,设定合理的竞价策略,如按点击付费(CPC)、按展示付费(CPM)等。

(五)制作营销内容

根据广告产品的特点,设计吸引人的广告内容。内容要简洁明了,能够迅速传达品牌信息和价值。使用高质量的图片、视频和文案,提升广告的视觉吸引力和阅读体验。在广告中突出产品或服务的独特性和优势,激发目标人群的购买欲望。

(六)投放广告

在 LinkedIn 广告管理平台上设置广告计划,包括投放时间、预算分配、目标人群等。

实时监控广告效果,根据数据反馈进行调整和优化。如调整目标人群、修改广告内容、调整竞价策略等。此外,还需要定期评估广告效果,分析数据,总结经验教训,为后续广告投

放提供参考。

通过以上详细的 LinkedIn 广告投放流程,我们可以更好地利用 LinkedIn 平台推广品牌和产品,实现营销目标。同时,不断优化和调整广告策略,提升广告效果和投资回报率。

六、LinkedIn 在中国的营销服务

在中国市场,LinkedIn 战略重心之一是赋能中国企业"走出去",为中国企业提供独特的海外市场开放服务。LinkedIn 会员是企业业务决策的影响者与参与者。在 LinkedIn 上开展营销,可以帮助品牌和业务与全球领先的商业社群深度互动。企业可以在 LinkedIn 页面建立品牌阵地,发布内容、吸引关注者、建设品牌认知度。

美的、联想等众多中国企业通过 LinkedIn 平台宣传推广,成效显著。以美的为例,其基于 LinkedIn B2B 商务社交平台的特征,运用细颗粒度的行业及职能标签、ABM(基于客户的营销)列表及再营销定向等平台工具,精准细分并触达目标潜客,结合公域信息流推送和私域运营,进行 B 端的曝光、引流和商机拓展的闭环管理。据 LinkedIn 官网公布的"最 in B2B 实效增长奖",2022 年美的品牌高净值粉丝增长 150%,收割上千个销售线索,最低留资成本低于行业基准的 45%,真正实现了成本与效果的最优解。

此外,LinkedIn 利用企业推广快讯进行内容推广,提供更多信息的网址,和之前与该品牌没有联系的新关注者开展互动。LinkedIn 还利用意见调查广告,展开关于微网站访客的实用洞察和深入分析。通过与 LinkedIn 合作,联想在两个月内创造出丰富多彩、引人入胜的内容,实现了极佳的推广效果。推广活动期间,无论是 LinkedIn 上的联想产品专区,还是联想的微网站,访客流量都大幅提升。通过综合策略,在职场目标客户中将联想的 Think 品牌打造成具有强大影响力的领军者形象,有机地将该品牌特征融入体验的核心位置(图 13-2)。

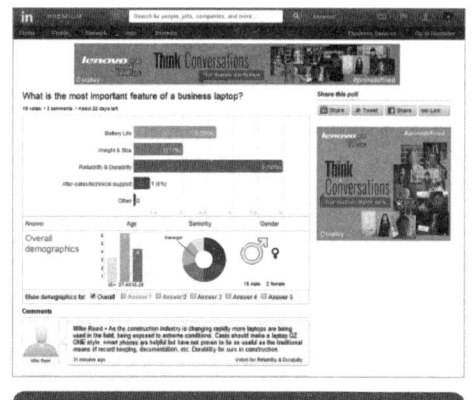

图 13-2 联想在 LinkedIn 的推广宣传页面

LinkedIn 有着较好的推广成效。领英中国用户市场总监张源在"领英中国微信公众号"发文表示,领英曾在两个月内,通过"Think Hub"产品专区吸引了超过 7 000 名新关注者,将 14 000 名独立访客转到"Think Conversations"微网站,面向目标客户的展示量超过 100 万次,用户自发参与度较平均水平提升了 2~9 倍。

第二节 Facebook 营销

一、Facebook 简介

Facebook 是 Meta 公司旗下互联网社交产品,于 2004 年 2 月 4 日上线,创建者是马克·扎克伯格(Mark Zuckerberg)和几位哈佛大学的同学,是美国排名第一的照片分享站点。

扩展阅读 13-2 2023 年 Facebook 用户数据报告

Facebook 是全球注册用户数量最多、支持语言种类最多、覆盖国家和地区最广的社交媒体平台之一。它支持大量社交媒体功能,例如涂鸦墙、礼物、事件、市场、站内应用等,还可以通过开放平台与众多第三方应用集成。截至 2023 年 4 月,Facebook 的月活跃用户数为 29.89 亿,在全球最"活跃"社交媒体排名中名列第一。

二、Facebook 营销流程

Facebook 营销是一个复杂而精细的过程,它涉及多个环节,包括创建 Facebook 主页、发布内容、广告营销等。

(一)创建 Facebook 主页

创建 Facebook 主页是开始 Facebook 营销的第一步。你可以在主页上添加发布状态公告、照片、视频,也可以和粉丝进行互动交流,还可以将你的应用集成到主页上。所有成功的 Facebook 营销故事,几乎都是从 Facebook 主页开始的。

(1)登录你的 Facebook 账户,单击页面右上角的"创建页面"按钮。

(2)选择你的业务类型,填写基本信息,如业务名称、业务类别、位置等。

(3)上传你的业务 Logo 和封面图片,这些图片应与你的品牌形象保持一致。

(4)完善你的业务简介和联系方式,以便用户更好地了解你的业务。

注意创建 Facebook 账户和主页的一些条款细节。因为 Facebook 使用条款的一些细节和国内大多数网络和社交媒体有区别,了解这些条款细节对保护你在 Facebook 上的营销投资是很有必要的。《Facebook 粉丝主页条款》是关于粉丝主页使用过程的注意事项,包括:基本的粉丝主页的规定;管理粉丝主页地址、名称和资料收集的规定;基于刊登广告、发布封面图片、使用应用程序、发布优惠和促销活动的规定。

Facebook 主页装修时,要注意更换一张与主题内容配套的封面图片,更新一张专门为主页设置的个人头像,美化主页的 Tab(标签),集成你的 Facebook 应用程序。缺乏专业能力的公司,可以直接购买国外的 Facebook 主页装修服务。

(二)发布内容

在 Facebook 上发布的帖子和评论与常见的公司新闻稿和博客文章相比,还是有很多不同的。以恰当的方式发布内容并与粉丝互动沟通,将为你的产品和服务带来更好的用户参与度和口碑,主要工作包括:更新主页状态;发布照片与视频;发布活动信息;发布大事记;建立和参与小组讨论;为 Facebook 主页吸引粉丝。

(1)内容规划:你需要规划要发布的内容。这可以包括图片、视频、文章等,内容应与你的品牌形象和业务目标保持一致。

（2）内容制作：制作高质量的内容是关键。确保你的内容有趣、有启发性，并能吸引用户的注意力。

（3）发布时间：选择适合你的目标受众的发布时间。例如，如果你的目标受众主要是年轻人，那么你可能需要在晚上或周末发布内容。

（4）互动：鼓励用户与你互动，如点赞、评论和分享。这不仅可以提高你的品牌知名度，还可以帮助你了解用户的需求和反馈。

（三）广告营销

▶ 1. 明确广告目标

在开始广告营销之前，需要明确你的广告目标。这可以是提高品牌知名度、增加网站流量、扩大销售等。

▶ 2. 目标受众分析

Facebook 利用大数据定位技术，帮助广告商精确地定位到他们的目标受众。定位选项包括兴趣、地区、人口、移动设备和用户行为等。广告商可以选择特定的年龄、性别、使用语言等人口特征，以及根据用户的兴趣爱好、行为等因素进行定位。此外，广告商还可以创建自定义受众，例如基于现有客户数据或网站访问者数据来定位受众。

▶ 3. 巧用广告管理工具

Facebook 广告管理工具是广告商用来管理、监控和优化广告活动的工具。通过广告管理工具，广告商可以创建广告系列、广告组和广告，设定目标受众、预算、竞价和排程等参数，并随时监测广告的效果。广告管理工具提供了丰富的数据指标，例如广告的展示次数、点击率、转化情况等，帮助广告商了解广告的表现如何，并根据数据进行优化调整。Facebook Ads Manager，用于创建、发布和管理广告内容。AdEspresso，这是一个第三方的 Facebook 广告管理工具，帮助用户创建广告系列和广告组，进行广告分析和测试，同时还可以自动优化广告系列，提升广告效果。Facebook 还提供了其他一些工具来帮助广告主更好地管理和优化广告活动，如 Power Editor，用于需要更精细控制和自定义选项的广告主；Audience Insights，可以帮助广告主了解目标受众，包括他们的兴趣、行为、人口统计信息等；Ads Reporting，提供了详细的广告性能报告，包括广告展示、点击、转化等数据。

（四）其他营销策略

（1）参与 Facebook 群组：寻找与你的业务相关的 Facebook 群组，并积极参与讨论。这不仅可以提高你的品牌知名度，还可以帮助你了解用户的需求和反馈。

（2）利用 Facebook Marketplace：如果你的业务涉及实体产品，那么可以考虑在 Facebook Marketplace 上列出你的产品。这是一个免费的平台，可以帮助你扩大销售渠道。

（3）联合营销：寻找与你的业务有共同目标的其他品牌或个人进行合作，共同开展营销活动。这可以帮助你扩大影响力，提高品牌知名度。

总之，Facebook 营销是一个需要长期投入和持续优化的过程。通过创建高质量的 Facebook 业务公共主页、发布有价值的内容、进行有针对性的广告营销以及利用其他营销策略，可以在 Facebook 上成功地推广你的业务。

扩展阅读13-3　十大最佳 Facebook 营销活动案例

第三节 其他海外社交媒体营销平台

除了 Facebook、LinkedIn 外,还有不少常用的社交媒体营销平台,如 Twitter、YouTube、Instagram。

一、Twitter

Twitter 是一个以短文本为主要内容的社交媒体平台,全球访问量巨大,相当于全球版新浪微博。它以简洁明快的文字和快速的信息传播方式受到广大用户的喜爱,也是我国企业国际营销的重要工具之一。

Twitter 可以让用户更新不超过 140 个字符的消息(除中文、日文和韩语外已提高上限至 280 个字符),这些消息也被称作"推文"(Tweet),Twitter 被形容为"互联网的短信服务"。这项服务是由杰克·多西(Jack Dorsey)在 2006 年 3 月与合伙人共同创办并在当年 7 月启动的。2023 年 7 月 23 日,Twitter 的首席执行官埃隆·马斯克(Elon Musk)发布推文称,将要更换 Twitter 的"蓝鸟"图标为"X"图标;7 月 24 日,马斯克再发推文,宣布 Twitter 网址由 twitter.com 迁移到 X.com;同日,马斯克将自己的头像更换为"X"字母,侧面公布了 Twitter 的新 Logo;7 月 31 日,Twitter 应用在苹果 App Store 正式更名为 X。

我国企业可以应用 Twitter 开发国际市场。华为在 Twitter 上积极推广其产品和服务,包括智能手机、平板电脑、笔记本电脑等。其通过发布最新的产品信息、技术创新、用户故事等内容,与海外消费者进行互动和交流。同时,华为还在 Twitter 上开设了"华为学习中心"账号,分享数字化和智能化的知识和经验,提升品牌形象。小米在 Twitter 上采取了多种营销策略,包括发布新品信息、举办线上活动、与用户互动等。其通过精心设计的海报、视频和推文,展示小米产品的独特魅力和创新之处。此外,小米还在 Twitter 上积极与用户互动,回复评论、解决问题,提升用户忠诚度和品牌口碑。这些中国企业在海外 Twitter 营销中,都注重与用户的互动和交流,通过发布有价值的内容、提供优质的服务和体验,不断提升品牌知名度和美誉度。

二、YouTube

(一) YouTube 简介

YouTube 拥有超过 20 亿的月活跃用户数量,总访问量更是惊人。它以视频为主要内容形式,涵盖了各种类型的视频内容,包括教育、娱乐、新闻等。对于品牌来说,YouTube 是一个进行视频营销的重要平台,可以通过发布品牌宣传视频、产品教程等内容来吸引和留住用户。

YouTube 早期公司位于美国加利福尼亚州的圣布鲁诺,2005 年 2 月 15 日注册,由美国华裔陈士骏等人创立,让用户下载、观看及分享影片或短片。2006 年 11 月,Google 公司以 16.5 亿美元收购了 YouTube,并把其当作一家子公司来经营。2015 年 2 月,央视首次把春晚推送到 YouTube 等境外网站。2020 年,因疫情影响,许多人更多时间待在家中,YouTube 的流量大增,为此 YouTube 降低在欧盟的流媒体视频画质,以减轻网络压力。

2022年2月,YouTube公布了2022年进军区块链和元宇宙的计划,致力于减少数字艺术市场中的欺诈行为,丰富观看游戏类内容时的社交体验。

(二) YouTube视频在海外营销中的优势

一是巨大的用户基础,YouTube是全球最大的视频分享平台,拥有数十亿的用户,覆盖了全球各地。这使在YouTube上进行视频营销可以触及广泛的潜在客户群体。二是内容形式多样,YouTube支持各种类型的视频内容,包括教学、娱乐、广告等。企业可以根据自身的营销需求,创作出符合品牌形象和目标受众喜欢的视频内容。三是互动性强,YouTube视频允许观众与内容进行互动,如点赞、评论、分享等。这种互动性不仅提高了观众的参与度,也为企业提供了与潜在客户直接沟通的机会,有助于提升品牌形象和客户忠诚度。四是搜索引擎优化,YouTube是谷歌旗下的产品,因此其视频内容在谷歌搜索结果中的排名较高。通过优化视频标题、描述和标签等元素,可以提高视频在搜索引擎中的可见性,进一步增加曝光和流量。五是数据分析,YouTube提供了丰富的数据分析工具,可以帮助企业了解观众的行为和喜好,从而优化视频内容和营销策略。

三、Instagram

(一) Instagram概述

Instagram是Meta公司旗下社交软件。美国在线新闻平台Business Insider调查显示,Instagram在2024年4月达到了20亿月活跃用户的里程碑,每日活跃用户达5亿。2024年全球最具价值100大品牌榜中,Instagram排名第13位。Instagram是一个以图片和视频为主要内容的社交媒体平台,它以独特的视觉呈现方式和社交互动功能吸引了大量年轻用户,成为品牌视觉营销的重要平台之一。Instagram视觉营销是一种通过在Instagram平台上使用吸引人的视觉内容来吸引和转化客户的营销策略。

(二) Instagram营销技巧

以下是一些Instagram视觉营销的关键技巧。

(1) 统一的色调、滤镜和风格。使用统一的色调、滤镜和风格可以让你的账号在众多的信息流中脱颖而出,形成独特的视觉语言。

(2) 制定独特的主题与风格。根据你的品牌或产品特点,制定独特的主题与风格,可以给你的Instagram账号赋予个性,并在用户心中留下深刻的印象。

(3) 投资高质量的视觉内容。Instagram是一个视觉驱动的平台,高质量的照片和视频内容是吸引观众的基础。你可以投资一台高像素的相机,学习拍摄技巧,以及使用专业的后期处理工具来打造引人入胜的视觉内容。

(4) 利用Instagram Stories打破常规。Instagram Stories是一个短视频和照片的展示平台,人们可以在这里展示幕后花絮、日常生活或者即时更新,可以更好地与粉丝沟通,同时吸引更多的人关注。

(5) 使用Instagram商业账户功能。使用Instagram商业账户可以让你在Instagram个人资料上添加一个行动号召按钮,方便潜在客户与你联系或购买你的产品或服务。此外,商业账户还可以让你查看更多的分析数据,帮助你更好地了解你的受众。

(6) 利用Instagram视频功能。视频是一种非常吸引人的内容展现形式,你可以使用Instagram提供的多种视频功能来展示你的品牌故事、产品特点、客户评价等。例如,你可以使用 Reels 功能来分享一些有趣、富有创意或时尚的短视频,或者使用 IGTV 功能来分享一些长达一个小时的视频内容。

通过以上的视觉营销技巧,可以在 Instagram 上创造出独特的品牌形象,吸引并转化更多的潜在客户。

本章小结

本章介绍了常见的海外社交媒体平台,较为详细地介绍了 LinkedIn 和 Facebook 的社交平台营销特色和广告策略等内容,并展示了我国企业海外营销案例,穿插了拓展学习资料,为认识海外社交媒体营销,理解营销流程和要点提供了丰富的素材;同时,还简要介绍了海外营销常用的 Twitter、YouTube 和 Instagram,为学生进一步学习和应用这些社交媒体平台提供了线索。

海外社交媒体平台众多,这些平台的受众、营销信息展示方式等各有千秋,我国企业海外营销时要根据营销目标、目标客户媒体偏好、产品特点等因素选择适合的社交媒体平台。要特别注意不同国家或地区法律、政策、文化的差异性,实施营销时应当遵守目标市场国或地区法律和政策,尊重当地的文化习俗,营销时避免踩坑。

想一想、练一练

3~5 人一个小组讨论,每人通过互联网、学校图书馆等渠道收集一个国家有关社交媒体营销的法律,并讨论如何在海外社交媒体营销时避免法律风险。

即测即练

第十四章　Shopee 跨境电商实战

> **知识目标**
> 1. 了解 Shopee 平台；
> 2. 熟悉 Shopee 平台规则、注册流程、运营技巧；
> 3. 灵活运用 Shopee 平台并打造品牌故事、进行品牌运营。

> **能力目标**
> 1. 熟练使用 Shopee 平台；
> 2. 灵活运营 Shopee 平台，传播品牌文化，助力品牌营销。

> **素质目标**
> 1. 培养学生表达能力；
> 2. 培养学生团队合作精神、创新精神及动手操作能力。

第一节　Shopee 简介

当听到跨境电商时，我们可能首先想到速卖通、亚马逊、欧洲市场、北美市场等词，但是有一个市场正在快速兴起，并成为增长较快、较有潜力的电商市场之一，那就是东南亚市场。目前，在这一地区发展较快的电商平台是 Shopee。

一、Shopee 平台简介

Shopee 是领航跨境电商平台，覆盖新加坡、马来西亚、菲律宾、泰国、越南、巴西、墨西哥、哥伦比亚、智利等 10 余个市场，同时在中国深圳、上海和香港设立跨境业务办公室。Shopee 覆盖了全球电商增长蓝海，10 余个市场触达超 10 亿人口红利。2023 年 3 月 7 日，Shopee 母公司 Sea 发布了 2022 年第四季度及 2022 年全年财报，财报显示，2022 年，Shopee 总订单数达 76 亿，全球经济不稳定情况下总订单数同比增长 23.7%。Shopee 品牌影响力广泛，位列 YouGov 2022 全球最佳品牌榜第五，为前十强中仅有的电商品牌。

二、Shopee 跨境卖家

Shopee 致力于构建一站式跨境出海方案,以打造 SLS 物流服务、中文/多语种互译、支付保障、中国卖家中心的基础硬实力,提供流量、孵化支持的运营软实力,整合优质三方合作伙伴的资源聚合力,成就每一种出海可能。

(一)物流层面

Shopee 物流服务(SLS),低价高效,跨境发货非常方便快捷。一旦出单,卖家只需根据物流要求打包好产品,从后台打印面单,然后将包裹运送至转运仓即可,转运仓会立即将商品发往境外。包裹到达转运仓之后出口清关、最后一公里配送等所有物流环节,Shopee 都会帮助卖家一站式解决。这种物流方式对卖家来说,能够大大降低成本、提升效率;对消费者来说,统一的调配及迅速的运输流程,也能让他们的跨境网购体验达到最优。

(二)支付层面

为提升中国跨境卖家资金管理的安全性和便捷性,Shopee 联合持牌支付机构推出"一站式官方跨境收款服务"——Shopee 官方钱包。卖家可直接在卖家中心后台开通 Shopee 官方钱包,实现多店铺收款、资金管理、换汇提现等操作,尊享更安全、更便捷、更优惠的收款体验,还支持选择第三方支付服务商,如 LianLian、Payoneer 及 PingPong。不同于大家想象中的跨境支付非常麻烦,需要担心汇率、境外银行卡等问题,在 Shopee,只需一张境内银行卡就可以搞定收款,非常便捷。

(三)流量层面

卖家不用担心流量问题,Shopee 构建了站内外引流矩阵,多渠道引流。站内,Shopee 每个月都为消费者提供 3~4 个促销节点,并在每年下半年设立 9·9 超级购物日,10·10 超级品牌节,11·11 超级大促及 12·12 生日大促等旺季购物节点,打造旺季爆单。一旦卖家适应了平台促销节奏,并掌握了各个促销节点的特性,单量及交易额将轻松实现量级提升。卖家还可以通过 Shopee 广告、关注礼、免运活动等各类营销手段,配合平台促销季,最大化为商品引流,提高转化,达到事半功倍的效果。

三、如何选择 Shopee 首站

面对东南亚市场和拉美市场的千亿蓝海商机,Shopee 推出全新政策,自 2023 年 7 月 1 日起(含 7 月 1 日),所有新卖家均可选择十大站点作为出海首站。在十大首站中,巴西、越南、菲律宾和泰国站点人口基数大、电商市场增速快。对于新卖家,这四个站点如图 14-1、图 14-2、图 14-3、图 14-4 所示,容易出单且流量成本低,是首次出海的极佳选择。

四、Shopee 入驻流程

(一)如何入驻 Shopee?有哪些渠道可以入驻 Shopee

官网投递:Shopee 官方入驻通道;
官方微信公众号、视频号、抖音号、知乎号:Shopee 跨境电商;
官方小红书:Shopee 跨境电商;

巴西站点

巴西人口排名拉美第一,世界第七,经济体世界排名始终名列前10。巴西互联网渗透率高,拥有约1.65亿网民,其中97.2%是移动手机用户。

市场商机 巴西消费者非常喜欢购买跨境商品,约有76%的人尝试过线上购物,线上购物已经是巴西人生活的常态。

购物概况 巴西线上购物主力军为26~50岁人群,且女性居多。巴西人对商品的了解主要通过官网、搜索和社交媒体。

支付习惯 信用卡和电子钱包是电商交易最主要方式。

品类推荐 电子、时尚、家居用品为巴西站点主流品类;食品、电子、玩具为增长最快的品类。

图 14-1　巴西站点

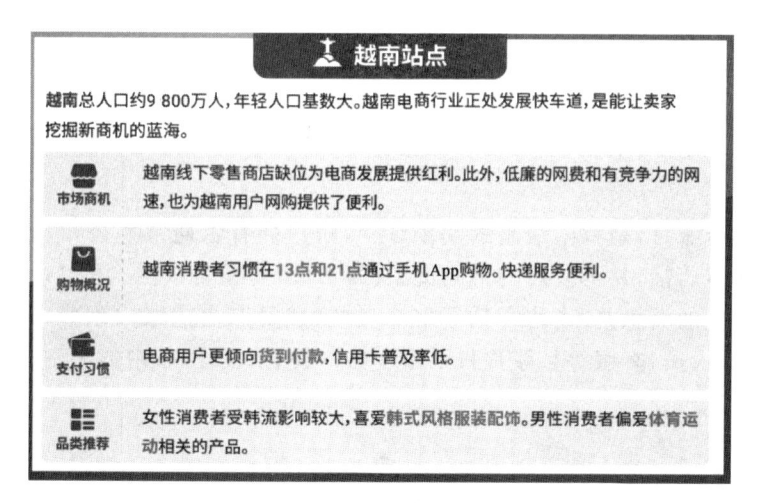

越南站点

越南总人口约9 800万人,年轻人口基数大。越南电商行业正处发展快车道,是能让卖家挖掘新商机的蓝海。

市场商机 越南线下零售商店缺位为电商发展提供红利。此外,低廉的网费和有竞争力的网速,也为越南用户网购提供了便利。

购物概况 越南消费者习惯在13点和21点通过手机App购物。快递服务便利。

支付习惯 电商用户更倾向货到付款,信用卡普及率低。

品类推荐 女性消费者受韩流影响较大,喜爱韩式风格服装配饰。男性消费者偏爱体育运动相关的产品。

图 14-2　越南站点

菲律宾站点

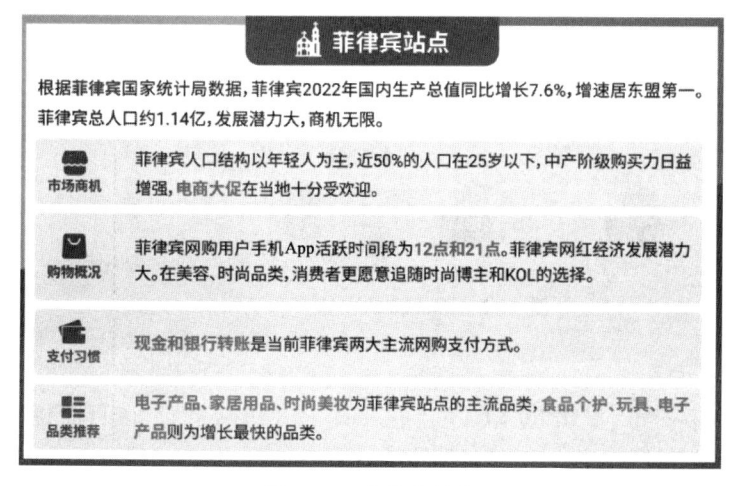

根据菲律宾国家统计局数据,菲律宾2022年国内生产总值同比增长7.6%,增速居东盟第一。菲律宾总人口约1.14亿,发展潜力大,商机无限。

市场商机 菲律宾人口结构以年轻人为主,近50%的人口在25岁以下,中产阶级购买力日益增强,电商大促在当地十分受欢迎。

购物概况 菲律宾网购用户手机App活跃时间段为12点和21点。菲律宾网红经济发展潜力大。在美容、时尚品类,消费者更愿意追随时尚博主和KOL的选择。

支付习惯 现金和银行转账是当前菲律宾两大主流网购支付方式。

品类推荐 电子产品、家居用品、时尚美妆为菲律宾站点的主流品类,食品个护、玩具、电子产品则为增长最快的品类。

图 14-3　菲律宾站点

泰国站点

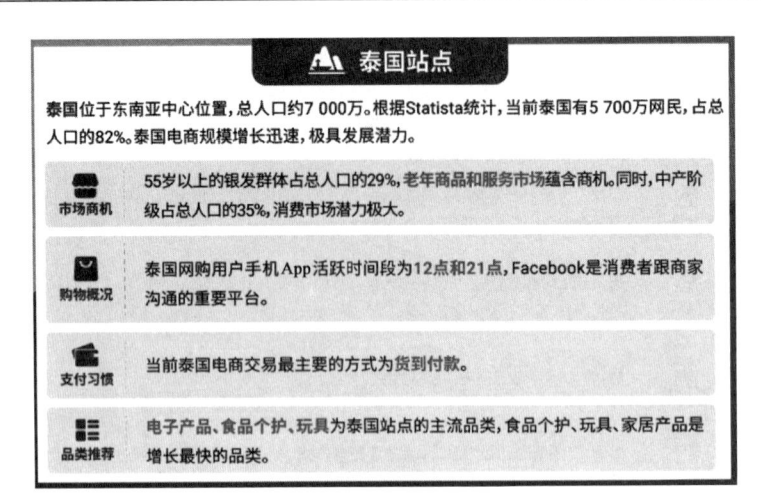

泰国位于东南亚中心位置,总人口约7 000万。根据Statista统计,当前泰国有5 700万网民,占总人口的82%。泰国电商规模增长迅速,极具发展潜力。

市场商机　55岁以上的银发群体占总人口的29%,老年商品和服务市场蕴含商机。同时,中产阶级占总人口的35%,消费市场潜力极大。

购物概况　泰国网购用户手机App活跃时间段为12点和21点,Facebook是消费者跟商家沟通的重要平台。

支付习惯　当前泰国电商交易最主要的方式为货到付款。

品类推荐　电子产品、食品个护、玩具为泰国站点的主流品类,食品个护、玩具、家居产品是增长最快的品类。

图 14-4　泰国站点

官方快手号：Shopee 官方；

官方小程序：Shopee 跨境电商；

参加 Shopee 招商会：现场直接与招商经理对接。

(二)卖家入驻操作指南

▶ 1. 主账户

主账户又称母账户,是权限最高的卖家账户,账户拥有者通常是公司法人,主账户可以管理该公司的所有店铺,并为公司的不同员工(即子账户)设置权限。图 14-5 中的陈总即为主账户。与之对应的概念是"子账户",子账户又叫"成员",由主账户创建,账户拥有者通常是公司员工(运营人员、客服等),账户权限由主账户设置,图 14-5 中的小王、小李、菲菲和佳佳都是子账户。

图 14-5　Shopee 的主账户和子账户

▶ 2. 填写申请表

前往主页 shopee.cn,单击"立即入驻"进入图 14-6 所示页面,该页面将简要介绍卖家入驻流程和入驻须知。

图 14-6　入驻流程

▶ 3. 法人实名验证

如果你是第一次提交申请资料,需填写四个信息:法人实名认证、联系人信息、公司信息、店铺信息。首先,使用微信或其他浏览器扫描二维码在手机端进行实名认证。

▶ 4. 注册第一家店铺

完整提交入驻信息表单后单击页面左下方"申请开店"按钮开通无销售权店铺,并发布至少一个商品。已开通店铺并上传商品的卖家将享有优先审核权,最快 3 个工作日得到初审结果,出单快人一步。单击查看《销售权》扫描二维码关注入驻小助手即可掌握你的专属入驻状态,加速对接客户经理。

▶ 5. 查看申请进度及店铺

入驻申请提交后,你可通过主账号登录 shopee.cn 管理并查看入驻申请:

(1) 前往 shopee.cn/seller 然后单击"查看入驻进度";

(2) 使用提交申请信息的主账号进行登录;

(3) 进入入驻申请记录页面,在此查看进度或者查看店铺。

▶ 6. 企业微信——卖家使用指导手册

第一步:下载企业微信

下载链接:https://work.weixin.qq.com/#indexDownload,支持 Windows、Mac、iOS 和安卓四种设备。

第二步:登录企业微信

企业微信为邀请加入制,如果你没有收到企业微信邀请通知,可能是你的联系方式缺失或错误,可以联系本网站侧边栏在线人工客服处理。

收到邀请后按照以下步骤操作即可,后续客户经理会统一拉群。企业微信的邀请通知会通过微信发送到入驻时填写的手机号码的个人微信。

第三步:确认/修改个人资料

进入企业微信后,在界面下方找到"我",单击进入,如图14-7所示。

图14-7 确认资料

修改个人资料:可以修改头像、姓名等个人资料。你的公司名会存放在"别名"里,并且不会向其他卖家展示。若需要修改手机号,可以在"我—设置—账号—手机号"中进行修改,如图14-8所示。

图14-8 修改资料

第四步:查看消息/通讯录、使用工作台/微盘

在企业微信界面的下侧边栏,你可以看到"消息""通讯录""工作台"和"我"四个模块,如图14-9所示。其中,消息模块与普通微信一样,显示聊天信息;通讯录模块可以搜索查看客户经理名称,方便沟通。

图14-9 工作台信息

工作台模块包含的内容如图14-10所示。一是常用工具,即Shopee在线客服、发货时间计算器(DTS)、定价模拟器;二是官方公告栏,即Shopee最新公告(政策、物流、功能、市场周报等);三是卖家学习中心,每周定时推送运营干货、内容更新合集等。

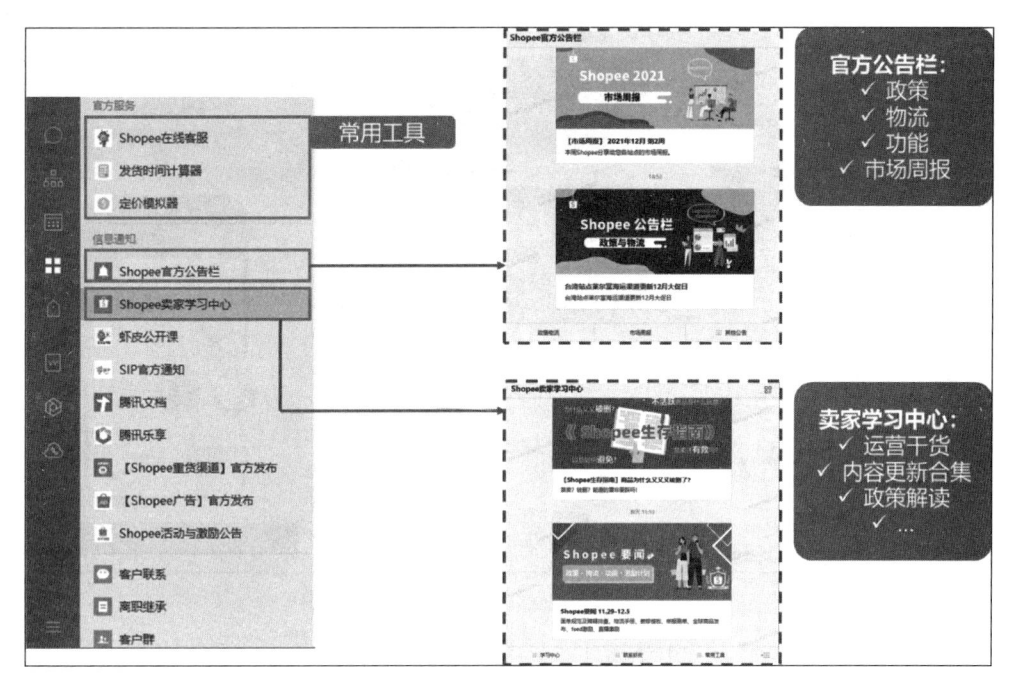

图 14-10　工作台模块

第二节　Shopee 店铺定位与选品上新

完成 Shopee 账号注册后，就可以为开店做准备了。

一、店铺设置

完成审核材料的提交入驻成功后需要完成以下四步，才能快速运营。

（一）店铺装修

店铺装修是指对店铺进行装饰，包括商店介绍、商店分类以及商店首页装饰。通过使用各种组件来自由编排商店版面，突出重点内容，有效地展示你的商品，最终吸引顾客下单。数据显示，对比一般店铺，装修店铺的成交额提高了 2.02%，订单量提高了 2.62%，店铺转化率提高了 3.74%，店铺访客 7 日留存指标提高了 2.46%（图 14-11）。

对于卖家来说，给店铺打造一个漂亮、符合品牌形象的风格，能够吸引买家持续浏览，为店铺带来更多流量。例如，将优惠券、关注礼、加购优惠等行销活动置于明显的位置，增强买家的下单的动力。

（二）上架商品

完成店铺的装修后，需要进行商品上架。在上架商品之前，需要了解平台的违禁品、商品上架规则、哪些产品最好卖等，了解新闻动态、运营干货和旺季选品，完成上架后，商品进入销售阶段，如图 14-12 所示。

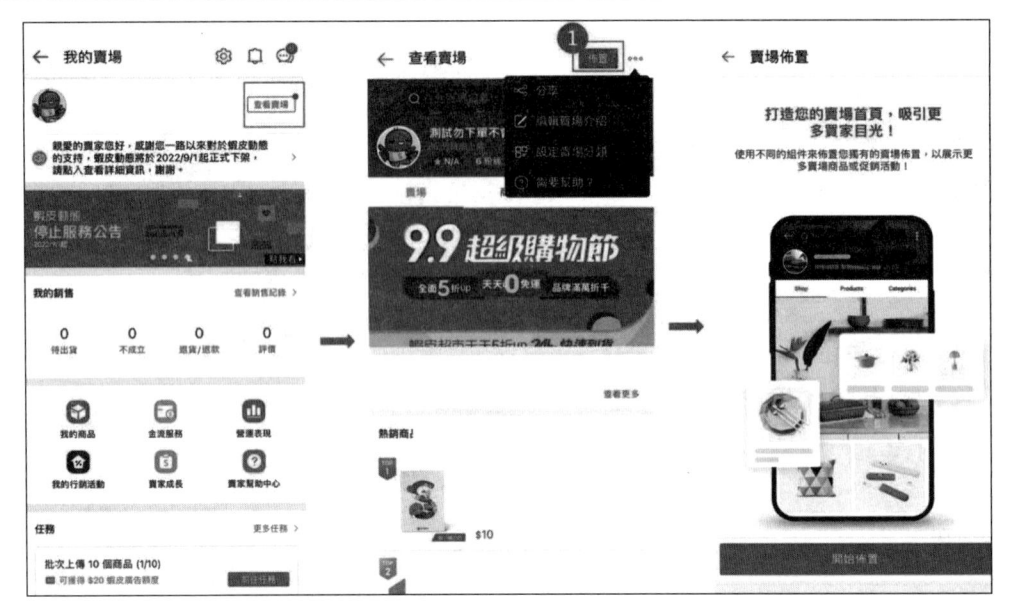

图 14-11　店铺装修

图 14-12　商品上架

（三）新手任务

店铺审核通过后，会收到新手任务的指示邮件。新手任务要求在 14 天内完成 50 个商品的上架，按时完成新手任务，才能快速对接运营经理。

（四）进阶学习

通过 Shopee 卖家学习中心、官网、虾皮公开课、官方知乎机构号、微信公众号等不同渠道，学习 Shopee 的店铺进阶运营知识。

二、选品上新

（一）了解 Shopee 有哪些违禁品

违禁品，指各个国家或地区禁止售卖或禁止运输的商品，如爆炸物品、刀具、腐蚀品、打火机和类火种、钱币、枪支弹药、香烟、药品、动物皮草、易燃液体或气体等,这些都是常见的违禁品,卖家选品时注意,不要售卖违禁品。Shopee 平台的违禁品分为 A 类及 B 类;如果上传了 A 类违禁品,将会扣 3 分;如果上传了 B 类违禁品,将会扣 1 分。

（二）选品建议

2022 年,Shopee 最热卖的四大类目分别是手机平板及 3C 配件、家居生活、时尚服饰、美妆保健;成功入驻 Shopee 后,可以通过微信公众号的市场周报、官网的选品指南等工具了解具体的热卖品款式、价格,如图 14-13 所示。如果不确定选品,可以根据自身产业带优势、货源优势以及过往经验来选择品类,在后续的店铺运营中,根据数据测品进行调整。

图 14-13　平台热卖品

（三）给商品定价

给商品定价的时候,我们要考虑商品成本、商品利润、境内途运费、跨境运输成本(也称藏价)、佣金、交易手续费、服务费(参加活动时会产生)。

商品定价涉及的因素比较多,可以根据公式自行计算。一般地,商品最终定价＝商品成本＋利润＋境内途运费＋跨境运输成本(藏价)＋佣金＋交易手续费＋服务费(如有),这是商品定价的底层逻辑。

三、一站式解决方案

对于初入驻 Shopee 平台的商家,在平台运营专业度方面较欠缺,也可以寻找一站式解决方案。Shopee 官方推出一站式解决方案服务平台,为卖家提供店铺运营、软件支持、营销推广、物流服务、金融财税等专业服务,助力卖家安心出海运营。

本章小结

本章主要包括 Shopee 平台简介、Shopee 跨境卖家、如何选择 Shopee 首站、Shopee 入驻流程等方面的内容。

Shopee 是领航跨境电商平台,覆盖新加坡、马来西亚、菲律宾、泰国、越南、巴西、墨西哥、哥伦比亚、智利等 10 余个市场,同时在中国深圳、上海和香港设立跨境业务办公室。Shopee 覆盖了全球电商增长蓝海,10 余个市场触达超 10 亿人口红利。

Shopee 跨境卖家包括物流层面、支付层面、流量层面等内容。

Shopee 卖家入驻操作指南包括主账户、填写申请表、法人实名验证、注册第一家店铺、查看申请进度及店铺等。

店铺设置包括店铺装修、上架商品、新手任务、进阶学习等内容。选品上新包括了解 Shopee 有哪些违禁品、选品建议、给商品定价等内容。

想一想、练一练

了解 Shopee 平台并入驻,担任卖家角色体验跨境平台运营操作。

即测即练

参考文献

[1] 百度营销研究院.百度推广——搜索营销新视角[M].北京：电子工业出版社,2013.
[2] 蔡勤,李圆圆.直播营销[M].3版.北京：人民邮电出版社,2024.
[3] 陈娜,姜梅.微博营销与运营（慕课版）[M].2版.北京：人民邮电出版社,2021.
[4] 陈钦兰,周飞,陈小燕,等.新媒体营销：数字、工具与运营[M].北京：机械工业出版社,2023.
[5] 陈迎.直播营销实战指南[M].北京：机械工业出版社,2021.
[6] 杜鹏,佟玲.新媒体营销（微课版）[M].北京：人民邮电出版社,2021.
[7] 华迎.新媒体营销实务[M].北京：人民邮电出版社,2024.
[8] IMS(天下秀)新媒体商业集团.新媒体营销学[M].北京：清华大学出版社,2022.
[9] 骏君,李剑豪.直播营销：高效打造日销百万的直播间[M].北京：中华工商联合出版社,2021.
[10] 李东进.新媒体营销与运营[M].北京：人民邮电出版社,2022.
[11] 李毅.跨境电商运营实战攻略[M].长春：吉林大学出版社,2022.
[12] 林海.新媒体营销[M].2版.北京：高等教育出版社,2021.
[13] 刘东明.微博营销：微时代营销大革命[M].北京：清华大学出版社,2021.
[14] 唯美世界,瞿颖健.中文版Photoshop2024完全案例教程（微课视频版）[M].北京：中国水利水电出版社,2024.
[15] 文两道.字美之道：字体设计从基础原理到商业实战[M].北京：电子工业出版社,2022.
[16] 吴娟,赖启军.新媒体运营（慕课版）[M].北京：人民邮电出版社,2023.

教师服务

感谢您选用清华大学出版社的教材！为了更好地服务教学，我们为授课教师提供本书的教学辅助资源，以及本学科重点教材信息。请您扫码获取。

》 教辅获取

本书教辅资源，授课教师扫码获取

》 样书赠送

市场营销类重点教材，教师扫码获取样书

清华大学出版社

E-mail：tupfuwu@163.com
电话：010-83470332 / 83470142
地址：北京市海淀区双清路学研大厦 B 座 509
网址：https://www.tup.com.cn/
传真：8610-83470107
邮编：100084